Lehr- und Handbücher der Politikwissenschaft

Herausgegeben von
Dr. Arno Mohr

Bisher erschienene Werke:

Die Außenpolitik der Bundesrepublik Deutschland

Normen, Akteure, Entscheidungen

Von
Professor
Dr. habil. Stephan Bierling

2., unwesentlich veränderte Auflage

R. Oldenbourg Verlag München Wien

Bibliografische Information Der Deutschen Bibliothek

Die Deutsche Bibliothek verzeichnet diese Publikation in der Deutschen
Nationalbibliografie; detaillierte bibliografische Daten sind im Internet
über <http://dnb.ddb.de> abrufbar.

© 2005 Oldenbourg Wissenschaftsverlag GmbH
Rosenheimer Straße 145, D-81671 München
Telefon: (089) 45051-0
www.oldenbourg.de

Gedruckt auf säure- und chlorfreiem Papier
Gesamtherstellung: Druckhaus „Thomas Müntzer" GmbH, Bad Langensalza

ISBN 3-486-57766-2

Inhaltsverzeichnis

Das Thema und seine Bearbeitung

Der 5. Februar 1997 markierte den Abschluß einer Epoche in der außenpolitischen Entwicklung Nachkriegsdeutschlands - und den Eintritt in eine neue. An diesem Tag nämlich beteiligten sich deutsche Soldaten das erste Mal seit der Kapitulation des Dritten Reichs am 8. Mai 1945 wieder in vollem Umfang an einem militärischen Einsatz.[1] Der Unterschied zwischen den beiden Daten hätte indes drastischer nicht ausfallen können: Kapitulierten im Frühjahr 1945 die Wehrmachtstruppen nach einem von der deutschen Führung im Alleingang ausgelösten Angriffskrieg, so überwachten im Spätwinter 1997 Bundeswehreinheiten als Teil der multinationalen Friedenstruppe SFOR (*Stabilization Force*) in Bosnien-Herzegowina die Einhaltung des Vertrags von Dayton.

Gewiß, es gab schon vorher eine Reihe von Daten, an denen sich die außenpolitische Emanzipation der Bundesrepublik Deutschland festmachen ließ: Da war der 5. Mai 1955, an dem die Bundesrepublik mit der Aufhebung des Besatzungsstatuts formal zumindest ihre außenpolitische Handlungsfähigkeit erlangte; dann der 18. September 1973, der den beiden deutschen Staaten die Mitgliedschaft bei den Vereinten Nationen brachte; schließlich der 12. September 1990, an dem der außenpolitische Status des sich vereinenden Deutschland vertraglich festgelegt und die letzten Vorbehaltsrechte der Alliierten abgelöst wurden. Aber all diese Ereignisse waren letztlich nur Zwischenstationen auf dem Weg der Bundesrepublik zur Erreichung ihres außenpolitischen *telos*: der Wiedereingliederung in die Völkergemeinschaft mit allen Pflichten und Rechten, wie sie in der Teilnahme an der von UNO angeordneten und der NATO durchgeführten Stabilisierungsaktion auf dem Balkan zum Ausdruck kam.

Der Zeitpunkt, eine Gesamtschau der bundesdeutschen Außenpolitik vorzunehmen, ist also günstig. Das von Bundeskanzler Konrad Adenauer in seiner ersten Regierungserklärung formulierte Bedauern, "*daß Deutschland und das deutsche Volk noch nicht frei sind, daß es noch nicht gleichberechtigt neben den anderen Völkern steht, daß es - und das ist besonders schmerzlich - in zwei Teile zerrissen ist*"[2], gehört mit dem Zwei-plus-Vier-

---

[1] Vgl. "Rühe unterstellt deutsche Truppen der SFOR"; Süddeutsche Zeitung (im folgenden SZ), 6.2.1997, 6.

[2] Ausgangslage der Bundesrepublik. Erste Regierungserklärung des Bundeskanzlers Konrad Adenauer vor dem Deutschen Bundestag vom 20. September 1949 (Auszüge); in: Auswärtiges Amt (Hg.): Außenpolitik der Bundesrepublik Deutschland. Dokumente von 1949 bis 1994, Köln 1995, 170-175, hier 170.

Vertrag, der Wiedervereinigung und der Entsendung der Bundeswehr nach Bosnien-Herzegowina im Rahmen der multinationalen Friedenstruppe der Vergangenheit an. Kanzler Gerhard
Schröder konnte so in seiner Regierungserklärung am 10. November 1998 sein außenpolitisches Programm selbst mit den Worten kommentieren: *"Was ich hier formuliere, ist
das Selbstbewußtsein einer erwachsenen Nation, die sich niemandem über-, aber auch
niemandem unterlegen fühlen muß ..."*.[3] Viele Ereignisse, viele Handlungen stellen sich aus
der Perspektive des Jahres 1998 als Perlen an einer Kette dar, die nun zuende geknüpft ist.
Die Geschichte der deutschen Außenpolitik nach 1945, das ist heute klarer erkennbar als
früher, ist die Geschichte des Aufstiegs der Bundesrepublik vom Objekt zum Subjekt in der
internationalen Politik. Diesen Aufstieg verfolgten die deutschen Regierungen über alle
parteipolitischen Zusammensetzungen und unterschiedlichen Kanzlerschaften hinweg mit er-
staunlicher Zielstrebigkeit. Dabei stand für die Bundesrepublik neben den beiden klassischen
Zielen nationalstaatlicher Außenpolitik Sicherheit und Wohlfahrt allerdings immer ein drittes
mit im Vordergrund: die Wiederherstellung der deutschen Einheit. Diese Ziele wurden zu
unterschiedlichen Phasen mit unterschiedlicher Energie angestrebt. Erreicht wurden sie alle.

Diese Studie zeichnet die Grundzüge der Außenpolitik der Bundesrepublik Deutschland von 1949 bis 1998 nach. "Außenpolitik" heißt hier erstens staatliche Außenpolitik.
Natürlich gibt es unter den Bedingungen zunehmender Interdependenz auch vermehrt außenpolitische Initiativen nicht-staatlicher Akteure wie der Unternehmen, Wirtschaftsverbände,
Gewerkschaften, Kirchen, Stiftungen oder Umweltverbände. Da sich ihr Beitrag zu den
auswärtigen Beziehungen der Bundesrepublik jedoch meist auf Einzelfälle beschränkt, inter-
essieren diese Organisationen in der vorliegenden Untersuchung nur insoweit, als sie die
"große" Politik - und das bedeutet in der Regel die Politik der Bundesregierung - in eine
bestimmte Richtung beeinflussen konnten oder sie im Auftrag staatlicher Stellen aktiv
wurden. "Außenpolitik" heißt hier zweitens Politik gegenüber den Staaten Europas, den USA
sowie der Sowjetunion und Rußland. Diese Länder stehen im Mittelpunkt der nationalen
Interessen der Bundesrepublik, auf die Beziehungen zu ihnen verwandte und verwendet die
Regierung fast ihre gesamte außenpolitische Energie. Die Politik gegenüber den Entwicklungsländern wird nur dann berücksichtigt, wenn sie für diesen Kernbereich bundesdeutscher

---

[3] Presse- und Informationsamt der Bundesregierung (Hg.): Die Regierungserklärung von Bundeskanzler
Gerhard Schröder vom 10.11.1998, Bonn 1998, 34.

Außenpolitik Bedeutung erlangte. Mit dieser Einschränkung lautet das Ziel dieser Arbeit: Es sollen die Veränderungen des Handlungsspielraums der bundesdeutschen Außenpolitik in den letzten fünfzig Jahren nachgezeichnet, Konstanten herausgearbeitet und Perioden festgelegt werden. Dazu gilt es auch, die Rahmenbedingungen, Mittel und Methoden, Aktionsfelder und Entscheidungsprozesse der bundesdeutschen Außenpolitik zu untersuchen.

Das analytische Raster geben die drei angesprochenen Ziele bereits vor. Sicherheit, Wohlfahrt und Einheit werden allerdings nicht nebeneinander untersucht, sondern in ihrer Verwobenheit. Eine Gesamtdarstellung von fünfzig Jahren deutscher Außenpolitik hat zunächst zu integrieren, nicht auseinanderzureißen, zusammenzufügen, nicht zu zerlegen. Das heißt nicht, daß in den einzelnen Kapiteln nicht nach außenpolitischen Sachbereichen unterschieden wird. Vielmehr bedeutet es, daß auch die Darstellung dem Umstand Rechnung trägt, daß viele der politischen, strategischen und wirtschaftlichen Ereignisse und Prozesse aufeinander einwirkten und dadurch in ihrer Eigenbedeutung verändert wurden. Die Studie ist deshalb im Hauptteil chronologisch angelegt. Nur so kann die Dynamik der Entwicklungen angemessen wiedergegeben, nur so können die Einzelereignisse in ihrem jeweiligen Kontext interpretiert werden.

Die Untersuchung folgt dabei dem *empirisch-analytischen Verfahren*. Es ist gekennzeichnet durch das Streben, 1) die Handlungen der Akteure, die Entwicklung der Strukturen und den Ablauf von Prozessen auf der Grundlage empirischer fundierter Kausalzusammenhänge zu erklären; 2) die Quellen in einem systematischen Interpretationsrahmen kritisch zu analysieren; 3) die Aussagen über Sachverhalte in einer methodisch verfahrenden, nachprüfbaren Systematik des Belegs zu begründen; und 4) nach Zeit, Ort und Einzelakteur übergreifende Aussagen über diese Sachverhalte zu treffen.

Diese Studie verfolgt nicht die Absicht, Thesen aus *einem* bestimmten Forschungsansatz zu überprüfen, obwohl dieses Vorgehen seit den siebziger Jahren die Analyse der internationalen Beziehungen dominiert. Vor allem seit 1990 ist wiederholt versucht worden, die Außenpolitik der Bundesrepublik unter Zuhilfenahme der idealtypischen Konstrukte des "Machtstaats" und des "Handelsstaats" zu interpretieren.[4] Gregor Schöllgen, Hans-Peter

---

[4] Die zugrundeliegenden Konzepte wurden entwickelt von Hans Morgenthau ("Macht und Frieden. Grundlegung einer Theorie der internationalen Politik, Gütersloh 1963") und Richard Rosecrance ("The Rise of the Trading State, New York 1986").

Schwarz und Christian Hacke haben sich des in der realistischen Schule fußenden Machtstaat-Konzepts bedient, um die neue Rolle Deutschlands in Europa und der Welt zu umrei-
ßen.[5] Andere Wissenschaftler dagegen haben argumentiert, daß die bundesdeutsche Außenpolitik aufgrund der starken weltwirtschaftlichen Verflechtung des Landes, seiner Einbettung
in EU und zahlreiche zwischenstaatliche Organisationen und seiner über vierzig Jahre
demonstrierten Präferenz für multilaterales und diplomatisches Vorgehen am besten mit der
im liberalen Forschungsansatz beheimateten Figur des Handelsstaats zu erklären ist. Hanns
W. Maull hat ganz in diesem Sinne den "Modellcharakter" der "Zivilmacht" Bundesrepublik
konstatiert und ein Fortschreiten auf diesem Weg gefordert.[6] Beide Interpretationen haben
zweifellos dazu beigetragen, die Spannbreite der deutschen Außenpolitik auszuleuchten.
Allerdings konzentrieren sich die meisten Verfechter des Machtstaat-Konzepts zu sehr auf
die Wiedervereinigung als entscheidende Zäsur, die ihrer Meinung nach eine Neudefinition
der Rolle Deutschlands und seiner Interessen erfordert. Sie räumen dabei der Tatsache zu
wenig Gewicht ein, daß der außenpolitische Spielraum der Bundesrepublik seit 1949 sukzessive zugenommen hat und Deutschland in seinen Handlungsmöglichkeiten auf Integration und
Multilateralismus festgelegt bleibt.[7] Die Anhänger der Figur des Handelsstaats unterschätzen
dagegen, daß die Bundesrepublik bei der Formulierung ihrer Außenpolitik klassische
Kategorien wie "Gleichgewicht der Mächte" und "Hegemonie" schon deshalb nicht völlig
außen vor lassen darf, weil die europäischen Nachbarn - insbesondere Großbritannien und
Frankreich - internationale Politik meist in solchen Mustern interpretieren. Gerade für eine
Gesamtdarstellung der auswärtigen Angelegenheiten der Bundesrepublik Deutschland seit
1949 wäre es deshalb verfehlt, ein weiteres monokausales Erklärungsmuster anzubieten,
zumal sich in der Lehre von den internationalen Beziehungen immer mehr die Auffassung
durchsetzt, daß lediglich eine Integration der Großtheorien - im Jargon bezeichnet als "*inter-*

---

[5] Vgl. Gregor Schöllgen: Die Macht in der Mitte Europas. Strukturen deutscher Außenpolitik von Friedrich
dem Großen bis zur Gegenwart, München 1992; Christian Hacke: Weltmacht wider Willen. Die Außenpolitik der
Bundesrepublik Deutschland, Stuttgart 1993; Hans-Peter Schwarz: Die Zentralmacht Europas. Deutschlands
Rückkehr auf die Weltbühne, Berlin 1994.

[6] Vgl. Hanns W. Maull: Zivilmacht Bundesrepublik Deutschland. Vierzehn Thesen für eine neue deutsche
Außenpolitik; in: Europa-Archiv (im folgenden EA) 10/1992, 269-278, hier 277.

[7] Vgl. Gottfried Niedhart: Deutsche Außenpolitik: Vom Teilstaat mit begrenzter Souveränität zum postmodernen Nationalstaat; in: Aus Politik und Zeitgeschichte (im folgenden APuZ), B1-2/97 (3.1.1997), 15-23, hier 22.

paradigmatische Konvergenz"[8] - eine wirklichkeitsnahe Beschreibung außenpolitischer Entwicklungen zuläßt.

Dieses Buch will dem Leser die bundesdeutsche Außenpolitik in zwei Teilen näherbringen. In den ersten drei Kapiteln werden zunächst **die normativen Grundlagen, die Kompetenzverteilung und die Prozeßmuster** herausgearbeitet. Hier geht es darum, den Rahmen abzustecken, in dem sich die Außenpolitik der Bundesrepublik seit 1949 bewegt. Daß dieser Rahmen nicht statisch ist, sondern sich fortlaufend verändert, ist erst kürzlich in der Debatte um Einsätze der Bundeswehr außerhalb des NATO-Gebiets deutlich geworden. Zumindest sollen aber diese Veränderungen beschrieben und, soweit möglich, Grundmuster außenpolitischer Entscheidungsabläufe aufgezeigt werden. Eine Analyse der normativen Grundlagen, der Kompetenzverteilung und der Prozesse scheint um so mehr angezeigt, als dieser Bereich von der Politikwissenschaft bisher recht stiefmütterlich behandelt wurde.

Der zweite und umfassendere Teil identifiziert in vier Kapiteln **Entwicklungsphasen und Aktionsfelder** der deutschen Außenpolitik anhand einer politikwissenschaftlichen Analyse der verlaufsgeschichtlichen Ereignisse. Die Leitfragen lauten:

- Wie entwickelte sich der außenpolitische Handlungsspielraum der Bundesrepublik seit 1949?

- Unter welchen Bedingungen war dieser Spielraum größer, unter welchen kleiner?

- Inwiefern hat sich der wirtschaftliche Aufschwung auf die internationale Stellung der Bundesrepublik ausgewirkt?

- Gibt es unverrückbare nationale außenpolitische Interessen Deutschlands?

Die zentrale These dieses Teils besagt, wie weiter oben schon angedeutet, daß die Geschichte der bundesdeutschen Außenpolitik die Geschichte des Aufstiegs der Bundesrepublik vom Objekt zum völkerrechtlich und politisch gleichberechtigten Akteur in der internationalen Politik ist. Diese These spiegelt sich auch in der gewählten Periodisierung: Die Außenpolitik der Bundesrepublik wird - inspiriert durch eine Einteilung von Helga Haftendorn[9] - in vier

---

[8] Volker Rittberger: Editorisches Vorwort; in: ders. (Hg.): Theorien der Internationalen Beziehungen. Bestandsaufnahme und Forschungsperspektiven, Wiesbaden 1990, 7-13, hier 11. (= Politische Vierteljahresschrift, Sonderheft 2/1990)

[9] Siehe Helga Haftendorn: Im Anfang waren die Alliierten. Die alliierten Vorbehaltsrechte als Rahmenbedingungen des außenpolitischen Handelns der Bundesrepublik Deutschland; in: Hartwich, Hans-Hermann/Wewer, Göttrik (Hg.): Regieren in der Bundesrepublik, Bd. 5: Souveränität, Integration, Interdependenz - Staatliches Handeln in der Außen- und Europapolitik, Opladen 1993, 41-92, hier 79-80.

deutlich voneinander unterscheidbare Phasen unterteilt: Die Phase der Dominanz der Kommissare (1949-1955), der begrenzten Souveränität (1955-1969), der Emanzipation (1969-1989) und der Beendigung der Sonderrolle (1989-1998). Gegenüber einer Gliederung nach Kanzlerschaften oder nach inhaltlichen Schwerpunkten hat diese Periodisierung den Vorteil, daß sie über individuelle und ereignisgeschichtliche Besonderheiten hinweg die Herausarbeitung langfristiger Entwicklungen im deutschen Handlungsspielraum erlaubt. Jedes Kapitel endet mit einem Fazit zu den untersuchten Bereichen oder Zeitabschnitten. Im Schlußkapitel werden deshalb nicht noch einmal Einzelergebnisse zusammengefaßt, sondern die Leitfragen beantwortet, langfristige Tendenzen beschrieben und Perspektiven für die künftige deutsche Außenpolitik aufgezeigt.

Das Konzept dieses Buchs wurde in Vorlesungen und Seminaren erprobt. Die Mischung aus Faktenvermittlung und generalisierenden Aussagen hat sich dabei als fruchtbar und anregend erwiesen. Ein Kapitel mit studienpraktischen Hinweisen soll allen an einer Vertiefung des Gelesenen Interessierten helfen, sich über die Quellenlage und die wichtigste weiterführende Literatur zu informieren. Den Freunden, Kollegen und Studenten, die mit ihren Fragen und Kommentaren das Manuskript zu einem besseren gemacht haben, sei herzlich gedankt, insbesondere Dr. Rafael Biermann (Bundesministerium der Verteidigung), Prof. em. Dr. Dieter Grosser (Universität München), Janni Grosser, Prof. Dr. Beate Neuss (Technische Universität Chemnitz-Zwickau), Dr. Thomas Paulsen (Centrum für angewandte Politikforschung) und Viola Schenz M.A. (Süddeutsche Zeitung).

TEIL I:

GRUNDLAGEN

UND

PROZESSMUSTER

1. Normative Vorgaben für die deutsche Außenpolitik

Bevor die Ziele und Instrumente, die Aktionsfelder und die Verlaufsgeschichte der bundesdeutschen Außenpolitik behandelt werden, ist zunächst nach dem normativen und rechtlichen Rahmen zu fragen, in dem sich die auswärtigen Beziehungen der Bundesrepublik bewegen. Auch wenn bei ihrer Umsetzung ein breiter Interpretationsspielraum gegeben ist, so erhalten wir doch Referenzwerte, an denen Formulierung, Implementierung und Inhalte der deutschen Außenpolitik seit 1949 gemessen und beurteilt werden können.

Für Deutschland stellte der durch die nationalsozialistische Eroberungspolitik ausgelöste Zweite Weltkrieg auch außenpolitisch eine entscheidende Zäsur dar. In bewußter Abkehr von nationalistischen und imperialen Traditionen bildete die Bundesrepublik nämlich eine Reihe von Normen aus, anhand derer sie ihre Beziehungen zur internationalen Umwelt gestaltet. Diese Maximen sind zum Teil niedergelegt in völkerrechtlichen Verträgen, zum Teil ergeben sie sich aus der Mitgliedschaft der Bundesrepublik in internationalen Organisationen. Über allem stehen jedoch die Vorgaben des Grundgesetzes.[1]

1.1. Die außenpolitischen Prinzipien des Grundgesetzes

Im Gegensatz zu den Verfassungen der meisten anderen Demokratien enthält das Grundgesetz der Bundesrepublik Deutschland zum Bereich der Außenpolitik nicht allein Bestimmungen zur Kompetenzverteilung zwischen den einzelnen Gewalten. Vielmehr gibt es in der Verfassung auch normative Postulate.[2] Sie finden sich verstreut an verschiedenen Stellen des Grundgesetzes, lassen sich aber in vier Punkten zusammenfassen:

- Wahrung des Friedens und Verbot eines Angriffskrieges,
- Bereitschaft zu offenem, kooperativem Internationalismus,
- Achtung und Verwirklichung der Menschenrechte,
- Wiederherstellung der deutschen Einheit (bis 1990).

---

[1] Für eine kurze Zusammenfassung siehe Manfred Knapp: Die Außenpolitik der Bundesrepublik Deutschland; in: ders./Krell, Gert (Hg.): Einführung in die internationale Politik. Studienbuch, München/Wien 1996, 147-203, hier 153-157.

[2] Siehe hierzu vor allem das Standardwerk von Josef Isensee und Paul Kirchhof (Hg.): Handbuch des Staatsrechts der Bundesrepublik Deutschland, Bd. VII: Normativität und Schutz der Verfassung. Internationale Beziehungen, Heidelberg 1992.

Auf jede dieser vier Vorgaben wird im folgenden näher eingegangen, bevor jene Normen zur Sprache kommen, die sich aus den internationalen Verpflichtungen der Bundesrepublik ergeben.

Wahrung des Friedens und Verbot des Angriffskrieges

Das Grundgesetz legt die deutsche Außenpolitik vor allem anderen auf die Wahrung des Friedens fest. An nicht weniger als vier Stellen werden die verantwortlichen Verfassungsorgane auf dieses Ziel verpflichtet. Kaum ein anderes Postulat findet im Grundgesetz derart häufig und nachhaltig Beachtung.[3] Schon in der Präambel heißt es, das deutsche Volk sei von dem Willen beseelt, *"dem Frieden der Welt zu dienen"*. Art. 1 II GG bekennt sich zu den Menschenrechten als Grundlage des Friedens. Art. 26 I GG erklärt Handlungen für verfassungswidrig, *"die geeignet sind und in der Absicht vorgenommen werden, das friedliche Zusammenleben der Völker zu stören, insbesondere die Führung eines Angriffskrieges vorzubereiten"*. Art. 24 II GG schließlich erlaubt es der Bundesrepublik nur dann, sich in ein System der kollektiven Sicherheit einzuordnen, wenn dies der *"Wahrung des Friedens"* dient und *"eine friedliche und dauerhafte Ordnung in Europa und zwischen den Völkern der Welt"* befördert.

"Frieden" bedeutet im Grundgesetz nach der herrschenden Meinung der deutschen Staatsrechtslehre dabei allerdings nur die Abwesenheit von Krieg. Jenseits des Verbots von militärischer Aggression hat das Friedensgebot keinen eigenständigen Inhalt. Eine positive Vision des Friedens[4] wie zum Beispiel die materielle Existenzsicherung oder die Herbeiführung demokratischer Strukturen ist von der Verfassung nicht gedeckt. Auch hat die Bundesregierung einen breiten Ermessensspielraum, auf welchem Weg und mit welchen Mitteln sie das Friedensgebot praktisch umsetzt. Ein Verzicht auf organisierte Verteidigung ist genauso möglich wie eine massive Aufrüstung. So hat das Bundesverfassungsgericht im Zusammen-

---

[3] Vgl. Christian Tomuschat: Die staatsrechtliche Entscheidung für die internationale Offenheit; in: Isensee/ Kirchhof, 1992, 483-524, hier 512.

[4] Der positive Friedensbegriff wurde vor allem im Rahmen der "kritischen Friedensforschung" entwickelt, die zwischen aktueller und struktureller Gewalt unterscheidet und damit das Gewaltverständnis des negativen Friedensbegriffes ausweitet. Grundsätzlich dazu Johan Galtung: Strukturelle Gewalt. Beiträge zur Friedens- und Konfliktforschung, Reinbek 1975; und Ernst-Otto Czempiel: Friedensstrategien. Systemwandel durch Internationale Organisationen, Demokratisierung und Wirtschaft, Paderborn 1986.

hang mit dem NATO-Doppelbeschluß von 1979 festgestellt, daß die Stationierung amerikanischer Mittelstreckenraketen zu Verteidigungszwecken auf dem Boden der Bundesrepublik weder völkerrechtliche Verträge noch das Friedensgebot des Grundgesetzes verletzt.[5] Selbst für den 1971 von der Bundesregierung aufgestellten Grundsatz, Kriegswaffen nicht in Spannungsgebiete zu exportieren, gibt es keine Verpflichtung in der deutschen Verfassung. Es ist etwa durchaus vorstellbar, daß durch die Lieferung von Kriegswaffen in Spannungsgebiete die Herstellung des Friedens gefördert werden kann. Letztlich hängt die außenpolitische Umsetzung des Friedensgebots also von der Einschätzung der Lage durch die Bundesregierung ab. Der Heidelberger Staatsrechtslehrer Karl Doehring unterstreicht:

> Die politische Lage kann sich jederzeit ändern und ändert sich permanent. Welche Maßnahmen dann den Friedenszustand besser schützen, bleibt ebenso unvorhersagbar, wie die Frage von der Verfassung nicht beantwortet werden kann, um welchen Preis Frieden zu haben sei.[6]

Was bedeutet das Friedensgebot nun für den Einsatz der Streitkräfte? Zunächst ist festzuhalten, daß die Bundesrepublik zur Friedenserhaltung nach Art. 24 GG einem "*System gegenseitiger kollektiver Sicherheit*" beitreten kann. Die Mitgliedschaft in der UNO, die auf einem System kollektiver Sicherheit basiert, ist deshalb problemlos. Dagegen stellen die beiden einzigen Militärbündnisse, denen Deutschland zur Zeit angehört - die NATO und die *Westeuropäische Union* (WEU) - Systeme kollektiver Verteidigung dar, das heißt, sie richten sich gegen eine Aggression von außen und nicht von innen.[7] Aber die Staatsrechtslehre ist übereinstimmend der Auffassung, daß Art. 24 GG auch für solche Bündnisse zutrifft, wenn sie sich strikt auf die Friedenswahrung verpflichten.[8]

Mitte der neunziger Jahre kam es zu einer Debatte in Deutschland, ob die Bundeswehr auch außerhalb des Bündnisgebietes an Missionen zur Friedenswahrung teilnehmen

---

[5] BVerfGE 66, 39 (64/5).

[6] Vgl. Karl Doehring: Das Friedensgebot des Grundgesetzes; in: Isensee/Kirchhof, 1992, 687-710, hier 708.

[7] Systeme kollektiver Sicherheit dagegen richten sich gegen Friedensbrecher, die dem System angehören.

[8] Siehe dazu grundsätzlich Nina Philippi: Bundeswehr-Auslandseinsätze als außen- und sicherheitspolitisches Problem des geeinten Deutschland, Frankfurt a.M. u.a. 1997; Alexander Siedschlag: Die aktive Beteiligung Deutschlands an militärischen Aktionen zur Verwirklichung Kollektiver Sicherheit, Frankfurt a.M. u.a. 1995; Oliver Thränert: Aspekte deutscher Sicherheitspolitik in den neunziger Jahren, Bonn 1993.

könne. In den sechziger Jahren war diese Frage positiv beantwortet worden: 1964 beschloß das Kabinett Erhard, der NATO ein deutsches Kontingent für einen Eingreifverband in Zypern zur Verfügung zu stellen, 1967 entschied der Bundessicherheitsrat, sich mit deutschen Kriegsschiffen an einer multinationalen NATO-Flotte gegen die angekündigte ägyptische Seeblockade Israels zu beteiligen.[9] Unter der sozial-liberalen Koalition begann sich allerdings die Rechtsmeinung festzusetzen, daß Landes- und Bündnisverteidigung deckungsgleich und *out of area*-Einsätze[10] deutscher Soldaten verboten seien. An dieser Position hielt zunächst auch die Regierung Kohl/Genscher fest. Einsätze der Bundeswehr in anderen NATO-Ländern oder gar außerhalb des Allianzgebiets wurden deshalb kaum diskutiert. Dies war unproblematisch, solange solche Missionen nicht zur Debatte standen. Mit den veränderten weltpolitischen Rahmenbedingungen und unter dem Druck der Alliierten setzte in der Bundesregierung nach dem Golfkrieg von 1991 ein Umdenkungsprozeß ein. Da Bonn seine Haltung mehr als zwei Jahrzehnte mit den angeblichen Auflagen des Grundgesetzes legitimiert hatte, wurde aus der politischen Diskussion über eine deutsche Beteiligung an internationalen Missionen unweigerlich eine verfassungsrechtliche.[11]

Von 1992 bis 1994 kam es zu drei Verfahren zum Einsatz deutscher Soldaten vor dem Bundesverfassungsgericht, die letztlich zu einer Verhandlung verbunden wurden.[12] Das erste Verfahren drehte sich um den Beschluß der Bundesregierung im Sommer 1992, an der Überwachung des vom UNO-Sicherheitsrat verhängten Embargos gegen Jugoslawien (Res. 713) sowie Serbien und Montenegro (Res. 757) mitzuwirken und deutsche Schiffe und Marineflieger im Rahmen einer gemeinsamen Aktion von NATO und WEU in die Adria zu entsenden. Dagegen wandten sich die SPD-Bundestagsfraktion und mehr als ein Drittel ihrer Abgeord-

---

[9] Vgl. Lothar Rühl: Sicherheitspolitik: Nationale Strukturen und multilaterale Verflechtung; in: Wolf-Dieter Eberwein/Karl Kaiser (Hg.): Deutschlands neue Außenpolitik, Bd. 4: Institutionen und Ressourcen, München 1998, 87-100, hier 95.

[10] Mit *"out of area"* ist das Gebiet außerhalb des NATO-Bereichs gemeint.

[11] Die Ausführungen zu den Verfassungsbeschwerden sind entnommen dem Beitrag des Verfassers "Sicherheitspolitik"; in: Werner Weidenfeld/Karl-Rudolf Korte: Handbuch zur deutschen Einheit, Bonn 1996, 601-611 (überarbeitete Neuauflage 1999).

[12] Zu den drei Verfahren siehe vor allem Henning Schwarz: Die verfassungsgerichtliche Kontrolle der Außen- und Sicherheitspolitik. Ein Verfassungsvergleich Deutschland - USA, Berlin 1995, 163-166, 332-350; und Philippi, 1997a, 48-58.

neten mit einer Organklage an das Bundesverfassungsgericht. Im Gegensatz zu den beiden anderen Fällen kam es hier zu keinen Anträgen, eine einstweilige Anordnung gegen den Einsatz der Bundeswehr zu erlassen.

Beim zweiten Verfahren ging es um ein Flugverbot über Bosnien-Herzegowina, das vom UNO-Sicherheitsrat im Frühjahr 1993 (Res. 781/786/816) beschlossen und dessen Überwachung der NATO übertragen worden war. Bei der Mission sollten mit dem Frühwarnsystem AWACS (*Airborne Warning and Control System* = Luftgestütztes Warn- und Kontrollsystem) ausgestatte Flugzeuge eine Schlüsselrolle spielen, die von voll integrierten NATO-Einheiten - also unter Mitwirkung deutscher Soldaten - betrieben wurden. Die FDP hielt dies für verfassungsrechtlich unzulässig, da es sich dabei um einen *out-of-area*-Einsatz der Bundeswehr handele. Politisch allerdings befürwortete die Partei eine deutsche Beteiligung. Die Koalition einigte sich auf einen Kompromiß: Er sah vor, daß sich die FDP-Minister im Kabinett von ihren CDU/CSU-Kollegen überstimmen lassen würden, die FDP aber die Möglichkeit haben sollte, die Vereinbarkeit des Beschlusses mit dem Grundgesetz durch Anrufung des Bundesverfassungsgerichts zu klären. Der Klage der FDP-Fraktion und 55 ihrer Mitglieder schloß sich die SPD-Fraktion an. Ihren gemeinsamen Antrag auf einstweilige Anordnung gegen den Einsatz deutscher Soldaten in den AWACS-Flugzeugen lehnte das höchste Gericht am 8. April 1993 mit fünf zu drei Stimmen ab.

Das dritte Verfahren hatte die Beteiligung von Bundeswehreinheiten bei einer humanitären Aktion in Somalia zum Gegenstand. In mehreren Resolutionen (Res. 794/814) hatte der UNO-Sicherheitsrat seit dem Frühjahr 1992 Maßnahmen beschlossen, die politischen Unruhen in dem afrikanischen Land einzudämmen und dringend erforderliche humanitäre Hilfe zu leisten. Die Bundeswehr sollte sich in einer bereits befriedeten Region an humanitären Aufgaben beteiligen. Am 21. April 1993 entschied die Bundesregierung, diesem Wunsch zu entsprechen, und erhielt am selben Tag die Zustimmung des Bundestags. Als es in den folgenden Wochen in anderen Landesteilen zu bewaffneten Auseinandersetzungen zwischen den somalischen Bürgerkriegsparteien und den UNO-Truppen kam, beantragte die SPD-Fraktion beim Bundesverfassungsgericht die Aussetzung des Regierungsbeschlusses. Am 23. Juni 1993 erließ das Gericht einstimmig die Anordnung, daß die Fortsetzung der deutschen Beteiligung von einem konstitutiven Beschluß des Bundestags abhängig zu machen sei. "*Konstitutiv*" bedeutet, daß das Parlament eine Entscheidungskompetenz bezüglich des Truppeneinsatzes selbst beanspruchen muß und nicht lediglich eine Regierungsentscheidung bekräftigen darf.

In seiner abschließenden Entscheidung vom 12. Juli 1994 regelte das Bundesverfassungsgericht, daß

- Art. 87a GG, der in seinem ersten Absatz die Landesverteidigung der Bundeswehr erwähnt, Art. 24 II GG nicht entgegensteht, der es dem Bund erlaubt, sich einem *"System kollektiver Sicherheit"* einzuordnen und die damit typischerweise verbundenen Aufgaben zu übernehmen;

- der Begriff *"System kollektiver Sicherheit"* nicht nur die Vereinten Nationen, sondern auch die NATO und die WEU umfassen kann, weil es unerheblich sei, ob ein solches System den Frieden unter den Mitgliedstaaten garantieren soll oder bei einem Angriff von außen zu einem kollektiven Beistand verpflichtet.[13]

Obwohl es politologisch und historisch falsch war, kollektive Sicherheit und kollektive Selbstverteidigung gleichzusetzen, sanktionierte das Bundesverfassungsgericht damit die bisherigen Einsätze der Bundeswehr. Gleichzeitig machte es jeden Auslandseinsatz deutscher Streitkräfte von der auf eigene Initiative zustandegekommenen Zustimmung einer relativen Mehrheit des Bundestages abhängig. Beide Streitparteien, Regierungskoalition und SPD-Opposition, zeigten sich mit dem Ergebnis zufrieden. Einige Fragen bleiben aber auch nach der Entscheidung der Karlsruher Richter vom 12. Juli offen. So ist nicht klar, ob deutsche Soldaten ohne UNO-Mandat auf Einladung einer Regierung zur Befriedung einer Bürgerkriegssituation entsandt werden dürfen.[14] Ein solcher Fall ist zumindest vorstellbar: Frankreich hat 1994 während des Bürgerkriegs in Ruanda zum Beispiel den Einsatz des Eurokorps erwogen, an dem auch Bundeswehreinheiten beteiligt sind.[15] Dagegen entbehrt die von der SPD unmittelbar nach der Urteilsverkündung aufgestellte Behauptung, *out-of-area*-Einsätze der Bundeswehr seien nur unter dem Oberkommando der Vereinten Nationen zulässig, jeder

---

[13] BVerGE 90 (344/90).

[14] Vgl. Georg Nolte: Bundeswehreinsätze in kollektiven Sicherheitssystemen. Zum Urteil des Bundesverfassungsgerichts vom 12. Juli 1994; in: Zeitschrift für ausländisches öffentliches Recht und Völkerrecht, 52 (1994), 652-685, hier 660.

[15] Vgl. Nina Philippi: Frankreichs Rolle im ruandischen Bürgerkrieg - Eine Wende in der französischen Afrikapolitik?; in: Hanns W. Maull/Michael Meimeth/Christoph Neßhöver (Hg.): Die verhinderte Großmacht. Frankreichs Sicherheitspolitik nach dem Ende des Ost-West-Konflikts, Opladen 1997, 223-242, hier 241.

Grundlage. Die vom Verfassungsgericht gutgeheißene Teilnahme deutscher Soldaten an Adria- und AWACS-Einsatz fand nämlich nicht unter UN-Kontrolle statt.[16]

Insgesamt suchte das oberste Gericht zu vermeiden, zu tief in die Frage nach dem politischen Für und Wider einer deutschen Beteiligung an internationalen Militäraktionen hineingezogen zu werden und wies die politische Entscheidung für jeden Einzelfall an Bonn zurück. Regierung und Parlament zeigen seit 1995 in der Tat auch größere Bereitschaft, die Diskussion über Auslandseinsätze der Bundeswehr weniger mit verfassungsrechtlichen und mehr mit politischen Argumenten zu führen. So rief die Opposition nicht das Bundesverfassungsgericht an, als die Regierung im Dezember 1996 nach der konstitutiven Zustimmung des Bundestags deutsche Streitkräfte im Rahmen der SFOR-Mission nach Bosnien entsandte, obwohl es sich dabei erstmals um Kampftruppen handelte und die Aktion unter Führung der NATO und nicht der UNO stand.

Bereitschaft zu offenem, kooperativem Internationalismus

Neben der Wahrung des Friedens verpflichtet das Grundgesetz die zuständigen Verfassungsorgane auch auf die internationale Zusammenarbeit. Dadurch hofften die Verfassungsväter, allen außenpolitischen Alleingängen und jeder nationalistischen Isolierung einen rechtlichen Riegel vorzuschieben. Bereits in der Präambel bringt das deutsche Volk deshalb seinen Willen zum Ausdruck, *"als gleichberechtigtes Glied in einem vereinten Europa dem Frieden in der Welt zu dienen"*. Art. 9 II GG verbietet Vereinigungen, die sich *"gegen den Gedanken der Völkerverständigung richten"*. Noch expliziter ist Art. 24 GG: In Absatz 1 und 2 eröffnet er die Möglichkeit, Hoheitsrechte auf zwischenstaatliche Einrichtungen zu übertragen beziehungsweise in ihre Einschränkung durch den Beitritt zu internationalen Organisationen einzuwilligen. Absatz 3 fordert die Bundesrepublik darüber hinaus sogar auf, einem System internationaler Streiterledigung beizutreten.

Die Mitgliedschaft der Bundesrepublik Deutschland in UNO, WEU, NATO, EG/EU und anderen internationalen beziehungsweise supranationalen Organisationen wird vom Grundgesetz also nicht allein toleriert, sondern geradezu angeregt. Nach dem Zweiten Weltkrieg sollte die neue Demokratie nämlich die nationalstaatliche Phase der deutschen

---

[16] Vgl. Klaus Dau: Parlamentsheer unter dem Mandat der Vereinten Nationen; in: Neue Zeitschrift für Wehrrecht, 37 (1994), 177-184, hier 181.

Geschichte überwinden.[17] Auch das Bundesverfassungsgericht hat die internationale Einbindung als *raison d'être* der deutschen Außenpolitik anerkannt. Besondere Präferenz weist die Verfassung dabei der Vereinigung Europas zu. Souveränitätsverzichte im Rahmen der europäischen Integration erhalten somit eine besondere Legitimität. Allerdings reicht das Staatsziel "europäische Einigung" nicht aus, um Deutschland in den Gliedstaat eines europäischen Bundesstaates umzuwandeln.[18] So bindet der 1992 neu gefaßte "Europa-Artikel" 23 GG die Weiterentwicklung der europäischen Integration an Verfassungsänderungen. Wie eng das staatsrechtliche Korsett für Fortschritte zu einer politischen Union ist, verdeutlichte ein Spruch des obersten deutschen Gerichts am 12. Oktober 1993 im Zusammenhang mit einer Verfassungsklage gegen den Vertrag von Maastricht. Zwar stellten die Richter seine Vereinbarkeit mit dem Grundgesetz und die Rechtmäßigkeit des deutschen Beitritts zur EU fest. Gleichzeitig charakterisierten sie die Europäische Union aber mit dem in Politikwissenschaft und Staatsrecht bisher nicht gebräuchlichen Begriff als "*Staatenverbund, der von den einzelnen Mitgliedstaaten getragen wird und deren nationale Identität achtet*", und stellten klar, daß die "*Zugehörigkeit zu einem europäischen Staat*" für Deutschland nicht zulässig sei.[19] Jede substantielle Weiterentwicklung der europäischen Integration koppelte das Bundesverfassungsgericht erstens an einen Ausbau der demokratischen Elemente der EU, sprich: die Stärkung des Europaparlaments, und zweitens an den Erhalt der wichtigen Rolle der nationalen Parlamente. Insgesamt zeigte die Urteilsbegründung, daß das Gericht die Eigendynamik der europäischen Einigung genau beobachtet und nur dann weitere Integrationsschritte zulassen wird, wenn das Demokratieprinzip des Grundgesetzes in diesem Prozeß gebührende Beachtung findet.

Achtung und Verwirklichung der Menschenrechte

Es wurde weiter oben schon festgestellt, daß das Grundgesetz "Frieden" sehr eng als Abwesenheit von Krieg interpretiert. Allerdings erhebt die Verfassung ein Postulat, das als Ansatzpunkt für eine breitere Definition dienen könnte. In Art. 1 II GG heißt es nämlich, daß

---

[17] Vgl. Hermann Mosler: Die Übertragung von Hoheitsgewalt; in: Isensee/Kirchhof, 1992, 599-647, hier 603.

[18] Vgl. Peter Badura: Arten der Verfassungsrechtssätze; in: Isensee/Kirchhof, 1992, 33-56, hier 42.

[19] Zit. nach EA, 22 (1993), D459-D476, hier D465.

das deutsche Volk sich zur Wahrung der Menschenrechte als einer der Grundlagen des Friedens bekennt. Die Verfassungsorgane sind also aufgefordert, die Menschenrechte nicht nur im innerstaatlichen Bereich zu verwirklichen, sondern auch nach außen zu fördern. Da es aber wieder im Ermessen der Bundesregierung liegt, wie dieses Ziel am besten zu erreichen ist, läßt sich daraus keine konkrete Verpflichtung der deutschen Außenpolitik auf einen positiven Friedensbegriff ableiten.

Die Herstellung der deutschen Einheit

Die vierte zentrale außenpolitische Forderung des Grundgesetzes war bis 1990 die Wiedervereinigung Deutschlands. So lautete der letzte Satz der Präambel: *"Das gesamte deutsche Volk bleibt aufgefordert, in freier Selbstbestimmung die Einheit und Freiheit Deutschlands zu vollenden."* Auch das Bundesverfassungsgericht unterstrich in seiner Entscheidung zum Grundlagenvertrag mit der DDR die Verpflichtung aller Verfassungsorgane und Bürger, auf die Herstellung der staatlichen Einheit hinzuwirken.[20] Obwohl das Wiedervereinigungsgebot über die Jahre verblaßte und vor allem in den achtziger Jahren bei GRÜNEN und SPD Stimmen laut wurden, die relevanten Postulate aus dem Grundgesetz zu streichen, blieb dies die Position einer Minderheit.[21] Die Mehrheit wollte die Tür zur deutschen Einheit offenhalten.

Für den Ablauf der Wiedervereinigung sah die Verfassung zwei Wege vor: Zum einen Art. 23 GG, der bestimmte, das Grundgesetz auch in anderen Teilen Deutschlands nach deren Beitritt in Kraft zu setzen; zum anderen Art. 146 GG, der die Gültigkeitsdauer des Grundgesetzes beschränkte, bis das deutsche Volk in freier Entscheidung eine Verfassung beschloß. Für die Herstellung der deutschen Einheit wählten die Bundesrepublik und die DDR 1990 den Weg über Art. 23 GG. Das garantierte die raschestmögliche Übertragung der bewährten westdeutschen Verfassungsordnung auf das Gebiet der neuen Länder, was angesichts des rapiden Zerfalls von Staat und Wirtschaft in Ostdeutschland dringend geboten war. Nach dem 3. Oktober 1990 wurden die wiedervereinigungsrelevanten Bestimmungen gegen-

---

[20] Vgl. BVerfGE 36, 1 (17ff.).

[21] Siehe dazu grundsätzlich Roos, Sören: Das Wiedervereinigungsgebot des Grundgesetzes in der deutschen Kritik zwischen 1982 und 1989, Berlin 1996.

standslos und aus dem Grundgesetz getilgt. Dies entsprach dem Willen der beiden deutschen Regierungen, ein Zeichen zu setzen, daß die deutsche Einheit mit diesem Datum abgeschlossen sei. Auch hatten die Siegermächte in den Verhandlungen zum *"Zwei-plus-Vier"*-Vertrag auf eine solche Regelung gedrängt.[22]

1.2. Völkerrechtliche Verpflichtungen

Neben den Maximen des Grundgesetzes gibt es noch eine Anzahl anderer für die Führung der deutschen Außenpolitik relevanter Normen, die die Bundesrepublik über ihre Mitgliedschaft in internationalen Organisationen oder die Ratifizierung von Verträgen eingegangen ist. Dabei ist zunächst zu erwähnen, daß sich Deutschland in Art. 25 GG der Völkerrechtsordnung unterwirft. Während andere Staaten von einer Dualität von nationalem und Völkerrecht ausgehen, erkennt die Bundesrepublik die unmittelbare Wirksamkeit des Völkerrechts auch im internen Rechtsraum an. Die allgemeinen Regeln des Völkerrechts gehen damit den Gesetzen, nicht aber der Verfassung vor. Das stellt einen weitreichenden Souveränitätsverzicht dar. Während die Supermächte zum Beispiel im Kalten Krieg gelegentlich Rebellenorganisationen unterstützten, die den gewaltsamen Sturz der legalen Regierung eines fremden Landes betrieben, wäre ein solches Verhalten für Bonn rechtswidrig.[23] Die Verpflichtungen, die sich für die Bundesrepublik aus ihrer Zugehörigkeit beispielsweise zu den Vereinten Nationen und zum Europarat ergeben, gehen aber nur selten über die Normen der Verfassung hinaus. Die UNO-Charta legt die Mitglieder etwa darauf fest, den Weltfrieden und die internationale Sicherheit zu wahren, freundschaftliche Beziehungen zwischen den Nationen zu entwickeln, Probleme durch Zusammenarbeit zu lösen und die Menschenrechte zu achten, also sich an Prinzipien zu orientieren, die ähnlich auch im Grundgesetz stehen. Das gleiche gilt für die Bestimmungen der Europäischen Menschenrechtskonvention.

Eine wichtige Maxime, die sich zwar weder aus der deutschen Verfassung noch aus dem Völkerrecht ergibt, die aber für die Außenpolitik der Bundesrepublik zeitweise große Bedeutung erlangte, ist der Verzicht auf atomare, biologische und chemische (ABC-)

---

[22] Zu den außenpolitischen Aspekten der Wiedervereinigung siehe Werner Weidenfeld/Elcke Bruck/Peter Wagner: Außenpolitik für die deutsche Einheit. Die Entscheidungsjahre 1989/1990, Stuttgart 1998.

[23] Vgl. Tomuschat, 1992, 493.

Waffen.[24] 1952 versuchten die ehemaligen europäischen Kriegsgegner Deutschlands im *Vertrag über die Europäische Verteidigungsgemeinschaft* (EVG) noch, dem Land diese Waffensysteme zu verbieten. Nach dem Scheitern der EVG bot Bundeskanzler Konrad Adenauer auf der *Londoner Konferenz* über die Schaffung der *Westeuropäischen Union* (WEU) dann aber den freiwilligen Verzicht Deutschlands auf ABC-Waffen an - ohne Wissen des Kabinetts, der Fraktion oder seiner Partei übrigens.[25] Adenauer sah diesen Schritt als unerläßliche Vorleistung für die Aufnahme der Bundesrepublik in WEU und NATO. Der Verzicht fand Aufnahme in das Protokoll vom 3. Oktober 1954 über die Beendigung der Besatzungszeit. Allerdings bezog er sich nur auf die Herstellung von ABC-Waffen auf eigenem Boden und blieb damit hinter den im EVG-Vertrag vorgesehenen Bestimmungen zurück, die auch die Entwicklung und den Besitz untersagten. Der Kanzler selbst beharrte stets darauf, daß Deutschland nicht generell und für alle Zeiten der nuklearen Option entsagt habe.[26] So ist nicht verwunderlich, daß Bonn den *Atomwaffensperrvertrag* (*Non-Proliferation Treaty* = NPT), der die Herstellung von und die Verfügungsgewalt über Nuklearwaffen verbot, am 28. November 1969 erst nach einigem Widerstand und lediglich unter dem Druck der Supermächte unterzeichnete.[27] In den folgenden zwei Jahrzehnten arrangierte sich die Bundesrepublik jedoch nicht nur mit diesem Status, sondern entwickelte sich sogar zu einer tragenden Säule des Nonproliferations-Regimes. Auch das wiedervereinigte Deutschland bekräftigte seine nukleare Abstinenz: das eine Mal am 12. September 1990 im "Zwei-plus-Vier"-Vertrag, als es seinen schon 1954 geleisteten Verzicht auf die Herstellung von ABC-Waffen wiederholte und ihn auf den Besitz von und die Verfügungsgewalt über solche Waffensysteme ausweitete;[28] das andere Mal im Mai 1995 durch die Unterstützung der

---

[24] Vgl. Matthias Küntzel: Bonn und die Bombe. Deutsche Atomwaffenpolitik von Adenauer bis Brandt, Frankfurt a.M. 1992; Jürgen Schwarz: Bedingungen und Entwicklungslinien westdeutscher Nuklearpolitik; in: Hans-Peter Schwarz (Hg.): Handbuch der deutschen Außenpolitik, München 1975, 513-522.

[25] Vgl. Konrad Adenauer: Erinnerungen 1953-1955, Stuttgart 1966, 344. (= Adenauer, II)

[26] Vgl. Hans-Peter Schwarz: Die Ära Adenauer 1949-1957, Stuttgart 1981, 251. (= Geschichte der Bundesrepublik Deutschland Bd. 2)

[27] Vgl. Erwin Häckel: Die Bundesrepublik Deutschland und der Atomwaffensperrvertrag. Rückblick und Ausblick, Bonn 1989.

[28] "Vertrag über die abschließende Regelung in bezug auf Deutschland mit vereinbarter Protokollnotiz"; in: Auswärtiges Amt, 1995, 699-703, hier 701.

Entscheidung der NPT-Folgekonferenz in New York, den Atomwaffensperrvertrag, dessen Laufzeit auf 25 Jahre festgelegt war, unbefristet zu verlängern. Damit hat die Bundesrepublik der nuklearen Option als Teil der nationalen Sicherheitspolitik dauerhaft entsagt. Prinzipiell vorstellbar bleibt jedoch eine Mitverfügung im Rahmen einer mit Kernwaffen ausgestatteten europäischen Streitmacht. Ebenfalls im Zwei-plus-Vier-Vertrag sicherte Bonn zu, eine Gorbatschow während der Verhandlungen über die deutsche Einheit gegebene Zusage einzuhalten und die Zahl der deutschen Soldaten innerhalb von wenigen Jahren auf 370.000 zu reduzieren.

1.3. Fazit

1) Das deutsche Grundgesetz geht sehr viel weiter als andere Verfassungen, was die normativen Vorgaben für die Ziele der nationalen Außenpolitik anlangt. Der Einsatz der Streitkräfte nur zu Verteidigungszwecken oder zu friedensschaffenden Maßnahmen im multilateralen Konzert, die Bindewirkung des Völkerrechts für die Staatsorgane und die angeregte Übertragung von Souveränitätsrechten auf supranationale Organisationen sind Maximen, die in dieser Form mit Ausnahme Japans kein anderer wichtiger Staat kennt.

2) Im Rahmen der durch die Verfassung vorgegebenen Prinzipien bleibt es allerdings den Bundesorganen und damit vor allem der Bundesregierung überlassen, wie sie diese zu erfüllen versucht. Der Spielraum der Bundesregierung ist dabei größer als vielfach angenommen.

3) Auch nach der Herstellung der deutschen Einheit hat die deutsche Außenpolitik unter bestimmten Einschränkungen zu operieren, die sich aus internationalen Verpflichtungen ableiten lassen und die in dieser Form für andere Staaten nicht gelten. So kann Deutschland sein Militär außer zur Selbstverteidigung oder im Bündnisfall nur auf Anordnung internationaler Organisationen und nur im multinationalen Verbund einsetzen. Auch hat Bonn dauerhaft auf ABC-Waffen verzichtet und eine Höchstzahl für in der Bundeswehr dienende Soldaten akzeptiert.

2. Die Verteilung der außenpolitischen Kompetenzen

Die Verfassungen aller Demokratien verteilen die auswärtige Gewalt auf mehrere staatliche Organe. Welche Organe dabei welche Rechte und wieviel Mitsprache bei der Gestaltung der Außenpolitik eines Landes haben, ist aber von Demokratie zu Demokratie verschieden. In parlamentarischen Regierungssystemen wird die Außenpolitik im wesentlichen von der Exekutive formuliert und implementiert. Dies gilt auch für die Bundesrepublik Deutschland. In anderen Demokratietypen sind die außenpolitischen Kompetenzen unterschiedlich aufgeteilt. Das präsidentielle System der USA zum Beispiel kennzeichnet ein von den Verfassungsvätern gewünschter politischer Wettbewerb zwischen dem Präsidenten und dem Kongreß um die Führung der auswärtigen Geschäfte.[1] Im semi-präsidentiellen System Frankreichs dagegen liegt die Außenpolitik weitgehend beim Präsidenten - selbst in Phasen der *cohabitation*, zu Zeiten also, wo das Parlament vom anderen politischen Lagers beherrscht wird.[2]

Neben der horizontalen kennen föderalistisch organisierte Demokratien bisweilen noch eine vertikale Verteilung der außenpolitischen Kompetenzen. So weist in Deutschland das Grundgesetz die auswärtigen Angelegenheiten nicht ausschließlich der nationalen Ebene zu. Bevor das Verhältnis zwischen den einzelnen Bundesorganen erörtert werden kann, müssen deshalb zunächst Zuständigkeiten und Mitwirkung der Länder an der Außenpolitik zur Sprache kommen.

2.1. Das Verhältnis Bund-Länder

Was die außenpolitischen Gestaltungsmöglichkeiten subnationaler Einheiten anlangt, so finden sich die deutschen Bundesländer im internationalen Vergleich auf einem Mittelplatz.[3] Während zum Beispiel Österreich die Länder vom völkerrechtlichen Verkehr ausschließt und sich der Bund in der Schweiz bereits in Vertragsverhandlungen der Kantone einschalten kann, läßt

---

[1] Diese Konkurrenz der beiden Regierungsgewalten hat seit den frühen siebziger Jahren eine ungewöhnliche Intensität erreicht. Siehe dazu grundlegend Stephan Bierling: Partner oder Kontrahenten? Präsident und Kongreß im außenpolitischen Entscheidungsprozeß der USA (1974-1988), Frankfurt a.M. u.a. 1992; Cecil Crabb/Pat Holt: Invitation to Struggle: Congress, the President and Foreign Policy, Washington D.C. 1989; Thomas Mann (ed.): A Question of Balance. The President, the Congress and Foreign Policy, Washington D.C. 1990.

[2] Vgl. Alfred Grosser/François Goguel: Politik in Frankreich, Paderborn 1980, 298-300.

[3] Siehe dazu grundsätzlich Hans Michelmann/Panayotis Soldatos (eds.): Federalism and International Relations. The Role of Subnational Actors, Oxford 1990.

das Grundgesetz internationale Aktivitäten der Bundesländer in größerem Umfang zu.[4] Allerdings sind die deutschen Bundesländer nicht so einflußreich wie die Provinzen Kanadas oder die Einzelstaaten Australiens und der USA.[5] Als Faustregel gilt: Je schwächer die formale außenpolitische Mitsprache subnationaler Einheiten auf Bundesebene ist, desto intensiver versuchen sie, eigenständig aktiv zu werden. Da die Länder in Deutschland über den Bundesrat auf die Formulierung der nationalen Außenpolitik einwirken können, entwickeln sie eigene außenpolitische Ambitionen nur in geringem Umfang.[6]

Welche Rechte stehen nun den Bundesländern nach der Verfassung zu? Prinzipiell ist zunächst festzustellen, daß das Grundgesetz von der Dominanz des Bundes in der Außenpolitik ausgeht und sie vor allem an drei Stellen festschreibt:[7] So bestimmt Art. 32 I GG, daß *"die Pflege der Beziehungen zu auswärtigen Staaten ... Sache des Bundes"* ist, wobei sich der Begriff "Staaten" auch auf internationale Organisationen erstreckt. Art. 73 I GG weist dem Bund die auschließliche Gesetzgebung über *"die auswärtigen Angelegenheiten"* zu. Schließlich überträgt Art. 24 I GG dem Bund noch das Recht, *"durch Gesetz Hoheitsrechte auf zwischenstaatliche Einrichtungen"* zu übertragen. Daneben gibt die Verfassung dem Bund die Kompetenzen für die Ein- und Auswanderung, die internationale Verbrechensbekämpfung, den Waren- und Zahlungsverkehr mit dem Ausland sowie die Führung des auswärtigen Dienstes. Ganz so einflußlos, wie diese Bestimmungen suggerieren, sind die Länder aber nicht. So garantiert ihnen das Grundgesetz eine teilweise Mitsprache bei sie betreffenden Angelegenheiten. Das kommt vor allem in drei Bereichen zum Tragen:

- das **Vertragsschlußrecht**: In Art. 32, II sieht das Grundgesetz vor, daß ein Land *"vor dem Abschlusse eines Vertrages, der die besonderen Verhältnisse eines Landes berührt"* rechtzeitig gehört werden muß. Über die praktische Bedeutung dieses Artikels kam es in den frühen fünfziger Jahren immer wieder zu Auseinandersetzung zwischen dem Bund und den

---

[4] Vgl. Ulrich Fastenrath: Kompetenzverteilung im Bereich der auswärtigen Gewalt, München 1986, 264.

[5] Siehe Elliot Feldman/Lily Gardner Feldman: Canada; in: Michelmann/Soldatos, 1990, 176-210; John Ravenhill: Australia; in: ebd., 77-123; und Earl Fry: The United States of America; in: ebd., 276-298.

[6] Vgl. Hans Michelmann: The Federal Republic of Germany; in: Michelmann/Soldatos, 1990, 211-244.

[7] Die Ausführungen zum Grundgesetz beziehen sich vor allem auf Hans Jarass/Bodo Pieroth: Grundgesetz für die Bundesrepublik Deutschland. Kommentar, München 1995; und Dieter Hesselberger: Das Grundgesetz. Kommentar für die politische Bildung, Bonn 1990.

Ländern. Erst 1957 einigten sich beide Seiten im *Lindauer Abkommen* auf ein Procedere, das dem Bund die Verhandlungskompetenz in gewissen Länderangelegenheiten überträgt, die Länder aber über die *Ständige Vertragskommission* frühzeitig in die Beratungen einbindet.[8] Unberührt davon blieb Art. 32, III GG, der besagt, daß die Länder innerhalb ihrer Zuständigkeit "*mit Zustimmung der Bundesregierung mit auswärtigen Staaten Verträge abschließen*" können.[9] Ein Beispiel soll dies illustrieren: Weil den Ländern aufgrund ihrer Kulturhoheit die Gesetzgebungskompetenz für das Schulwesen zusteht, können sie mit dem Heiligen Stuhl einen Vertrag - ein sogenanntes *Konkordat* - über den Religionsunterricht in den Schulen abschließen. Bis auf Konkordate unterliegen alle Verträge der Länder mit anderen Staaten oder Völkerrechtssubjekten aber der Zustimmung der Bundesregierung. Mit den subnationalen Einheiten anderer Staaten dürfen Länder aber Verträge eingehen, wenn sie in ihren Kompetenzbereich fallen. So schloß etwa Bayern am 28. Januar 1998 ein Abkommen mit Kalifornien über eine umfassende Forschungs- und Technologiepartnerschaft.[10]

Im Rahmen ihres Vertragsschlußrechts können die Bundesländer auch die Mitgliedschaft in solchen internationalen Organisationen anstreben, die sich mit Materien der Landesgesetzgebung befassen, und damit eigene Interessen in regionaler Kooperation verfolgen. Dabei kommt es *de jure* nicht auf das politische Gewicht und die Bedeutung einer Organisation an, sondern vor allem auf deren Aufgaben. *De facto* ist den Ländern allerdings die Mitgliedschaft in allen wichtigen Institutionen versagt, da sie sich mit Angelegenheiten befassen, für die der Bund zuständig ist. Nach einer Aufnahme können die Länder ihre Mitgliedschaftsrechte jedoch ohne Zustimmung der Bundesregierung ausüben. Beispiele für Organisationen mit Länderbeteiligung sind die *Arbeitsgemeinschaft Alpenländer* (Arge-ALP)[11], die *Gemeinschaft Saar-Lor-Lux*[12] oder die *Vier Motoren für Europa*[13]. Auch

---

[8] Vgl. Hans-Peter Schwarz: Die Bundesregierung und die auswärtigen Beziehungen; in: ders., 1975a, 43-111, hier 59.

[9] Siehe dazu grundsätzlich Rudolf Bernhardt: Verfassungsrecht und völkerrechtliche Verträge; in: Isensee/ Kirchhof, 1992, 571-597.

[10] Vgl. "High-Tech-Bündnis mit Kalifornien"; SZ, 29.1998, 47.

[11] Die *ArgeALP* (Arbeitsgemeinschaft Alpenländer) ist ein 1972 gegründeter Zusammenschluß von acht Alpenländern aus vier Staaten, darunter dem Bundesland Bayern. Ihr Ziel ist es, die infrastrukturelle und touristische Entwicklung der Alpenregion abzustimmen und die alpine Landschaft zu erhalten.

wenn Art. 24 GG 1992 dahingehend verändert wurde, daß Länder nun mit Zustimmung des Bundes Hoheitsrechte auf grenznachbarschaftliche Einrichtungen übertragen können, hat das Vertragsschlußrecht der Länder in der Praxis nur eine begrenzte Bedeutung erlangt.[14]

- das **Gesandtschaftsrecht**: Das Grundgesetz bestimmt, daß die Entsendung von Gesandten zu fremden Staaten und der Empfang von Gesandten aus fremden Staaten in die alleinige Kompetenz des Bundes fällt. Die Länder können freilich Beauftragte zu Staaten und Organisationen entsenden, wenn die behandelte Materie in ihren Zuständigkeitsbereich fällt und nicht mit völkerrechtlichen Akten verbunden ist. Die Entsendung eines Kirchenbeauftragten zum Vatikan ist also möglich. Dasselbe gilt für die Vertretung der Belange eines Landes in supranationalen Organisationen, in denen die Bundesrepublik Deutschland Mitglied ist. Die Länder dürfen zwar ihre Interessen nicht *gegenüber*, wohl aber als Teil des Mitgliedstaats *in* der Organisation vertreten, in die sie integriert sind.[15] Verfassungsrechtlich ist dies unproblematisch. So haben seit dem Inkrafttreten der *Einheitlichen Europäischen Akte* (EEA) 1986 sukzessive alle Länder Infomationsbüros in Brüssel eröffnet. Obwohl die Bundesregierung - und hier vor allem das Auswärtige Amt - die "Nebenaußenpolitik" der Länder kritisierte, erkannte sie die Büros im *Gesetz über die Zusammenarbeit von Bund und Ländern in Angelegenheiten der Europäischen Union* am 12. Dezember 1993 letztlich an. Laut Art. 8 dieses Gesetzes können die Länder *"unmittelbar zu Einrichtungen der Europäischen Union ständige Verbindungen unterhalten, soweit dies zur Erfüllung ihrer staatlichen Befugnisse und Aufgaben nach dem Grundgesetz dient"*. Unabhängig von den Informationsbüros arbeitet zusätzlich ein gemeinsamer Beobachter der Länder in Brüssel.[16]

- das **Mitwirkungsrecht**: Ist ein Land durch den Abschluß eines Bundesvertrages stärker betroffen, so muß ihm nach Art. 32 II GG die Gelegenheit gegeben werden, Anre-

---

[12] Die *Gemeinschaft Saar-Lor-Lux* widmet sich den ökonomischen Problemen der alten Montanindustriegebiete im Herzen der Europäischen Union. Beteiligt sind Rheinland-Pfalz, das Saarland, Lothringen und Luxemburg.

[13] Die *"Vier Motoren für Europa"* Baden-Württemberg, Rhône-Alp, Katalonien und Lombardei kooperieren in den Bereichen Wirtschaft, Kultur und Bildungspolitik.

[14] Vgl. Bernhardt, 1992, 585.

[15] Vgl. Fastenrath, 1986, 160.

[16] Vgl. Werner Hoyer: Nationale Entscheidungsstrukturen deutscher Europapolitik; in: Eberwein/Kaiser, 1998, 75-86, hier 84.

gungen und Bedenken vorzubringen. In der Praxis geschieht dies während der Aushandlung der relevanten Vertragsbestimmungen. Der Bund ist verpflichtet, die Argumente der Länder zu prüfen, muß sie aber nicht berücksichtigen. Besondere Bedeutung erlangte das Mitwirkungsrecht der Länder im europäischen Einigungsprozeß. Da die Fortschritte bei der Bildung der Europäischen Union zunehmend Länderkompetenzen berührten, forderten die Länder in der *Münchener Erklärung* 1990 eine stärkere Beteiligung am zentralen Entscheidungsgremium der Gemeinschaft, dem Ministerrat.[17] Im Zusammenhang mit der Einheitlichen Europäischen Akte verpflichtete sich der Bund, eine Teilnahme von zwei Ländervertretern bei Ministerratstagungen zuzulassen, wenn die behandelte Materie in die ausschließliche Gesetzgebungskompetenz der Länder fällt und dies technisch möglich ist. Und im Zuge des *Vertrags von Maastricht* (1992), bei dessen Aushandlung Ländervertreter beratend beteiligt waren, wurde Art. 146 des *Vertrags über die Europäische Gemeinschaft* (EGV) so verändert, daß der Vertreter eines Staats im Ministerrat nicht mehr ein Mitglied der nationalen Regierung sein muß, sondern auch ein Länder- bzw. Regionenminister sein kann. Innerstaatlich umgesetzt wurde dies durch die Neufassung von Art. 23 VI GG.[18] Seither "*soll*" ein vom Bundesrat bestimmter Landesminister die Bundesrepublik bei der EU eigenverantwortlich, das heißt stimm- und verhandlungsführungsberechtigt vertreten, wenn "*im Schwerpunkt ausschließliche Gesetzgebungsbefugnisse der Länder*" betroffen sind. Bei den Verhandlungen über den *Vertrag von Amsterdam* 1996 saßen Vertreter von Bayern und Rheinland-Pfalz als Mitglieder der deutschen Delegation am Verhandlungstisch. Neben der diplomatischen Mitwirkung erhofften sich die Länder durch den im Maastricht-Vertrag ins Leben gerufenen *Ausschuß der Regionen* eine Stärkung ihrer Stellung in der deutschen Europapolitik.[19] Jedes

---

[17] "Münchener Erklärung zum Föderalismus in Europa" der Ministerpräsidentenkonferenz vom 20./21.12.1990; abgedr. in Joachim Bauer (Hg.): Europa der Regionen. Aktuelle Dokumente zur Rolle und Zukunft der deutschen Länder im europäischen Integrationsprozeß, Berlin 1991, Dokument 13. Siehe dazu vor allem Angelika Kleffner-Riedel: Die Mitwirkung der Länder und Regionen im EU-Ministerrat; in: Bayerische Verwaltungsblätter, Bd. 126/Heft 4 (1995), 104-108.

[18] Zur Mitwirkung der Bundesländer an der Europapolitik siehe grundsätzlich Franz H.U. Borkenhagen: Europapolitik der deutschen Länder. Bilanz und Perspektiven nach dem Gipfel von Amsterdam, Opladen 1998; und Henning Klaus: Die deutschen Bundesländer und die Europäische Union. Die Mitwirkung der Länder am EU-Integrationsprozeß seit dem Vertrag von Maastricht, Vierow 1996.

[19] Vgl. Manfred Degen: Der Ausschuß der Regionen - Bilanz und Perspektiven; in: Borkenhagen, 1998, 103-126.

Bundesland entsendet mindestens einen Vertreter in dieses Gremium. Der Regionalausschuß konstituierte sich am 9. März 1994 und berät Rat und Kommission in Fragen wie dem wirtschaftlichen und sozialen Zusammenhalt, den transeuropäischen Netzen und Fördermaßnahmen in den Bereichen Bildung, Kultur, Jugend und Gesundheitswesen. Im Amsterdamer Vertrag erhielt er weitere obligatorische Anhörungsrechte in den Bereichen Beschäftigung, Soziales, Umwelt, berufliche Bildung und Verkehr. Rat und Kommission können jedoch die Empfehlungen des Ausschusses ohne Begründung zurückweisen. Auch hat der Ausschuß keine Klagebefugnis beim *Europäischen Gerichtshof* (EUGH). Die Hoffnungen der Bundesländer, sich über dieses neue Gremium Einfluß auf die deutsche Europapolitik zu verschaffen, sind bisher weitgehend enttäuscht worden. Trotzdem ist festzustellen, daß die Länder ihre institutionelle Mitwirkung in EU-Angelegenheiten seit Mitte der achtziger Jahre kontinuierlich verbessern konnten.

In der Praxis haben sich die Länder nie auf ihre im Grundgesetz verbürgten außenpolitischen Rechte beschränkt. So besuchen die Regierungschefs der Länder und ihre Minister offiziell das Ausland, empfangen ausländische Staatsgäste, halten Kontakte mit Botschaften und geben Reden zur Außenpolitik - und all das aus eigener Initiative und nicht im Auftrag der Bundesregierung.[20] Da Art. 32 I GG diesen Kompetenzbereich dem Bund zuweist, sind solche informellen außenpolitischen Akte nach der herrschenden Meinung verfassungsrechtlich fragwürdig. Politisch sind sie jedoch zu einem festen Bestandteil der Außenpolitik der Länder geworden. Als der bayerische Ministerpräsident Franz Josef Strauß (1978-1988) einmal von einer seiner vielen Auslandsmissionen zurückkehrte und ihm kritische Bemerkungen von Außenminister Hans-Dietrich Genscher zu Ohren kamen, antwortete er schroff: *"Mir ist nicht bekannt, daß ein bayerischer Ministerpräsident Anträge auf Dienstreisen beim Außenminister in Bonn einreichen muß."*[21] Das wohl dramatischste Beispiel für eine eigenständige außenpolitische Aktion eines Länderchefs lieferte ebenfalls Strauß: Im Frühjahr 1983 traf er mehrmals mit DDR-Unterhändler Alexander Schalck-Golodkowski zusammen, um mit ihm über einen ungebundenen Kredit in Höhe von 1 Mrd. DM an das in schwersten Devisennöten befindliche SED-Regime zu verhandeln. Kanzler Kohl

---

[20] Vgl. Fastenrath, 1986, 192-196. Pro Jahr unternehmen die Länderchefs ca. 150 Auslandsbesuche.

[21] Zit. nach Hannes Burger: Hoffnungslos, aber nicht ernst. Zwischen Bonn und München wird nach langen Jahren wieder gefrotzelt; Die Welt, 21./22.6.1997, 1.

war zwar unterrichtet und sah darin eine Chance, Strauß in die Deutschlandpolitik der Regierung einzubinden, aber der Anstoß kam vom und die operative Durchführung lag beim bayerischen Ministerpräsidenten.[22] Auch sein Nachfolger Edmund Stoiber (1993-) fiel wiederholt durch prononcierte außenpolitische Stellungnahmen auf. So trat er bei den Beratungen des *Deutsch-tschechischen Vertrags* 1995/96 als Anwalt der Sudetendeutschen Landsmannschaft auf und brachte die EU-Mitgliedschaft Prags mit der Aufhebung beziehungsweise Distanzierung von den Benesch-Dekreten durch die tschechische Regierung in Verbindung.[23] Vor allem der Widerstand Bayerns verzögerte den Abschluß des Abkommens. Auch in der Debatte über die fristgerechte Einführung des EURO haben Länderchefs in In- und Ausland wiederholt Positionen bezogen, die nicht mit dem Kanzleramt oder dem Auswärtigen Amt abgestimmt waren und gegen deren politische Linie verstießen. Im Oktober 1997 sah sich der damalige Amtschef Kinkel sogar zu der Erklärung genötigt, Stoiber sei kein *"Nebenaußenminister"*.[24]

Während sich die Ministerpräsidenten also immer stärker in die praktische Außenpolitik einschalten, hat das Bundesverfassungsgericht allen Versuchen der Länder einen Riegel vorgeschoben, in klassischen außen- und sicherheitspolitischen Belangen normsetzend aktiv zu werden. In seinen Entscheidungen über die beabsichtigten Volksbefragungen in Hamburg, Bremen und Hessen zur Atombewaffnung der Bundeswehr stellte das oberste deutsche Gericht fest, daß die Länder schon dann ihre Kompetenzen überschreiten, wenn sie in solchen Fragen durch Plebiszite politischen Druck auf den Bund ausüben wollen.[25] Die Verwaltungsgerichte haben diese Grundsatzentscheidung konsequent umgesetzt, indem sie den Kommunen die Einrichtung atomwaffenfreier Zonen mit dem Argument untersagten, dies überschreite den örtlichen Wirkungskreis und drohe, die Entscheidungsfreiheit des Bundes zu beschneiden. Außenpolitische Initiativen der Städte und Gemeinden haben sich folglich auf

---

[22] Vgl. dazu vor allem Karl-Rudolf Korte: Deutschlandpolitik in Helmut Kohls Kanzlerschaft. Regierungsstil und Entscheidungen 1982 bis 1989, Stuttgart 1998, 161-176. Siehe auch Franz Josef Strauß: Die Erinnerungen, Berlin 1989, 470-80.

[23] Vgl. Redebeitrag Stoibers zur Regierungserklärung Helmut Kohls vor dem deutschen Bundestag am 1.6.1995; abgedr. in Archiv der Gegenwart, 1995, 40053.

[24] Vgl. "Kinkel fordert Ende der Euro-Verschiebungsdebatte"; Reuters, 14.10.1997.

[25] BVerfGE 8, 104 (117/8).

Beziehungen *auf ihrer Ebene* zu beschränken, also zum Beispiel auf internationale Städtepartnerschaften, Jugend- und Kulturaustausch oder kommunales Engagement bei humanitärer und Entwicklungshilfe.[26]

2.2. Das Verhältnis zwischen den Bundesorganen

Wie eingangs bereits festgestellt, verteilt die Verfassung die außenpolitischen Kompetenzen auf Bundesebene nach dem Prinzip der kombinierten Gewalt auf mehrere staatliche Organe. Die zentrale Rolle kommt dabei der **Bundesregierung** zu: Sie handelt Verträge aus und unterzeichnet sie, sie schließt Verwaltungsabkommen, sie pflegt die Kontakte mit Botschaften und ausländischen Regierungen, sie gibt außenpolitische Erklärungen ab, ihre Vertreter repräsentieren Deutschland bei internationalen Konferenzen. Innerhalb der Bundesregierung nimmt der Kanzler eine herausragende Stellung ein, ist er doch nicht nur als einziges Kabinettsmitglied vom Parlament gewählt, sondern er verantwortet auch die Politik seiner Regierung gegenüber Bundestag und Öffentlichkeit. Außerdem verfügt der Kanzler nach Art. 65 GG über die Richtlinienkompetenz und hat im Verteidigungsfall die Befehls- und Kommandogewalt über die Streitkräfte.

Dem **Bundestag** weist das Grundgesetz in auswärtigen Angelegenheiten dagegen keine Initiativ-, sondern nur Mitwirkungsrechte zu, und zwar bei folgenden Akten: dem Abschluß von politischen Verträgen, von Friedensverträgen und Verträgen, die Hoheitsrechte auf zwischenstaatliche Einrichtungen übertragen sowie der Erklärung des Verteidigungsfalls.

Der **Bundespräsident** hat außenpolitisch nur formelle Kompetenzen. Zwar überträgt ihm Art. 59 I GG die alleinige völkerrechtliche Vertretung Deutschlands, die in rechtlich bindenden Erklärungen oder in politischen Akten wie Staatsbesuchen zum Ausdruck kommt. Aber er ist nicht befugt, inhaltlich selbständig zu handeln. Mehr noch, er ist sogar verpflichtet, sich mit seinen Äußerungen im Rahmen der Regierungspolitik zu bewegen. Meist werden die außenpolitischen Reden des Bundespräsidenten deshalb mit dem Auswärtigen Amt abgesprochen, manchmal sogar direkt von diesem ausgearbeitet. Die geringe Bedeutung des Präsidenten in der Außenpolitik ist allerdings nicht nur Ergebnis der verfassungsrechtlichen Vorgaben, sondern sie wurde auch durch das Verhältnis des ersten Amtsinhabers zum ersten

---

[26] Vgl. Horst Heberlein: "Kommunale Außenpolitik" und "atomwaffenfreie Zonen": Die Maßstäbe des Bundesverwaltungsgerichts; in: Die öffentliche Verwaltung, Bd. 44/H. 21 (1991), 916-922.

Bundeskanzler nachhaltig geprägt. Theodor Heuss (1949-1959) versuchte in seinen frühen Amtsjahren nämlich wiederholt erfolglos, seinen engen Handlungsspielraum vorsichtig auszuweiten. So sprach er sich Adenauer gegenüber dafür aus, den militärischen Oberbefehl über die im *Vertrag über die Europäische Verteidigungsgemeinschaft* (EVG) vorgesehene deutsche Armee dem Staatsoberhaupt zu übertragen, *"gerade um die neutrale politische Handhabung dieser Kompetenz der Öffentlichkeit klarzumachen"*.[27] Außerdem strebte er den Vorsitz in einem eventuell zu schaffenden Verteidigungsrat an.[28] Adenauer lehnte jedoch jede Ausweitung der Machtposition des Bundespräsidenten ab, indem er dessen Vorstöße ins Leere laufen ließ. Fälle, in denen das Staatsoberhaupt eigene außenpolitische Akzente setzt, sind selten, kommen aber vor. Es hängt dabei vom Ausmaß der Abweichung von der Regierungslinie ab, ob der Präsident seine Zuständigkeit überschreitet. Als Heinrich Lübke (1959-1969) etwa in seiner Ansprache zum Neujahrsempfang der Bundesregierung am 6. Januar 1965 die deutsche Frankreichpolitik kritisierte, stellte dies eine klare Kompetenzverletzung dar.[29] Auch Richard von Weizsäckers (1984-1994) Äußerungen zur polnischen Westgrenze im Sommer 1990 waren verfassungrechtlich nicht unproblematisch, da sie sehr viel weiter gingen als die Stellungnahmen des Kanzlers, der die endgültige völkerrechtliche Kodifizierung der Oder-Neiße-Linie einem freigewählten gesamtdeutschen Parlament überlassen wollte. Die Mitwirkungsrechte des Staatsoberhaupts bei der Vertragsratifizierung und bei der Ernennung von Ministern sind ebenfalls nicht-politischer Natur. Einen von der Regierung ausgehandelten und vom Parlament angenommenen Vertrag hat der Bundespräsident beispielsweise zu unterzeichnen, außer, er hält ihn für verfassungswidrig. Dies kam bisher nur einmal beim EVG- und beim *Deutschlandvertrag* Anfang der fünfziger Jahre vor, als Heuss vor dem Hintergrund der extrem scharfen innenpolitischen Auseinandersetzungen erklärte, er werde die Vertragsgesetze erst ausfertigen, wenn das Verfassungsgericht die Vereinbarkeit der Abkommen mit dem Grundgesetz festgestellt habe.[30] Auch einen Minister darf der Bun-

---

[27] "Unter vier Augen: Gespräche aus den Gründerjahren - Konrad Adenauer und Theodor Heuss", hgg. von Rudolf Morsey und Hans-Peter Schwarz, Berlin 1997, 124.

[28] Ebd., 164/5.

[29] Vgl. Werner Billing: Die Rolle des Bundespräsidenten im Bereich der Außenpolitik; in: Schwarz, H.-P., 1975a, 142-156, hier 154.

[30] Ebd., 147.

despräsident nach der Mehrheitsmeinung der Staatsrechtler lediglich aufgrund formaler Bedenken ablehnen. Im außenpolitischen Bereich wurde dies nur einmal relevant und auch nur, weil der Amtsinhaber seine Befugnisse extensiv interpretierte: 1961 versuchte Lübke, die Ernennung Gerhard Schröders (CDU) zum Außenminister zu verhindern, weil er an dessen Berlin-Treue zweifelte. Angesichts der einhelligen Kritik der Öffentlichkeit und der Standfestigkeit des Kanzlers blieb Lübkes Vorstoß aber ohne Erfolg.[31] Insgesamt sind öffentlich ausgetragene Kontroversen zwischen dem Bundespräsidenten und der Regierung allerdings selten.

Der **Bundesrat** schließlich verfügt lediglich im Rahmen des normalen Gesetzgebungsverfahrens über Mitwirkungsmöglichkeiten in auswärtigen Angelegenheiten. Er kann gegen Vertragsgesetze Einspruch einlegen, was aber fast nie vorkommt. Von den 821 Verträgen zum Beispiel, die zwischen 1949 und 1974 abgeschlossen wurden, benötigten 399 (49 Prozent) die Zustimmung der Länderkammer. Lediglich einmal, beim *Deutsch-tschechoslowakischen Vertrag* vom Dezember 1973, erhob sie Einspruch.[32] Der Bundesrat kann die Regierung zudem über seine Kontrollrechte veranlassen, ihn über die Führung der Außenpolitik auf dem laufenden zu halten. Allerdings sind die Regierungen ihrer Informationspflicht in der Praxis unterschiedlich nachgekommen. Adenauer zum Beispiel ließ bei den *Westverträgen* die zweite Kammer und selbst die Ministerpräsidenten seiner eigenen Partei weitgehend im dunkeln. Auch Brandt setzte den Bundesrat beim *Moskauer* und *Warschauer Vertrag* nur unzureichend in Kenntnis. In anderen Fällen wie dem *Atomwaffensperrabkommen* wurde er dagegen umfassend unterrichtet.[33] Nur in einem Bereich konnte der Bundesrat stärkeren Einfluß auf die deutsche Außenpolitik gewinnen: in EU-Angelegenheiten. Der neue Art. 23 GG macht nicht nur jede Übertragung von Hoheitsrechten auf die Europäische Union von der Zustimmung der Länderkammer abhängig, sondern verpflichtet die Bundesregierung auch auf eine umfassende Information der Bundesrats. Seine Stellungnahmen sind von der Bundesregierung bei ihrer Meinungsbildung im Bereich ausschließlicher Bundesangelegenhei-

---

[31] Ebd., 149.

[32] Vgl. Werner Billing: Der Einfluß des Bundesrates auf die Außenpolitik; in: Schwarz, H.-P., 1975a, 123-142, hier 132; und Frank Pfetsch: Einführung in die Außenpolitik der Bundesrepublik Deutschland. Eine systematisch-theoretische Grundlegung, Opladen 1981, 68.

[33] Vgl. Reinhard Rode: Deutsche Außenpolitik, Berlin 1996, 52.

ten "*zu berücksichtigen*", im Bereichen, wo der Schwerpunkt der Befugnisse bei den Ländern liegt, sogar "*maßgeblich zu berücksichtigen*".[34] Wenn eine Frage auch nach erneuten Beratungen strittig bleibt, kann der Bundesrat seine Auffassung mit einer Zweidrittelmehrheit durchsetzen.[35]

Im Mittelpunkt der horizontalen Gewaltenteilung steht jedoch das Verhältnis von **Regierung und Parlament**. Während die traditionelle Staatsrechtslehre die auswärtige Gewalt als Vorrecht der Exekutive betrachtete, hat sich heute die Ansicht durchgesetzt, daß das Grundgesetz von einer engen Verknüpfung von Regierungs- und Gesetzgebungsfunktion ausgeht, wenngleich das Schwergewicht auch weiterhin bei der Exekutive angesiedelt wird.[36] Diese Entwicklung spiegelt sich auch in den Entscheidungen des Bundesverfassungsgerichts, vor allem in seinen Sprüchen zum Abschluß völkerrechtlicher Verträge und zum Einsatz der Bundeswehr. Auf sie soll im folgenden näher eingegangen werden.

In der Vertragsfrage traf das oberste deutsche Gericht schon früh eine eindeutige Entscheidung. So wies es am 29. Juli 1952 die Klage der SPD-Bundestagsfraktion zurück, die Regierung habe das Parlament beim Abschluß des *Petersberger Abkommens* und des *Deutsch-französischen Wirtschaftsabkommens* entgegen den Bestimmungen von Art. 59 II GG übergangen. Das Gericht begründete seine Entscheidung mit dem Hinweis, der angeführte Verfassungsartikel garantiere der Legislative nur eine Mitsprache bei Verträgen, "*welche die politischen Beziehungen des Bundes regeln*". Politische Verträge seien solche, "*die darauf gerichtet sind, die Machtstellung eines Staates gegenüber einem anderen zu behaupten, zu befestigen oder zu erweitern*" wie dies etwa Friedens-, Neutralitäts-, Bündnis-, Sicherheits- und Abrüstungsverträge tun. Vereinbarungen mit den Hohen Kommissaren über den Abbau von Besatzungsrechten und Abkommen zu Wirtschaftsfragen fielen nicht unter diese Definition, so das Bundesverfassungsgericht.[37] Zudem regelt die Bundesregierung wichtige außenpolitische Fragen mit anderen Staaten immer wieder durch Verwaltungsabkommen, die

---

[34] Vgl. Lars von Dewitz: Der Bundesrat - Bilanz der Arbeit im EU-Ausschuß seit 1992; in: Borkenhagen, 1998, 69-83.

[35] Vgl. Hoyer, 1998, 83.

[36] Vgl. Schwarz, Henning, 1995, 273-275.

[37] BVerfGE 1, 372 (380/1). Grundsätzlich zur Kompetenzverteilung bei der Aushandlung und Verabschiedung von Verträgen vgl. Bernhardt, 1992, 574-582.

keiner Ratifikation durch die Legislative bedürfen. Dazu zählt etwa die deutsch-brasilianische Nukleartransfervereinbarung aus dem Jahr 1975.

Bei den politischen Verträgen beschränkt sich die Mitwirkung des Parlaments außerdem auf die Zustimmung oder Ablehnung. Diese exekutiv-freundliche Rechtsprechung beim Aushandeln und Abschluß von Verträgen, die dem Parlament keine Initiativ-, Gestaltungs- oder Kontrollbefugnisse zuweist, hat das Bundesverfassungsgericht später aufrechterhalten. Auch blieb die Klage der SPD-Fraktion zur Ratifizierung internationaler Abkommen eine Ausnahme. In der Regel akzeptierten die Abgeordneten die von der Regierung reklamierten Zuständigkeiten vorbehaltlos. So legte der Bundestag in Art. 82 II seiner Geschäftsordnung sogar fest, daß eine Veränderung des Vertragsinhalts etwa durch Zusätze nicht zulässig sei. In der Praxis wurde dieses Prinzip zwar bisweilen durchbrochen, etwa mit den Präambeln zum *Deutsch-französischen Vertrag* 1963 oder zum *Grundlagenvertrag* 1972, aber dies stellte eine Abweichung von der Norm dar und diente nicht als Anlaß für eine prinzipielle Erörterung der Kompetenzverteilung. Sogar wenn die Bundesregierung das Parlament demonstrativ aufforderte, an wichtigen außenpolitischen Fragen mitzuwirken, hielten sich die Abgeordneten zurück. 1955 suchte Adenauer zum Beispiel die Zustimmung des Bundestags für die Aufnahme diplomatischer Beziehungen zur Sowjetunion, weil er die Verantwortung für diese schwierige Entscheidung auf möglichst viele Schultern verteilen wollte. Das Parlament nutzte die Gelegenheit aber nicht dazu, einen Präzedenzfall zu statuieren. Daß der Parteivorsitzende des Koalitionspartners FDP, Thomas Dehler, betonte, es sei *"selbstverständlich, daß der Bundestag die Entscheidung des Chefs der Regierung respektiert und billigt"*, überraschte nicht. Verwunderlicher war die Aussage von SPD-Chef Erich Ollenhauer (1952-1963), die Entscheidung über diese Frage falle allein der Regierung zu und sie bedürfe *"der Ratifizierung durch den Bundestag nicht"*.[38] Damit war ein Verhaltensmuster etabliert, das sich in der Geschichte der Bundesrepublik immer wieder finden sollte.

Im zweiten umstrittenen außenpolitischen Bereich, der Entsendung der Streitkräfte, haben die Richter die grundsätzliche Zuordnung der Außenpolitik zum Kompetenzbereich der Exekutive ebenfalls bestätigt. Es wurde jedoch auch eine Tendenz zur Parlamentarisierung der auswärtigen Gewalt sichtbar, wie sie bereits im Maastricht-Urteil ansatzweise zum

---

[38] Das Beispiel und die Zitate finden sich bei Kurt P. Tudyka: Gesellschaftliche Interessen und auswärtige Beziehungen. Materialien zur Außenwirtschaftspolitik der Ära Adenauer, Nijmegen 1978, 2 Bde., hier Bd. 1/168/9.

Ausdruck gekommen war. So stellte das oberste deutsche Gericht in seiner Entscheidung zu den drei Verfahren über die Auslandseinsätze der Bundeswehr am 12. Juli 1994 fest, jeder Entsendung der Streitkräfte, gleich ob auf Aufforderung der UNO oder im Bündnisfall, habe ein konstitutiver Parlamentsbeschluß mit einfacher Mehrheit vorauszugehen.[39] Es gebe nämlich, so die Richter, eine *"Grundsatzverantwortlichkeit des Parlaments für die Streitkräfte"*, die sich nicht in der Kontrolle der Bundeswehr erschöpfe, sondern die konkrete Entscheidung über ihre Verwendung erfordere. Die Legislative besitze allerdings kein Initiativrecht, dürfe also weder die Exekutive zu einem Einsatz verpflichten noch ihr die Modalitäten, den Umfang oder die Dauer einer Operation vorschreiben.[40]

Auch wenn Grundgesetz und Verfassungsgericht die Dominanz der Regierung bei der Führung der Außenpolitik festlegen, verfügt der Bundestag doch über eine ganz Reihe von indirekten Einflußmöglichkeiten.[41] Das Parlament kann natürlich das Budgetrecht als außenpolitisches Steuerungsinstrument nutzen und dadurch Einfluß zum Beispiel auf die Bestimmung der Ziele, der Strategien und der Ausrüstung des Militärs oder auf die Kreditvergabepolitik ausüben. So sperrte der Haushaltsauschuß 1988 100 Mio. DM im Verteidigungsetat, weil der damalige Minister Manfred Wörner die Zahl der Tiefflüge nicht reduzieren wollte. Und 1982 kürzte der Bundestag die Entwicklungshilfe für Indien, weil die dortige Regierung zuviel Geld für den Verteidigungssektor bereitstellte. Zudem kann das Parlament die Außenpolitik der Exekutive über seine regulären Kontrollmittel begleiten, insbesondere über die seit 1956 in Art. 45a I GG vorgeschriebenen Ausschüsse für auswärtige Angelegenheiten und Verteidigung.[42] Über die *Parlamentarische Kontrollkommission* (PKK) überwacht der Bundestag auch die Arbeit der Geheimdienste.

Parlamentarische Gremien geben bisweilen auch wichtige Impulse. Ende der fünfziger Jahre etwa arbeitete die *Arbeitsgruppe für die Beziehungen zu den Ostblockstaaten* des Auswärtigen Ausschusses unter dem Vorsitz des SPD-Abgeordneten Wenzel Jaksch Empfeh-

---

[39] Zum folgenden vgl. vor allem Philippi, 1997a, 52-58.

[40] BVerfGE 90, (385-389).

[41] Siehe dazu vor allem Wolf-Dieter Karl/Joachim Krause: Außenpolitischer Strukturwandel und parlamentarischer Entscheidungsprozeß; in: Haftendorn, 1978, 55-82.

[42] Vgl. Günter Patz: Parlamentarische Kontrolle der Außenpolitik. Fallstudien zur politischen Bedeutung des Auswärtigen Ausschusses des Deutschen Bundestages, Meisenheim 1976.

lungen für eine flexiblere Ostpolitik aus, die Grundlage für eine Annäherung zwischen Regierung und Opposition wurden und an die Außenminister Schröder mit der Einrichtung von Handelsmissionen in osteuropäischen Staaten später anknüpfte.[43] Außerdem können die Abgeordneten über Parlamentsreden und -resolutionen, obwohl sie nicht rechtsverbindlich sind, auf die deutsche Außenpolitik einwirken. Dabei kam das Instrument der *Gemeinsamen Entschließung* des Bundestags zweimal zum Einsatz, um die Opposition oder Abweichler in der Mehrheitsfraktion mit Vertragswerken der Regierung zu versöhnen. Indem das Parlament etwa 1963 dem Deutsch-französischen Vertrag eine pro-atlantische Präambel voranstellte, konnten auch die Amerika-freundlichen Abgeordneten, die sogenannten "Atlantiker", dem Abkommen ohne Bedenken zustimmen.[44] Ganz ähnlich erlaubte es die *Gemeinsame Entschließung von Bundestag und Bundesrat zum Moskauer und Warschauer Vertrag* vom Januar 1972 der CDU/CSU, sich bei der Abstimmung zu enthalten und damit angesichts des parlamentarischen Patts die Annahme der Vereinbarungen zu ermöglichen.[45] Die Einbeziehung der Opposition ging sogar so weit, daß deren Führer Rainer Barzel direkt mit dem sowjetischen Botschafter über die Voraussetzungen für eine Ratifizierung verhandelte.[46]

Meist nehmen Entschließungen des Bundestags also eher subtil Einfluß auf die Außenpolitik der Regierung. Das gilt etwa auch für die wortgleichen Resolutionen der beiden deutschen Volksvertretungen am 21. Juni 1990, die die Oder-Neiße-Linie als Westgrenze Polens bestätigten, obwohl sich die Bundesregierung noch in Verhandlungen darüber befand. Es gibt allerdings auch Ausnahmen. Spektakuläres Beispiel für das Einwirken des Bundestags auf die Außenpolitik der Regierung über das Instrument der Gemeinsamen Entschließung war die *Tibet-Resolution*, die am 23. Juni 1996 mit den Stimmen aller Parteien verabschiedet wurde und die Peking veranlaßte, den geplanten Besuch von Außenminister Klaus Kinkel zu verschieben.[47] Ein solcher Eklat bildet jedoch die Ausnahme, da die Parlamentsmehrheit ja

---

[43] Ebd., 36-68. Vgl. auch Wenzel Jaksch: Berichte des Bundestagsabg. ... Deutsche Osteuropapolitik: Zwei Dokumente des Dritten Deutschen Bundestages, Bonn u.a. 1963.

[44] Vg. Patz, 1976, 69-96.

[45] Vgl. ebd., 105-154.

[46] Vgl. Ernst Majonica: Bundestag und Außenpolitik; in: Schwarz, H.-P., 1975a, 112-123, hier 121.

[47] Vgl. "Peking brüskiert Bonn mit Ausladung Kinkels"; SZ, 24.6.1996, 1.

die Regierung trägt und ihre Politik nicht beschädigen will. Gleichzeitig bemüht sich die Exekutive in der Regel, außenpolitische Wünsche der Legislative zu berücksichtigen und besonders versierte Volksvertreter zu konsultieren, bisweilen sogar in Vertragsverhandlungen einzubinden. 1955 zum Beispiel nahm Adenauer bei seinen Gesprächen mit der sowjetischen Führung den Vorsitzenden des Auswärtigen Ausschusses, Kurt-Georg Kiesinger (CDU), und seinen Stellvertreter, Carlo Schmid (SPD), in die deutsche Delegation auf.[48] Und 1996 beteiligte die Regierung Abgeordnete aller Fraktionen bei die Ausarbeitung der *Deutsch-tschechischen Erklärung*, um ihr eine möglichst breite Zustimmung im Bundestag zu sichern. In der Praxis werden Regierungs- und Parlamentspolitik also meist frühzeitig miteinander verknüpft.

Schließlich stehen den Volksvertretern als ultimative Form des Widerstands gegen die Außenpolitik der Exekutive noch Fraktions- oder Koalitionswechsel und konstruktives Miß-trauensvotum zur Verfügung. Auch hierfür gibt es in der Geschichte der Bundesrepublik Beispiele: Im Februar 1956 kündigte der FDP-Vorsitzende Dehler die Koalition mit der Union unter anderem mit der Begründung auf, die Adenauersche Politik der Westintegration gefährde die Wiedervereinigung.[49] Anfang der siebziger Jahre wechselten mehrere FDP- und SPD-Abgeordnete aus Protest gegen die Ostpolitik der sozial-liberalen Koalition zur Union und stimmten beim konstruktiven Mißtrauensvotum am 27. April 1972 für deren Kandidaten Rainer Barzel. Gut zehn Jahre später stellte die FDP auch deshalb die parla-mentarische Zusammenarbeit mit den Sozialdemokraten zur Disposition, weil sie befürchtete, die Durchsetzung des NATO-Doppelbeschlusses sei mit der SPD nicht mehr zu gewähr-leisten.

In geringem Umfang betreibt das Parlament auch eine "direkte" Außenpolitik. Obwohl der Bundestag nicht völkerrechtlich handeln darf, stehen seinen Mitgliedern doch eine ganze Reihe außenpolitischer Aktivitäten offen: Auslandsreisen, Treffen mit Abgeord-neten und Exekutivvertretern anderer Länder, Einladungen an ausländische Staats- und Regierungschefs, vor dem Plenum zu sprechen, die Zusammenarbeit mit parlamentarischen Gremien internationaler Organisationen wie der Versammlung der WEU und der OSZE oder

---

[48] Vgl. Majonica, 1975, 112-123, hier 122.

[49] Allerdings verblieben die Minister der FDP im Amt und gründeten mit zwölf Abgeordneten die *Freie Volkspartei* (FVP), die allerdings keine Wahlerfolge erzielen konnte.

dem Europaparlament.[50] In der 12. Wahlperiode des Bundestags (1990-1994) traf der Auswärtige Ausschuß zum Beispiel unter anderem mit Boris Jelzin, Lech Walesa, Shimon Peres und Yassir Arafat zusammen und entsandte Delegationen nach China, Frankreich, Kanada und Serbien, um sich vor Ort ein Bild von der Lage zu verschaffen. Diese Formen des Informationsaustauschs sind für die Volksvertreter auch deshalb wichtig, weil sie sich ihr Wissen anders als etwa die amerikanischen Parlamentariern nicht über eine große Zahl außenpolitischer Unterausschüsse oder über eigene außenpolitische Mitarbeiter verschaffen können. Der deutsche Parlamentarier ist in der Hauptsache auf Informationen angewiesen, die er von der Bundesregierung bekommt. Wer aber informiert, kontrolliert in der Regel auch die Agenda.

2.3. Fazit

1) Die Formulierung und Implementierung der deutschen Außenpolitik ist Sache des Bundes. Zwar stehen den Ländern und Kommunen gewisse Rechte zu, aber in der Praxis sind diese mit Ausnahme der EU-Politik meist ohne größere Bedeutung. Allerdings schalten sich die Ministerpräsidenten der Länder immer stärker in außenpolitische Fragen ein.

2) Auf Bundesebene kommt die zentrale außenpolitische Rolle der Regierung zu. Bundestag, Bundespräsident und Bundesrat (Ausnahme: EU-Angelegenheiten) nehmen nur in Ausnahmesituationen politischen Einfluß. Außer der Regierung besitzt kein Bundesorgan wirkliche Gestaltungsmöglichkeiten in der Außenpolitik. Beim Bundestag liegt dies weniger am Fehlen verfassungsmäßig verbürgter Rechte und Kontrollmittel als an den Funktionsmechanismen des parlamentarischen Regierungssystems, das die Mehrheitsfraktion(en) stets veranlaßt, die von ihnen gewählte Regierung zu stützen.

---

[50] Fastenrath, 1986, 245/6.

3. Akteure und Entscheidungsprozesse

In Verfassungsrecht und Verfassungswirklichkeit fallen die wesentlichen außenpolitischen Kompetenzen in den Zuständigkeitsbereich der Bundesregierung. Die Aufgabenverteilung zwischen dem Kanzler, dem Kabinett als Kollektivorgan und den einzelnen Ministern mit Kompetenzen in auswärtigen Angelegenheiten können indes weder mit dem Grundgesetz noch mit der Geschäftsordnung der Bundesregierung realitätsnah beschrieben werden. Das gleiche gilt für die Entscheidungsprozesse. Allgemeine Aussagen darüber, wer außenpolitische Beschlüsse wie fällt, lassen sich deshalb nur aufgrund von empirischen Fallstudien gewinnen. Am leichtesten ist dies bei Routineangelegenheiten, die in den Fachreferaten der einzelnen Ministerien, vor allem des Auswärtigen Amts, behandelt werden, am schwersten bei wichtigen politischen Problemen, die in der Regierung umstritten sind. Ein hochkarätiger Karrierediplomat beschrieb diesen Sachverhalt mit der Formel: *"Je fachlicher die Außenbeziehungen sind, auf desto eingefahreneren Wegen werden Entscheidungen getroffen. Je politischer die Fragen sind, desto unberechenbarer sind die Entscheidungsprozesse. "*[1]

Die politikwissenschaftliche Forschung hat bisher nur wenige generalisierbare Thesen über außenpolitische Entscheidungsabläufe erbracht.[2] Die Zahl der Arbeiten, die über den Einzelfall hinausgehende Feststellungen treffen, ist gering. Noch immer gelten die Aussagen von Helga Haftendorn, daß es *"eine systematische Untersuchung über den außenpolitischen Entscheidungsprozeß in der Bundesrepublik"*[3] bisher nicht gibt und Deutschland *"auf dem Gebiet der außenpolitischen Entscheidungsforschung ein Entwicklungsland"*[4] ist. Das liegt

---

[1] Ernst Friedrich Jung: Einflußfaktoren und Entscheidungsprozesse in der Außen- und Europapolitik; in: Hartwich/Wewer, Bd. 5, 1991, 183-209, hier 189.

[2] Wichtige Ansätze bieten jedoch die Arbeiten von Günther Schmid: Entscheidung in Bonn. Die Entstehung der Ost- und Deutschlandpolitik 1969/70, Köln 1979, und die Aufsatzsammlung von Helga Haftendorn u.a. (Hg.): Verwaltete Außenpolitik. Sicherheits- und entspannungspolitische Entscheidungsprozesse in Bonn, Köln 1978. Vor allem in Haftendorns Umfeld entstanden in den achtziger und neunziger Jahren eine Reihe von interessanten Studien zum Entscheidungsprozeß in der deutschen Außenpolitik. Etwas gelindert wird das von Haftendorn monierte Manko durch den Sammelband von Eberwein/Kaiser, 1998. Wenn auch bereits Mitte der siebziger Jahre erschienen, so doch nach wie vor aufschlußreich ist der Sammelband von Hans-Peter Schwarz (Hg.): Handbuch der deutschen Außenpolitik, München 1975. Siehe auch Hartwich/Wewer, 1993.

[3] Haftendorn, 1983, Fußnote 2.

[4] Helga Haftendorn: Zur Theorie außenpolitischer Entscheidungsprozesse; in: Rittberger, 1990, 401-423, hier 407.

zum einen an der im Vergleich mit den USA, Großbritannien oder Frankreich geringeren Zahl bemerkenswerter außenpolitischer Initiativen, zum anderen am geschlossenen Charakter des Systems der Bundesrepublik, das die Informationsgewinnung recht schwierig gestaltet. Gerade in den Einführungsbänden zur deutschen Außenpolitik begnügen sich die Autoren deshalb meist damit, Organigramme wiederzugeben, Statuten zu zitieren oder die unterschiedlichen Einflußfaktoren aufzulisten, ohne sie zu gewichten.[5] Dies ist jedoch analytisch unbefriedigend. Im folgenden soll versucht werden, einige Grundmuster des Zusammenwirkens der wichtigsten Akteure und der Entscheidungsabläufe in der Außenpolitik zu identifizieren sowie Thesen über die außenpolitische Machtverteilung zu formulieren.

3.1. Machtverteilung in der Bundesregierung

Im Zentrum bei der Führung der auswärtigen Angelegenheiten stehen der Kanzler und der Außenminister. Die Machtverteilung zwischen ihnen kann allerdings ganz unterschiedliche Ausprägungen annehmen. Konrad Adenauer zum Beispiel dominierte die deutsche Außenpolitik in einem Maße, wie es seither keinem Regierungschef mehr möglich war. Ursache dafür war weniger die in Art. 65 GG niedergelegte Richtlinienkompetenz, die nach Art. 1 der Geschäftsordnung der Bundesregierung für die innere *und äußere* Politik gilt. Vielmehr besaß Adenauer enge Kontakte zu den drei Westmächten, die teilweise noch aus den Zeiten seiner Präsidentschaft im Parlamentarischen Rat stammten und ihm einen Informationsvorsprung, manchmal sogar ein Informationsmonopol gegenüber seinen Ministern sicherten. Weiter stärkte seine Stellung, daß die *Dienststelle für auswärtige Angelegenheiten*, der unmittelbare institutionelle Vorläufer des Außenministeriums, bis 1951 im Kanzleramt angesiedelt war, und Adenauer von 1951 bis 1955 das neugegründete *Auswärtige Amt* (AA) in Personalunion führte. Als schließlich Heinrich von Brentano (1955-1961) zum Außenminister ernannt wurde, hatte er es so mit einem Kanzler zu tun, der seit sechs Jahren amtierte und der die Außenpolitik als seine Domäne betrachtete. Da von Brentano zudem aus der CDU stammte, deren Vorsitzender Adenauer war, und der Kanzler von 1957 bis 1961 mit absoluter Mehrheit regierte, besaß der Außenminister keine unabhängige Machtbasis. Noch vor der Ernennung hatte ihm der Kanzler in einem eingeschriebenen Brief weiter

---

[5] So z.B. Pfetsch, 1992; Rode, 1996.

mitgeteilt, daß er sich selbst *"bis auf weiteres die Führung der europäischen Angelegenheiten, der Angelegenheiten der USA und der Sowjetunion sowie der Konferenzangelegenheiten"* vorbehalte.[6] Zwar vertrat von Brentano in den nächsten sechs Jahren gelegentlich abweichende Meinungen seines Hauses, aber letzten Endes beugte er sich immer den Weisungen des Regierungschefs.[7]

"Solange der Bundeskanzler in einzelnen Bereichen oder auch auf dem gesamten Feld der Außenpolitik Führungswillen zeigt, Führungsgeschick besitzt und nicht durch Koalitionsrücksichten oder innerparteiliche Widerstände behindert ist", formulierte Hans-Peter Schwarz 1975 wohl vor allem mit Blick auf den ersten Amtsinhaber, *"kann er ausschlaggebende Impulse erteilen und tatsächlich die Richtlinien der Politik bestimmen."*[8] Solche paradisischen Zustände - und das betont Schwarz nicht - hatte aber außer Adenauer kein Regierungschef über einen längeren Zeitraum, und auch der nur bis 1961. Und selbst in den späten fünfziger Jahren führte Strauß das Verteidigungsministerium mit so großer Selbständigkeit, daß es zu wiederholten Auseinandersetzungen mit dem Kanzler kam. Am 20. Juni 1958 verwies Adenauer Strauß sogar auf seine Richtlinienkompetenz, weil dieser seine Äußerungen zum Aufbau der Bundeswehr nicht mit ihm abgesprochenen habe, und drohte, ihn zu entlassen.[9] Allerdings war diese Machtdemonstration nur bedingt glaubwürdig, da der Kanzler den starken Mann der Schwesterpartei CSU und ausgewiesenen sicherheitspolitischen Experten nicht aus dem Kabinett entfernen konnte, ohne die Koalition zu gefährden.[10]

Von 1961 an begann Adenauers dominierende Stellung in der Außenpolitik auch nach außen sichtbar zu bröckeln. Grund dafür waren nicht nur der Verlust der absoluten Mehrheit und die Notwendigkeit einer Koalition mit der FDP, sondern auch innerparteiliche Flügelkämpfe im Vorfeld des für 1963 angekündigten Stabwechsels zu Ludwig Erhard. Die auf Druck des kleinen Koalitionspartners erfolgte Berufung Gerhard Schröders (CDU/1961-1966)

---

[6] Zit. bei Schwarz, H.-P., 1981, 264.

[7] Arnulf Baring: Die Institutionen der westdeutschen Außenpolitik in der Ära Adenauer; in: Karl Kaiser/Roger Morgan (Hg.): Strukturwandlungen, München/Wien 1970, 167-179, hier 179.

[8] Schwarz, H.-P., 1975b, 52/3.

[9] Vgl. Heinrich Krone: Tagebücher. Erster Band: 1945-1961, Düsseldorf 1995, 306/7.

[10] Vgl. Schwarz, H.-P., 1983, 262.

zum Außenminister, der in West- wie Ostpolitik erkennbar andere Akzente setzte, war zugleich Symptom und Katalysator dieser Entwicklungen. Schröder hatte es also bis 1963 zwar mit einem Kanzler zu tun, der schon lange Jahre regierte, verfügte aber über die Unterstützung der FDP und einen wachsenden Rückhalt bei den Medien. Tatsächlich gelang es Schröder in den nächsten beiden Jahren, die Rechte seines Ressorts dem Kanzler gegenüber geltend zu machen und der Außenpolitik seinen Stempel aufzudrücken. Nach Westen aktivierte er die Beziehungen zu Washington, während der Kanzler immer stärker auf die Partnerschaft mit Paris setzte; der Außenminister war so auch die treibende Kraft hinter einer Bundestagsresolution, die dem deutsch-französischen Vertrag seine Substanz nahm und von Adenauer erst nach langem Widerstand akzeptiert wurde. Nach Osten verfolgte Schröder einen pragmatischen Kurs und suchte im Schulterschluß mit Washington einen Ausgleich mit der Sowjetunion, während der Kanzler der amerikanischen Entspannungspolitik immer skeptischer gegenübertrat. In der Frage des deutschen Beitritts zum Atomteststopp-Abkommen siegte Schröders bejahende Linie.[11]

Als Erhard 1963 Adenauer ablöste, amtierte Schröder bereits seit zwei Jahren und hatte sich als eigenständige Kraft in der deutschen Außenpolitik etabliert. Unter dem neuen, außenpolitisch wenig ambitionierten Kanzler wuchs seine Unabhängigkeit weiter. Vor allem gegenüber dem Osten setzte Schröder mit seiner *"Politik der Beweglichkeit"* die entscheidenden Akzente. Seine Strategie, die DDR über einen Ausbau der Beziehungen zu den osteuropäischen Satelliten Moskaus zu isolieren, war von 1963 bis 1966 offizielle Regierungspolitik.[12] Der Außenminister war ebenfalls maßgeblich dafür verantwortlich, daß der Streit zwischen Gaullisten und Atlantikern in der Union zugunsten letzterer entschieden wurde.

Auch Willy Brandt nahm als Außenminister der Großen Koalition aus Union und Sozialdemokraten eine starke Stellung ein. Dies hing vor allem damit zusammen, daß er als SPD-Vorsitzender von Kanzler Kiesinger unabhängig war und als langjähriger Regierender Bürgermeister Berlins Erfahrung mit Fragen der internationalen Politik gesammelt hatte. Brandt trug zwar im Kabinett den offiziellen außenpolitischen Kurs der Regierung mit,

---

[11] Vgl. Schwarz, Hans-Peter: Die Ära Adenauer 1957-1963, Stuttgart 1983, 304. (= Geschichte der Bundesrepublik Deutschland Bd. 3)

[12] Vgl. Hildebrand, Klaus: Von Erhard zur Großen Koalition 1963-1969, Stuttgart 1984, 90-91. (= Geschichte der Bundesrepublik Deutschland Bd. 4)

lancierte aber über sein Ministerium immer wieder eigene außenpolitische Ideen, insbesondere in Fragen der Ost- und Deutschlandpolitik, ohne daß der Kanzler etwas dagegen hätte
unternehmen können.[13] In der Frage des Atomwaffensperrvertrags erreichte der Außenminister gegen den Widerstand der Union, daß ein deutscher Beitritt nicht kategorisch ausgeschlossen wurde. 1966 setzte auch die bis heute bestehende Tradition ein, das Außenministerium dem kleineren Koalitionspartner zu übertragen.

Als Kanzler (1969-1974) konnte Brandt auf seine außenpolitische Erfahrung aufbauen,
die er als Außenminister in der CDU/CSU/SPD-Koalition erworben hatte. Zudem rückte nun
die Deutschlandpolitik, die beim Regierungschef ressortierte, stärker ins Zentrum der Außenpolitik und bot die Möglichkeit zu zusätzlicher Profilierung. Walter Scheel (1969-1974) fiel
es deshalb überaus schwer, ein eigenes Profil zu gewinnen, zumal Brandt seine gesamte
Mannschaft vom Auswärtigen Amt ins Kanzleramt mitgenommen und damit seinem neuen
Wirkungsbereich massiv außenpolitische Energien zugeführt hatte. *"Das Bundeskanzleramt
besteht von A bis Z, den Kanzler eingeschlossen, aus Leuten des Auswärtigen Amts"*, klagte
Scheel schon 1970, *"Kanzler, Staatssekretär, alle Mitarbeiter, persönliche Referenten -
rasserein Auswärtiges Amt".*[14] Die Rivalität zwischen den beiden Institutionen verdeutlichte
ein Scherz des Staatssekretärs im Außenministerium, Ferdinand Duckwitz, als Egon Bahr
1969 den Planungsstab verließ: *"So"*, meinte Duckwitz, *"wir setzen Sie jetzt hinter den
feindlichen Linien ab, im Kanzleramt."*[15]

Helmut Schmidt (1974-1982) war ebenfalls ein außenpolitisch engagierter Kanzler,
wenn er seinen zuständigen Ressortminister auch nicht in gleichem Maße dominierte wie sein
Vorgänger. Schmidt, der sich vor allem in Verteidigungs- und Finanzfragen einen Namen
gemacht und als "Superminister" für Wirtschaft und Finanzen unter Brandt schon eine
herausragende Stellung im Kabinett eingenommen hatte, kam dabei zupaß, daß die entscheidenden außenpolitischen Fragen seiner Amtszeit mit der Ökonomie und der Sicherheitspolitik
zu tun hatten. Sein Außenminister Genscher dagegen war wie sein Vorgänger zwar Vorsitzender der FDP, aber außenpolitisch wenig erfahren.

---

[13] Vgl. ebd., 325-329.

[14] Zit. bei Arnulf Baring/Manfred Görtemaker: Machtwechsel, Stuttgart 1982, 305.

[15] Zit. nach Karsten Schröder: Egon Bahr, Rastatt 1988, 148.

Tab. 1: Die wichtigsten außenpolitischen Akteure in der Bundesregierung

Kanzler	Außenminister	Verteidigungsmin.	Finanzminister
Konrad Adenauer CDU 15.9.49-15.10.63	*Konrad Adenauer* CDU 15.3.51-6.6.55 *Heinrich von Brentano*/CDU 7.6.55-17.10.61 *Gerhard Schröder* CDU 14.11.61-15.10.63	*Theodor Blank* CDU 7.6.55-16.10.56 *Franz Josef Strauß* CSU 16.10.56-8.1.63 *Kai Uwe v. Hassel* CDU 9.1.63-15.10.63	*Fritz Schäffer*/CSU 20.9.49-29.10.57 *Franz Etzel*/CDU 29.10.57-14.11.61 *Heinz Starke*/FDP 14.11.61-19.11.62 *Rolf Dahlgrün* FDP 13.12.62-15.10.63
Ludwig Erhard CDU 16.10.63-30.11.66	*Gerhard Schröder* CDU 17.10.63-30.11.66	*Kai Uwe v. Hassel* CDU 17.10.63-30.11.66	*R. Dahlgrün*/FDP 17.10.63-27.10.66 *Kurt Schmücker* CDU 8.11.66-30.11.66
Kurt-Georg Kiesinger/CDU 1.12.66-21.10.69	*Willy Brandt*/SPD 1.12.66-21.10.69	*Gerhard Schröder* CDU 1.12.66-21.10.69	*Franz Josef Strauß* CSU 1.12.66-21.10.69
Willy Brandt/SPD 21.10.69-7.5.74	*Walter Scheel*/FDP 22.10.69-15.5.74	*Helmut Schmidt* SPD 22.10.69-7.7.72 *Georg Leber*/SPD 7.7.72-15.5.74	*Alex Möller*/SPD 22.10.69-13.5.71 *Karl Schiller*/SPD 13.5.71-7.7.72 *H. Schmidt*/SPD 7.7.72-15.5.74
Helmut Schmidt SPD 15.5.74-1.10.82	*Hans-Dietrich Genscher*/FDP 17.5.74-16.9.82 *H. Schmidt*/SPD 16.9.82-1.10.82	*Georg Leber*/SPD 17.5.74-16.2.78 *Hans Apel*/SPD 16.2.78-1.10.82	*Hans Apel*/SPD 17.5.74-15.2.78 *Hans Matthöfer* SPD 16.2.78-28.4.82 *Manfred Lahnstein* SPD 28.4.82-1.10.82
Helmut Kohl/CDU 1.10.82-27.10.98	*Hans-Dietrich Genscher*/FDP 4.10.82-17.5.92 *Klaus Kinkel*/FDP 18.5.92-27.10.98	*Manfred Wörner* CDU 4.10.82-18.5.88 *Rupert Scholz*/CDU 18.5.88-21.4.89 *Stoltenberg*/CDU 21.4.89-31.3.92 *Volker Rühe*/CDU 1.4.92-27.10.98	*Gerhard Stoltenberg*/CDU 4.10.82-21.4.89 *Theo Waigel*/CSU 21.4.89-27.10.98
Gerhard Schröder SPD 27.10.98-	*Joseph Fischer* Die GRÜNEN 27.10.98-	*Rudolf Scharping* SPD 27.10.98-	*Oskar Lafontaine* SPD 27.10.98-11.3.99 *Hans Eichel*/SPD 13.4.99-

Alle großen Initiativen dieser Zeit, vom Management der Weltwirtschaftskrise über den Nachrüstungsbeschluß bis hin zur Schaffung des Europäischen Währungssystems (EWS) gingen so auf den Kanzler zurück und nicht auf seinen Außenminister. Erst in der Endphase der sozial-liberalen Koalition, als die SPD-Linke immer stärker gegen die Regierungspolitik opponierte, konnte sich der Außenminister profilieren, unter anderem in den Fragen der *Verhandlungen über beiderseitige, ausgewogene Truppenreduzierungen in Mitteleuropa* (Mutual Balanced Force Reductions = MBFR) und der Nachrüstung. Auch in der Europapolitik, wo Schmidt auf die bilaterale Zusammenarbeit mit Frankreich baute, entwickelte Genscher mit der Betonung eines multilateralen Ansatzes und des Ziels der Europäischen Union eigenständige Initiativen. Genschers langjährige Amtszeit, seine unangefochtene Stellung in der FDP, seine internationale Reputation und seine Beliebtheit bei der Bevölkerung waren ausschlaggebend dafür, daß er nach der Bildung der Koalition mit der Union im Herbst 1982 der deutschen Außenpolitik immer wieder seinen Stempel aufdrücken konnte. Hatte er unter Schmidt die Ostpolitik der Bundesregierung nach Westen abgesichert, so plädierte er unter Kohl vor allem für eine Fortführung der Entspannungspolitik. Es gelang dem Außenminister etwa, 1989 gegen den Willen großer Teile der CDU/CSU und der Bundesregierung einen Kabinettsbeschluß durchzusetzen, der die beschlossene Modernisierung der nuklearen Kurzstreckenraketen vom Typ *Lance* auf deutschem Boden verschob.[16] Er war es, der so hartnäckig eine Politik des Ausgleichs mit der Sowjetunion verfocht, daß das amerikanische Verteidigungsministerium für eine angeblich von Illusionen getragene Ostpolitik den Begriff "Genscherism" kreierte - und den Außenminister damit als Vertreter eines von Kohl deutlich unterscheidbaren außenpolitischen Kurses identifizierte. Genscher war es auch, der 1988 die Idee *"eines europäischen Währungsraumes und einer europäischen Zentralbank"* lancierte und damit zu einem der Wegbereiter für die Wirtschafts- und Währungsunion wurde.[17]

Durch seine außergewöhnliche Stellung vermochte Genscher den tendenziellen Bedeutungsverlust des Außenministeriums zu verzögern, wie er in anderen Demokratien, ins-

---

[16] Vgl. Juliet Kaarbo: Power and Influence in Foreign Policy Decisionmaking: The Role of Junior Partners in German and Israeli Foreign Policy; in: International Studies Quarterly, Vol. 40/4 (1996), 501-530. Zum Hintergrund siehe Thomas Risse-Kappen: Null-Lösung. Entscheidungsprozesse zu den Mittelstreckenwaffen 1970-1987, Frankfurt a.M. 1988, 150-170.

[17] Vgl. Wilhelm Schönfelder/Elke Thiel: Ein Markt - Eine Währung, Baden-Baden 1994, 32-33.

besondere in den USA, seit längerem festzustellen ist. Ein zentraler Grund für diesen Machtrückgang liegt darin, daß heute fast alle Ressorts, viele dazu mit eigens ausgewiesenen Referaten, am internationalen Geschäft beteiligt sind:[18] Finanz- und Wirtschaftsministerium an der Außenwirtschaftspolitik, das Verteidigungsministerium an der Sicherheitspolitik, das Ministerium für wirtschaftliche Zusammenarbeit und Entwicklung an der Pflege der Beziehungen zur Dritten Welt. Außerhalb des AA beschäftigen sich heute rund 250 Referate oder vergleichbare Arbeitseinheiten mit außenpolitischen Themen.[19] Durch den EG/EU-Ministerrat, zu dem die jeweiligen Ressortchefs der Mitgliedsländer zusammentreten, sind außerdem wesentliche Bereiche der "Innenpolitik" wie Agrar-, Umwelt- oder Sozialpolitik zur "Außenpolitik" geworden und damit der Kompetenz des Auswärtigen Amts entzogen. Allerdings liegt die Delegationsleitung bei internationalen Verhandlungen gemäß einer Verwaltungsanordnung des Kanzleramts aus dem Jahr 1953 beim AA, selbst wenn das sachlich zuständige Ressort die Federführung hat.[20] Ein weiterer Grund für den Bedeutungsschwund des Außenministeriums ist die zunehmende Gipfeldiplomatie der Staats- und Regierungschefs. Jährliche Weltwirtschaftstreffen (seit 1975 als G6, seit 1977 als G7, seit 1998 durch die Hinzunahme Rußlands als G8), sechsmonatliche Zusammenkünfte des Europäischen Rats (seit 1974), publikumswirksame Sonderkonferenzen wie der Umweltgipfel von Rio und zahlreiche bilaterale Begegnungen auf höchster Ebene bieten dem Kanzler Gelegenheit, sich als Dreh- und Angelpunkt der deutschen Außenpolitik, als eine Art "Super-Außenminister", zu präsentieren. Dies findet auch in der Anzahl der Auslandsreisen des Kanzlers seinen Ausdruck. Trat Adenauer pro Amtsjahr nur vier offizielle Auslandsvisiten an, lauten die Zahlen für Erhard sechs, für Kiesinger sieben, für Brandt neun, für Schmidt 16 und für Kohl 13.[21]

Vor allem Zeiten großer internationaler Herausforderungen und Umbrüche erlauben es dem Regierungschef, seinen Außenminister in den Hintergrund zu drängen. Schon

---

[18] Vgl. Thomas Ellwein/Jens Joachim Hesse: Das Regierungssystem der Bundesrepublik Deutschland, Bd.1: Textteil, Opladen 1987, 94.

[19] Vgl. Hans-Friedrich von Ploetz: Der auswärtige Dienst vor neuen Herausforderungen; in: Eberwein/Kaiser, 1998, 59-74, hier 61.

[20] Vgl. Lisette Andrae/Karl Kaiser: Die "Außenpolitik" der Fachministerien; in: Eberwein/Kaiser, 1998, 29-46, 32.

[21] Eigene Berechnungen auf Grundlage der Zahlen des AA. Vgl. Auswärtiges Amt, 1995, 1127-1129.

während der Verhandlungen mit Moskau und Ost-Berlin Anfang der siebziger Jahre liefen die Fäden bei Brandt und seinem Staatssekretär Egon Bahr im Kanzleramt und nicht bei Scheel im Auswärtigen Amt zusammen. Helmut Schmidt nutzte die Wirtschafts- und Währungsturbulenzen Mitte der siebziger Jahre, sich auch außenpolitisch als "Macher" zu profilieren. Ähnlich verhielt es sich bei der Regelung der internationalen Aspekte der Wiedervereinigung. Es war der Kanzler, der angefangen beim *Zehn-Punkte-Plan* zur Überwindung der Teilung Deutschlands vom 28. November 1989 bis hin zum deutsch-sowjetischen Gipfel vom 14. bis zum 16. Juli 1990 im Kaukasus die entscheidenden Impulse gab und die wichtigsten Verhandlungen selbst leitete. Dem Außenminister blieben zwar nicht unwesentliche, aber eher diplomatische Aufgaben wie die Führung der *Zwei-plus-Vier*-Gespräche. Selbst hier jedoch sorgten erst die persönlichen Begegnungen und Telephonate zwischen Kohl und dem sowjetischen Präsidenten Michail Gorbatschow für den Durchbruch.[22]

Nach Genschers Abgang 1992 wurde der abnehmende Einfluß des Außenministeriums deutlich erkennbar. Als Klaus Kinkel ins Amt kam, mußte er mit einem Kanzler zusammenarbeiten, der seit zehn Jahren amtierte und sich seit der Wiedervereinigung eine hohe außenpolitische Reputation erworben hatte. Zudem war Kinkel ein Neuling in der FDP ohne starken parteipolitischen Rückhalt und mit geringem außenpolitischen Profil. Seine Übernahme des Parteivorsitzes ein Jahr nach seiner Berufung zum Außenminister stärkte seine Stellung angesichts der Niederlagenserie der FDP bei Landtagswahlen kaum und blieb ein Intermezzo.[23] Neben dem Kanzler, der die Europapolitik dominierte, konnten sich vor allem Finanz- und Verteidigungsminister als zentrale Akteure in der deutschen Außenpolitik etablieren. Bei zwei der wichtigsten Themen der neunziger Jahre, der europäischen Währungsunion und der Osterweiterung der NATO, spielten Theo Waigel und Volker Rühe über weite Strecken eine prominentere Rolle als der Außenminister. Die besondere Stellung des AA reduzierte sich mehr und mehr auf die Zuständigkeit für den Auswärtigen Dienst und den diplomatischen Verkehr. Besonders drastisch trat der Machtverlust des Außenministers bei den Verhandlungen um die deutsch-tschechische Erklärung in der Jahren 1995 bis 1997 zu Tage. Kinkel wurde kurz vor seiner Regierungserklärung zu den bilateralen Beziehungen ins

---

[22] Vgl. Horst Teltschik: 329 Tage. Innenansichten der Einigung, Berlin 1991, 359-363.

[23] Vgl. Udo Bergdoll: Bonn: Ein Außenminister auf Abruf?; SZ, 25.6.1996, 3.

Kanzleramt gebeten und mußte dort - laut *Der Spiegel* - *"seinen Redetext Helmut Kohl und Theo Waigel zwecks Korrektur und Genehmigung vorlegen. ... Die Zensur oblag Kanzleramtschef Friedrich Bohl. Der überarbeitete Kinkels Fassung, strich darin herum und änderte sie inhaltlich."* Daß dies keinen alltäglichen Eingriff in den Zuständigkeitsbereich des Außenministers darstellte, bestätigte der frühere Amtsinhaber. Er könne sich, so Genscher wörtlich, *"nicht erinnern, eine meiner Regierungserklärungen jemals dem Kanzler vorher gezeigt zu haben".*[24]

Dem Bedeutungsverlust des Außenministeriums entspricht der Machtzuwachs des Kanzleramts.[25] Helga Haftendorns These aus dem Jahr 1983, *"die Funktion des Bundeskanzleramtes beschränkt sich auf die Koordinierung der Ressorts und die Überwachung des von der Bundesregierung abgesteckten allgemeinen außenpolitischen Konzepts"*[26], bedarf zumindest der Ergänzung. So betrieb Bahr die neue Ost- und Deutschlandpolitik der frühen siebziger Jahre vom Kanzleramt aus. Seit 1977 war sogar ein Staatsminister im Kanzleramt, später der Chef des Kanzleramts, formal für die Deutschlandpolitik zuständig. Ihren Zenith erreichte die Entwicklung eigener Initiativen und ihre Umsetzung aus dem Kanzleramt heraus während der Wiedervereinigung. Organisatorisches Zentrum der Kanzler-Außenpolitik bildet dabei die *Abteilung 2: "Auswärtige Beziehungen [und innerdeutsche Beziehungen; bis 1990], Entwicklungspolitik und äußere Sicherheit"*. Sie ist in zwei Gruppen mit insgesamt sieben Referaten gegliedert, wobei die Gruppe 21 fast spiegelbildlich zum Auswärtigen Amt aufgebaut ist. Die Gruppe 22 beschäftigt sich vor allem mit Fragen der Sicherheitspolitik und der Bundeswehrverwaltung. Kohl hatte bei seiner Amtsübernahme mit der Tradition gebrochen, den Posten des Abteilungsleiters routinemäßig mit einem Berufsdiplomaten aus dem AA zu besetzen. Mit der Ernennung seines langjährigen außenpolitischen Beraters Horst Teltschik (1982-1990) dokumentierte Kohl seinen Anspruch auf Unabhängigkeit vom Außenministerium.[27] Unter dem Argwohn Genschers richtete Teltschik ein internationales Netz

---

[24] "Bittere Gefühle"; Der Spiegel, 18/1995 (1.5.1995), 21/2, hier 22.

[25] Grundsätzlich zum Kanzleramt siehe Ferdinand Müller-Rommel/Gabriele Pieper: Das Bundeskanzleramt als Regierungszentrale; in: APuZ, B21-22/91 (17.5.1991), 3-13.

[26] Helga Haftendorn: Das außen- und sicherheitspolitische Entscheidungssystem der Bundesrepublik Deutschland; in: APuZ, B43/83 (29.10.1983), 3-15, hier 4.

[27] Vgl. Korte, 1998, 37.

von Kontakten ein, das ihm erlaubte, sich vom Informationsmonopol des Auswärtigen Amts zu emanzipieren und sich ein eigenes Bild von der internationalen Lage zu verschaffen.[28] Da die Mitarbeiter freilich stets vom AA oder vom Verteidigungsministerium für drei bis vier Jahre abgestellte Beamte sind, bleiben der Selbständigkeit der Abteilung 2 Grenzen gesetzt.[29]

Teltschik war es dann auch, der seit Januar 1989 als persönlicher Beauftragter des Kanzlers Verhandlungen mit Polen führte und im Mai 1990 eine entscheidende Geheimmission nach Moskau zur Vorbereitung der deutschen Einheit durchführte. Dies stieß im Auswärtigen Amt natürlich auf Widerstand. Schon Mitte 1989 gelang es Genscher, die Ernennung Teltschiks zum Staatssekretär im Kanzleramt und damit die formale Aufwertung seines außenpolitischen Konkurrenten zu verhindern. Einen erneuten Vorstoß Kohls in diese Richtung nach den Bundestagswahlen von 1990 blockierte die FDP mit der Drohung, "*sie werde in den Koalitionsverhandlungen die Festlegung verlangen, daß es Anflüge eines Präsidialsystems mit Eingriffen in die Ressortzuständigkeit Genschers nicht geben dürfe*".[30] Teltschik schied kurz darauf aus der Regierung aus. Sein Nachfolger wurde mit Peter Hartmann (1991-93) wieder ein Mitarbeiter des Außenministeriums.

Nach Genschers Demission gewann die außenpolitische Abteilung im Kanzleramt jedoch erneut an Gewicht. Ihr neuer Leiter Joachim Bitterlich (1993-98) wurde in ausländischen Chefetagen, so berichtete die *Süddeutsche Zeitung*, schon bald als "*heimlicher Außenminister*" empfangen.[31] Seine Reisen waren nur mehr selten mit dem Außenministerium abgestimmt, von den Ergebnissen wurde dessen Ministerialbürokratie nicht immer unterrichtet.[32] Höhepunkt der institutionellen Rivalitäten bildete im Juni 1998 ein gemeinsamer deutsch-französischer Brief an alle EU-Außenminister zur Zukunft der Europapolitik, der im Kanzleramt entworfen und am Auswärtigen Amt vorbei versandt wurde, und zu einem Eklat

---

[28] Vgl. ebd., 38.

[29] Judith Siwert-Probst: Die klassischen außenpolitischen Institutionen; in: Eberwein/Kaiser, 1998, 13-28, 16.

[30] Claus Gennrich: Nach loyaler Arbeit macht Teltschik von seiner Freiheit Gebrauch; Frankfurter Allgemeine Zeitung (im folgenden FAZ), 6.12.1990.

[31] Udo Bergdoll: Bonn: Ein Außenminister auf Abruf?; SZ, 25.6.1996, 3.

[32] Vgl. ders.: Die Demütigung des Außenministers; SZ, 10./11.6.1998, 4.

zwischen AA und Kanzleramt führte.[33] Schröder berief nach seinem Wahlsieg den Karriere-diplomaten Michael Steiner zum Leiter der außenpolitischen Abteilung im Kanzleramt.

Über das Zusammenspiel von Kanzler und Außenminister lassen sich also folgende generalisierbare Aussagen treffen:

- Regierte ein Kanzler bereits seit längerem oder war er vor Amtsantritt in einer herausgehobenen außenpolitischen Kabinettsposition gewesen, gelang es einem neuen Außenminister kaum, sich als eigenständige Kraft in der deutschen Außenpolitik zu profilieren (Adenauer/von Brentano; Brandt/Scheel; Schmidt/Genscher; Kohl/Kinkel). Hatte der Außenminister dagegen bereits Amtserfahrung, als er von einem neuen Kanzler berufen wurde, konnte er eine starke Rolle im Entscheidungsprozeß spielen (Schröder/Erhard; Genscher/Kohl).

- Je stärker ein Außenminister auf eine vom Kanzler unabhängige Machtbasis zurückgreifen konnte, desto leichter vermochte er Einfluß auf die Außenpolitik zu nehmen. Zur Machtbasis zählte dabei vor allem die Stellung in der eigenen Partei, bisweilen beim Koalitionspartner, aber auch das Ansehen in der Öffentlichkeit und die Unterstützung der Medien (Schröder/Adenauer; Schröder/Erhard; Brandt/Kiesinger; Genscher/Kohl).

- Solche Machtkonstellationen waren für die Stellung des Außenministers letztlich wichtiger als Art. 11 der Geschäftsordnung der Bundesregierung, der ihm die Federführung für den gesamten zwischenstaatlichen und multilateralen Verkehr zuweist.

3.2. Entscheidungsprozesse in der Bundesregierung

Aus der knappen Darstellung der Aufgaben- und Machtverteilung in der Bundesregierung wird bereits offensichtlich, daß die Frage, wie die deutsche Außenpolitik "gemacht" wird, anhand von Organisations- und Geschäftsordnungen nicht wirklichkeitsnah beschrieben werden kann. Es hängt in der Hauptsache vom Gegenstand und vom politischen Gewicht der einzelnen Akteure ab, wie die Entscheidungsprozesse verlaufen. Im Vergleich mit den USA freilich ist das deutsche System weniger fragmentiert, sind die Kompetenzen stärker formalisiert, ist der Führungsstil des Regierungschefs nicht so ausschlaggebend. In der Bundesrepublik läßt sich durchaus ein bestimmtes Muster erkennen, wie Entscheidungen in auswärtigen Angelegenheiten getroffen werden.

---

[33] Vgl. ders.: Zerwürfnis zwischen Kinkel und Kanzleramt; SZ, 10./11.6.1998, 6.

Die fünfziger Jahre unterschieden sich dabei von der späteren Phase: Hier war der Spielraum der deutschen Außenpolitik zunächst sehr gering und das Entscheidungssystem ganz auf den Kanzler zugeschnitten. Die eigene Partei und der Koalitionspartner stellten Adenauers Dominanz auch kaum in Frage: 1949 und 1953 wurden die Koalitionen durch Briefwechsel ohne besondere Festlegungen im Detail geschlossen;[34] 1957 konnte die Union sogar allein regieren. 1961 jedoch, als die CDU/CSU die absolute Mehrheit verloren hatte, setzte die FDP erstmals einen formellen Koalitionsvertrag durch, der die großen politischen Linien für die nächste Legislaturperiode vorgab. Auch für die Außenpolitik hat sich diese Vereinbarung der Mehrheitsparteien seitdem zur *Magna Charta* der Regierungsarbeit entwickelt. Können sich die Koalitionspartner zu Beginn der Zusammenarbeit nicht einigen, so besteht wenig Hoffnung, daß dies während der Amtszeit geschieht. Im Jahr 1966 zum Beispiel blieb das taktische Vorgehen - nicht die prinzipielle Linie - in der Frage des Beitritts Bonns zum Atomwaffensperrvertrag zwischen CDU/CSU und SPD in der Koalitionsverein-barung ungelöst. Der daraus resultierende Disput fand erst mit der Neuformierung der Regierung 1969 sein Ende.[35] Oft regelt sogar eine Übereinkunft im Vertrag nicht alle Pro-bleme: So konnte die SPD zu Beginn der Großen Koalition 1966 die Union zwar auf eine aktive Politik zur Normalisierung der Beziehungen mit den Staaten Osteuropas festlegen, aber im Gefolge des Einmarsches des Warschauer Pakts in der Tschechoslowakei 1968 kam es zu heftigem Streit zwischen den beiden Partnern, der die konsequente Umsetzung der Vereinbarung verhinderte.[36] Bis in die achtziger Jahre befaßten sich die Koalitionsverein-barungen nur mit den wichtigsten Fragen. 1969 etwa hieß es lapidar: *"Die Außenpolitik wird aufgrund der Friedensnote der Bundesregierung vom Frühjahr 1966 und des außenpolitischen Teils der Regierungserklärung vom 13. September 1966 kontinuierlich weiterentwickelt."*[37] Bei der Regierungsbildung von 1990/91 entwickelten sich die Absprachen zwischen CDU/CSU und FDP erstmals zu einem politischen Vollprogramm, das alle Gebiete der Politik

---

[34] Vgl. Jost Küpper: Die Kanzlerdemokratie, Frankfurt a.M. 1985, 79, 242.

[35] Vgl. Küntzel, 1992, 119-131.

[36] Vgl. Helga Haftendorn: Außenpolitische Prioritäten und Handlungsspielraum. Ein Paradigma zur Analyse der Außenpolitik der Bundesrepublik Deutschland; in: Politische Vierteljahresschrift, 1/1989, 32-49, hier 41.

[37] Zit. nach Baring/Görtemaker, 1982, 244.

behandelte. Mit Ausnahme der außen- und sicherheitspolitischen Teile wurde die Verein-barung nicht mehr wie früher diskret zurückgehalten, sondern von den Koalitionspartnern veröffentlicht.[38] Die umfangreiche Koalitionsvereinbarung zwischen SPD und GRÜNEN vom Oktober 1998 war schließlich schon kurz nach ihrer Unterzeichnung in vollem Wortlaut im Internet abrufbar.

Ebenfalls in den sechziger Jahren begann der Aufstieg der Koalitionsrunden zum zen-tralen Entscheidungsorgan.[39] Wie in anderen Politikbereichen finden auch in der Außen-politik die Weichenstellungen zunehmend in diesen Gesprächen der Spitzen der Regierung, der Parteien und der Fraktionen statt. Zwar betonte die Große Koalition 1966, das Kabinett stärken zu wollen, scheiterte mit diesem Plan aber an der mangelnden Einbindung der Frak-tionsführungen. Mit dem *Kreßbronner Kreis* wurde schon im August 1967 ein informelles Gremium aus den wichtigsten Mitgliedern aus Regierung und Mehrheitsfraktionen gebildet, das alle bedeutenden Beschlüsse traf.

Unter Brandt und Schmidt rückte das Kabinett zunächst tatsächlich stärker ins Zentrum der außenpolitischen Entscheidungen, wobei die gestalterischen Anstöße in der Regel aus dem Kanzleramt kamen, die Ergebnisse aber meist im Kabinett beraten wurden. Die Ostpolitik wurde Anfang der siebziger Jahre bis in die Formulierung der einzelnen Vertragstexte und der auszutauschenden Briefe hinein dort ausgiebig beraten. Das Kabinett und der *Bundessicherheitsrat* (BSR) - ein 1955 eingerichteter Kabinettsausschuß, dem Kanzler, Außen-, Innen-, Finanz-, Wirtschafts- und Verteidigungsminister angehören - diskutierten auch die Vorbereitung des NATO-Doppelbeschlusses vom Dezember 1979.[40] In der Endphase des sozial-liberalen Bündnisses rückten dann aber wieder Koalitionsrunden in den Mittelpunkt des Entscheidungssystems. Dort beriet und entschied man unter anderem den Olympiaboykott, die Nachrüstung, Wirtschaftssanktionen gegen den Iran und die Neufas-sung der Richtlinien für Rüstungsexporte.[41]

---

[38] Vgl. Waldemar Schreckenberger: Sind wir auf dem Weg zu einem Parteienstaat?; FAZ, 5.5.1992, 12.

[39] Vgl. hierzu vor allem Wolfgang Rudzio: Informelle Entscheidungsmuster in Bonner Koalitionsregierungen; in: Hans Hermann Hartwich/Göttrik Wewer (Hg.): Regieren in der Bundesrepublik, Bd. 2, Opladen 1991, 125-141.

[40] Vgl. Haftendorn, 1983, 5.

[41] Vgl. Rudzio, 1991, 132.

Auch nach dem Machtwechsel 1982 wurden wichtige auswärtige Angelegenheiten meist in den Koalitionsrunden behandelt. Sie umfaßten etwa fünfzehn bis zwanzig Personen und wurden im Urteil eines Insiders "*zum wichtigsten informellen Beratungs- und Entscheidungsorgan in politisch-administrativen Entscheidungsverfahren*".[42] So beschloß die Koalitionsrunde 1988 die Abschaffung der Pershing I-Waffensysteme, 1989 die Verschiebung der Modernisierung der atomaren Kurzstreckensysteme und 1994 die Verkürzung des Grundwehrdienstes. Ein Beobachter bezeichnete dieses Gremium nicht zu Unrecht als den eigentlichen "*Nationalen Sicherheitsrat*" der Bundesrepublik.[43] Allerdings gab es vor allem in den achtziger Jahren noch andere informelle Instanzen, weil der CSU-Vorsitzende Strauß bis zu seinem Tod 1988 nur selten an den Koalitionsrunden teilnahm und Kohl direkte Gespräche mit Genscher beziehungsweise Strauß bevorzugte. Auch bei den nicht sehr häufigen Treffen der drei Parteivorsitzenden Kohl, Strauß/Waigel und Lambsdorff für die die Presse den Begriff *Elephantenrunden* prägte, wurden grundlegende außenpolitische Beschlüsse gefällt.

Nach Genschers Ausscheiden im Mai 1992 setzte Kohl verstärkt auf ad-hoc-Gespräche der wichtigsten Entscheidungsträger und die Koordination der Ressorts untereinander. Die Bedeutung der Sitzungen des Kabinetts und seiner Ausschüsse ging weiter zurück. Meist wurden dort nur noch Details geregelt oder Koalitionsbeschlüsse auch formell abgesegnet. Angesichts dieser Entscheidungsstrukturen verlor die vielzitierte Richtlinienkompetenz des Bundeskanzlers weitgehend ihre Bedeutung, zumindest den Ministern des Koalitionspartners gegenüber.[44] Die parteipolitischen Bruchlinien verstärkten zudem den institutionellen Konflikt zwischen Außen- und Verteidigungsministerium, da die Ressorts seit 1966 nicht mehr in der Hand eines Koalitionspartners vereinigt waren. Die unterschiedliche Bewertung der NATO-Osterweiterung durch Kinkel und Rühe hatte nicht nur mit den traditionellen Rivalitäten ihrer beiden Ministerien zu tun, sondern auch mit der divergierenden Einschätzung des Problems durch FDP und Union. Der Bundessicherheitsrat, in dem bis 1989 fast alle

---

[42] Waldemar Schreckenberger: Informelle Verfahren der Entscheidungsvorbereitung zwischen der Bundesregierung und den Mehrheitsfraktionen: Koalitionsgespräche und Koalitionsrunden; in: Zeitschrift für Parlamentsfragen (im folgenden ZfP), Bd. 25/Heft 3 (1994), 329-345, hier 339f.

[43] Vgl. Rühl, 1998, 94/5. Das Zitat findet sich auf S. 95.

[44] Zur Richtlinienkompetenz siehe Göttrik Wewer: Richtlinienkompetenz und Koalitionsregierung - Wo wird die Politik definiert?; in: Hartwich/Wewer, Bd.1, 1991, 145-150.

sicherheitspolitischen Entscheidungen fielen, hat mit dem Ende des Ost-West-Konflikts an Bedeutung verloren.[45] Das Vorhaben der rot-grünen Bundesregierung, den Koalitionsaus- schuß seltener einzusetzen als die Vorgängerkoalition, mußte schon wenige Wochen nach der Amtsübernahme wegen gravierender Koordinationsmängel aufgegeben werden.

3.3. Die internationale Einbettung

Wichtige außenpolitische Entscheidungen sind in der Bundesrepublik aber nicht nur Ergebnis eines meist sehr informellen, oft durch parteipolitische und institutionelle Erwägungen geprägten Prozesses innerhalb der Regierung, sondern sie werden auch von außen beeinflußt. Unter den Bedingungen internationaler Interdependenz gibt es keinen Staat, der Außenpolitik völlig autonom formulieren kann. Internationale und supranationale Organisationen wirken dabei auf die deutsche Außenpolitik indes noch stärker ein als auf die der meisten anderen Demokratien. Wolfram Hanrieder hat die Bundesrepublik deshalb etwas übertrieben, aber nicht unzutreffend als "penetriertes System" bezeichnet.[46] Dies hat eine Reihe von Ursa- chen: den vom Grundgesetz vorgegebenen kooperativen Internationalismus, der geradezu eine Überwindung nationaler Außenpolitik fordert; das Bemühen aller bisherigen Regierungen, die deutschen Interessen in enger Abstimmung mit den Partnern zu verfolgen, um keine Ressen- timents zu wecken und gegen Deutschland gerichtete Koalitionen heraufzubeschwören; das außergewöhnliche Maß an außenwirtschaftlicher Verflechtung; schließlich - bis 1990 - die Rechte der Westalliierten insbesondere in West-Berlin und die Abhängigkeit der Bundes- republik von der Sicherheitsgarantie der USA. Angesichts dieses hohen Grads an Inter- dependenz erstaunt nicht, daß viele für die deutsche Außen-, Außenwirtschafts- und Si- cherheitspolitik wichtige Beschlüsse in den Organen der EG/EU, der *Europäischen Politi- schen Zusammenarbeit* (EPZ) bzw. der *Gemeinsamen Außen- und Sicherheitspolitik* (GASP) und der NATO getroffen werden. Andere Entscheidungen fallen auf bilateraler Ebene zwi- schen dem Kanzler und den Staats- und Regierungschefs anderer Länder, ihren Mitarbeitern und Ministern oder bei Routineangelegenheiten durch direkte Kontakte auf Arbeitsebene.

---

[45] Vgl. Rühl, 1998, 91.

[46] So vor allem in seiner ersten großen Studie zur deutschen Außenpolitik: Wolfram Hanrieder: West German Foreign Policy 1949-1963. International Pressure and Domestic Response, Stanford 1967.

Haftendorn stellte treffend fest: *"Das Ergebnis sind komplexe transnationale Mitwirkungs-
und Entscheidungsstrukturen, die weit über die vertraglichen Bindungen hinausreichen".*[47]
Man spricht deshalb bisweilen von *"zusammengesetzter Außenpolitik".*[48] Der Einfluß exter-
ner Entscheidungen auf die deutsche Außenpolitik variiert dabei von Bereich zu Bereich.

Mit der **Handelspolitik** fällt seit dem 1.1.1973 gemäß Art. 13 des *Vertrages zur
Gründung der europäischen Gemeinschaften* (EGV) ein ganzer Sektor der Außenpolitik in die
alleinige Kompetenz der EG/EU und ist der unmittelbaren Zuständigkeit der deutschen
Regierung entzogen.[49] Die Bundesrepublik wirkt zwar im Ausschuß für Handelspolitik an
der Formulierung der europäischen Positionen mit und bemüht sich, Freihandelsprinzipien
gegenüber den protektionistischen Maßnahmen aufgeschlossenen Südeuropäern durchzusetzen, aber nach außen vertritt ein EU-Kommissar die Politik der Mitgliedstaaten. Im Dezember 1992 etwa beschloß die Mehrheit der EU-Länder gegen die Stimme Bonns eine neue
Bananen-Marktordnung,[50] um die Produzenten in Griechenland, Portugal und Spanien, den
überseeischen Gebieten Frankreichs sowie den Entwicklungsländern, die mit der EU durch
das Lomé-Abkommen verbunden sind, vor der preiswerten lateinamerikanischen Konkurrenz
zu schützen. Bonn begründete seinen Widerstand mit dem Argument, die angestrebte Import-
Kontingentierung verletze das Freihandelsprinzip und führe zu einem massiven Anstieg der
Bananenpreise in Deutschland, mußte die Regelung jedoch akzeptieren. Daß die Bundesrepublik ihre Position letztlich teilweise durchsetzte, lag an der *Welthandelsorganisation*
(World Trade Organization = WTO), die die EU-Regelung auf Antrag der USA und
lateinamerikanischer Länder im September 1997 für unvereinbar mit dem *Allgemeinen Zoll-
und Handelsabkommen* (General Agreement on Tariffs and Trade = GATT) erklärte.[51] Die

---

[47] Haftendorn, 1983, 8.

[48] Eingeführt wurde dieser Begriff von Reinhardt Rummel ("Zusammengesetzte Außenpolitik. Westeuropa als
internationaler Akteur, Kehl 1982").

[49] Vgl. Karl Engelhard: Außenhandelspolitik (Gemeinsame Handelspolitik); in: Wolfgang Mickel (Hg.):
Handlexikon der Europäischen Union, Köln 1994, 22-27, hier 25.

[50] Verordnung (EWG) Nr. 404/93 des Rates vom 13. Februar 1993, ABl. Nr. L47 v. 25.2.1993, 1-11. Vgl.
dazu grundsätzlich Bernd-Artin Wessels: Das Bananendiktat. Plädoyer für einen freien Außenhandel Europas,
Frankfurt a.M. 1995.

[51] Vgl. "EU-Bananenordnung ist Rechtsverstoß"; SZ, 11.4.1997, 24; und "EU erkennt Niederlage in
Bananenstreit an"; SZ, 26.9.1997, 28.

internationale Einbindung der Handelspolitik verhinderte also zunächst die Durchsetzung deutscher Interessen, ermöglichte sie aber zu einem späteren Zeitpunkt. Allerdings steht die endgültige Regelung der Frage weiter aus, da sich die EU weigert, dem Spruch der WTO zu entsprechen.[52] Wichtig ist, daß beides von Bonn nur marginal beeinflußt werden konnte.

Auch in der **Sicherheits- und Verteidigungspolitik** wirkt eine internationale Organisation sehr stark auf die deutsche Politik ein: die NATO. Obwohl sie bei ihrer Gründung 1949 als ein Bündnis souveräner Staaten konzipiert wurde, trägt sie seit dem Aufbau einer integrierten Verteidigungsorganisation 1951 und dem Beschluß von 1954, ihr den Oberbefehl über die in Europa stationierten Streitkräfte zu übertragen, zumindest ansatzweise supranationale Züge. Bereits in Friedenszeiten ist auch eine große Anzahl der Marine- und Luftwaffenverbände der Bundeswehr der NATO assigniert. Für die neuen Bundesländer gilt das seit Anfang 1994. Da auch die Einsatzplanung dem Bündnis unterliegt, sind militärische Alleingänge, wie sie Frankreich und Großbritannien während der Suez-Krise 1956 unternahmen oder wie sie Frankreich öfters in Afrika praktizierte, für die Bundesrepublik weder rechtlich noch organisatorisch nicht möglich.[53]

Hinzu kommt, daß aufgrund des deutschen Nuklearwaffenverzichts eine glaubwürdige Abschreckung ohne den atomaren Schutzschild der USA nicht möglich ist. Bonn mußte deshalb Kurswechsel in der amerikanischen Verteidigungsstrategie nachvollziehen und ihre Sicherheitspolitik anpassen. Ein Beispiel dafür ist die Verkündung der Doktrin der *"massiven Vergeltung"* (massive retaliation) durch US-Präsident Dwight D. Eisenhower im Jahre 1953, die postulierte, jeden sowjetischen Angriff - auch einen konventionellen - mit dem Einsatz von Nuklearwaffen zu beantworten. Dieser vor allem aus Kostengründen erfolgte Strategiewechsel der Vereinigten Staaten lief Adenauers Plänen zuwider, die sicherheitspolitische Emanzipation Deutschlands über einen möglichst großen Beitrag zur konventionellen Verteidigung des Westens zu befördern. Bonn blieb aber nichts anderes übrig, als sich mit den neuen Realitäten zu arrangieren und den Aufbau der Bundeswehr zu verlangsamen.[54] Auch

---

[52] Vgl. Winfried Münster: Bananen-Streit zwischen den USA und der EU eskaliert zum Handelskrieg; SZ, 21./22.11.1998, 21.

[53] Vgl. Helga Haftendorn: Sicherheit und Entspannung. Zur Außenpolitik der Bundesrepublik Deutschland 1955-1982, Baden-Baden 1986, 36.

[54] Vgl. Dieter Mahncke: Nukleare Mitwirkung, Berlin 1972, 12.

die transatlantischen Debatten über den Übergang der NATO zur Strategie der *"flexiblen Antwort"* (flexible response) und die Schaffung einer *Multilateralen Atomstreitmacht* (Multilateral Force = MLF) in den sechziger, über die Neutronenbombe in den siebziger und über die Nachrüstung in den achtziger Jahren wurden durch Kursänderungen der USA ausgelöst und zwangen die Bundesrepublik zur Anpassung. Allerdings nimmt auch Deutschland Einfluß auf die Entwicklung in der Allianz. Zum einen können Bündnisentscheidungen nur durch den einstimmigen Beschluß nationaler, weisungsgebundener Vertreter im NATO-Rat und in seinen Ausschüssen erfolgen, zum anderen wirkt Bonn im Rahmen der *Nuklearen Planungs- gruppe* (NPG) an der Kernwaffenpolitik der Allianz mit.

Im Gegensatz zur NATO beeinflußte das andere Verteidigungsbündnis, dem Deutsch- land angehört, die *Westeuropäische Union*, die deutsche Sicherheits- und Verteidigungspolitik nur in geringem Maße. Grund dafür war, daß die Organisation ihre militärischen Aufgaben während des Kalten Krieges der Allianz übertragen hatte. Die seit den frühen achtziger Jahren lancierten Initiativen, die WEU aufzuwerten und zum integralen Bestandteil der politischen Einigung Europas zu machen, haben vor allem wegen des Widerstands Groß- britanniens, aber auch Hollands, Irlands und seit 1995 der drei neutralen EU-Mitglieder Schweden, Finnland und Österreich kaum Fortschritte gezeigt. Der deutsch-französische Plan vom März 1997, die WEU innerhalb von neun Jahren mit der EU zu verschmelzen, dürfte deshalb schwierig zu realisieren sein.[55]

Der Versuch der EG-Mitgliedsländer, ihre **Außenpolitik** über das Instrument der *Europäischen Politischen Zusammenarbeit* (EPZ) und den *Europäischen Rat* der Staats- und Regierungschefs besser abzustimmen, ist ebenfalls nur langsam vorangekommen. Trotz der unterschiedlichen außenpolitischen Traditionen und Ausrichtungen der Nationalstaaten bildete sich allerdings ein Grundbestand gemeinsamer Auffassungen heraus, ein sogenannter *acquis politique*, der etwa bei der Vorbereitung der KSZE-Konferenz in Helsinki 1975 ein koor- diniertes Vorgehen ermöglichte.[56] Anfang der achtziger Jahre beteiligten die Staaten die EG-Kommission auf allen Ebenen der EPZ und räumten dem Europäischen Parlament ein

---

[55] Vgl. "Drei-Stufen-Plan zur europäischen Verteidigung"; Neue Zürcher Zeitung/Int. Ausgabe (im folgenden NZZ), 25.3.1997, 1.

[56] Siehe dazu Hanns-Jürgen Küsters: Die außenpolitische Zusammenarbeit der Neun und die KSZE; in: Haftendorn, 1978, 85-98.

Fragerecht ein. Daß die EPZ 1986 in der *Einheitlichen Europäischen Akte* (EEA) erstmals eine rechtliche Absicherung erhielt, dokumentierte die Bereitschaft einiger Mitgliedsländer, dieses Instrument als wesentliche Säule des europäischen Einigungsprozesses zu installieren. Solche Gesten können jedoch nicht darüber hinwegtäuschen, daß die meisten Staaten die Außenpolitik nach wie vor als Hort nationaler Souveränität betrachten und eine Vergemeinschaftung strikt ablehnen.

Auch der Vertrag von Maastricht von 1992 blieb bei der intergouvernementalen Zusammenarbeit ohne jedes supranationale Element. Die anvisierte Gemeinsame Außen- und Sicherheitspolitik zeigte zwar das Bemühen der Mehrheit der EU-Mitglieder, mehr Kohärenz und Handlungsfähigkeit in der Außenpolitik zu erreichen, aber bisher ist keine Abkehr vom *business as usual* festzustellen, im Gegenteil. Beim Krieg in Kroatien und Bosnien-Herzegowina 1991 bis 1995 erwiesen sich die Europäer als ebenso unfähig, sich über diplomatische Initiativen hinaus auf gemeinsame Aktionen zu verständigen wie bei der Krise in Albanien im Frühjahr 1997 oder im Kosovo im Sommer 1998.[57] Vor allem der Balkankonflikt führte zu Renationalisierungstendenzen in Europa. Frankreich und Großbritannien zeigten anfangs großes Verständnis für die Politik Serbiens. Deutschland hingegen ging sogar soweit, am 23. Dezember 1991 die Unabhängigkeit Sloweniens und Kroatiens gegen den Willen seiner wichtigsten europäischen Partner anzuerkennen. Und Griechenland blockierte mit seinem Veto über Jahre hinweg die Anerkennung Mazedoniens, obwohl das Land die Brüsseler Auflagen erfüllt und alle anderen Mitglieder der Europäischen Union hinter sich hatte. Allerdings bleibt ebenfalls festzuhalten, daß die EU-Einbindung im Balkankonflikt schwerere Schäden durch Renationalisierungstendenzen vermied und zumindest eine minimale Geschlossenheit erzwang. Auch im nahöstlichen Friedensprozeß und in der China-Politik verhindert das Nebeneinander nationaler Außenpolitiken der Mitgliedsländer ein geschlossenes Auftreten der EU.[58] Angesichts dieser Rückschläge und des Widerstands vor allem Großbritanniens gegen die Einführung von Mehrheitsentscheidungen in der GASP sind die Perspektiven für eine stärkere außenpolitische Geschlossenheit der Europäer schlecht. Die berühmte Frage Henry Kissingers, des amerikanischen Außenministers in den siebziger Jahren, *"Who do you*

---

[57] Zur Diskussion in der EU über eine koordinierte Politik gegenüber Albanien siehe "Quick march! Who says?"; The Economist, 22.3.1997, 37-38.

[58] Vgl. "Die EU - unfähig zur Außenpolitik"; NZZ, 9.4.1997, 3.

call when you want to call Europe?",[59] wird von der EU noch immer mit Schweigen beantwortet. Auch gibt es in der Europäischen Union die Tendenz, wichtige außenpolitische Aufgaben an Sonderbeauftragte zu delegieren. Beispiel dafür sind Miguel Moratinos im Nahen Osten oder Carl Bildt und Carlos Westendorp in Bosnien. Mit dieser Politik markiert die EU zwar Interesse, weicht aber vor der Übernahme von Verantwortung zurück.[60] Auch die im Amsterdamer Vertrag für Anfang 1999 beschlossene Einsetzung eines Hohen Vertreters, der für eine bessere Koordinierung der unterschiedlichen Außenpolitiken der EU-Mitglieder sorgen soll, dürfte daran nicht viel ändern. Das Gerangel im Vorfeld hat vielmehr deutlich gemacht, daß kein Mitgliedstaat wichtige nationale Kompetenzen an Brüssel abgeben will.[61] Das ist dadurch garantiert, daß der Hohe Vertreter dem Außenministerrat, nicht der Europäischen Kommission unterstehen wird.

Einen nicht zu unterschätzenden Einfluß auf die deutsche Außenpolitik hatten und haben schließlich multilaterale Gremien, die in keinem Vertrag und keinem Organigramm einer internationalen Organisation aufgeführt sind. Zu nennen ist hier vor allem die Vierergruppe in Bonn, in der sich die Botschafter der drei Westalliierten mit dem Staatssekretär im Auswärtigen Amt in allen deutschlandpolitischen Fragen abstimmten. Dieses Gremium existierte unter der Bezeichnung *Bonn-Gruppe* von 1958 bis 1990 und erwies sich gerade in den siebziger Jahren als wichtiges Scharnier zwischen der Ostpolitik der Bundesrepublik und der *Détente*-Politik ihrer westlichen Verbündeten.[62] Auch die Initiativen der *Bosnien-Kontaktgruppe*, bestehend aus den USA, Rußland, Großbritannien, Frankreich und der Bundesrepublik, erwiesen sich für die Bonner Balkanpolitik *de facto* als wichtiger als die EU.

Dabei bedeutet die internationale Einbindung zugleich eine Schwächung und eine Stärkung der deutschen Rolle in Europa und in der Welt: eine Schwächung, weil die internationalen Abstimmungsprozesse es unmöglich machen, eigene Maximalpositionen durchzusetzen, und oft nationale Entscheidungen bereits vorstrukturieren; eine Stärkung, weil die

---

[59] Zit. nach "Europe's elusive foreign minister"; The Economist, 18.7.1998, 28.

[60] Vgl. "Die EU Außenminister auf Rollensuche"; NZZ, 5./6.9.1998, 5.

[61] Vgl. Andreas Oldag: Gerangel um Europas "Außenminister"; SZ, 6.3.1998.

[62] Vgl. Hildegard Bedarff: Die Viererrunden. Zum Bedeutungswandel multilateraler Koordinationsgremien zwischen den westlichen Siegermächten und der Bundesrepublik; in: ZfP, 22/H. 4 (1991), 555-566; und Haftendorn, 1983, Fußnote 13.

zahlreichen Gremien auch als Transmissionsriemen für die eigenen Interessen fungieren, und damit die Einwirkungsmöglichkeiten auf andere Staaten oder internationale Organisationen erhöht werden.[63] Außerdem mediatisieren internationale Institutionen die herausragende Position der Bundesrepublik in Europa und dämpfen Ängste vor einer deutschen Übermacht.

3.4. Der Einfluß nicht-staatlicher Akteure

Die deutsche Außenpolitik wird allerdings nicht allein in einem komplexen Konsensbildungsprozeß innerhalb der Bundesregierung und auf internationaler Ebene formuliert und implementiert. Vielmehr wirken auch gesellschaftliche Spieler auf die Gestaltung der auswärtigen Beziehungen ein.

Auf **nationaler Ebene** lassen sich dabei drei Hauptakteure identifizieren: 1) Ökonomische Gruppen (Wirtschaftsunternehmen, Banken), 2) Öffentlichkeit und Medien sowie 3) Interessenverbände. Kennzeichnend für die Einflußnahme dieser Gruppen auf die deutsche Außenpolitik ist, daß sie sehr selektiv stattfindet. Auch kann man ihre reale Wirkung schwer nachweisen, da eine Bundesregierung nur selten öffentlich zugeben wird, eine bestimmte Politik sei von einem gesellschaftlichen Akteur direkt beeinflußt worden. Meist wirken auch so viele Faktoren auf eine außenpolitische Entscheidung ein, daß die Isolierung und Bewertung eines einzelnen kaum möglich ist. Zudem ist nicht immer auszumachen, ob die Gruppen die Regierung beeinflussen oder von ihr instrumentalisiert werden.

Inwieweit die **Wirtschaft** etwa staatliche Maßnahmen konterkarieren oder erzwingen kann, ist Objekt mehr der Spekulation denn gesicherten Wissens.[64] Historisch sind ökonomische und politische Interessen in Deutschland eng verflochten. So war der *Ost-Ausschuß der Deutschen Wirtschaft* 1952 auf Initiative von Wirtschaftsminister Ludwig Erhard (1949-1963) ins Leben gerufen und von der Bundesregierung mit weitreichenden Befugnissen ausgestattet worden.[65] In den fünfziger und sechziger Jahren nahm er Funktionen wahr, die

---

[63] Vgl. Haftendorn u.a.: Strukturprobleme des außenpolitischen Entscheidungsprozesses der Bundesrepublik Deutschland; in: Haftendorn, 1978, 279-284, hier 281.

[64] Eine der wenigen Untersuchungen der Thematik bietet Tudyka, 1978, allerdings nur für den Zeitraum 1949 bis 1963.

[65] Vgl. Claudia Wörmann: Osthandel als Problem der Atlantischen Allianz, Bonn 1986, 21. Zur Arbeit des Ost-Ausschusses der Deutschen Wirtschaft siehe die Erinnerungen seines langjährigen Vorsitzenden, Otto Wolff von Amerongen: Der Weg nach Osten. Vierzig Jahre Brückenbau für die deutsche Wirtschaft, München 1992.

normalerweise dem Außenministerium vorbehalten bleiben. Ursache dafür war, daß die *Hallstein-Doktrin* diplomatische Beziehungen zu Ländern verbot, die die DDR anerkannten, Bonn aber an Kontakten zu diesen Staaten auf niedrigerer Ebene interessiert war. Die privaten Verträge, die der Ost-Ausschuß 1953 mit Rumänien und 1957 mit China abschloß, kann man deshalb durchaus als Ersatz für völkerrechtliche Abkommen betrachten.[66] Auch während der Ostpolitik arbeiteten Staat und Privatwirtschaft Hand in Hand.[67] Brandt ermunterte zum Beispiel im August 1970 die *Ruhrgas AG* zum Abschluß eines Erdgas-Röhren-Geschäfts mit der UdSSR in der Hoffnung, damit die politischen Beziehungen zur östlichen Bündnisvormacht zu verbessern; dies stellte die erste direkte Intervention einer Bundesregierung dar, um ein Wirtschaftsabkommen mit Moskau zu fördern.[68] Brandts Nachfolger Schmidt versuchte ein Versanden der Ostpolitik durch ökonomische Anreize zu verhindern.[69] Dasselbe Muster wiederholte sich während der Wiedervereinigung: Als Kohl vom sowjetischen Außenminister Eduard Schewardnadse am 4. Mai 1990 von der akuten Liquiditätskrise der UdSSR erfuhr, entsandte er umgehend Hilmar Kopper, den Vorstandssprecher der *Deutschen Bank*, und Wolfgang Roller, den Präsidenten der *Dresdner Bank*, zusammen mit seinem außenpolitischen Berater Teltschik zu einer Geheimmission nach Moskau, um dem Kreml zu helfen.[70] Wenn heute bei Auslandsbesuchen im Troß eines Kanzlers Dutzende von Wirtschaftsführern reisen wie bei der China-Visite Kohls 1996 oder seiner Asien-Reise 1997, wird das symbiotische Verhältnis von Wirtschaft und Politik besonders augenfällig. So erklärte Kohl während seines Australien-Besuchs ganz unverhohlen, er sei zwar *"nicht der Chefunterhändler der deutschen Wirtschaft"*, aber er könne doch *"Wege bereiten"*.[71] Selbst das Auswärtige Amt, jener Hort der Karrierediplomatie, hat sich mit den

---

[66] Vgl. Markus Heintzen: Private Außenpolitik, Baden-Baden 1989, 45.

[67] Vgl. Arno Burzig: Ostpolitik und Osthandel. Das Zusammenwirken von Regierung und Wirtschaftsverbänden in der Ost-West-Wirtschaftspolitik; in: Haftendorn, 1978, 225-237.

[68] Vgl. Axel Rückert: Ostpolitik und Ostgeschäft; in: Dokumente. Zeitschrift für übernationale Zusammenarbeit, 27. Jg. (April 1971), 73.

[69] Vgl. Helmut Schmidt: Menschen und Mächte, Berlin 1987, 74.

[70] Vgl. Teltschik, 1991, 227.

[71] Zit. nach "Hitlergruß für den Bundeskanzler"; SZ (Fernausgabe), 7./8.5.1997, 10.

neuen Realitäten angefreundet. Die Wochenzeitung *Die Zeit* beschreibt das Zusammenspiel von AA und Wirtschaft bei einer Nahost-Reise Kinkels folgendermaßen:

> Unternehmen bemühen sich um Mitreise. Sie liefern rechtzeitig ihr Firmenprofil und Angaben über ihre örtlichen Vertreter in den Gastländern, die das Auswärtige Amt in die entsprechenden Sprachen übersetzt. Bei seinen Regierungsgesprächen übergibt Kinkel eine Wunschliste der Firmen und spricht entscheidungsreife Projekte an. Diese Themen begleiten ihn bis hin bis zu seinen Tete-à-tetes mit der Staatsspitze. Im Anschluß bekommt die begleitende Wirtschaftsdelegation auch stets Gelegenheit, ihre Anliegen den Gastgebern selber vorzutragen.[72]

Institutionalisiert ist diese enge Zusammenarbeit im *Außenwirtschaftsbeirat*, der aus Unternehmens- und Bankenvertretern besteht und den Bundeswirtschaftsminister berät.[73] Zwar nicht auf die Außenpolitik im allgemeinen, aber auf bestimmte Sektoren nehmen der *Deutsche Bauernverband* (DBV) oder Rüstungsunternehmen Einfluß. Ihnen geht es vornehmlich um den Erhalt staatlicher Subventionen. Ihr Einfluß hat angesichts der massiven Sparzwänge der öffentlichen Haushalte und des Wegfalls der Bedrohung aus dem Osten in den letzten Jahren jedoch abgenommen.[74]

Noch schwieriger als bei ökonomischen Gruppen ist der Einfluß der **Öffentlichkeit** und der **Medien** auf die deutsche Außenpolitik empirisch hieb- und stichfest nachzuweisen. Zwar sind die Grundlagen außenpolitischer Orientierungen der deutschen Bevölkerung seit Anfang der achtziger Jahre gut erforscht,[75] aber es fehlen weiter detaillierte Fallstudien zum Zusammenhang zwischen öffentlicher Meinung und außenpolitischen Entscheidungen.

---

[72] Dieter Buhl: Erst der Handel, dann die Moral; Die Zeit, 23.5.1997, 38.

[73] Vgl. Dieter Piel: Die außenpolitische Rolle der Wirtschaftsverbände; in: Schwarz, H.-P., 1975a, 207-215, hier 210/1.

[74] Vgl. Jürgen Hartmann: Organisierte Interessen und Außenpolitik; in: Eberwein/Kaiser, 1998, 238-252, hier 249.

[75] So etwa Berthold Meyer: Der Bürger und seine Sicherheit. Zum Verhältnis von Sicherheitsstreben und Sicherheitspolitik, Frankfurt a.M. 1983; Gebhard Schweigler: Grundlagen der außenpolitischen Orientierungen der Bundesrepublik Deutschland. Rahmenbedingungen, Motive, Einstellungen, Baden-Baden 1985; Rattinger, Hans/ Petra Heinlein: Sicherheitspolitik in der öffentlichen Meinung. Umfrageergebnisse für die Bundesrepublik Deutschland bis zum "heißen Herbst 1983", Berlin 1986. Für einen Forschungsüberblick und eine Auflistung des verfügbaren Datenmaterials siehe Hans Rattinger/Joachim Behnke/Christian Holst: Außenpolitik und öffentliche Meinung in der Bundesrepublik, Frankfurt a.M. 1995. Siehe auch Elisabeth Noelle-Neumann/Renate Köcher (Hg.): Allensbach Jahrbuch der Demoskopie 1993-1997 (Band 10), München 1997.

Während sich in der Innenpolitik eine Reihe von Fällen anführen lassen, in denen die Medien im Verein mit der Öffentlichkeit eine bestimmte Regierungspolitik unterminieren oder erzwingen konnten (z.B. Rücktritte von diversen Ministern von Strauß bis Möllemann, Rücknahme von angekündigten Kürzungen im Sozialbereich oder bei den Renten), sind im außenpolitischen Bereich solche Kausalketten nicht einfach herzustellen. Allerdings haben sich in der öffentlichen Meinung seit den fünfziger Jahren drei Grundkonstanten herausgebildet: So unterstützt eine deutliche Mehrheit der Bürger die europäische Integration, die militärische Einbindung in die NATO und die Partnerschaft mit den USA.[76] In der Regel rangieren auswärtige Angelegenheiten auf der Prioritätenliste der Bürger aber weit unten und haben mit Ausnahme von 1972 (Ostpolitik) und 1990 (Wiedervereinigung) den Ausgang von Wahlen kaum beeinflußt. Die Bürger entwickeln nämlich relativ klare politische Präferenzen in der Regel allein in Fragen, die sie direkt betreffen - und die sind meist innenpolitischer Natur.[77] Die Außenpolitik wird lediglich von wenigen als unmittelbar relevant für das eigene Leben erfahren.[78] Fast immer engagieren sich nur kleine aktive Gruppen in Bereichen der Außenpolitik, die die Emotionen bewegen.[79] In den meisten Fragen der Außenpolitik hat es die Regierung deshalb leichter als in der Innenpolitik, selbst mehrheitliche Präferenzen in der Öffentlichkeit zu ignorieren.[80] Obwohl etwa große Teile der Bevölkerung die NATO-Strategie des Ersteinsatzes von Atomwaffen ablehnten, hielt die Bundesrepublik mit dem Argument daran fest, eine solche Drohung sei für eine glaubwürdige Abschreckung unablässig.[81] Selbst eine so grundlegende Frage der deutschen Außenpolitik wie die Wie-

---

[76] Vgl. dazu Christian Holst: Einstellungen der Bevölkerung und der Eliten: Vom alten zum neuen außenpolitischen Konsens?; in: Eberwein/Kaiser, 1998, 227-238, hier 229-235.

[77] Vgl. Renate Köcher: In der deutschen Provinz; FAZ, 10.9.1997.

[78] Vgl. Wolfgang Dobler: Außenpolitik und öffentliche Meinung. Determinanten und politische Wirkungen außenpolitischer Einstellungen in den USA und der Bundesrepublik, Frankfurt a.M. 1989.

[79] Vgl. Paul Noack: Öffentliche Meinung und Außenpolitik; in: Schwarz, H.-P., 1975a, 195-207, 197.

[80] Vgl. Rattinger u.a., 1995, 17.

[81] Vgl. Wolfgang Frantz u.a.: Die deutsch-französische Verteidigungskooperation im Meinungsbild der deutschen und französischen Bevölkerung; in: Heinz-Ulrich Kohr u.a. (Hg.): Sicherheitspolitische Orientierungen in der Bundesrepublik Deutschland und in Frankreich. Zwei Berichte über eine deutsch-französische Bevölkerungsumfrage, München 1990, 7-65. (= Berichte des Sozialwissenschaftlichen Instituts der Bundeswehr, Heft 51)

derbewaffnung in den fünfziger Jahren wurde von der Regierung gegen den Wunsch der Bevölkerungsmehrheit entschieden.[82] Die Beteiligung der Bundeswehr an Einsätzen außerhalb des Bündnisgebietes und das Projekt der europäischen Währungsunion setzte die politische Elite ebenfalls trotz der geringen Unterstützung der Wähler durch. Es gibt allerdings auch Beispiele für eine außenpolitische Verhaltensänderung der Bundesregierung aufgrund des Drucks von Medien und Bevölkerung, etwa bei der Übernahme einer Vorreiterrolle im Umweltschutz auf europäischer und globaler Ebene in den achtziger und neunziger Jahren oder bei der Anerkennung Sloweniens und Kroatiens 1991.[83] Die plausibelste Hypothese zum Verhältnis von Außenpolitik und Öffentlichkeit lautet, daß sich beide zwar wechselseitig beeinflussen, die Regierung aber meist einen großen Spielraum für autonome Entscheidungen behält. Wilhelm Grewes Beobachtung von 1970 darf deshalb nach wie Gültigkeit beanspruchen:

> Die Regierungen [gehen] zwischen den zwei extremen Möglichkeiten ihres Verhaltens
> - der Ignorierung der öffentlichen Meinung einerseits, der ständigen Abstimmung
> aller ihrer Handlungen auf sämtliche Schwankungen andererseits, einen mittleren Weg
> ..., der die öffentliche Meinung berücksichtigt, ihnen selbst jedoch einen autonomen
> Handlungsspielraum ... beläßt.[84]

Außenpolitische **Interessengruppen** in der Art ethnischer Lobbies wie in den USA fehlen in der Bundesrepublik weitestgehend. Auch die weltanschaulichen Gruppen wie die *Atlantikbrücke* verfügen über weniger Einfluß als ähnliche Organisationen etwa in den Vereinigten Staaten.[85] Die Forschung hat nur eine Lobby identifiziert, die zumindest kurzzeitig Einfluß auf die deutsche Außenpolitik gewinnen konnte: die Vertriebenenverbände. Sie repräsentierten in ihrer Hochzeit etwa zehn Millionen Flüchtlinge aus den ehemaligen deutschen Ostge-

---

[82] Vgl. Hans-Adolf Jacobsen: Zur Rolle der öffentlichen Meinung bei der Debatte um die Wiederbewaffnung 1950-1955; in: Militärgeschichtliches Forschungsamt (Hg.): Aspekte der deutschen Wiederbewaffnung bis 1955, Boppard 1975, 61-98.

[83] So zumindest die dominierende Meinung. Vgl. z.B. Michael Mandelbaum: The Dawn of Peace in Europe, New York 1996, 30.

[84] Wilhelm Grewe: Spiel der Kräfte in der Weltpolitik, Düsseldorf/Wien 1970, 413.

[85] Vgl. Herbert Schneider/Uwe Uffelmann: Zur Außenpolitik der Bundesrepublik Deutschland, Paderborn 1977, 282.

bieten und stellten bis in die sechziger Jahre die wirkungsvollste außenpolitische "pressure group" dar. Mit dem *Gesamtdeutschen Block - Bund der Heimatvertriebenen und Entrechteten* (GB-BHE) formierte sich diese Interessengruppe auf Bundesebene 1951 politisch und zog 1953 mit 5,9 Prozent der Stimmen und 27 Sitzen sogar in den Bundestag ein.[86] Über die Beteiligung an Regierungskoalitionen, eigene Landesverbände in der Union und den Vertriebenen-Ausschuß in der SPD versuchten ihre Vertreter, auf die deutsche Ostpolitik einzuwirken. Ihre wichtigsten Ziele bildeten die Revision der Grenzen, die Nicht-Anerkennung der Oder-Neiße-Linie als polnischer Westgrenze und die Etablierung eines Rechts auf Rückkehr in die frühere Heimat. Als von Brentano etwa im Juli 1959 anregte, das Verhältnis zur Tschechoslowakei und Polen zu normalisieren und auf eine vertragliche Basis zu stellen, kam es zu heftigen Protesten der Vertriebenenverbände. Nach einer Aussprache zwischen ihren Repräsentanten und dem Bundeskanzler distanzierte sich Adenauer öffentlich vom Vorstoß seines Außenministers.[87] Der Einfluß der Vertriebenen-Lobby war so eindeutig, daß selbst die *Frankfurter Allgemeine Zeitung* fragte, "*ob zugelassen werden dürfe, daß die Ostpolitik der Bundesregierung unter den Druck der Vertriebenenverbände [gerät]*".[88] Mit der zunehmenden Integration der Flüchtlinge in die bundesdeutsche Gesellschaft und dem Generationenwechsel verlor diese Lobby aber bald an Einfluß. Der GB-BHE verfehlte schon 1957 den Wiedereinzug in den Bundestag. Auch der Zusammenschluß mit der Deutschen Partei 1961 konnte den Niedergang nicht aufhalten. Der Anteil der Mitglieder in Vertriebenenverbänden im Bundestag fiel von 18 Prozent in den fünfziger Jahren auf 11 Prozent Ende der sechziger Jahre. Wichtige Vertreter verloren ihre Regierungsämter oder wurden von ihren Parteien nicht mehr aufgestellt.[89] 1966 war das letzte Mal, daß mit Kiesinger ein deutscher Kanzler die Nicht-Anerkennung der Oder-Neiße-Linie in einer Regierungserklärung explizit ansprach; drei Jahre später schaffte die sozial-liberale Koalition das *Ministerium für Vertriebene, Flüchtlinge und Kriegsbeschädigte* ab. Beim Abschluß des deutsch-polnischen

---

[86] Vgl. Franz Neumann: Der Block der Heimatvertriebenen und Entrechteten 1950-1960. Ein Beitrag zur Geschichte und Struktur einer politischen Interessenpartei, Meisenheim 1968; und Peter Reichel: Die Vertriebenenverbände als außenpolitische "pressure group"; in: Schwarz, H.-P., 1975a, 233-238, hier 233.

[87] Vgl. Patz, 1976, 46/7.

[88] Jürgen Tern: Nichtangriffsverträge mit Warschau und Prag; FAZ, 31.7.1959, 1.

[89] Vgl. Reichel, 1975, 237.

Vertrages von 1970, bei der endgültigen völkerrechtliche Anerkennung der Westgrenze Polens nach der Wiedervereinigung und bei der deutsch-tschechischen Erklärung Anfang 1997 sorgten die Vertriebenenverbände mit ihren lautstarken Protesten zwar noch für Aufsehen, aber ihr Störfeuer konnte nicht verhehlen, daß es sich bei ihnen um eine "aussterbende" Lobby handelte. So konnten die Vertriebenenverbände selbst zu ihrer Hochzeit kaum je direkten Einfluß ausüben. Auch andere nationale nicht-staatliche Akteure vermochten allenfalls indirekt, also über Parteien, Öffentlichkeit und Medien, auf die deutsche Außenpolitik einzuwirken.

Die nationalen nicht-staatlichen Akteure finden auf **internationaler Ebene** ihre Pendants. *Amnesty international*, *Greenpeace* und das *Internationale Rote Kreuz* sind Beispiele für solche *International Non-Governmental Organizations* (INGOs). Dazu kommen nicht-anerkannte Staaten wie das Verbindungsbüro der *Palästinensischen Befreiungsorganisation* (PLO), religiöse Führer wie der Dalai Lama oder der Papst und die Medien. Empirische Nachweise über ihren Einfluß auf die deutsche Außenpolitik sind allerdings noch schwerer zu führen als über den nationaler nicht-staatlicher Gruppen. Eines der überzeugenderen Beispiele sei hier angeführt: 1989 führte die Nachricht, daß sich deutsche Chemiefirmen illegal am Bau von Giftgasanlagen im lybischen Rabta beteiligt hatten, zu solch heftigen Reaktionen auch in den amerikanischen Medien, daß Bonn eine Verschärfung der Exportpraxis ankündigte.

Insgesamt läßt sich jedoch feststellen, daß sich das politische System der Bundesrepublik in außenpolitischen Fragen zu einem hohen Grad von den Einflüssen nationaler und internationaler nicht-staatlicher Akteure isolieren konnte.

3.5. Fazit

1) Innerhalb der Bundesregierung kommt dem Bundeskanzler die herausragende Rolle bei der Führung der Außenpolitik zu. Er ist das einzige vom Bundestag gewählte Kabinettsmitglied, er verfügt über Richtlinienkompetenz und Organisationsgewalt, ihm untersteht ein eigenständiger außenpolitisch einsetzbarer Apparat. Mit deutlichem Abstand folgen dem Bundeskanzler als weitere wichtige außenpolitische Akteure die Minister des Äußeren, der Verteidigung und der Finanzen. Ihre jeweilige Stellung im Entscheidungsprozeß hängt allerdings weniger von rechtlichen Vorgaben ab als von politischen Konstellationen und der persönli-

chen Reputation. Rückhalt in der Partei und in der Bevölkerung, Gewicht in der Koalition, Amtserfahrung und die allgemeine Ämterverteilung sind dabei die Schlüsselfaktoren für außenpolitischen Einfluß.

2) Das zentrale außenpolitische Entscheidungsgremium bildet heute die Koalitionsrunde. Dort werden nicht nur die großen Linien festgelegt, sondern auch die Detailbeschlüsse gefaßt. Nur in informellen Gremien der Spitzenrepräsentanten aus Regierung und Mehrheitsparteien ist garantiert, daß sich ein Optimum zwischen größtmöglicher Konsenssicherung und hoher Entscheidungsfähigkeit herausbildet.

3) Die starke internationale Verflechtung der Bundesrepublik durch ihre Mitgliedschaft in zwischenstaatlichen und supranationalen Organisationen bringt einen hohen Grad an Komplexität bei außenpolitischen Entscheidungsprozessen mit sich. Während die Bundesrepublik in außenwirtschaftlichen und sicherheitspolitischen Fragen weitgehend auf ihre Souveränität zu autonomen Entscheidungen verzichtet hat, ist ihr Spielraum in der traditionellen Außenpolitik zwar nicht durch formale Souveränitätsübertragung, aber durch ein Geflecht von multilateralen Organisationen eingeschränkt.

4) Im Rahmen der vom Grundgesetz und der politischen Kultur vorgegebenen Grenzen erweist sich der Spielraum der Bundesregierung als recht groß. Es gibt zahlreiche Belege dafür, daß Bundesregierungen unterschiedlicher Zusammensetzung Politiken gegen einzelne Gruppen, ja bisweilen sogar gegen die Mehrheit der öffentlichen Meinung und der eigenen Partei verfolgten und durchsetzten.

5) Überzeugungen und Präferenzen der Spitzenakteure spielen bei der Gestaltung der deutschen Außenpolitik eine gewichtigere Rolle, als man es nach den Leitsätzen der beiden großen Theorien der internationalen Politik vermuten sollte. Weder Realisten noch Idealisten räumen Politikern einen größeren eigenen Spielraum ein. Die einen halten ihr Handeln für von den Strukturen des internationalen Systems vorgegeben, die anderen sehen Politiker als Exekutionsorgan innenpolitischer Kräfte. In Wirklichkeit ist die Möglichkeit des politischen Systems zu autonomen Handeln sehr viel größer, wie wir im folgenden bei der Analyse der wichtigsten außenpolitischen Ereignisse in der bundesdeutschen Außenpolitik seit 1949 sehen werden.

TEIL II:

ENTWICKLUNGSPHASEN

UND

AKTIONSFELDER

4. Die Dominanz der Kommissare (1949-1955)

"Im Anfang war Adenauer" - mit diesen Worten begann Arnulf Baring 1969 seine Studie *Außenpolitik in Adenauers Kanzlerdemokratie*.[1] Daran ist richtig, daß Adenauer es war, der zunächst als Präsident des Parlamentarischen Rats, ab September 1949 als Kanzler Westdeutschland gegenüber den drei westlichen Besatzungsmächten vertrat. Barings Diktum, so einprägsam es auch formuliert sein mag, verstellt allerdings den Blick auf die Hauptsache: Daß nämlich Adenauer, vor allem bis zur Aufhebung des Besatzungsstatuts im Deutschlandvertrag vom 5. Mai 1955, nicht einmal Herr im eigenen Haus war. Die Treuhänderschaft für den rechtmäßigen Eigentümer hatten *de jure* die vier Siegermächte des Zweiten Weltkriegs übernommen, also die USA, die Sowjetunion, Großbritannien und Frankreich, *de facto* die drei Westmächte, deren Ziehkind die Bundesrepublik war. Helga Haftendorn hat Baring deshalb mit Recht entgegengehalten: *"Im Anfang waren die Alliierten"*.[2]

4.1. Anfänge: Außenpolitik ohne Staat

Am 7. und 9. Mai 1945 unterzeichneten Vertreter der Wehrmacht die Urkunden über die bedingungslose Kapitulation Deutschlands. Zwei Wochen später verhafteten die Alliierten Großadmiral Karl Dönitz, den Hitler vor seinem Selbstmord testamentarisch zum Nachfolger als Reichspräsident ernannt hatte, und seine "Geschäftsführende Reichsregierung". Mit der *Berliner Erklärung* übernahmen die vier Mächte am 5. Juni die oberste Regierungsgewalt, die *"supreme authority"*, in Deutschland.[3] Sie etablierten damit ein Sonderregime, das seine völkerrechtliche Legitimation durch den Anspruch erhielt, eine neue Gefährdung des Friedens durch Deutschland dauerhaft bannen zu wollen. In einer weiteren Erklärung vom selben Tag teilten die Alliierten Deutschland in vier Besatzungszonen auf. Alle Entscheidungsgewalt in den Zonen lag bei den jeweiligen militärischen Oberbefehlshabern. Für Fragen, die

---

[1] Arnulf Baring: Außenpolitik in Adenauers Kanzlerdemokratie. Bonns Beitrag zur Europäischen Verteidigungsgemeinschaft, München/Wien 1969, 1.

[2] Helga Haftendorn: Im Anfang waren die Alliierten. Die alliierten Vorbehaltsrechte als Rahmenbedingung des außenpolitischen Handelns der Bundesrepublik Deutschland; in: Hartwich/Wewer, 1993, 41-92, hier 41.

[3] Vgl. Christian Tomuschat: Die Alliierten Vorbehaltsrechte im Spannungsverhältnis zwischen friedenspolitischer Sanktion und nationaler Selbstbestimmung; in: Helga Haftendorn/Henning Riecke (Hg.): "... die volle Macht eines souveränen Staates ...". Die Alliierten Vorbehaltsrechte als Rahmenbedingung westdeutscher Außenpolitik, Baden-Baden 1996, 27-36, hier 28.

"Deutschland als Ganzes" betrafen, war der Alliierte Kontrollrat in Berlin zuständig. In Proklamation Nr. 2 legte er am 20. September 1945 fest, daß alle Beziehungen Deutschlands zu anderen Staaten in Zukunft von den Siegermächten geregelt würden. Deutschen Behörden und deutschen Staatsangehörigen war es untersagt, ohne ihre Zustimmung gegenüber dem Ausland Verpflichtungen einzugehen. Auswärtiges Amt und Auswärtiger Dienst wurden aufgelöst, alle Beamten in den Auslandsvertretungen zurückbeordert. Die diplomatische Repräsentation Deutschlands lag vollständig bei den Alliierten.[4]

Die ursprünglich vorgesehene Viermächte-Verwaltung zerbrach jedoch schnell an der französischen Obstruktionspolitik und den Realitäten des Kalten Krieges. Schon Mitte 1946 zeichnete sich ab, daß die ideologische und machtpolitische Konfrontation zwischen der Sowjetunion und den westlichen Verbündeten ein gemeinsames Vorgehen unmöglich machen würde.[5] Im Westen lag die Führungsrolle bei den USA. In Washington herrschte zwar bis weit ins Jahr 1946 hinein kein Konsens, wie mit dem besiegten Feind zu verfahren sei. Das behinderte aber nicht den Aufbau demokratischer Strukturen in der eigenen Zone, im Gegenteil: Da man massiv demobilisierte und sich rasch aus Europa zurückziehen wollte, sollte die Verwaltung möglichst bald in deutsche Hände gelegt werden.[6] Die drei Länder im amerikanischen Besatzungsgebiet - Bayern, Württemberg-Baden und Hessen - bekamen schon im Herbst 1945 gesetzgebende, vollziehende und richterliche Befugnisse übertragen: Parteien wurden gegründet, Wahlen zu den Gebietskörperschaften und den verfassungsgebenden Landesversammlungen abgehalten. Diese Politik der systematischen Demokratisierung erhielt zusätzliche Schubkraft, als Außenminister James Byrnes in seiner berühmten Stuttgarter Rede am 6. September 1946 einen Kurswechsel zugunsten eines dauerhaften Engagements der Vereinigten Staaten in Europa verkündete und die Notwendigkeit betonte, die deutsche

---

[4] Vgl. "Proklamation Nr. 2 des Kontrollrats vom 20. September 1945 über zusätzliche Forderungen an Deutschland", Abschnitt III; in: Deutsches Institut für Zeitgeschichte (Hg.): Zur Deutschlandpolitik der Anti-Hitler-Koalition (1943-1949). Dokumente und Materialien, Berlin-Ost 1968, 96-112. Grundsätzlich siehe auch Walter Schwengler: Der doppelte Anspruch: Souveränität und Sicherheit. Zur Entwicklung des völkerrechtlichen Status der Bundesrepublik Deutschland 1945-1956, Bd. 4: Wirtschaft und Rüstung/Souveränität und Sicherheit, München 1997, 187-566, hier 190-202.

[5] Zur sowjetischen Deutschlandpolitik vgl. Hannes Adomeit: Imperial Overstretch: Germany in Soviet Policy from Stalin to Gorbachev, Baden-Baden 1998.

[6] Zum folgenden siehe vor allem Theodor Eschenburg: Jahre der Besatzung 1945-1949, Stuttgart 1983. (= Geschichte der Bundesrepublik Deutschland, Bd. 1)

Selbstverantwortung in Politik und Wirtschaft zu stärken.[7] Schon im Dezember fanden in den drei Ländern des amerikanischen Besatzungsgebiets Wahlen statt und traten nach Volksabstimmungen Verfassungen in Kraft. Daß die ersten Ansätze zu einer westdeutschen Außenpolitik in der US-Zone ihren Anfang nahmen, verwundert angesichts ihres Vorsprungs in staatsrechtlicher Hinsicht deshalb nicht. Dabei waren es vor allem zwei Bereiche, in denen die Deutschen mitzusprechen hofften: bei den Friedensverhandlungen und dem wirtschaftlichen Wiederaufbau.

Außenpolitische Mitwirkung über die Friedensverhandlungen

Schon zur Jahreswende 1946/1947 errichteten die meisten Landesregierungen in der amerikanischen und britischen Zone Sekretariate, die sich mit außenpolitischen Vorgängen und hier vor allem mit den erwarteten Friedensverhandlungen beschäftigen sollten.[8] General Lucius D. Clay, der amerikanische Militärgouverneur, blockierte jedoch den Vorschlag der süddeutschen Ministerpräsidenten, eine gesamtdeutsche Zentralstelle für die Vorbereitung dieser Verhandlungen zu schaffen, da er die Beziehungen zur Sowjetunion im Vorfeld der Moskauer Außenministerkonferenz im Frühjahr 1947 nicht durch Schritte belasten wollte, die als Abrücken von einem einheitlichen Deutschland interpretiert werden konnten. Das gleiche Schicksal erfuhr deshalb auch der Plan, eine gemeinsame außenpolitische Leitstelle der zur Bizone zusammengeschlossenen amerikanischen und britischen Besatzungsgebiete zu gründen, wobei allerdings fraglich war, ob sich die Länder und Parteien überhaupt hätten einigen können. Gegen eine auf die US-Zone beschränkte Behörde hatte Clay jedoch keine Einwände.

Am 15. April 1947 beschlossen die Ministerpräsidenten von Bayern, Württemberg-Baden und Hessen die Errichtung des *Deutschen Büros für Friedensfragen*. Seine Aufgabe sollte es sein, die in Deutschland vorhandenen Unterlagen für eine Friedensregelung zu erfassen und für die Verwendung bei der Außenministerkonferenz in London im Dezember 1947 aufzubereiten. Das Friedensbüro wurde damit auf dem Gebiet der auswärtigen Bezie-

---

[7] Zur Byrnes-Rede siehe John Gimbel: Byrnes' Stuttgarter Rede und die amerikanische Nachkriegspolitik in Deutschland; in: Vierteljahreshefte für Zeitgeschichte (im folgenden VfZ), 20. Jg. (1972), 39-62.

[8] Die folgenden Ausführungen zum Friedensbüro stützen sich auf Heribert Piontkowitz: Anfänge westdeutscher Außenpolitik 1946-1949. Das Deutsche Büro für Friedensfragen, Stuttgart 1978.

hungen zu einer Zeit tätig, in der sich die Siegermächte die Behandlung dieses Komplexes ausdrücklich vorbehalten hatten. Im Verständnis seiner Mitarbeiter, die zum Großteil aus dem ehemaligen Auswärtigen Amt kamen, stellte die Behörde den Vorläufer einer Dienststelle für auswärtige Angelegenheiten dar. Mit dem Scheitern der Londoner Konferenz schwand aber jede Aussicht auf einen Friedensvertrag - und damit die Existenzberechtigung des Büros. Zudem verlagerte sich mit der Zusammenlegung der amerikanischen und britischen Besatzungsgebiete das politische Gravitationszentrum seit Mitte 1947 weg von den Ländern hin zu bizonalen Organen wie dem Wirtschaftsrat - dem Vorläufer des späteren Parlaments - mit Sitz in Frankfurt.[9] Eine Institution wie das Friedensbüro, die ihre Weisungen von den Ministerpräsidenten erhielt, verlor damit zwangsläufig an Bedeutung. Zu den Beratungen der *Frankfurter Dokumente*, mit denen die drei Militärgouverneure die Ministerpräsidenten am 1. Juli 1948 mit der Gründung eines Weststaats beauftragten, zog man das Büro nicht mehr hinzu.[10] Die Hoffnung der Westdeutschen, Beziehungen zu ihrer internationalen Umwelt über die Zuarbeit zu Friedensregelungen anzuknüpfen, hatte sich nicht erfüllt. Aussichtsreicher gestaltete sich dagegen das Unterfangen, durch die Mitwirkung am Wiederaufbau partielle Mitsprache in außenwirtschaftlichen Angelegenheiten zu erlangen.[11]

"Politik nach außen": der Marshall-Plan als Wegbereiter

Der vom amerikanischen Außenminister George C. Marshall am 5. Juni 1947 verkündete Plan, Europa beim Wiederaufbau seiner Volkswirtschaften mit einem Hilfeprogramm unter die Arme zu greifen, bedeutete für die Westdeutschen nicht allein neue Hoffnung auf eine Verbesserung ihrer ökonomischen Lage. Vielmehr ergaben sich im Rahmen seiner Durchführung erste Möglichkeiten, außenpolitische Kontakte aufzunehmen und grundsätzliche Positio-

---

[9] Nach deren mehrmaliger Umgestaltung existierte bereits 1948 die Grundform der späteren Bundesrepublik mit zweiteiliger Legislative (Wirtschaftsrat und Länderrat), Exekutive (Verwaltungsrat, Oberdirektor und Direktoren) und Verwaltung (Rechnungshof, Statistisches Amt) sowie Judikative (Deutsches Obergericht für das Vereinigte Wirtschaftsgebiet). Einzelheiten dazu bei Wolfgang Benz: Von der Besatzungsherrschaft zur Bundesrepublik. Stationen einer Staatsgründung 1946-1949, Frankfurt a.M. 1984, 60-72.

[10] Das Friedensbüro wurde am 1. Dezember 1949 dem Bundeskanzleramt unterstellt und schon im nächsten Jahr aufgelöst.

[11] Siehe dazu vor allem den Sammelband von Manfred Knapp (Hg.): Von der Bizonengründung zur ökonomisch-politischen Westintegration. Studien zum Verhältnis von Außenpolitik und Außenwirtschaftsbeziehungen in der Entstehungsphase der Bundesrepublik Deutschland (1947-1952), Frankfurt a.M. 1984.

nen mit anderen Staaten abzustimmen. Über die Details des *European Recovery Program* (ERP), wie der Marshall-Plan offiziell hieß, mußten die USA nämlich mit allen 16 beteiligten Ländern verhandeln und Einzelverträge abschließen.[12]

Das Angebot der Aufbauhilfe galt auch für die drei Westzonen und fand dort einhellige Zustimmung. Zwar wurden die Besatzungsgebiete bei den Konferenzen von den Militärgouverneuren vertreten, aber schon im März 1948 richtete der Verwaltungsrat - das Kabinett der Bizone - eine spezielle Verbindungs- und Koordinierungsstelle ein, die grundsätzliche Fragen der deutschen Mitarbeit am ERP betreuen sollte.[13] Schon bald zog die auf amerikanischen Druck am 16. April 1948 gegründete *Organisation für europäische wirtschaftliche Zusammenarbeit* (Organization for European Economic Cooperation and Development/OEEC) zu ihren Beratungen technischer Aspekte deutsche Sachverständige hinzu. Maßgebende Akteure in der Bizone, allen voran der Oberdirektor des Verwaltungsrats und Kölner Oberbürgermeister Hermann Pünder (CDU), erkannten in der Beteiligung an ERP und OEEC die Chance, *"Politik nach außen"*[14] zu machen. In der Tat gelang es den deutschen Entscheidungsträgern, sukzessive Mitsprache in verwandten außenpolitischen Bereichen zu gewinnen. Ende 1948 wurde die Führung von Handelsvertragsverhandlungen grundsätzlich in deutsche Hände gelegt, wobei die letzte Entscheidungsgewalt allerdings bei den Alliierten verblieb. Außenwirtschaftliche Verflechtung und Aufnahme erster außenpolitischer Aktivitäten gingen also Hand in Hand. Dieser enge Zusammenhang *"zwischen den Anfängen westdeutscher Außenwirtschafts- und Außenpolitik sollte"*, so Manfred Knapp, *"... zum charakteristischen Merkmal der Bundesrepublik werden"*.[15]

---

[12] Aus der umfangreichen Literatur zum Marshall-Plan seien hier nur genannt: John Gimbel: The Origins of the Marshall Plan, Stanford 1976 (Gimbel argumentiert, daß dem Marshall-Plan nicht so sehr die Eindämmungspolitik gegen die Sowjetunion als vielmehr das Bemühen zugrunde lag, die ökonomische Misere der Bizone zu mildern); Gerd Hardach: Der Marshall-Plan. Auslandshilfe und Wiederaufbau in Westdeutschland 1948-1952, München 1994 (starke wirtschaftliche Ausrichtung); Günter Bischof: Der Marshall-Plan in Europa 1947-1952; in: APuZ, B22-23/97 (23.5.1997), 3-16. Die umfangreichste Bibliographie bietet: Organization for Economic Cooperation and Development (Hg.): The European Reconstruction 1948-1961. Bibliography on the Marshall Plan and the Organization for European Economic Co-operation (OEEC), Paris 1996.

[13] Dieses Kapitel stützt sich vor allem auf die Untersuchung von Manfred Knapp: Die Anfänge westdeutscher Außenwirtschafts- und Außenpolitik im bizonalen Vereinigten Wirtschaftsgebiet (1947-1949); in: Knapp, 1984a, 13-94, hier 44.

[14] Hermann Pünder: Von Preußen nach Europa. Lebenserinnerungen, Stuttgart 1968, 352-354, 458-460.

[15] Knapp, 1984b, 52.

Die Einbeziehung der drei Westzonen in den Marshall-Plan bildete auch einen wichtigen Schritt auf dem Weg zu einem neuen Staatsgebilde. In einer Presseerklärung des amerikanischen Außenministeriums zur *Londoner Sechsmächte-Konferenz*, auf der die USA, Großbritannien, Frankreich und die Benelux-Staaten im Frühsommer 1948 die Bildung eines deutschen Weststaats vereinbarten, hieß es kurz und bündig: *"It is moreover clear that the European Recovery Program for western Germany can only be administered successfully by a competent German government"*.[16] Daß sich Washington seit Ende 1947 so nachhaltig für die Gründung eines eigenen Staats einsetzte, lag erstens an der Überzeugung, nur durch die Nutzbarmachung des westdeutschen Potentials könne Westeuropa wirtschaftlich gesunden und damit zu einem Bollwerk gegen das sowjetische Expansionsstreben werden, und zweitens an der nicht unbegründeten Erwartung, in dem neuen Staat einen lenkbaren Partner beim Aufbau eines liberalen Weltwirtschaftssystems finden zu können. Die Gründung der Bundesrepublik war also direkte Folge des Kalten Krieges. Karl Kaiser hat diesen Sachverhalt auf die Formel zugespitzt: *"Die Bundesrepublik war kein politisches Regime, das sich eine Außenpolitik schuf, sondern hier schuf sich eine Außenpolitik gleichsam das Regime"*.[17]

4.2. Außenpolitische Konzepte im Widerstreit

Obwohl die Westdeutschen in auswärtigen Angelegenheiten nur minimale Mitwirkungs-möglichkeiten besaßen, setzte die innenpolitische Debatte über den Kurs der zukünftigen Außenpolitik schon Anfang 1946 mit aller Vehemenz ein. Es ist dabei bezeichnend für die geringe programmatische Fixierung der neugegründeten CDU, daß die beiden Hauptkon-trahenten der ersten großen außenpolitischen Debatte nach dem Krieg die beiden Parteivor-sitzenden in der britischen und in der sowjetischen Besatzungszone waren: Konrad Adenauer und Jakob Kaiser. Ihr Streit kreiste im Kern um die Frage, welche Rolle Deutschland in der internationalen Politik spielen solle.[18]

---

[16] Department of State (ed.): Germany 1947-1949. The Story in Documents (Publication 3556), Washington, D.C. 1950, 82.

[17] Karl Kaiser: Das Jahrzehnt der beginnenden Normalisierung. Die Deutschland- und Außenpolitik der Bundesrepublik 1960-1970; in: Politische Bildung, 4. Jg. (2/1971), 54-63, hier 54.

[18] Die unterschiedlichen Konzeptionen Adenauers, Kaisers und Schumachers sind behandelt bei Hans-Peter Schwarz: Vom Reich zur Bundesrepublik. Deutschland im Widerstreit der außenpolitischen Konzeptionen in den Jahren der Besatzungszeit 1945 bis 1949, Neuwied 1966, 297-344, 423-479, 481-564. Kurze Überblicke finden sich

Adenauers außenpolitische Konzeption ruhte auf zwei Grundfesten: Erstens galt es zu verhindern, daß sich die Siegermächte auf dem Rücken Deutschlands einigten, da das zu einer Ausweitung des sowjetischen Einflusses auf die Westzonen oder zur permanenten Teilung führen könnte; Hans-Peter Schwarz hat diese Befürchtung in Anspielung auf die von Adenauer mit ohnmächtiger Wut verfolgte Nachkriegskonferenz der "Großen Drei" Roosevelt, Churchill und Stalin, auf der über das Schicksal Deutschlands beraten wurde, als den *"Potsdam-Komplex"* des späteren Kanzlers bezeichnet.[19] Deutschland, so die Überzeugung Adenauers, müsse deshalb so schnell wie möglich wieder seine Souveränität zurückgewinnen. Zweitens wollte der Kanzler jede Art von Schaukelpolitik zwischen Ost und West ausschließen, wie sie von Bismarck und Stresemann betrieben worden war, und die Deutschland seiner Meinung nach in die Isolation und zwei Weltkriege getrieben hatte. Beide Ziele ließen sich für Adenauer nur auf einem einzigen Weg erreichen: die möglichst enge Bindung an den Westen. Die ökonomische Verflechtung sollte dabei eine Vorreiterrolle spielen, bot sie doch eine Reihe von Vorteilen: Sie war notwendig für die wirtschaftliche Prosperität und politische Stabilität Westeuropas, kam dem Sicherheitsbedürfnis Frankreichs und Belgiens entgegen und eröffnete schließlich Ansätze zu deutscher Mitsprache. Schon 1948 war für ihn die europäische Integration *"die einzige Möglichkeit [gewesen], irgendwie mal wieder in der Welt etwas wirken zu können"*.[20] Daß damit die Einheit Deutschlands in den Hintergrund rückte, akzeptierte Adenauer. Für ihn war die Sache seit Mitte 1945 ohnehin klar: Die Teilung des Landes in eine westliche und eine östliche Zone war ein tragisches, aber vorläufig nicht zu änderndes Faktum. *"Der von Rußland besetzte Teil"*, erklärte er gegenüber amerikanischen Pressevertretern im Oktober 1945, ist *"für eine nicht zu schätzende Zeit für Deutschland verloren."*[21] Adenauers Westorientierung beruhte also auf einer nüchternen Einschätzung der realpolitischen Lage. Alle Versuche, diese Politik auf einen Anti-Berlin-Effekt oder eine lebenslange

---

auch bei Besson, 1970, 34-39, 56-68; und Anselm Doering-Manteuffel: Die Bundesrepublik Deutschland in der Ära Adenauer, Darmstadt 1983, 36-44.

[19] Hans-Peter Schwarz: Das außenpolitische Konzept Konrad Adenauers; in: Rudolf Morsey/Konrad Repgen (Hg.): Adenauer-Studien, Bd. 1, Mainz 1971, 71-108, hier 81.

[20] So Adenauer vor dem Zonenausschuß der CDU 28.-29.10.1948. Zit. nach Helmut Pütz (Bearb.): Konrad Adenauer und die CDU der britischen Besatzungszone 1946-1949, Bonn 1975, 719.

[21] Konrad Adenauer: Erinnerungen 1945-1953, Frankfurt a.M. 1967 (Taschenbuchausgabe), 30. (= Adenauer, I)

Abneigung gegen Preußen zurückzuführen, sind weit hergeholt und wenig überzeugend.[22] Adenauer war nur früher und radikaler bereit als die Westmächte und die Führungen der nicht-kommunistischen Parteien einschließlich seiner eigenen, die Konsequenzen aus dem weltpolitischen Dualismus zu ziehen und die Unvermeidlichkeit der deutschen Teilung anzuerkennen; anzuerkennen - nicht hinzunehmen.

Eine solche Position konnte Jakob Kaiser schon deshalb nicht teilen, weil sie ihn als CDU-Vorsitzenden in der sowjetischen Besatzungszone (SBZ) zur Selbstverleugnung gezwungen hätte. Wollte man die Hoffnung auf einen größeren politischen Spielraum in der SBZ und den Anspruch auf den Fortbestand des Deutschen Reiches in den Grenzen von 1937 aufrechterhalten, so konnte man die Westbindung nicht akzeptieren. Kaiser ging es aber um mehr: Nicht nur wollte er die Einheit Deutschlands unter den Bedingungen der sich verschärfenden Blockkonfrontation wahren, sondern Deutschland sollte auch gesellschafts- und außenpolitisch eine *"Brücke ... zwischen West und Ost"*[23] bilden. Die taktischen Erfordernisse, die sich aus der besonderen Situation in der SBZ ergaben, fielen bei Kaiser also mit seiner strategischen Vision eines eigenständigen Deutschland als *"ehrlichem Makler"*[24] zwischen den beiden Blöcken zusammen. Diese diametral entgegengesetzten Entwürfe für die künftige deutsche Außenpolitik wurden verschärft durch die gegensätzliche Lebens- und Politikphilosophie der beiden Hauptexponenten: hier Adenauer, der liberal-konservative Katholik aus dem rheinischen Bürgertum, Antikommunist durch und durch, bereit, mit der deutschen Außenpolitik der letzten 75 Jahre radikal zu brechen, durch seine langen Jahre als Kölner Oberbürgermeister geschult, praktisch zu denken und taktisch zu handeln; dort der engagierte Gewerkschafter Kaiser, reichstreu und ganz auf Berlin ausgerichtet, um eine Synthese von sozialistischer Gesellschaftsstruktur und demokratischen Freiheiten bemüht, idealistisch und emotional, vom Glauben beseelt, trotz der Nazi-Barbarei an die Außenpolitik der Weimarer Republik anknüpfen zu können.

Welcher Flügel sich in der CDU würde durchsetzen können, war lange Zeit nicht klar. Adenauer stand für die bevölkerungs- und mitgliederreicheren Westzonen, fand jedoch

---

[22] Vgl. Hans-Peter Schwarz: Adenauer. Der Aufstieg 1876-1952, Stuttgart 1986, 529.

[23] Zit. nach Eschenburg, 1983, 131.

[24] Zit. nach ebd.

verständlicherweise kaum Anklang im sowjetischen Besatzungsgebiet und konnte sich selbst des Rückhalts der einzelnen CDU-Verbände im Westen nicht völlig sicher sein. Kaiser verfügte zwar über eine schwächere Hausmacht, konnte sich aber auf den CDU-Gewerkschaftsflügel in Westfalen und im Rheinland sowie die Unterstützung der britischen Besatzungsmacht verlassen. Er unterlag letztlich im Richtungsstreit, weil sein Brückenkonzept auf der irrealen Annahme beruhte, Deutschland könne schon bald selbständig sein außenpolitisches Schicksal bestimmen. Deutschland war aber *"Kriegsbeute"*[25] der Sieger, von denen keiner ein Interesse daran hatte, daß das Land wieder an alte außenpolitische Traditionen anknüpfte. Auch kam die *Sowjetische Militäradministration* (SMAD) Kaiser keinen Fußbreit entgegen, zumal er sie mit seiner Forderung nach der Wiedereingliederung der deutschen Ostgebiete vor den Kopf stieß.[26] Schon im Laufe des Jahres 1947 wurde deutlich, daß er die Verständigungsmöglichkeiten zwischen Ost und West falsch eingeschätzt hatte. Als sich Kaiser weigerte, die Union in der SBZ auf eine Ablehnung des Marshall-Plans und eine Unterstützung der Moskauer Deutschlandpolitik festzulegen, zwangen ihn die Sowjets zum Rücktritt. Damit lag sein außenpolitisches Konzept in Scherben. Ohne Amt war Kaiser aber auch ohne Machtbasis in der CDU. Die Entwicklungen hatten Adenauers skeptische Haltung bestätigt.

Adenauers Stellung in der CDU war nun, Ende 1947, Anfang 1948, unangefochten, auch was die außenpolitische Linie anging. Jetzt mußte es für ihn darum gehen, seine Konzeption auch für ganz Westdeutschland durchzusetzen. Widerstand kam in dieser zweiten außenpolitischen Debatte vor allem vom Vorsitzenden der Sozialdemokratischen Partei Deutschlands, Kurt Schumacher.

Dieser Widerstand richtete sich nicht grundsätzlich gegen die Westorientierung. Diese war in der SPD in den beiden ersten Nachkriegsjahren weniger umstritten als in der CDU. Auch bezog Schumacher schärfer Front gegen die Sowjetunion als die überwiegende Mehrheit der Unionspolitiker. Moskau verfolgte seiner Meinung nach eine nationalrussische Hegemonialpolitik, die es lediglich mit sozialistischer Terminologie kaschierte. Die von der Sowjetischen Militäradministration in ihrer Zone 1946 erzwungene Vereinigung von KPD

---

[25] Besson, 1970, 372.

[26] Vgl. Hacke, 1993, 31.

und SPD zur *Sozialistischen Einheitspartei Deutschlands* (SED) lehnte Schumacher vehement ab. Kaisers Vorstellung eines Ausgleichs mit Moskau hielt er für illusionär, die von diesem anvisierte Rolle Deutschlands als Brücke zwischen West und Ost bezeichnete er als *"Unsinn"*[27]. Trotz dieser Berührungspunkte zu Adenauer unterschied sich Schumacher in drei zentralen Fragen von diesem: Erstens war der SPD-Vorsitzende nicht bereit, Deutschlands rechtlose Stellung infolge der bedingungslosen Kapitulation zu akzeptieren und beharrte auf völliger Gleichberechtigung in Verhandlungen. Ein Souveränitätsverzicht im Rahmen der Westintegration kam für ihn nur in Frage, wenn die anderen Mächte in gleichem Maße Rechte aufgaben. Zweitens strebte Schumacher keine Westintegration unter den Vorzeichen kapitalistischer Wirtschafts- und bürgerlicher Gesellschaftsordnung an wie dies Adenauer tat. In dessen Politik sah Schumacher auch ein internationales Komplott des Großkapitals und des reaktionären Katholizismus.[28] Ihm ging es um die Errichtung einer sozialistischen Gemeinschaft westeuropäischer Länder. *"Die deutsche Sozialdemokratie"*, so hieß es in den Leitsätzen der SPD vom Mai 1946, *"erstrebt die vereinigten Staaten von Europa, eine demokratische und sozialistische Föderation sozialistischer Staaten, sie will ein sozialistisches Deutschland in einem sozialistischen Europa."*[29] In der Tat schienen die parteipolitischen Voraussetzungen dafür gleich nach dem Krieg nicht schlecht: Sozialisten regierten in Großbritannien, waren in Belgien, Frankreich und zeitweise Italien an der Regierung beteiligt, bildeten die stärkste Partei in Dänemark, Schweden und Norwegen. Ein Bündnis mit ihnen, so Schumachers Überlegung, würde nicht nur den Sozialismus in den einzelnen Ländern stabilisieren, sondern auch als "Dritte Kraft" ein Bollwerk gegenüber der Sowjetunion bilden. Drittens hielt Schumacher in stärkerem Maße als Adenauer an der Einheit der Nation fest, ja schwang sich nach 1949 geradezu zu deren Gralshüter auf. Zwar sprach er sich ebenfalls für die Bildung eines Weststaats aus, aber nur unter ausdrücklichem gesamtdeutschen Vorbehalt und unter Hinweis auf seinen instrumentellen Charakter: Der Zusammenschluß der Westzonen sollte, so propagierte der SPD-Vorsitzende seit Mai 1947, den freien Teil

---

[27] Zit. nach Eschenburg, 1983, 178.

[28] Vgl. Hans-Peter Schwarz: Die Ära Adenauer 1949-1957, Stuttgart 1981, 59. (= Geschichte der Bundesrepublik Deutschland, Bd. 2)

[29] Abgedr. bei Arno Scholz/Walter Oschilewski (Hg.): Turmwächter der Demokratie. Ein Lebensbild von Kurt Schumacher, 3 Bd., Berlin 1953, hier Bd. 3, 22f.

Deutschlands wirtschaftlich so stark machen, daß seine Anziehungskraft auf das sowjetische Besatzungsgebiet die Herrschaft der Kommunisten untergraben und zur Wiedervereinigung führen würde.[30] Diese unter dem Schlagwort *"Magnettheorie"* bekannt gewordene Argumentation übernahm später auch Adenauer.[31]

Daß Schumachers Vision von einem souveränen sozialistischen Deutschland in einem sozialistischen Europa letztlich keine Realisierungschance besaß, lag daran, daß er - Kaiser nicht unähnlich - den Handlungsspielraum Deutschlands über- und die Unbedingtheit der Ablehnung eines stark national ausgerichteten deutschen Kurses durch die Alliierten unterschätzte. Seine Forderung nach völliger Gleichberechtigung wurde von allen Besatzungsmächten zurückgewiesen. Selbst die britische Labour-Regierung, auf die Schumacher große Hoffnungen setzte, konnte sich trotz aller ideologischen Nähe zur SPD mit dem Gedanken eines souveränen Deutschland nicht anfreunden.[32] Die Vereinigten Staaten, die sich immer deutlicher zur Vormacht im westlichen Bündnis entwickelten, hatten für seine zentralistischen und planwirtschaftlichen Vorstellungen ohnehin nichts übrig. Schumachers schwierige Persönlichkeit trug das ihre zu einer Verschlechterung der Beziehung zu den Siegermächten bei: Von der Richtigkeit und moralischen Überlegenheit seines Handelns überzeugt, trat er gegenüber allen vier Alliierten aggressiv, anmaßend und höhnisch auf. Sein leidenschaftlicher Patriotismus, seine kompromißlose Forderung nach der Rückgabe der Gebiete östlich der Oder-Neiße-Linie und nach Einstellung der Demontagen ließen ihn als weit unangenehmeren Verhandlungspartner erscheinen als den kooperationsbereiten Adenauer, der den Weg zur Gleichberechtigung in einer Verflechtung der deutschen Interessen mit denen der drei Westmächte sah.[33]

---

[30] Der Text der Rede findet sich in "Acht Jahre Sozialdemokratischer Kampf um Einheit, Frieden und Freiheit", hgg. vom Vorstand der SPD, Bonn 1954, 26/7.

[31] Vgl. Wolfgang Benz: Erzwungenes Ideal oder zweitbeste Lösung? Intentionen und Wirkungen der Gründung des deutschen Weststaates; in: Ludolf Herbst (Hg.): Westdeutschland 1945-1955. Unterwerfung, Kontrolle, Integration, München 1986, 135-146, hier 145. Siehe dazu auch Werner Abelhauser: Zur Entstehung der "Magnet-Theorie" in der Deutschlandpolitik. Ein Bericht von Schlange-Schöningen über einen Staatsbesuch in Thüringen im Mai 1946; in: VfZ, 27. Jg. (1979), 661-679.

[32] Vgl. G. Warner: Die britische Labour-Regierung und die Einheit Westeuropas 1948-1951; in: VfZ, 28. Jg. (1980), 310-330.

[33] Für eine Einschätzung Schumachers durch die Alliierten siehe Alfred Grosser: Das Bündnis. Die westeuropäischen Länder und die USA seit dem Krieg, München 1982, 157.

Besatzungsstatut und Bildung der ersten Bundesregierung

Bei den ersten Wahlen zum Deutschen Bundestag am 14. August 1949 landeten die Unions-parteien mit 31 Prozent knapp vor der SPD mit 29 Prozent. Als es Adenauer gegen erhebli-che Widerstände in der eigenen Partei gelang, die Weichen für eine bürgerliche Koalition ohne Beteiligung der Sozialdemokraten zu stellen, und er am 15. September mit einer Stimme Mehrheit im ersten Wahlgang zum Kanzler der Bundesrepublik Deutschland gewählt wurde, war dies auch außenpolitisch eine grundsätzliche Richtungsentscheidung.[34] Adenau-ers Leitmotive - Westbindung, Amerikaorientierung, Aussöhnung mit Frankreich, Mitarbeit am europäischen Einigungsprozeß mit gleichen Rechten und Pflichten, kurz: die unauflösli-che Eingliederung in die Gemeinschaft westlicher Demokratien - waren zur offiziellen Politik des neuen Staats geworden.

Priorität genoß dabei die möglichst rasche Gewinnung der Souveränität. Wie weit man davon im Sommer 1949 noch entfernt war, verdeutlichte das von den drei Westmächten im Frühjahr erlassene Besatzungsstatut, das die Befugnisse und Verantwortlichkeiten zwischen der Alliierten Kontrollbehörde und der künftigen deutschen Regierung regelte und mit der Konstituierung der Bundesregierung in Kraft trat. Darin beanspruchten die Westmächte aus-drücklich alle Befugnisse über "*auswärtige Angelegenheiten, einschließlich der von Deutsch-land oder in seinem Namen abgeschlossenen internationalen Abkommen*" sowie "*die Kon-trolle über den Außenhandel und den Devisenverkehr*".[35] Außenpolitische und außenwirt-schaftliche Entscheidungen konnten also nach wie vor von den drei Siegern ohne jedwede deutsche Mitwirkung getroffen werden. Die im Besatzungsstatut eingesetzte *Alliierte Hohe Kommission* (High Commission for Germany = HICOG), die an die Stelle der Militärgou-verneure trat, bildete weiter eine Art Oberregierung über die international entmündigte Bundesrepublik. Artikel 8 des Statuts legte zudem fest, daß auswärtige Missionen nicht bei der Bundesregierung, sondern beim Alliierten Rat akkreditiert wurden. Seine drei Mitglieder, der Amerikaner John McCloy, der Brite Sir Brian Robertson und der Franzose André François-Poncet, residierten auf dem Petersberg im Siebengebirge und damit in einem doppelten Sinne über der Hauptstadt Bonn.

---

[34] Die beste Darstellung der Innen- und Außenpolitik in der Adenauer-Ära bietet Schwarz, H.-P., 1981.

[35] Das Besatzungsstatut ist abgedruckt bei Benz, 1984, 156-159.

In seiner Regierungserklärung vom 20. September führte Adenauer seine Strategie zur Ausweitung des deutschen Handlungsspielraums aus: *"Der einzige Weg zur Freiheit ist der, daß wir im Einvernehmen mit der Hohen Alliierten Kommission unsere Freiheiten und unsere Zuständigkeiten Stück für Stück zu erweitern versuchen"*.[36] Er richte zwar kein Außenministerium ein, weil die Wahrnehmung der auswärtigen Angelegenheiten den Kommissaren vorbehalten sei, so der Kanzler, aber das bedeute nicht, *"daß wir damit auf jede Betätigung auf diesem Gebiete Verzicht leisten"*[37]. Mit seiner Regierungserklärung hatte Adenauer zwei Dinge deutlich gemacht: Erstens, daß die Bundesrepublik auf einen raschen Zugewinn an außenpolitischen Souveränitätsrechten hinarbeiten werde, und zweitens, daß alle Aktivitäten in diese Richtung von ihm im Kanzleramt vorangetrieben würden und nicht von einem Außenministerium, für das zudem mit Hermann Pünder ein alter Konkurrent schon in den Startlöchern stand.[38] Durch diesen Schachzug gelang es dem Kanzler, den Zugang zum Petersberg weitgehend zu monopolisieren. Arnulf Baring hat diesen Sachverhalt auf folgende Feststellung zugespitzt:

> So fand sich Adenauer in einer dem Hohepriester der alten Juden vergleichbaren Rolle, der nicht nur zwischen Gott und den Menschen vermitteln und die Weisungen des Höchsten seinem Volke mitzuteilen hatte, sondern auch allein das Allerheiligste des Tempels betreten durfte.[39]

Adenauers Kontakte mit den Hohen Kommissaren bildeten quasi die "Urform" bundesdeutscher Außenpolitik. Daß er dabei ebenso diplomatisch wie couragiert auftrat, zeigen die Protokolle der Besprechungen.[40] Typisch und weithin bekannt ist die Episode bei der Vorstellung der ersten Bundesregierung auf dem Petersberg. Ganz in Siegerpose hatten die drei

---

[36] "Ausgangslage der Bundesrepublik". Erste Regierungserklärung des Bundeskanzlers Konrad Adenauer vor dem Deutschen Bundestag am 20. September 1949 (Auszüge); abgedr. in: Auswärtiges Amt, 1995, 170-175, hier 174.

[37] Ebd., 170.

[38] Vgl. Piontkowitz, 1978, 193.

[39] Vgl. Arnulf Baring: Im Anfang war Adenauer. Die Entstehung der Kanzlerdemokratie, München 1971, 117. (= Taschenbuchausgabe von Barings Studie "Außenpolitik in Adenauers Kanzlerdemokratie", München 1967).

[40] Dieser Eindruck wird unterstrichen durch die Lektüre von Hans-Peter Schwarz (Hg.): Akten zur Auswärtigen Politik der Bundesrepublik Deutschland, Bd. 1: 1949-1951 und Bd. 2: 1952, München 1989/1990.

Hohen Kommissare dem Kanzler zu verstehen gegeben, er müsse vor dem Teppich stehen bleiben, auf dem sie standen, um ihnen die Mitglieder seines Kabinetts zu präsentieren. Erst nach der Verkündung des Besatzungsstatuts durch den geschäftsführenden französischen Hochkommissar sollte auch er auf den Teppich treten dürfen.[41] Als François-Poncet jedoch einen Schritt nach vorn tat, um den Kanzler zu begrüßen, machte sich dieser die *"Gelegenheit zunutze, ging ihm entgegen und stand damit gleichfalls auf dem Teppich"*.[42] Das Besatzungsstatut wurde, in Packpapier gewickelt, Adenauers Mitarbeiter Blankenhorn von einem Beamten der Hochkommissare beim Aufbruch von hinten unter den Arm geschoben.[43]

4.3. Mitsprache durch ökonomische Integration: Vom Petersberger Abkommen zur Montanunion

Adenauer machte sich zügig daran, die Einschränkungen der deutschen Hoheitsrechte durch die Westalliierten abzubauen. Sein Konzept sah vor, einen kleinen Teil der Hoheitsrechte, die man ohnehin nicht hatte, *"auf dem Altar der Supranationalität"* (Herbst)[44] zu opfern, um die Souveränität schneller wiederzuerlangen. An die Stelle einseitiger Kontrolle sollte in den Augen des Kanzlers eine gegenseitige partnerschaftliche Fesselung durch eine neuartige westeuropäische Integration treten.[45]

Diese Strategie erprobte Adenauer zunächst am brennendsten Problem der westdeutsch-alliierten Beziehungen, dem systematischen Abbau der deutschen Industrieanlagen durch die Siegermächte. *"Das erste und wichtigste Ziel der Bundesregierung mußte meines Erachtens sein"*, so der Bundeskanzler später, *"den Demontageplan aus der Welt zu schaffen, koste es, was es wolle."*[46] Zwar waren die Alliierten von ihren im Frühjahr 1946 aufgestell-

---

[41] Vgl. Schwarz, H.-P., 1981, 47. Siehe auch Adenauer, I, 224.

[42] Adenauer, I, 224.

[43] Vgl. Baring, 1971, 117.

[44] Ludolf Herbst: Option für den Westen. Vom Marshallplan bis zum deutsch-französischen Vertrag, München 1996, 86.

[45] Zur europapolitischen Konzeption Adenauers siehe vor allem Hans-Peter Schwarz: Adenauer und Europa; in: VfZ, 27. Jg. (1979), 4471-523, hier 478; und Werner Weidenfeld: Konrad Adenauer und Europa, Bonn 1976.

[46] Adenauer, I, 235.

ten Vorgaben abgerückt, die deutschen Produktionskapazitäten auf etwa die Hälfte des Vor-
kriegsniveaus zu reduzieren, aber noch immer wurden Anlagen gerade in der Schwerindustrie
in großem Umfange abgebaut. Dies heizte den Unmut in Deutschland an, bedeuteten die
Demontagen doch eine Arbeitsplatzvernichtung großen Stils - und das bei einer ohnehin
hohen Arbeitslosigkeit; auch psychologisch war die Wirkung der Demontagen verheerend,
weil sie den Eindruck erweckten, die Alliierten wollten lästige Konkurrenz ausschalten und
seien nicht wirklich am Wiederaufbau Deutschlands interessiert.[47] Für Adenauer bildete
diese Frage deshalb die Nagelprobe für die Leistungsfähigkeit der neuen Bundesregierung.[48]

Während die USA bereit waren, dem Kanzler entgegenzukommen, hegten Frankreich
und Großbritannien schwere sicherheitspolitische und wirtschaftliche Bedenken gegen einen
Demontagestopp. Adenauer ließ die Alliierten deshalb wissen, daß er dem "*Sicherheitsbedürfnis gegenüber der Bundesrepublik Deutschland als Realität*"[49] Rechnung tragen wolle
und zu Vorleistungen bereit sei. Auf der Pariser Außenministerkonferenz beschlossen die
Westmächte daraufhin Mitte November 1949, ihre bisherige Haltung grundsätzlich zu
überdenken. Conditio sine qua non für ein Entgegenkommen in der Demontagefrage sollte
allerdings der Beitritt Deutschlands zur Internationalen Ruhrbehörde sein.[50] Die Behörde
war von den Westmächten und den drei Benelux-Staaten im April 1949 mit dem Ziel
errichtet worden, das Ruhrgebiet, die einstmalige Waffenschmiede des Reichs, wo 70
Prozent des Eisens und Stahls Westdeutschlands produziert wurden und 80 Prozent seiner
Steinkohlevorräte lagerten, einer rigiden Kontrolle zu unterwerfen. Diese Kontrolle bestand
in einer Überwachung der Produktion und Distribution von Kohle und Stahl, im Verbot,
Benzin und Öl aus Kohle zu gewinnen, und in der Begrenzung des Baus von Schiffen und
Maschinen, die zur Herstellung von Kriegsgerät verwendet werden konnten.

---

[47] Vgl. Walter Först: Die Politik der Demontage; in: ders. (Hg.): Entscheidung im Westen, Troisdorf 1979,
109-143, hier 130-132.

[48] Vgl. Herbst, 1996, 66.

[49] Adenauer, I, 243, 250.

[50] Siehe hierzu vor allem Carsten Lüders: Die Bedeutung des Ruhrstatuts und seiner Aufhebung für die
außenpolitische und außenwirtschaftliche Emanzipation Westdeutschlands (1948-1952); in: Knapp, 1984, 95-186.
Vgl. auch Jürgen Weber: Regieren unter alliierter Aufsicht. Besatzungsstatut und Petersberger Abkommen; in: ders.
(Hg.): Die Gründung des neuen Staates, München 1983, 199-242.

Öffentlichkeit und Parteien in Deutschland, am schärfsten die SPD, lehnten das Ruhrstatut als diskriminierend ab. Obwohl für die Bundesrepublik drei der fünfzehn Sitze in der Behörde reserviert waren, entsandte die Regierung keine Vertreter, um diesen einseitigen Akt der Sieger nicht noch zu legitimieren. Adenauer bedeutete den Alliierten jedoch jetzt, daß er zu Gesprächen über einen Beitritt bereit sei, wenn die Demontagen reduziert würden.[51] Nach mehreren Verhandlungsrunden einigten sich der Kanzler und die Hohen Kommissare am 22. November 1949 auf ein vertragsartiges Protokoll, das sogenannte *Petersberger Abkommen*. Adenauer akzeptierte darin die Forderung der Alliierten nach einer deutschen Mitwirkung am Sicherheits- und Kontrollsystem für Deutschland im Gegenzug für eine Lockerung der Besatzungsbestimmungen.[52] Konkret hieß das: Teilnahme an der Ruhrbehörde im do ut des für die Einschränkung der Demontagen und die Erlaubnis, Konsular- und Handelsbeziehungen mit einigen ausgewählten Ländern eingehen zu können. Zwar hatten die Westmächte in allen wichtigen Punkten ihre Vorstellungen durchgesetzt, aber Adenauer war seinem politischen Hauptziel ein gutes Stück nähergekommen: Zum ersten Mal seit der bedingungslosen Kapitulation hatten die Alliierten mit einem Vertreter Deutschlands formal zumindest von gleich zu gleich verhandelt. Seine Unterschrift stand neben denen der Hohen Kommissare. Daß er dafür in der Sache Zugeständnisse machen mußte, war Adenauer weniger wichtig. In seinen Memoiren führte er dazu später aus:

> Die verschiedenen Bestimmungen, Verträge und Statuten der ersten Nachkriegsjahre - wie zum Beispiel das Ruhrstatut - waren in meinen Augen Übergangsregelungen. Sie waren lediglich bestimmte Abschnitte auf dem Wege zur Wiedererlangung unserer Gleichberechtigung. Es kam mir bei der Beurteilung dieser Abmachungen stets in erster Linie darauf an, ob sie die Möglichkeiten der Weiterentwicklung in sich bargen und welche.[53]

Das Petersberger Abkommen wirkte in mehrfacher Hinsicht prägend für die gesamten fünfziger Jahre: Erstens führte es zum Bruch der Regierung mit der SPD in Fragen der Außenpolitik. Für die größte Oppositionspartei knüpfte Adenauer an die "Erfüllungspolitik"

---

[51] Vgl. Adenauer, I, 247.

[52] Vgl. Lüders, 1984, 142.

[53] Adenauer, I, 235.

der Weimarer Republik an und gab den Forderungen der Siegermächte widerstandslos nach. Bei der hitzigen Bundestagsdebatte über das Petersberger Abkommen provozierte Schumacher mit seinem Zwischenruf, Adenauer sei *"der Kanzler der Alliierten"*[54], einen Eklat und wurde für zwanzig Sitzungstage von den Beratungen des Bundestags ausgeschlossen. Es dauerte bis 1960, daß die SPD von ihrer Politik der außenpolitischen Totalopposition abrückte. Zweitens setzten die Verhandlungen über das Petersberger Abkommen einen Präzedenzfall, der Adenauers Position im außenpolitischen Entscheidungsprozeß nachhaltig festigte. Sowohl Kabinett als auch Bundestag hatte der Regierungschef über die Einzelheiten seiner Verhandlungen nicht informiert, alle Fäden selbst in der Hand behalten. Das Protokoll der Kabinettssitzung vom 23. November vermerkt lapidar: *"Der Bundeskanzler gibt dem Kabinett den Text des mit der Hohen Kommission ... zu schließenden Abkommens bekannt."*[55] Die "Kanzlerdemokratie" war etabliert.[56] Drittens erwies sich die praktische Beendigung der Demontagen als großer innenpolitischer Erfolg für die Regierung und führte Teile der Arbeitnehmerschaft an die CDU heran. Glückliche Belegschaften sandten zahlreiche Danktelegramme, selbst der Deutsche Gewerkschaftsbund zeigte sich erfreut.[57] Viertens schließlich stellte das Petersberger Abkommen eine gute Grundlage dar, von der aus auf eine weitere Lockerung der Kontroll- und Sicherungsregelungen hingearbeitet werden konnte.

Schon am 15. Dezember 1949 unterzeichnete die Bundesrepublik ein Abkommen mit den USA über die Durchführung des Marshall-Plans und damit ihre erste internationale Vereinbarung. Bei aller formalen Aufwertung achteten die Westalliierten aber genau darauf, daß sich Bonn an die von ihnen vorgegebene Linie hielt. Versuchten die Deutschen, gegen die Interessen der Siegermächte zu handeln, wie in der Frage der Neubewertung des Wechselkurses D-Mark-Dollar, zog die Hohe Kommission die Entscheidung einfach an sich.[58]

---

[54] Verhandlungen des Deutschen Bundestages, Stenographische Berichte, 18. Sitzung, 24./25.11.1949, 525.

[55] Kabinettsprotokolle der Bundesregierung, Bd. 1 (1949), hgg. von Hans Booms, Boppard 1982, 219.

[56] Vgl. Arnulf Baring: Die Institutionen der westdeutschen Außenpolitik in der Ära Adenauer; in: Kaiser/Morgan, 1970, 167-179.

[57] Vgl. Schwarz, H.-P., 1981, 68.

[58] Vgl. Friedrich Jerchow: Der Außenkurs der Mark 1944-1949; in: VfZ, 30. Jg. (1982), 256-298; und Booms, Kabinettsprotokolle (1949), 1982, 91-93.

Der Schuman-Plan und die EGKS

Frankreich war es, das den deutschen Bemühungen, Handlungsspielraum zu gewinnen, das größte Mißtrauen entgegenbrachte. Der von den USA und Großbritannien gewünschte Beitritt Deutschlands zum Europarat scheiterte fast an der Forderung aus Paris, das autonome Saarland müsse ebenfalls aufgenommen werden. Für Bonn war das kaum akzeptabel, da es die Abtrennung des Saarlands präjudiziert und einen Präzedenzfall für die Ostgebiete geschaffen hätte. Der Gordische Knoten konnte erst durchschlagen werden, als der französische Außenminister Robert Schuman am 9. Mai 1950 mit einem sensationellen Vorschlag aufwartete: Frankreich, die Bundesrepublik, die Benelux-Staaten und Italien sollten einen gemeinsamen Markt für Kohle und Stahl bilden. Ausgearbeitet worden war diese *"Zauberformel"* (Besson)[59] vom französischen Planungskommissar Jean Monnet,[60] handstreichartig in den jeweiligen Kabinetten durchgesetzt von Schuman und Adenauer.

Für Paris versprach der Plan eine Reihe von Vorteilen: Durch die dauerhafte Verflechtung der deutschen Montanindustrie mit der französischen konnte das Sicherheitsproblem entschärft, die Versorgung der eigenen Hüttenwerke mit deutschem Koks sichergestellt und die außenpolitische Initiative von den Amerikanern zurückgewonnen werden. Für Bonn bedeutete das Angebot eine grundlegende Revision der französischen Deutschlandpolitik und die Basis für eine gleichberechtigte außenpolitische Zusammenarbeit. Beim Kanzler rannte Schuman mit seinem Vorschlag einer Verflechtung der europäischen Schlüsselindustrien ohnehin offene Türen ein.[61] Daß es die Pariser Initiative der Bundesrepublik erlaubte, den Beitritt zum Europarat trotz gleichzeitiger Aufnahme des Saarlands zu vollziehen, war da fast schon nebensächlich. Erst mit dem Schuman-Plan, so urteilte Hans-Peter Schwarz, *"wurde aus der europäischen Orientierung Adenauers eine durchschlagsfähige Politik, die Eigendynamik und Faszination entwickelte und damit den Weg der Bundesrepublik auf Jahrzehnte festlegte".*[62] Wie bei der Gründung der OEEC, so brachte auch beim Schuman-Plan amerikanischer Druck die Dinge ins Rollen. Nur das Junktim Washingtons zwischen weiterer

---

[59] Besson, 1970, 93.

[60] Zum Schuman-Plan vgl. auch Jean Monnet: Erinnerungen eines Europäers, München 1980, 370-382.

[61] Vgl. Adenauer, I, 315.

[62] Schwarz, 1981, 97.

Hilfe für Westeuropa und der Nutzbarmachung des deutschen Wirtschaftspotentials überzeugte Frankreich davon, eine Kooperation mit der Bundesrepublik im Kohle- und Stahlbe-
reich anzusteuern. Überhaupt kann die Bedeutung der Vereinigten Staaten für die Frühphase
der europäischen Integration nicht hoch genug eingeschätzt werden. Sie waren Antreiber und
Vermittler, sie schmiedeten Kompromisse, sie setzten widerstrebende Regierungen unter
Druck.[63]

Für die Bundesrepublik brachte der Schuman-Plan unmittelbare Fortschritte auf dem
Weg zur Souveränität. Die Alliierte Hohe Kommission erlaubte es der Bundesregierung
nämlich, mit den beteiligten Ländern sofort Verhandlungen über die Montanunion aufzunehmen. Waren Ruhr- und Besatzungsstatut Westdeutschland noch als fertige Abkommen
präsentiert worden, so konnte die Bundesregierung nun erstmals eine Vereinbarung mitgestalten.[64] Der Verhandlungsprozeß eröffnete dem neuen Staat die Möglichkeit, eine
Vertrauensbasis zu den westeuropäischen Partnern herzustellen. Der Überfall Nordkoreas auf
Südkorea am 25. Juni 1950 und damit fünf Tage nach Beginn der Verhandlungen über den
Schuman-Plan stärkte dabei die Stellung Bonns, weil der Westen die Bundesrepublik jetzt
noch dringlicher als Partner im Kalten Krieg brauchte.[65] Adenauer bot sich damit die
Chance, nachdrücklich auf einer Beendigung der Ruhrkontrolle beim Inkrafttreten der
Montanunion zu bestehen. Frankreich willigte ein. Sobald ein gemeinsamer Kohle- und Stahl-
markt geschaffen sei, so Schuman, sollten die Ruhrbehörde abgeschafft und die Produktions-
beschränkungen aufgehoben werden. Nach langen Verhandlungen unterzeichneten die
Bundesrepublik, Frankreich, Italien und die Benelux-Staaten am 18. April 1951 den Vertrag
über die *Europäische Gemeinschaft für Kohle und Stahl* (EGKS), der zum Nukleus einer
weitergehenden europäischen Integration wurde. Als die Montanunion zwei Jahre später ihre
Arbeit aufnahm, erlosch das Ruhrstatut. Adenauers Plan, den Status der Bundesrepublik über
Kooperation und Vorleistungen aufzuwerten, war aufgegangen. Daß die SPD die EGKS

---

[63] Siehe dazu die Studien von Beate Neuss: Geburtshelfer Europas? Die Rolle der Vereinigten Staaten im europäischen Integrationsprozeß 1945-1958, Baden-Baden 1999; und Geir Lundestad: "Empire" by Integration. The United States and European Integration, 1945-1997, Oxford/New York 1998.

[64] Vgl. Lüders, 1984, 148/9.

[65] Siehe hierzu vor allem Werner Abelshauser: Wirtschaft und Rüstung in den fünfziger Jahren; in: Militärge-schichtliches Forschungsamt, 1997, 1-185.

wegen der vermeintlichen ökonomischen Nachteile für Westdeutschland bekämpfte und als *"Brutstätte des Kapitalismus, des Klerikalismus und der Kartelle"* (Schumacher) verteufelte, hatte den Bundeskanzler in den Verhandlungen nur gestärkt.[66] Den Siegermächten erschien der Vorsitzende der Sozialdemokraten als Nationalist, dem Adenauer eindeutig vorzuziehen war. Der Grundstein für die europäische Integration war gelegt.

4.4. Mitsprache durch militärische Integration:
Von der EVG zum NATO-Beitritt

Zentral für das Verständnis der Adenauerschen Integrationspolitik ist die enge Verquickung der wirtschaftlichen und militärischen Einbindung. Die Beratungen und Verhandlungen zwischen der Bundesrepublik und den Westmächten über die beiden Bereiche liefen über weite Strecken parallel und bedingten einander. Dabei kam Adenauer zugute, daß die USA vor dem Hintergrund der sich verschärfenden Blockkonfrontation die Ressourcen der Bundesrepublik für die Stärkung des Westens nutzen wollten. Denn dies erlaubte ihm, sein Konzept des Souveränitätsgewinns durch Konzessionen auch auf militärischen Gebiet zu erproben.

Einen ersten Versuchsballon hatte der Bundeskanzler bereits im Dezember 1949 steigen lassen, wie üblich durch ein Interview mit einer ausländischen Zeitung. Gegenüber dem amerikanischen *Cleveland Plain Dealer* äußerte sich der Kanzler besorgt über den Aufbau einer kasernierten Volkspolizei in der DDR und signalisierte seine Bereitschaft, *"im äußersten Fall ... die Frage eines deutschen Kontingents im Rahmen der Armee einer europäischen Föderation zu überlegen"*.[67] Gegenüber den Drei Hohen Kommissaren bot Adenauer Anfang Juni 1950 erstmals offen deutsche Soldaten für die Verteidigung Europas an. Auch in Washington dachte man bereits seit längerem über einen Bonner Wehrbeitrag nach. Höchste Aktualität erlangten die Gedankenspiele mit dem von Moskau gebilligten Überfall des kommunistischen Nordkorea auf den Süden des geteilten Landes.[68] Bei den Westalliierten wich jetzt die Sorge, sich gegen Deutschland schützen zu müssen, der Frage,

---

[66] Zit. nach Adenauer, I, 409.

[67] Adenauer, I, 329.

[68] Vgl. Andreas Hillgruber (bearbeitet von Jost Dülffer): Europa in der Weltpolitik der Nachkriegszeit 1945-1963, München 1993, 57.

"wie man sich zusammen mit Deutschland gegen die Sowjets schützen könne"[69]. Am 11. August 1950 preschte der britische Ex-Premier Winston Churchill mit dem Plan vor, eine Europaarmee mit deutscher Beteiligung aufzustellen. Angesichts einer 3:1-Übermacht der UdSSR im konventionellen Bereich in Mitteleuropa schien eine Nutzbarmachung der militärischen Ressourcen des bevölkerungsreichsten Landes des Kontinents unumgänglich, zumal Frankreich in Indochina und Großbritannien in Malaya (dem späteren Malaysia) militärisch gebunden waren. Zudem war die Hoffnung des Westens, einen potentiellen Konflikt in Europa mit US-Nuklearwaffen beenden zu können, mit der Zündung der ersten sowjetischen Atombombe 1949 zerstoben.

Der Kanzler sah im Korea-Krieg *"Bedrohung und Chance"*[70] zugleich. Bedrohung, weil er befürchtete, die Sowjetunion könne wie Nordkorea gegen Südkorea auch die DDR gegen die Bundesrepublik zu einem militärischen Losschlagen veranlassen. Chance, weil der Wert der Bundesrepublik als Bollwerk gegen die UdSSR für die Westmächte gestiegen war. Ende August 1950 leitete Adenauer deshalb dem amerikanischen Hohen Kommissar McCloy zwei Denkschriften zu, die im Kanzleramt unter strenger Geheimhaltung und ohne Wissen des Kabinetts verfaßt worden waren. Ihr voller Wortlaut wurde erst 1977 bekannt. Zugrunde lag den Schriften dieselbe strategische Überlegung, die der Kanzler schon im ökonomischen Bereich erfolgreich praktiziert hatte. Im ersten Dokument, dem Sicherheitsmemorandum, forderte er die Alliierten auf, ihre Besatzungstruppen zu verstärken. Gleichzeitig bekräftigte er seine Bereitschaft, *"im Falle der Bildung einer internationalen westeuropäischen Armee einen Beitrag in Form eines deutschen Kontingents zu leisten"*[71]. In dem zeitgleich überreichten zweiten Memorandum nannte Adenauer seinen Preis: Der Kriegszustand sollte beendet, das Besatzungsstatut durch Verträge ersetzt und der Zweck der Besatzung neu definiert werden, nämlich als Sicherung der Bundesrepublik gegen äußere Bedrohung. Unverblümter als in allen Dokumenten vorher und nachher kam hier das außenpolitische Grundkon-

---

[69] Besson, 1970, 99.

[70] Gunther Mai: Westliche Sicherheitspolitik im Kalten Krieg. Der Korea-Krieg und die deutsche Wiederbewaffnung 1950, Boppard 1977, 108.

[71] Memorandum Bundeskanzler Adenauers über die Sicherung des Bundesgebietes nach innen und außen, 29. August 1950; abgedr. in: Klaus von Schubert (Hg.): Sicherheitspolitik der Bundesrepublik Deutschland. Dokumentation 1945-1977, Teil I, Bonn 1977, 79-83, hier 83.

zept des Kanzlers - Mitarbeit am westlichen Wirtschafts- und Verteidigungssystem für Gleichberechtigung - zum Ausdruck. Wörtlich hieß es:

> Wenn die deutsche Bevölkerung die Pflichten erfüllen soll, die ihr im Rahmen der europäischen Gemeinschaft aus der gegenwärtigen Lage und ihren besonderen Gefahren erwachsen, muß sie innerlich hierzu instand gesetzt werden. Es muß ihr ein Maß an Handlungsfreiheit und Verantwortlichkeit gegeben werden, das ihr die Erfüllung dieser Pflichten sinnvoll erscheinen läßt.[72]

Fünf Jahre nach Ende des II. Weltkriegs stand damit ein deutscher Wehrbeitrag zur Debatte.

Der Pleven-Plan

Wie nicht anders zu erwarten, kam der heftigste Widerstand gegen eine deutsche Wiederbewaffnung im Westen aus Paris. Obwohl die USA mit dem Ausbruch des Korea-Kriegs immer stärker auf eine Remilitarisierung der Bundesrepublik drangen, gelang es Schuman im September 1950 auf der Konferenz der Außenminister der drei Alliierten in New York noch, alle entsprechenden Pläne abzuwenden. Die französische Regierung war sich allerdings im klaren, daß eine Aufstellung deutscher Truppen schon mittelfristig nicht zu verhindern sein würde. *"Aufs neue"*, notierte Monnet in seinen Memoiren, *"waren wir von Sackgassen umgeben."*[73]

Um der drohenden Isolierung im Westen zu entgehen und das Unvermeidbare wenigstens nach den eigenen Vorstellungen zu gestalten, schlug der französische Ministerpräsident René Pleven am 24. Oktober vor, eine *Europäische Verteidigungsgemeinschaft* (EVG) unter westdeutscher Beteiligung zu gründen.[74] Die Initiative erinnerte nicht von ungefähr an den nur fünf Monate zuvor lancierten Schuman-Plan - wieder stammten die Entwürfe von Monnet - und stand in einem engen inneren Zusammenhang mit diesem: So kündigte Pleven an, die Armee stufenweise in eine europäische Gemeinschaft zu integrieren.

---

[72] Vgl. "Memorandum zur Frage der Neuordnung der Beziehungen der Bundesrepublik zu den Besatzungsmächten vom 29.8.1950"; in: ebd., 84-85, hier 85.

[73] Monnet, 1978, 431/2.

[74] Ausführlich siehe hierzu Militärgeschichtliches Forschungsamt (Hg.): Anfänge westdeutscher Sicherheitspolitik 1945-1956, Bd. 2: Die EVG-Phase, München 1990. Eine knappe englischsprachige Zusammenfassung bietet David Clay Large: Germans to the Front. West German Rearmament in the Adenauer Era, Chapel Hill/London 1996.

Ziel des Vorstoßes war es, den von Washington und London geforderten Wehrbeitrag der Bundesrepublik zu ermöglichen, ohne eine westdeutsche Nationalarmee zuzulassen. Die europäischen Truppen sollten deshalb auf der Basis der kleinsten militärischen Einheit - dem Bataillon mit 800 bis 1000 Mann - verschmolzen und einem integrierten Generalstab mit einem Franzosen an der Spitze unterstellt werden. Bis auf Deutschland dürften alle anderen Mitglieder Teile ihrer Streitkräfte unter nationalem Oberkommando außerhalb der Europaarmee behalten.[75] Die Europäische Verteidigungsgemeinschaft, so die Überlegung in Paris, würde aber nicht nur die Kontrolle der deutschen Wiederbewaffnung gewährleisten, sondern die Bundesrepublik auch von der 1949 gegründeten und amerikanisch dominierten NATO (*North Atlantic Treaty Organization*) ferngehalten.[76] Die Diskussion über die EVG sollte die deutsche Außenpolitik über die kommenden vier Jahre beherrschen.

Anders als beim Schuman-Plan reagierten die westlichen Regierungen auf die Initiative Plevens negativ. Washington und London sahen in der EVG ein Ablenkungsmanöver. Die Militärs hielten den Plan für nicht praktikabel. Die Bundesregierung zeigte sich zwar über die europäische Färbung des Projekts erfreut, konnte sich aber mit der offensichtlichen Benachteiligung Deutschlands und der Koppelung an den Schuman-Plan nicht anfreunden. *"[Wenn uns] der gegenwärtige Plan in aller Form vorgelegt wird"*, ließ Adenauer in einem Interview mit einem amerikanischen Journalisten verlauten, *"kämen wir in die unglückliche Lage, ihn ablehnen zu müssen."*[77]

Die USA hielten zunächst an ihrem Vorhaben fest, Westdeutschland in die NATO aufzunehmen. Am 9. Januar 1951 begannen die entsprechenden Gespräche zwischen der Bundesregierung und den Hohen Kommissaren auf dem Petersberg. Gut drei Wochen später, am 2. Februar, nahm die Bundesrepublik in Paris Verhandlungen mit Frankreich, Italien, Belgien und Luxemburg über den Pleven-Plan auf.[78] Da sich beide Konzepte ausschlossen, war mehrere Monate unklar, welche Form der deutsche Wehrbeitrag annehmen würde. Im

---

[75] Vgl. Herbst, 1996, 88.

[76] Vgl. Morsey, 1995, 31.

[77] Interview Adenauers mit Kingsbury Smith am 11. Dezember 1950; auszugsweise abgedr. bei Paul Weymar: Konrad Adenauer, München 1955, 571/2.

[78] Später kam noch Holland hinzu.

Sommer 1951 mußte Washington einsehen, daß sich ein NATO-Beitritt Bonns wegen des hartnäckigen französischen Widerstands nicht würde durchsetzen lassen. Monnet gelang es nun, den amerikanischen Oberbefehlshaber der Allianz, General Dwight D. Eisenhower, von der politischen Bedeutung der EVG für die europäische Integration zu überzeugen. Auf Eisenhowers Drängen schwenkte die US-Administration im Sommer 1951 auf den Pleven-Plan ein. Da die NATO-Lösung nicht vom Fleck kam, erschien die EVG nun auch Washington als der schnellste Weg, die Bundesrepublik ins westliche Bündnis einzugliedern.[79] Truman erklärte später in seinen Memoiren, warum er so stark an einem Wehrbeitrag der Deutschen interessiert war: *"Without Germany, the defense of Europe was a rear-guard action on the shore of the Atlantic Ocean. With Germany there could be a defense in depth, powerful enough to offer effective resistance to aggression from the East."*[80]

Unter starkem amerikanischen Druck willigte auch Adenauer in den Pleven-Plan ein. Außerdem setzte sich bei ihm immer mehr die Einsicht durch, daß man die diskriminierende Form des deutschen Wehrbeitrags erst einmal hinzunehmen habe, weil sich das Gewicht eigener Truppen früher oder später ganz von selbst geltend machen würde.[81] Nach und nach fand der Bundeskanzler aber Gefallen an der Idee. Sie ließ sich nämlich nicht nur mit den anderen Europa-Projekten verbinden, sondern versprach auch, seine Vision einer europäischen politischen Gemeinschaft näherzubringen. Zudem hoffte er, durch den festen Einbau der Bundesrepublik in das Verteidigungsbündnis die Unterstützung der Westmächte für seine Wiedervereinigungspolitik zu gewinnen. Schließlich bot sich die Aussicht, die Verhandlungen über die EVG mit denen über die Wiedererlangung der Souveränität zu verknüpfen. Noch im September 1951 wurden Beratungen über die Ablösung des Besatzungsstatuts aufgenommen.

In den Gesprächen mit den Hohen Kommissaren zeigte sich jedoch schon bald, daß Adenauers große Hoffnungen auf eine gleichberechtigte Zusammenarbeit zumindest verfrüht waren. Während Bonn seinen Wehrbeitrag nämlich von der Gewinnung der Souveränität

---

[79] Zum Positionswandel der Amerikaner siehe Klaus A. Maier: Die internationalen Auseinandersetzungen um die Westintegration der Bundesrepublik Deutschland um ihre Bewaffnung im Rahmen der Europäischen Verteidigungsgemeinschaft; in: Militärgeschichtliches Forschungsamt, 1990, 1-234, hier 43-52. Zur amerikanischen Eindämmungspolitik vgl. John Lewis Gaddis: Strategies of Containment. A Critical Appraisal of Postwar American National Security Policy, New York/Oxford 1982.

[80] Harry Truman: Memoirs, Vol. 2: Years of Trial and Hope, Garden City 1956, 253.

[81] Vgl. Baring, 1971, 167.

abhängig machen wollte, beharrten die Westmächte auf Druck Frankreichs darauf, Deutschland nur dann in die Freiheit zu entlassen, wenn seine militärische Integration besiegelt war.
Wie fast immer setzten sich die Siegermächte durch: Der Kanzler hatte zu akzeptieren, daß
das Besatzungsstatut erst mit der Ratifizierung des EVG-Vertrags aufgehoben werden würde.
Der Generalvertrag, den Adenauer nach zähen Verhandlungen hinnehmen mußte, übertrug
der Bundesrepublik zwar *"die volle Macht über ihre äußeren und inneren Angelegenheiten"*,
aber das war ein Akt *"politischer Kosmetik"*.[82] Die entscheidenden Passagen garantierten
den Westalliierten nämlich gravierende Vorbehaltsrechte. So gab ihnen die Vereinbarung die
Möglichkeit, Notstandsmaßnahmen zu ergreifen, wenn die Bundesrepublik oder die EVG
eine innere oder äußere Bedrohung nicht mehr meistern konnten. Auch blieben ihre Truppen
solange in Westdeutschland stationiert, wie es den Alliierten nötig erschien (*"for such time
as they deem necessary"*)[83].

War der Deutschlandvertrag Mitte November 1951 unter Dach und Fach, so zogen
sich die Verhandlungen über die diversen Zusatzabkommen weiter dahin. Auch bei den
Gesprächen über die Europa-Armee in Paris kam man nur langsam voran. Frankreich
bestand etwa darauf, daß sich die Bundesrepublik verpflichten müsse, keine atomaren,
biologischen und chemischen (ABC-) Waffen herzustellen. Auch sollte Westdeutschland als
einziges EVG-Land nicht der NATO beitreten dürfen. Erst nach langem Zögern erklärte sich
Adenauer bereit, diese Forderungen zu akzeptieren. Daß er sich letztlich doch auf eine von
Frankreich dominierte Konzeption einließ und dafür auch heftige innenpolitische Kritik in
Kauf nahm, begründete Fritz René Allemann so:

> Der Kanzler spielte das europäische Spiel mit dem höchsten Einsatz, den er sich
> innenpolitisch leisten konnte, weil er klarer als die meisten Deutschen erkannte, daß
> Deutschland innerhalb eines geeinigten Europas früher oder später nicht nur die
> uneingeschränkte Gleichberechtigung, sondern sogar eine führende Rolle zufallen
> mußte - selbst dann, wenn der Grundriß dieses Europas durch französische Architek-
> ten im französischen Hegemonialsstil entworfen war.[84]

---

[82] Haftendorn, 1993, 52.

[83] "United States Delegation Minutes of the Tripartite Foreign Ministers Meeting at the Quai d'Orsay,
November 21, 1951"; in: Foreign Relations of the United States (im folgenden FRUS), 1951/Vol. III: European
Security and the German Question/Part 2, Washington, D.C. 1981, 1597-1604, hier 1604.

[84] Fritz Réne Allemann: Bonn ist nicht Weimar, Köln/Berlin 1956, 174.

So sehr eine realistische Einschätzung der Situation eine Beteiligung der Bundesrepublik an den Verteidigungsanstrengungen des Westens nahelegte, so wenig vorstellbar war für die meisten ihrer Bürger der Gedanke, nur fünf Jahre nach Kriegsende wieder eine deutsche Armee aufzustellen. Die Wiederbewaffnung entfachte so auch die hitzigste innenpolitische Debatte in der Geschichte der Bundesrepublik.[85] Widerstand kam vor allem aus der SPD und der evangelischen Kirche. Während letztere grundsätzliche pazifistische Einwände hegte, kritisierten die Sozialdemokraten unter Schumacher vor allem, daß Adenauer den Alliierten zu weit entgegengekommen sei und die Spaltung Deutschlands besiegelt habe. Die kritische Haltung der SPD-Führung zu einem westdeutschen Wehrbeitrag fand ihre Entsprechung in der Einstellung ihrer Anhänger. Anfang 1950 befürworteten lediglich 23 Prozent die Aufrüstung. Aber selbst die CDU-Sympathisanten sprachen sich mehrheitlich gegen eine Aufstellung deutscher Truppen aus.[86] Die Zustimmungswerte für die Bundesregierung sackten ab. Im November 1950 erklärten sich nur mehr 19 Prozent der Befragten mit der Politik Adenauers einverstanden.[87] Bei den Landtagswahlen in Hessen, Württemberg-Baden und Bayern mußte die Union im Dezember Verluste in zweistelliger Höhe hinnehmen. Innenminister Gustav Heinemann trat aus Protest gegen die Pläne des Bundeskanzlers zurück. Die "Ohne-mich-Bewegung" der Aufrüstungsgegner erlebte einen großen Zulauf. Nur langsam änderte sich die Stimmungslage. Das hing damit zusammen, daß die Wiederbewaffnung im Zuge des Korea-Booms und des Wirtschaftswunders auf der Prioritätenrangliste der Bürger immer weiter nach hinten rutschte. Auch gelang es Adenauer, der Bevölkerung den Zusammenhang zwischen deutschem Wehrbeitrag und seiner Europavision plausibel zu machen. Schließlich konnte der Kanzler erste Erfolge seiner Strategie vorweisen: Am 13. März 1951 revidierten die Alliierten das Besatzungsstatut und gaben Westdeutschland einige außenpolitische Rechte und Kompetenzen zurück. Die endgültige Ablösung der Besatzungsherrschaft folgte zwar erst gut vier Jahre später, aber die Bundesrepublik konnte nun selbständig diplomatische Beziehungen aufnehmen und ein Auswärtiges Amt errichten. Den Posten des

---

[85] Siehe dazu erschöpfend Hans-Erich Volkmann: Die innenpolitische Dimension Adenauerscher Sicherheitspolitik in der EVG-Phase; in: Militärgeschichtliches Forschungsamt, 1990, 235-604.

[86] Ebd., 240/1, 247.

[87] Institut für Demoskopie: Jahrbuch der öffentlichen Meinung 1947-1955, hgg. von Elisabeth Noelle und Erich Peter Neumann, Allensbach 1956, 172/3.

ersten Außenminister übernahm nicht unerwartet Adenauer selbst. Wenig später, am 9. Juni, beendeten die Westmächte den Kriegszustand mit Deutschland. Daß sich die Kritiker des Kanzlers letztlich nicht durchsetzen konnten, lag aber auch an der tiefen Gegnerschaft zwischen SPD und Kirchen, die den Aufbau einer gemeinsamen Front auf Dauer nicht erlaubte.[88]

Sowjetische Störmanöver

Nach französischen Konzessionen bei der Größe der künftigen Einheiten zeichnete sich im Frühjahr 1952 eine Einigung in den EVG-Verhandlungen ab. Die näherrückende militärische Integration der Bundesrepublik in den Westen veranlaßte Moskau zu neuen Initiativen. Schon kurz nach Aufnahme der Gespräche über den Pleven-Plan und den Generalvertrag hatte Moskau seine Bereitschaft signalisiert, mit den Westmächten über einen Friedensvertrag für Deutschland und ein Ende der Besatzung zu verhandeln. Auf Veranlassung des Kreml bot die DDR Bonn außerdem gleichzeitig an, auf bilateraler Ebene die Überwindung der deutschen Teilung zu beraten. Den Höhepunkt erreichten die sowjetischen Aktivitäten aber mit der Note vom 10. März 1952, die den drei Westmächten wenige Wochen vor der Unterzeichnung des EVG-Vertrags zugeleitet wurde. Hierin schlug Stalin vor, *"unverzüglich die Frage eines Friedensvertrages mit Deutschland zu erwägen"* und diesen *"unter unmittelbarer Beteiligung Deutschlands, vertreten durch eine gesamtdeutsche Regierung"* auszuarbeiten. Der beigefügte Vertragsentwurf sah unter anderem vor: 1) die Wiederherstellung eines einheitlichen deutschen Staats in den Grenzen von 1945, d.h. ohne die Ostgebiete; 2) die Gewährleistung einer demokratischen Entwicklung und traditioneller bürgerlicher Freiheitsrechte; 3) den Abzug aller ausländischen Truppen; und 4) das Verbot für Deutschland, Koalitionen oder Militärbündnisse gegen einen Staat einzugehen, *"der mit seinen Streitkräften am Krieg gegen Deutschland teilgenommen hat"*.[89]

Für die westlichen Alliierten kam der sowjetische Vorstoß nicht unerwartet, waren sie doch schon seit längerem davon ausgegangen, daß Moskau die Wiedervereinigungs-Karte

---

[88] Vgl. Schwarz, H.-P., 1981, 126.

[89] Der Text der Stalin-Note findet sich in "Dokumente zur Deutschlandpolitik der Sowjetunion", Bd. 1, Berlin/ Ost 1957, 289-293, hier 289.

spielen würde, um die militärische Einbindung der Bundesrepublik in den Westen zu torpe-
dieren.[90] In ihrer gemeinsamen Antwort betonten die USA, Großbritannien und Frankreich,
daß eine Neutralisierung Deutschlands oder gar eine deutsche Nationalarmee nicht verhand-
lungsfähig und Bedingung für alle Gespräche über die Wiedervereinigung die sowjetische
Zustimmung zu freien gesamtdeutschen Wahlen unter UNO-Aufsicht sei. Adenauer sah dies
genauso. In seinen Memoiren schrieb er:

> Sowjetrußlands Politik erschien mir sehr klar und im Grunde sehr einfach: Es wollte
> die Vereinigten Staaten von Amerika aus Europa hinausdrängen, um dann Europa zu
> beherrschen. ... Die beste Methode, die europäischen Einigungsbemühungen zu
> durchkreuzen, war, zunächst eine Neutralisierung Deutschlands durchzusetzen ...
> Ohne eine Beteiligung Deutschlands, dessen Industrie einen wichtigen Bestandteil der
> westeuropäischen Wirtschaft bildete, würde eine Integration Europas unmöglich. ...
> Die Antwort auf die sowjetrussische Politik mußte der feste Zusammenschluß Europas
> sein.[91]

Wiederholt ist die Meinung vertreten worden, die Westmächte und insbesondere Adenauer
hätten mit der Zurückweisung der Stalin-Note eine Gelegenheit zur Wiederherstellung der
deutschen Einheit verpaßt.[92] Ein größeres Echo in Politik und Öffentlichkeit fand diese
Ansicht erstaunlicherweise erst sechs Jahre nach den Ereignissen. Die gesamte zeitgenössi-
sche Publizistik lehnte den sowjetischen Vorstoß als bloßen Propagandacoup ab.[93] Am 23.
Januar 1958 gelang es der Opposition jedoch im Rahmen einer Debatte über die Atombewaffnung der Bunderepublik, die Regierung mit dem Vorwurf zu überrumpeln, sie habe 1952
die Wiedervereinigung leichtfertig verspielt. Die öffentliche Reaktion war gewaltig. Alle
Medien berichteten ausführlich. Selbst die *Bild am Sonntag* machte mit einer politischen

---

[90] Die faktischen Entwicklungen und ihre überzeugende Interpretation finden sich bei Hermann Graml: Die
Legende von der verpaßten Gelegenheit; VfZ, 31. Jg. (1981), 307-341, hier 310-316.

[91] Konrad Adenauer: Erinnerungen 1953-1955, Stuttgart 1966, 58/9. (= Adenauer, II)

[92] Als Vorkämpfer der These von der "verpaßten Gelegenheit" profilierten sich Paul Sethe (Zwischen Bonn und
Moskau, Frankfurt a.M. 1956) und Rolf Steininger (Eine Chance zur Wiedervereinigung? Darstellung und
Dokumentation auf der Grundlage unveröffentlichter britischer und amerikanischer Akten, Bonn 1985/Archiv für
Sozialgeschichte, Beiheft 12). Eine ausgezeichnete Einführung in die Thematik bieten die "Rhöndorfer Gespräche"
Bd. 5: Die Legende von der verpaßten Gelegenheit. Die Stalin-Note vom 10. März 1952, hgg. von Hans-Peter
Schwarz, Stuttgart/Zürich 1982.

[93] Vgl. Markus Kiefer: Die Reaktion auf die "Stalin-Noten" in der zeitgenössischen deutschen Publizistik. Zur
Widerlegung einer Legende; in: Deutschland-Archiv (im folgenden DA), Bd. 22/1 (1989), 56-76.

Schlagzeile auf und fragte, ob *"die Bundesregierung in den vergangenen sechs Jahren entscheidende Chancen verpaßt"* hat.[94] Seitdem geistert die These durch Politik und Politikwissenschaft, Stalin sei im März 1952 bereit gewesen, die DDR aufzugeben und ein demokratisches, neutrales Gesamtdeutschland zu akzeptieren.

Grundsätzlich ist festzustellen, daß weder die Westmächte noch der Kanzler bereit waren, die Existenz einer in den Westen integrierten Bundesrepublik für die vage Aussicht auf die Herstellung der deutschen Einheit zur Disposition zu stellen. Im sowjetischen Wiedervereinigungsplan sahen sie ein durchsichtiges, wenn auch geschicktes Manöver, um den Abschluß der EVG-Verhandlungen zu verzögern und Stimmung gegen die Westintegration zu machen. Aufschluß über die wahren Intentionen Moskaus ermöglicht die Analyse seiner generellen West- und Deutschlandpolitik und die Auswertung der seit Anfang der neunziger Jahre zugänglichen sowjetischen Quellen.

Tatsächlich gibt es in dieser kältesten Phase des Kalten Krieges keine Anhaltspunkte im Verhalten der UdSSR, daß sie in irgendeiner substantiellen Frage konzessions- und kompromißbereit gewesen wäre. So beharrte Moskau wie bei früheren Gelegenheiten darauf, die künftige innerdeutsche Ordnung dürfe nur von entsandten - nicht gewählten - Vertretern beider deutscher Staaten besprochen werden, und schloß damit bereits prozedural aus, daß das kommunistische System in der DDR zur Debatte gestellt wurde. Auch finden sich in den Aufzeichnungen des 1952 amtierenden Präsidenten der DDR, Wilhelm Pieck, über Gespräche mit Stalin keinerlei Hinweise, daß die sowjetische Offerte die Herrschaft der SED gefährden könnte.[95] Die seit dem Zerfall der UdSSR bekannt gewordenen sowjetischen Akten unterstützen das Argument, daß der Note vom 10. März lediglich taktische Motive zu Grunde lagen und es dem Kreml vor allem darum ging, dem Kampf der KPD gegen das Adenauer-Regime *"mächtige Impulse"* zu verleihen.[96] Diese Hoffnung, durch ihre Initiative eine Massenbewegung gegen die Deutschlandpolitik der Westmächte und der vom Kanzler

---

[94] Zit. nach Manfred Kittel: Genesis einer Legende. Die Diskussion um die Stalin-Noten in der Bundesrepublik 1952-1958; in: VfZ, 41. Jg. (1993), 355-389, hier 383.

[95] Vgl. Gerhard Wettig: Die Stalin-Note vom 10. März 1952 als geschichtswissenschaftliches Problem; in: DA, Bd. 25/2 (1992), 157-166, hier 163.

[96] Zit. nach ders: Neue Gesichtspunkte zur sowjetischen März-Note von 1952?; in: DA, 27/4 (1994), 416-421, hier 416. Ähnlich argumentiert nach Durchsicht sowjetischer Archive Adomeit, 1998, 88-92.

repräsentierten *"Diktatur der deutschen imperialistischen Bourgeoisie"*[97] auszulösen, erscheint zwar übertrieben optimistisch, aber sie paßt durchaus in das von den Dokumenten gezeichnete Gesamtbild der sowjetischen Entscheidungsträger. Daß es dem Kreml nur auf ein propagandistisches Manöver angekommen war, wird auch daran deutlich, daß Stalin nicht im Traum daran gedacht haben könnte, die französische Zustimmung für eine deutsche Nationalarmee zu bekommen.[98] Schließlich berichtet Julij Kwizinskij, damals Mitarbeiter im Außenministerium, daß viele Mitglieder im Politbüro die von Geheimdienstchef Berija inspirierte Initiative für zu riskant hielten, Stalin sich aber dafür entschied mit der Warnung, bei einem Mißerfolg - also der Annahme der Vorschläge durch den Westen - die Schuldigen zur Verantwortung zu ziehen.[99] Gestützt wird diese These weiter durch die Reaktion des sowjetischen Außenministers Wyschinskij, als ihm der amerikanische Geschäftsträger die negative Antwort des Westens überreichte. Der überflog das Schreiben nämlich nur kurz und konnte dabei seine Freude über die Zurückweisung nicht verbergen. Eine solche Reaktion wäre nicht vorstellbar gewesen, wenn Stalin ernsthafte Absichten gehegt hätte.[100] Auch verzichtete die sowjetische Führung in ihrer zweiten Note vom 9. April zur großen Verblüffung der Westmächte darauf, den kleinsten Köder für Verhandlungen auszulegen und vertrat sehr viel nachdrücklicher als vier Wochen zuvor für den Westen inakzeptable Forderungen.[101] Die Diskussion um die "verpaßte Chance" kann damit zu den Akten gelegt werden.

Das Scheitern der EVG

Die sowjetische Notenoffensive blieb freilich nicht ohne jede Wirkung auf die deutsche Politik, wenn auch nicht in der unmittelbaren und drastischen Weise wie von Moskau erwartet. Zum einen zerbrach die ostpolitische Gemeinsamkeit zwischen Regierung und Opposition

---

[97] So der Chef der Diplomatischen Mission der UdSSR in der DDR, G. M. Puschkin, am 15.3.1952 in einem Bericht zur Lage in Westdeutschland, 124-128. Zit. bei Gerhard Wettig: Die Deutschland-Note vom 10. März 1952 auf der Basis diplomatischer Akten des russischen Außenministeriums; in: DA, Bd. 26/7 (1993), 786-805, hier 801.

[98] Vgl. Graml, 1981, 328.

[99] Kwizinskij in seinem Nachwort zu Wladimir S. Semjonow: Von Stalin bis Gorbatschow. Ein halbes Jahrhundert diplomatischer Mission 1933-1991, Berlin 1993, 386-397, hier 392.

[100] Vgl. Wettig, 1994, 420.

[101] Vgl. Graml, 1981, 331.

an der Forderung der SPD, die Unterzeichnung der Westverträge zu verschieben und den sowjetischen Vorschlag genau zu prüfen. Zum anderen sah sich Adenauer durch die Kritik an seiner Deutschlandpolitik im Regierungslager zum Taktieren veranlaßt. Auf seinen Wunsch milderten die Alliierten in letzter Minute die sogenannte Bindungsklausel im Generalvertrag ab, die gewährleisten sollte, daß auch ein wiedervereinigtes Deutschland fest in den Westen integriert bleibe.[102] Im Prinzip trieb der Kanzler aber seine Absicht voran, die Westbindung der Bundesrepublik unumkehrbar zu machen.

Am 26. Mai 1952 unterzeichneten Adenauer und die Hohen Kommissare in Bonn den *Vertrag über die Beziehungen zwischen der Bundesrepublik Deutschland und den Drei Mächten*, oder wie er jetzt kurz hieß: den Deutschlandvertrag. Am folgenden Tag setzten die Vertreter der sechs verhandelnden Staaten ihre Unterschrift unter die Vereinbarung über die Europäische Verteidigungsgemeinschaft. Die beiden Abkommen markierten einen Meilenstein auf dem Weg Westdeutschlands zu Gleichberechtigung und außenpolitischer Handlungsfähigkeit.

Obwohl Adenauer im Deutschlandvertrag große Zugeständnisse gegenüber den Alliierten hatte machen müssen, war er doch wesentlichen Zielen nähergekommen: Das Besatzungsstatut wurde abgelöst und die Bundesrepublik in die Souveränität entlassen. Darüberhinaus erklärten sich die Westmächte bereit, mit Bonn gemeinsam hinzuarbeiten auf *"ein wiedervereinigtes Deutschland, das eine freiheitlich-demokratische Verfassung ähnlich wie die Bundesrepublik besitzt und das in die europäische Gemeinschaft integriert ist"*.[103] Schließlich hatte Adenauer noch durchsetzen können, daß die endgültige Festlegung der deutschen Grenzen bis zu einer friedensvertraglichen Regelung aufgeschoben werden sollte.

Wichtiger als der Deutschlandvertrag war jedoch die Vereinbarung über die Europäische Verteidigungsgemeinschaft. Trotz aller fortbestehenden Diskriminierungen - so mußte Bonn auf die Herstellung und den Besitz von sowie die Verfügung über Atomwaffen verzichten - gelang es der deutschen Seite, die EVG in ihr größeres Integrationskonzept einzubinden. So wurden die Organe analog zu denen der Montanunion konzipiert, das heißt mit Exekutive (Kommissariat), Legislative (Ministerrat und direkt gewählte Versammlung) und

---

[102] Vgl. Herbst, 1996, 124; und Schwengler, 1997, 270-277.

[103] "Deutschlandvertrag" (Auszug); in: Auswärtiges Amt, 1995, 194-198, hier 197.

Judikative (Gerichtshof).[104] Dahinter stand die Absicht, über die Koordinierung der Außen- und Sicherheitspolitik zu einer politischen Einigung Europas zu gelangen.[105]

Während die beiden Verträge von den meisten Signatarstaaten zügig ratifiziert wurden, verzögerte in Bonn und Paris heftiger innenpolitischer Streit die Verabschiedung. In der Bundesrepublik kritisierte die SPD vor allem, daß die Annahme der Westverträge jede Aussicht auf die Wiedervereinigung verbaue und der damit verbundene westdeutsche Wehr- beitrag grundgesetzwidrig sei. Schumacher ließ sich gar zu dem Satz hinreißen: *"Wer diesem Generalvertrag zustimmt, hört auf, ein guter Deutscher zu sein."*[106] In Umfragen zeigten sich die Wähler dem Deutschlandvertrag gegenüber indifferent; ein Drittel bis die Hälfte lehnte die deutsche Wiederbewaffnung im Rahmen der Europa-Armee ab.[107] Als sich auch bei den Abgeordneten der FDP, DP und CSU Widerstand regte, mußte Adenauer seine Hoff- nungen auf eine rasche Zustimmung von Bundestag und Bundesrat begraben.[108] Erst nach harten politischen Auseinandersetzungen, einer Klage der SPD-Fraktion beim Bundesver- fassungsgericht, einer Gegenklage des Regierungslagers, zahlreichen juristischen Winkel- zügen und einer Kraftprobe zwischen Bund und Ländern konnten die Verträge im Frühjahr 1953 ratifiziert werden. Den politischen Streit um die Verträge entschied aber erst Adenauers großer Wahlerfolg im September, als die Union mehr als 14 Prozent hinzugewann und fast die absolute Mehrheit der Sitze errang. Zu diesem Sieg der Regierungskoalition trug auch Moskau mit seiner Entscheidung bei, einen Volksaufstand in der DDR am 17. Juni von der Roten Armee brutal niederschlagen zu lassen. Adenauers Sicherheitskonzept erfuhr dadurch indirekt eine Bestätigung. Mit dem Erfolg setzte der Kanzler seine Linie nicht nur in den politischen Institutionen, sondern auch beim Wähler durch.[109] Die neugewonnene Zwei-

---

[104] "Der EVG-Vertrag"; in: ebd., 198-200.

[105] Vgl. dazu Norbert Wiggershaus: Effizienz und Kontrolle. Zum Problem einer militärischen Integration Westdeutschlands bis zum Scheitern des EVG-Vertragswerkes; in: Herbst, 1986, 253-267, hier 260-263.

[106] Zit. nach Schwarz, H.-P., 1981, 165.

[107] Ebd., 166. Im Juli 1952 fand die Teilnahme westdeutscher Verbände an einer europäischen Armee erstmals eine Mehrheit in der Bevölkerung. Vgl. Institut für Demoskopie 1947-1955, 1956, 360/1.

[108] Zur parlamentarischen Auseinandersetzung siehe Volkmann, 1990, 330-414.

[109] Vgl. Besson, 1970, 142.

drittel-Mehrheit erlaubte es der Regierungskoalition, die Verfassung durch den Zusatz zu ergänzen, daß "*die Bestimmungen dieses Grundgesetzes ... dem Abschluß und Inkraftsetzen der am 26. und 27. Mai 1952 in Bonn und Paris unterzeichneten Verträge*" nicht entgegenstehen.[110] Außerdem schrieb diese sogenannte erste Wehrergänzung noch die allgemeine Wehrpflicht fest. Nach der Zustimmung der Besatzungsmächte zur Verfassungsänderung unterzeichnete Bundespräsident Heuss die Verträge. Adenauer konnte aufatmen. Gegen den Widerstand großer Teile der Öffentlichkeit und der Opposition und trotz erster Risse in der Koalition hatte er seine verteidigungspolitische Konzeption durchgesetzt.

Das Schicksal der EVG hing nun am Votum der französischen Nationalversammlung.[111] Obwohl sie dem ursprünglichen Vorschlag Plevens zugestimmt hatte, brauten sich dort schon seit längerem dunkle Wolken über dem Vertragswerk zusammen. Zwar hielt man in Paris nach wie vor an dem Plan fest, die nicht zu vermeidende Aufrüstung Westdeutschlands durch eine europäische Lösung unter Kontrolle zu behalten. Aber die Bereitschaft, dafür die nationale militärische Handlungsfreiheit einzuschränken, ging stetig zurück, zumal man bereits insgeheim an der Entwicklung einer eigenen Atombombe arbeitete. Dieser Zielkonflikt, die Bundesrepublik möglichst eng in eine größere politische Einheit einzubinden ohne eigene Souveränitätsrechte aufzugeben, charakterisiert die französische Europapolitik bis heute. 1952/53 führte er dazu, daß die Regierung die Entscheidung über die EVG immer wieder vor sich her schob. Zunächst wollte sie den Abschluß des Ratifizierungsverfahrens in der Bundesrepublik abwarten, dann gab sie sich der Hoffnung hin, Stalins Tod am 4. März 1953 könne eine Tauwetterperiode einleiten und eine Remilitarisierung Westdeutschlands überflüssig machen. Ende 1953 schließlich geriet Frankreich in seinem indochinesischen Kolonialreich so sehr in Bedrängnis, daß es auch die europäischen Probleme neu bewertete. So bedeutete das militärische Engagement in Südostasien, daß die Bundesrepublik nach Ratifizierung des EVG-Vertrags die größte Armee in Westeuropa stellen würde. Die Generalität drängte deshalb auf einen NATO-Beitritt Westdeutschlands, weil dort die USA und Großbritannien als Garantiemächte mit an Bord sein würden. Als die Sowjetunion im Sommer 1954 in Vietnam eine Feuerpause für die mit dem Rücken zur Wand stehenden

---

[110] Zit. nach Volkmann, 1990, 442.

[111] Vgl. dazu vor allem Maier, 1990, 182-230.

Franzosen vermittelte, konnte dies ebenfalls nicht ohne Auswirkung auf die Pariser Haltung zur europäischen Verteidigungsgemeinschaft bleiben.[112] Gleichzeitig drängten die USA Frankreich zur Ratifizierung. Premierminister Pierre Mendèz-France, der achte Regierungschef seit der Lancierung des Pleven-Plans, antwortete am 22. August mit der Forderung, die in Art. 38 des EVG-Vertrags niedergelegte supranationale Komponente rückgängig zu machen. Als er damit scheiterte, setzte er für den 30. August die Abstimmung in der Nationalversammlung an, ohne die seine Koalition tragenden Parteien auf ein positives Votum zu verpflichten. In seiner Rede sprach sich Mendèz-France mit keinem Wort für die Ratifizierung aus, ja er ließ keinen Zweifel daran, daß er für die deutsche Wiederbewaffnung eine bessere Lösung sah als die supranationale EVG. Die Ratifizierung wurde wenig später von der Tagesordnung gestrichen. Frankreich hatte sein eigenes Konzept zu Grabe getragen, aber seine Interessen von 1954 entsprachen eben nicht mehr denen von 1950.

Für Adenauer war dies ein herber Rückschlag. Zwar hatte er den Pleven-Plan 1951 erst unter dem Druck Washingtons akzeptiert, sich dann aber voll für ihn eingesetzt. Der Kanzler nannte den 30. August 1954 deshalb einen *"schwarzen Tag für Europa"*.[113] In einem Gespräch mit dem luxemburgischen Ministerpräsidenten Blech und dem belgischen Außenminister Spaak zeichnete er ein düsteres Szenario für Europa, in dem er die Gefahr eines neuen französischen und deutschen Nationalismus heraufziehen sah. Seine Ausführungen, die nicht für die Öffentlichkeit bestimmt waren, aber von einem Spiegel-Korrespondenten mitstenographiert wurden, mündeten in den später vielzitierten Satz: *"wenn ich einmal nicht mehr da bin, weiß ich nicht, was aus Deutschland werden soll, wenn es uns nicht doch noch gelingen sollte, Europa rechtzeitig zu schaffen."*[114]

Souveränität und NATO-Mitgliedschaft

Mit der Absetzung des Ratifizierungsprozesses in der französischen Nationalversammlung war das langjährige Ringen um die Europäische Verteidigungsgemeinschaft zu Ende. Der

---

[112] Besson sah eine direkte Verbindung zur Asienpolitik: *"Die Opferung der EVG war der Preis, den Mendèz-France für den Frieden in Indochina zahlte"*. Besson, 1970, 151. Für diese These gibt es zwar keine Belege, aber die zeitliche Koinzidenz legt die Vermutung über ein politisches Tauschgeschäft nahe. Vgl. Maier, 1990, 197/98.

[113] Adenauer, II, 285.

[114] "Londoner Konferenz: Etwas Eis, Gentlemen?"; Der Spiegel, 6.10.1954, 5-7, hier 5.

dramatische Schlußpunkt wirkte aber auch befreiend. Nur zwei Monate dauerte es, bis eine neue Lösung für die militärische Integration der Bundesrepublik gefunden war. Auf Initiative und unter Verhandlungsführung Großbritanniens kamen die sechs EVG-Staaten, die USA und Kanada in London und Paris zusammen. Es gelang, den Widerstand Frankreichs gegen eine deutsche Nationalarmee zu überwinden und die Aufnahme Bonns in die NATO und die WEU zu vereinbaren. Ausschlaggebend für die Zustimmung des französischen Regierungschefs war zum einen die amerikanisch-britische Drohung, notfalls im Alleingang Militärpakte mit Westdeutschland abzuschließen, zum anderen die Befürchtung, eine deutsche Nationalarmee ohne Partner nicht wirksam kontrollieren zu können. Die WEU war für die Europäer deshalb so wichtig, weil sie im Gegensatz zur NATO eine automatische Beistandspflicht vorsah.[115]

Zu einer Einigung kam es aber auch, weil sich Adenauer in den Verhandlungen bereit zeigte, französischen Sorgen Rechnung zu tragen. So erklärte er, die Bundesrepublik werde auf die Herstellung von ABC-Waffen, schweren Kriegsschiffen und Langstreckenbombern verzichten. Für den Kanzler war dabei entscheidend, daß er zu dieser Einschränkung der Souveränität nicht wie noch im EVG-Vertrag gezwungen wurde, sondern sie aus freien Stücken traf - und übrigens ohne das Kabinett oder die Fraktion zu informieren. Schließlich akzeptierte Adenauer auch noch die Bedingung, vor einer Unterzeichnung der Westverträge müsse eine Sonderregelung für das unter französischem Protektorat stehende Saarland gefunden werden. Die Vereinbarung sah vor, daß das Gebiet wirtschafts- und währungspolitisch eng mit Frankreich verbunden bleiben, sein endgültiger Status aber erst durch eine Volksabstimmung entschieden werden sollte. Daß sich die Saarländer ein Jahr später mit einer Zweidrittel-Mehrheit für einen Beitritt zur Bundesrepublik und nicht für die vorgesehene Europäisierung aussprechen würden, ahnte man damals weder in Paris noch in Bonn.

Die Westverträge, die am 23. Oktober 1954 in der französischen Hauptstadt unterzeichnet wurden, fielen weit günstiger aus als die Abkommen aus dem Jahr 1951. Der britische Premier Winston Churchill hatte dies bereits angedeutet, als er Adenauer zu Konferenzbeginn mit dem Satz begrüßte: *"Ich gratuliere Ihnen dazu, daß die EVG kaputt ist"*.[116] Tatsächlich erreichte der Kanzler, der noch wenige Wochen zuvor vor einem

---

[115] Vgl. Herbst, 1996, 102.

[116] "Londoner Konferenz: Etwas Eis, Gentlemen?"; Der Spiegel, 6.10.1954, 5-7, hier 6f.

Scherbenhaufen gestanden war, fast alle seine politischen Ziele: Erstmals nahm er mit seiner Delegation gleichberechtigt an einer internationalen Konferenz teil; im revidierten Deutschlandvertrag gestanden die Alliierten Bonn die Souveränität zu und eliminierten die potentiell souveränitätsgefährdende Notstandsklausel des Vertrags von 1952, die den Drei Mächten *"die Verhängung eines förmlichen Notstandes"* erlaubt hätte; die Bundesrepublik wurde Vollmitglied in NATO und WEU; die Drei Mächte sprachen für Westdeutschland und Berlin eine Sicherheitsgarantie aus und blieben als Verbündete, nicht mehr als Besatzer, mit Truppen präsent; die Alliierten und die NATO-Mitglieder erklärten, das Ziel der Wiedervereinigung zu unterstützen, den Bonner Alleinvertretungsanspruch anzuerkennen und die Grenzfrage bis zum Abschluß eines Friedensvertrags offenzuhalten. Dieses Eingehen auf Adenauers Wünsche reflektierte sowohl das gestiegene Vertrauen in die Bundesrepublik als auch deren gewachsenes politisches Gewicht. Zwar behielten sich die Drei Mächte *"die bisher von ihnen ausgeübten oder innegehabten Rechte und Verantwortlichkeiten in bezug auf Berlin und auf Deutschland als Ganzes einschließlich der Wiedervereinigung Deutschlands und einer friedensvertraglichen Regelung"* vor, aber die Bundesrepublik erlangte *"die volle Macht eines souveränen Staates über ihre inneren und äußeren Angelegenheiten"*[117].

Die Ratifizierung in den beteiligten Staaten verlief reibungslos und zügig. Mit dem Beitritt zu NATO und WEU wurde die Bundesrepublik Teil eines kollektiven Verteidigungssystems, wobei die nationalstaatliche Form der europäischen Nachkriegsordnung erhalten blieb. Die Westverträge traten am 5. Mai 1955 in Kraft. Die Hohe Kommission löste sich auf, die Kommissare wurden zu Botschaftern ihrer Länder und traten der Bundesregierung nicht mehr gemeinsam gegenüber. Zwar behielten sich die Alliierten einige Rechte vor, aber für die Bundesrepublik war die Besatzungszeit damit praktisch zu Ende. Allerdings, und das übersah man in Westdeutschland gern, bedeutete die Mitgliedschaft in der NATO auch eine Kontrolle des eigenen Militärpotentials. Lord Ismay, der erste Generalsekretär der Allianz, brachte dies mit seinem berühmten Diktum auf den Punkt. Die NATO habe die Funktion, so Ismay, *"to keep the Americans in, the Russians out, and the Germans down"*.[118]

---

[117] "Vertrag über die Beziehungen zwischen der Bundesrepublik Deutschland und den Drei Mächten (Deutschlandvertrag) in der geänderten Fassung vom 23.10.1954"; in: Auswärtiges Amt, 1995, 212-214, hier 212.

[118] Zit. nach Gustav Schmidt: Konfrontation und Détente 1945-1989. Wechselschritte zur Friedenssicherung; in: ders. (Hg.): Ost-West-Beziehungen: Konfrontation und Détente 1945-1989, Bd.3, Bochum 1995, 15-33, hier 28.

4.5. Teilnahme am Weltwirtschaftssystem

Die USA waren nicht nur treibende Kraft hinter der wirtschaftlichen und militärischen Integration der Bundesrepublik in den Westen, sondern sie wollten das Land auch als Baustein in die von ihnen 1944 in *Bretton Woods* konzipierte liberale und multilaterale Weltwirtschaftsordnung einfügen.[119] So stellte Washington eine kleine Revision des Besatzungsstatuts und eine Lockerung der Außenhandels- und Devisenbestimmungen für den Fall in Aussicht, daß die Bundesrepublik die Prinzipien des GATT und des *Internationalen Währungsfonds* (IWF) beachtete und sich den beiden Institutionen anschlösse.[120] Für die Bundesrepublik war eine Mitwirkung aus ökonomischen und politischen Gründen ebenfalls überaus reizvoll: aus ökonomischen, weil der von Ludwig Erhard im Inneren durchgesetzte marktwirtschaftliche Kurs damit seine notwendige äußere Ergänzung erfuhr; aus politischen, weil man sich den Vereinigten Staaten ohnehin nicht widersetzen konnte und das Eingehen auf ihre Wünsche die Aussicht verbesserte, die eigenen Interessen offiziell und gleichberechtigt vertreten zu können. Das erste Mal war dieser "Deal" - Teilnahme am US-dominierten Weltwirtschaftssystem für Rückgewinnung von Handlungsvollmachten - im Oktober 1949 zur Anwendung gekommen, als der Bundesminister für den Marshall-Plan, Franz Blücher, den völkerrechtlich verbindlichen Beitritt Bonns zur OEEC vollzog. Das zweite Mal wurde er nun im August 1951 mit der Aufnahme Westdeutschlands ins GATT praktiziert. Die Bundesrepublik erreichte damit die handels- und zollpolitische Souveränität und etablierte sich als wichtiger Akteur in der globalen ökonomischen Ordnung, noch bevor ihr dies auf außenpolitischer Ebene gelang.[121] Auch für die wirtschaftliche Entwicklung des jungen Staats kann die Bedeutung des GATT-Beitritts nicht hoch genug eingeschätzt werden: Die deutsche Industrie konnte nun zu den Bedingungen der Meistbegünstigung, d.h. zu den niedrigsten Importzöllen, einen Wirtschaftsraum beliefern, in dem 80 Prozent des Welthandels abgewic-

---

[119] Zur Vorgeschichte des Beitritts der Bundesrepublik zum GATT vgl. Friedrich Jerchow: Außenhandel im Widerstreit. Die Bundesrepublik auf dem Weg in das GATT 1949-1951; in: Heinrich August Winkler (Hg.): Politische Weichenstellungen im Nachkriegsdeutschland 1945-1953, Göttingen 1979, 254-289. (= Zeitschrift für Geschichte und Gesellschaft/Sonderheft 5)

[120] Vgl. Bernhard Welschke: Außenpolitische Einflußfaktoren auf die Entwicklung der westdeutschen Außenwirtschaftsbeziehungen in der Frühphase der Bundesrepublik Deutschland (1949-1952); in: Knapp, 1984, 187-286, hier 207/8.

[121] Ebd., 256.

kelt wurden. Mit dem Beitritt zu IWF und zur Weltbank 1952 fand die Integration der Bundesrepublik in das von den USA etablierte neue Weltwirtschaftssystem seinen vorläufigen Abschluß. Amerikas *"Empire by Invitation"* (Geir Lundestad) war begründet.[122]

Hypotheken der Vergangenheit

Adenauer nutzte das Instrument wirtschaftlicher Konzessionen aber nicht allein, um Hoheitsrechte zurückzugewinnen. Vielmehr setzte er auch auf materielles Entgegenkommen, um das Ansehen der Bundesrepublik in der Welt zu verbessern und ihre Kreditwürdigkeit zu erhöhen. Besondere Bedeutung maß der Kanzler hierbei der Aussöhnung mit den Juden und der Regelung der deutschen Auslandsschulden bei.

Die Kompensation für die Überlebenden des Holocaust war ein politisch wie psychologisch überaus heikles Thema.[123] Seit 1945 hatten jüdische Organisationen und der Staat Israel darauf gedrungen, Deutschland solle Entschädigungszahlungen für die an den Juden begangenen Verbrechen leisten und sich an den Eingliederungskosten für die 450.000 Juden beteiligen, die bis 1945 nach Israel geflüchtet waren. Als die Westalliierten es ablehnten, diese Forderungen gegenüber der Bundesrepublik durchzusetzen, mußte Israel in direkten Kontakt mit Bonn treten.[124] Obwohl sich viele Deutsche ihrer moralischen und materiellen Verpflichtung bewußt waren, stieß die Idee finanzieller Zuwendungen an Israel auf Widerstand. 44 Prozent der Deutschen bezeichneten die Kompensation als "überflüssig", nur elf Prozent befürworteten sie vorbehaltlos.[125] Auch zahlreiche Parteifreunde des Kanzlers sprachen sich dagegen aus. Nur Adenauers *"unbeugsamer Härte"*[126] (Hans-Peter Schwarz)

---

[122] Geir Lundestad: Empire by Invitation?; in: Journal of Peace Research, Vol. 23 (1986), 263-277.

[123] Vgl. dazu vor allem Kai von Jena: Versöhnung mit Israel? Die deutsch-israelischen Verhandlungen bis zum Wiedergutmachungsabkommen; in: VfZ, 34. Jg. (1986), 457-480; und Michael Wolffsohn: Das deutsch-israelische Wiedergutmachungsabkommen von 1952 im internationalen Zusammenhang; in: VfZ, 36. Jg. (1988), 786-804.

[124] Grundsätzlich siehe dazu Yeshayahu A. Jelinek (Hg.): Zwischen Moral und Realpolitik. Deutsch-israelische Beziehungen 1945-1965. Eine Dokumentensammlung, Gerlingen 1997.

[125] Die Zahlen wurden vom Institut für Demoskopie in Allensbach ermittelt. Zit. nach Michael Wolffsohn: Das Wiedergutmachungsabkommen mit Israel: Eine Untersuchung bundesdeutscher und ausländischer Umfragen; in: Ludolf Herbst (Hg.): Westdeutschland 1945-1955. Unterwerfung, Kontrolle, Integration, München 1986, 203-218, hier 206.

[126] Schwarz, H.-P., 1981, 185.

war es zuzuschreiben, daß im Frühjahr 1952 Verhandlungen aufgenommen und im September abgeschlossen werden konnten. Im *Luxemburger Wiedergutmachungsabkommen* verpflichtete sich die Bundesrepublik zu Sachlieferungen und Geldzahlungen an Israel in Höhe von 3 Mrd. DM und an die in der *Claims Conference* zusammengeschlossenen jüdischen Organisationen in Höhe von 450 Mio. DM über die folgenden 12 bis 14 Jahre. Bei einem Gesamtvolumen des Bundeshaushalts von 23 Mrd. DM im Jahr 1952 war dies eine beträchtliche Summe. Die Leistungen kamen im Frühjahr 1966 zum Abschluß.

Wenige Monate später gelang es der Bundesregierung im *Londoner Abkommen*, eine Regelung für die Schulden der Vor- und Nachkriegszeit zu finden.[127] Unter der geschickten Führung des Bankiers Hermann Josef Abs erreichte die deutsche Delegation mit Hinweis auf die noch geringen Devisenüberschüsse, daß die Ansprüche von insgesamt 30 Mrd. DM auf die Hälfte reduziert und die jährlichen Zahlungen zunächst auf 567 Mio. DM begrenzt wurden.[128] Diese Einigung in der Schuldenfrage stellte die Kreditwürdigkeit Westdeutschlands her und ermöglichte es dem jungen Staat, Anleihen an den internationalen Kapitalmärkten aufzunehmen. Bei der Unterzeichnung der Vereinbarung erklärte die Bundesregierung außerdem, in Zukunft keine weiteren Reparationen zu leisten. Bis zur Erfüllung des Londoner Abkommens im Jahr 1979 überwies die Bundesrepublik gut 15 Mrd. DM an mehr als 30 Gläubigerstaaten.

Mit dem Wiedergutmachungsabkommen und der Schuldenvereinbarung demonstrierte Westdeutschland nicht allein seine Bereitschaft, Hemmnisse für eine Normalisierung der Beziehungen zu den westlichen Nachbarn soweit wie möglich abzubauen. Vielmehr ermöglichten es die Verhandlungen der Bundesregierung auch, einmal mehr auf internationalem Parkett tätig zu werden. Indem die Bundesrepublik den Hypotheken der Vergangenheit nicht auswich, sondern sich zu ihrer Übernahme bereit erklärte, konnte sie schließlich ihren Anspruch untermauern, Rechtsnachfolger des Deutschen Reichs zu sein und im Namen aller Deutschen zu handeln. Die Regierung der DDR stützte eine solche Sichtweise indirekt durch wiederholte Erklärungen, für die Hinterlassenschaft der Nazi-Tyrannei nicht zuständig zu sein.

---

[127] Grundsätzlich dazu siehe Hans-Peter Schwarz (Hg.): Die Wiederherstellung des deutschen Kredits. Das Londoner Schuldenabkommen, Stuttgart u.a. 1982.

[128] Vgl. Christoph Buchheim: Das Londoner Schuldenabkommen; in: Herbst, 1986, 219-230, hier 223.

4.6. Fazit

1) Die Versuche deutscher Politiker, vor 1949 erste Beziehungen zu ihrer internationalen Umwelt aufzunehmen, waren nur im wirtschaftlichen Bereich von gewissen Erfolgen gekrönt. Vor allem der Marshall-Plan erlaubte es ihnen dabei, eigene Vorstellungen gegenüber anderen Ländern zu formulieren. Westdeutschland vermochte also in der Außenwirtschaft Mitsprache zu erlangen, bevor es dies in der Außen- und Sicherheitspolitik erreichte.

2) Die außenpolitische Konzeption des ersten deutschen Bundeskanzlers, Konrad Adenauer, unterschied sich von der seiner wichtigsten innenpolitischen Kontrahenten darin, daß er früher und radikaler bereit war, das Faktum der bedingungslosen Kapitulation und der Teilung Deutschlands zu akzeptieren. Sein Ziel bestand darin, durch einseitige Vorleistungen und die Hinnahme auch diskriminierender Regelungen das Vertrauen der Besatzungsmächte zu erringen, sich als verläßlicher und wichtiger Partner zu etablieren und auf diesem Weg Souveränitätsgewinne zu erzielen. Von der scharfen, stark nationalistischen Opposition Kurt Schumachers profitierte der Kanzler dabei insofern, als die Alliierten lieber mit ihm als mit seinem unnachgiebigen Gegenspieler und potentiellen Nachfolger verhandelten.

3) Die politischen Ziele Adenauers und der westlichen Bündnisvormacht USA erwiesen sich als weitgehend deckungsgleich. Seit Mitte 1947 verfolgte Washington die Strategie der "Doppeleindämmung", d.h. der Eindämmung der Sowjetunion durch den militärischen und politischen Zusammenschluß des Westens bei gleichzeitiger Eindämmung Westdeutschlands durch seine Eingliederung in die westlichen Institutionen. *"Integration war die höflichste Form der Kontrolle"*, formulierte der Zeitgeschichtler Wolfgang Krieger treffend.[129] Adenauer erkannte, daß sich innerhalb dieser Konzeption nicht nur die Westbindung der Bundesrepublik verwirklichen und Sicherheit vor der Sowjetunion erreichen ließ, sondern auch das Interesse der USA an der Nutzung der deutschen Ressourcen über kurz oder lang zu größerer Mitsprache Bonns in allen außenpolitischen Bereichen führen mußte.

4) Adenauers Europapolitik war pragmatisch: Zwar lag der europäische Bundesstaat langfristig *"in der Fluchtlinie"*[130] (Hans-Peter Schwarz) seiner Überlegungen. Aber kurz- und

---

[129] So Krieger in einer Rezension des Buchs von T. A. Schwarz ("Die Atlantikbrücke", 1992); in: Historische Zeitschrift, Bd. 257 (1993), 250.

[130] Schwarz, H.-P., 1979, 521.

mittelfristig war der Kanzler flexibel, was die Ausgestaltung und die Teilnehmer der zu schaffenden Institutionen anlangte. In der Debatte zwischen Konföderalisten, die eine europäische Zusammenarbeit auf der Basis souveräner Nationalstaaten anstrebten, und den Föderalisten, die die Vereinigten Staaten von Europa wollten, bezog Adenauer nie eindeutig Stellung.

5) Die Integration in die Weltwirtschaft komplettierte die Einbindung der Bundesrepublik in das westliche System und trug wesentlich zum Wiederaufbau bei. Seine wachsende ökonomische Potenz erlaubte es Westdeutschland wiederum, die Lasten der Vergangenheit besser zu schultern und sich als Akteur in der Weltwirtschaft zu etablieren.

5. Begrenzte Souveränität (1955-1969)

Mit dem Inkrafttreten der Westverträge am 5. Mai 1955 hatten die Drei Mächte die Bundesrepublik in die Souveränität entlassen. Die Rechte und Verantwortlichkeiten der Siegermächte
für Deutschland als Ganzes und Berlin galten jedoch weiter. Auch einige andere Elemente
des Besatzungsstatuts wie beispielsweise das Kriegsverbrechergefängnis in Spandau berührte
der Deutschlandvertrag nicht. Nach wie vor blieb es in der Verantwortung der Westalliierten,
die Sicherheit und Lebensfähigkeit West-Berlins zu gewährleisten. Die prekäre Lage des
freien Teils der ehemaligen deutschen Hauptstadt zwang die Bundesrepublik, sich vor allem
bei ost- und deutschlandpolitischen Initiativen immer eng mit den westlichen Verbündeten
abzustimmen.[1]

Diese rechtliche Abhängigkeit von den Drei Mächten wurde verstärkt durch die
politische. Im Tagesgeschäft blieb der Spielraum der Bundesrepublik zu autonomer Zielbe-
stimmung und eigenständigem Handeln beschränkt, wobei der Grad der Abhängigkeit
allerdings in den einzelnen Sachbereichen variierte. In den vierzehn Jahren vom Abschluß
der Westverträge 1955 bis zum Beginn der Ostpolitik der sozial-liberalen Koalition 1969 war
die deutsche Außenpolitik geprägt von der Hoffnung, eigene Vorstellungen zu formulieren
und umzusetzen, und der Ernüchterung, sich - wenn es hart auf hart kam - doch an den
Präferenzen der Westalliierten, insbesondere der Bündnisvormacht USA orientieren zu
müssen. Nirgendwo wurde dies deutlicher als in der Sicherheitspolitik, wo die Abhängigkeit
der Bundesrepublik aufgrund ihrer exponierten geostrategischen Lage und ihrer zunächst
schwachen politischen und militärischen Position besonders hoch war.[2]

5.1. Deutsche Sicherheitspolitik unter amerikanischer Führung

Im EVG-Vertrag hatte sich die Bundesrepublik bereit erklärt, gut 500.000 deutsche Soldaten
in die gemeinsame europäische Armee einzubringen. Diese Größenordnung wurde auch beim
Abschluß der Westverträge 1954 beibehalten. Solange der Einsatz von Atomwaffen nicht zur

---

[1] Vgl. Haftendorn, 1994, 54-56.

[2] Für eine umfassende und tiefschürfende Zusammenfassung der westdeutschen Sicherheitspolitik siehe Helga
Haftendorn: Sicherheit und Entspannung. Zur Außenpolitik der Bundesrepublik Deutschland 1955-1982, Baden-
Baden 1986. Eine Sammlung der wichtigsten Dokumente mit knappen einleitenden Kommentaren bietet Karl Bauer:
Deutsche Verteidigungspolitik 1947-1967, Boppard 1968.

Debatte stand, war ein solch hohes deutsches Kontingent militärstrategisch erforderlich, um Westeuropa angesichts seiner geringen geographischen Tiefe und der konventionellen Überlegenheit des Sowjetblocks so weit östlich wie möglich zu verteidigen. Dies entsprach auch dem militärischen Interesse Bonns. Nur eine glaubwürdige Abschreckung konnte verhindern, daß Deutschland Schlachtfeld eines Ost-West-Konflikts wurde. Von einem großen Wehrbeitrag erwartete sich Adenauer außerdem, die Bundesrepublik zu einem unverzichtbaren Partner im westlichen Bündnis zu machen und damit ihre politische Mitsprache zu stärken.[3]

Kurswechsel der USA, Teil 1:
Von der "Vorneverteidigung" zur "massiven Vergeltung"

Das Kalkül des Bundeskanzlers ging jedoch nicht auf. Zum einen gelang es den USA 1953 nämlich, atomare Gefechtsfeldwaffen zu entwickeln, die sehr viel billiger waren als der Unterhalt regulärer Streitkräfte. Der neue amerikanische Präsident Eisenhower verabschiedete sich daraufhin von der Strategie der Vorneverteidigung auf rein konventioneller Basis. Zum anderen sah sein *New Look*-Konzept, formal niedergelegt in der Direktive NSC 162/2, vor, jeden sowjetischen Angriff mit einer massiven Vergeltung durch Nuklearwaffen zu beantworten. Die NATO vollzog diesen Strategiewechsel im Dezember 1954 nach.[4]

Für die Bundesrepublik kamen diese Entwicklungen einem *"Desaster"*[5] (Herbst) gleich, veränderten sie doch die Rahmenbedingungen für den eigenen Wehrbeitrag dramatisch. Da die von Adenauer anvisierte Truppenstärke nun militärstrategisch nicht mehr notwendig war, ließ sie sich auch im eigenen Land kaum mehr rechtfertigen. Hinzu kam, daß eine NATO-Simulation eines Atomkriegs mit dem Warschauer Pakt von über 5 Mio. Toten und Verwundeten in der Bundesrepublik ausging. Solche Zahlen waren natürlich Wasser auf

---

[3] Vgl. Christian Greiner: Zwischen Integration und Nation. Die militärische Eingliederung der Bundesrepublik Deutschland in die NATO, 1954-1957; in: Herbst, 1986, 267-278.

[4] Eine knappe, die zentralen Probleme diskutierende Einführung in die Rolle der Kernwaffen für die deutsche Sicherheitspolitik siehe Uwe Nerlich: Die nuklearen Dilemmas der Bundesrepublik Deutschland; in: EA, 17/1965, 637-652. Abgedr. in Angelika Volle/Werner Weidenfeld (Hg.): Wegmarken eines halben Jahrhunderts, Bonn 1996, 61-78. Siehe auch Beatrice Heuser: NATO, Britain, France and the FRG. Nuclear Strategies and Forces for Europe, 1949-2000, Houndmills u.a. 1997, 33-38.

[5] Herbst, 1996, 156.

die Mühlen der gerade abebbenden "Ohne-mich"-Bewegung.[6] Die Legitimations-Schwierig-keiten der Bundesregierung verstärkte Mitte Juli 1956 ein Bericht der *New York Times*, ein vom Admiral Radford ausgearbeiteter Plan, die US-Truppen in Europa massiv zu reduzieren, sei von Eisenhower gebilligt worden.[7] Demnach würden die USA in Zukunft nur mehr das nukleare "Schwert" in der westlichen Verteidigung stellen, während der Bundesrepublik die Rolle des konventionellen "Schildes" zufiel. Eine solche Strategie, die Westdeutschland die Hauptlast eines potentiellen Kriegs aufgebürdet und es im Bündnis singularisiert hätte, war für den Kanzler nicht akzeptabel.[8] Gegenüber dem Bruder von US-Außenminister John Foster Dulles erklärte ein entrüsteter Adenauer: "*Die NATO wird senil, und die Aussichten für die Zukunft sind schrecklich.*"[9] In seinen Memoiren erläuterte er, warum der Radford-Plan seine schlimmsten Albträume einer amerikanischen Abkoppelung von Europa und damit einer Schwächung der Abschreckungsdoktrin zu bestätigen schien:

> ... die Bedeutung der amerikanischen Präsenz ist eben nicht nur eine militärische. Sie ist vielmehr die eines Pfandes dafür, daß die Vereinigten Staaten ihre Bündnispflicht einlösen werden. ... Wenn amerikanische Truppen von einem Angreifer vom ersten Tage an in einen Krieg verwickelt werden, so wird ... [die] Kriegserklärung nicht auf sich warten lassen.[10]

Auch amerikanische Beobachter erkannten die psychologisch verheerende Wirkung auf die europäischen Partner. Henry Kissinger etwa meinte: "*Unilateral change of our strategic views has a symbolic quality for them. If we are able to alter our views about strategy, might not the same be true of other commitments?*".[11] Zwar gelang es Adenauer, die US-Regie-

---

[6] Vgl. Large, 1996, 257.

[7] Vgl. "Radford Seeking an 800000 Man Cut"; New York Times, 13.7.1956. Zum Radford-Plan siehe Hans-Gert Pöttering: Adenauers Sicherheitspolitik. Ein Beitrag zum deutsch-amerikanischen Verhältnis, Düsseldorf 1975, 62-64.

[8] Zur Reaktion des Bundeskanzlers siehe Konrad Adenauer: Erinnerungen 1955-1959, Stuttgart 1967, 197-214. (Adenauer, III)

[9] Ebd., 213.

[10] Ebd., 199.

[11] Henry Kissinger: The Troubled Partnership. A Re-appraisal of the Atlantic Alliance, New York u.a. 1965, 95.

rung von ihren Gedankenspielen eines weitgehenden Abzugs aus Europa abzubringen, aber sein Konzept der raschen und umfassenden Aufrüstung hatte an Glaubwürdigkeit verloren.

Die der NATO zugesagte Aufstellung von über einer halben Million deutscher Soldaten geriet innenpolitisch nun in immer schwereres Fahrwasser. Angesichts des Widerstands in Öffentlichkeit und eigener Fraktion rückte der Kanzler von der von ihm favorisierten 18monatigen Wehrdienstzeit ab und schlug eine 12monatige vor. Seinen plötzlichen Sinneswandel begründete Adenauer damit, daß nach dem Bekanntwerden der amerikanischen Rückzugspläne eine längere Wehrpflicht im Bundestag nicht durchsetzbar sei. Die NATO-Partner reagierten pikiert. Ihnen war klar, daß Bonn nicht in der Lage sein würde, seine Aufrüstungsverpflichtungen zu erfüllen. Dulles meinte sogar, der Kanzler habe den Radford-Plan "*zynisch*" instrumentalisiert, um eine unpopuläre Politik fallenlassen zu können.[12] Die deutsch-amerikanischen Beziehungen erreichten einen Tiefpunkt. Die politische Verantwortung für das Fiasko mußte der glücklose Verteidigungsminister Theodor Blank übernehmen. Im Oktober 1956 trat er zurück. Die tiefere Ursache der transatlantischen Spannungen lag jedoch im Strategiewandel der US-Regierung, der für die deutsche Seite völlig überraschend gekommen war. Zum ersten - und nicht zum letzten Mal - blieb Westdeutschland aufgrund seiner hohen sicherheitspolitischen Abhängigkeit aber schließlich nichts anderes übrig, als einen amerikanischen Kurswechsel in der Verteidigungsstrategie nachzuvollziehen.

Blanks Nachfolger wurde Adenauers Mann für schwierige Aufgaben und aufgehender Stern im Kabinett, Franz Josef Strauß. Schon wenige Wochen nach seiner Amtsübernahme erklärte er forsch, die Sollstärke der Bundeswehr, wie die neue Armee seit Anfang 1956 hieß, sei kein Dogma und Qualität gehe vor Quantität.[13] Damit war der Bruch mit der Streitkräfteplanung seines Vorgängers, aber auch Adenauers vollzogen. In London und Washington zeigte man sich verständlicherweise irritiert über die deutsche Politik. In den Augen der dortigen Entscheidungsträger brach die Bundesrepublik nicht nur ihre Zusagen, sondern trat auch noch anmaßend auf. Der britische Finanzminister Harold Macmillan warnte entrüstet: "*The British people, who after all won the war, cannot accept that the Germans are treating the U.K. like dirt while they have their own way. They will not agree to keeping*

---

[12] Zit. nach "Avec tristress"; Der Spiegel, 10.10.1956, 11.

[13] Vgl. Bauer, 1968, 26. Vgl. auch Strauß, 1989, 274.

British soldiers in Germany if the Germans do not play the game."[14] Nur der völligen Verwirrung im Bündnis in Folge der Suez-Krise und der Verschärfung der weltpolitischen Lage durch die sowjetische Intervention in Ungarn ist es zuzuschreiben, daß der Streit nicht eskalierte und sich die NATO mit der verlangsamten Aufrüstungsstrategie der Bundesrepublik abfand.

Nachdem Adenauers Plan, Westdeutschland durch seinen konventionellen Beitrag größeren politischen Einfluß im Bündnis zu verschaffen, nicht völlig aufgegangen war, setzten er und insbesondere Strauß auf die Ausstattung der Bundeswehr "mit modernsten Waffen" - ein Codewort für atomare Trägersysteme.[15] Das war in ihren Augen nicht nur militärisch sinnvoll, sondern auch politisch notwendig. Vor allem seit Großbritannien mit amerikanischer Hilfe eine eigene Bombe gezündet hatte, betonte Adenauer, daß sich "Großmacht" von nun an durch die Verfügungsgewalt über Atomwaffen definiere. Gegenüber dem CDU-Vorstand hatte der Kanzler im September 1956 erklärt: "*Wir dürfen nicht einen Zustand erreichen, daß man sagt, die Kolonialvölker sind die Infanteristen, die konventionelle Konflikte ausfechten müssen.*"[16] Im selben Monat war von Strauß eine ähnliche Argumentationskette entwickelt worden: Macht sei Militärmacht und Militärmacht sei Atommacht, so der Verteidigungsminister; ohne eigene Atomwaffen würden die Deutschen nur die Bäcker und Küchenjungen für die Streitkräfte der Alliierten abstellen.[17] Mehr als zehn Jahre sollte sich die deutsche Sicherheitspolitik um die Frage der Mitwirkung an der atomaren Komponente der westlichen Verteidigungsstrategie drehen. Die USA, die ja die Nuklearisierung des Militärkonzepts der Allianz initiiert hatten, kamen Bonn dabei zunächst entgegen. Die von ihnen angeregte NATO-Direktive MC-70 von 1958 sah die Ausrüstung aller interessierten Mitgliedstaaten "*so schnell wie möglich*" mit Trägerwaffen vor.[18] Von 1957/58 an

---

[14] "Continuing Participation of the US in the North Atlantic Treaty Organization"; in: FRUS, 1955-1957, vol. 4: Western European Security and Integration, Washington, D.C. 1986, 127.

[15] Vgl. Dieter Mahncke: Nukleare Mitwirkung. Die Bundesrepublik Deutschland in der atlantischen Allianz 1954-1970, Berlin/New York 1972, 13.

[16] "Adenauer: Wir haben etwas geschaffen". Die Protokolle des CDU-Bundesvorstandes 1953-1957, bearbeitet von Günter Buchstab, Düsseldorf 1990, Protokoll vom 20.9.1956, 1081.

[17] Vgl. Catherine Kelleher: Germany & the Politics of Nuclear Weapons, New York 1975, 56.

[18] Vgl. ebd., 95.

wurden deutsche Soldaten im Gebrauch taktischer Kernwaffen geschult und atomare Trägersysteme auf westdeutschem Gebiet stationiert. Auch wenn die Sprengköpfe unter amerika-
nischem Verschluß blieben, so war die Bundesrepublik doch in das Schild-Schwert-Konzept
der NATO eingebunden und konnte mitentscheiden, unter welchen Bedingungen Nuklearwaffen eingesetzt würden. Damit hatte die Bundesregierung verhindert, daß sie in der neuen
Bündnisstrategie nur den zweitrangigen konventionellen Part spielen mußte und damit
politisch an Einfluß verlor.[19] Angesichts des Teilerfolgs in der Nuklearfrage war nicht überraschend, daß Adenauer eine Initiative des polnischen Außenministers Adam Rapacki
ablehnte, in Mitteleuropa eine atomwaffenfreie Zone zu schaffen. Wie bei den Stalin-Noten,
sahen der Kanzler und die Westmächte darin nur ein Störmanöver des Ostens. Eine Analyse
des Verteidigungsministeriums kam zu folgendem Schluß:

> Der Plan soll durch die Verhinderung einer atomaren Bewaffnung weiterer NATO-
> Partner den wirksamen Ausbau der westlichen Verteidigung unterbinden. Nicht
> zuletzt soll der BRD die Möglichkeit genommen werden, die Bundeswehr mit Dop-
> pelzweckwaffen auszurüsten.[20]

Angesichts der Überlegenheit des Warschauer Pakts im konventionellen Bereich hätte eine
Annahme des Vorschlags die militärstrategische Lage der Bundesrepublik in der Tat ver-
schlechtert.

Daß die Einbeziehung Westdeutschlands in das Konzept der nuklearen Abschreckung
innenpolitisch für Proteste sorgen würde, stand nach den Erfahrungen mit der Wiederbewaffnung wenige Jahre zuvor zu erwarten. Vor allem die SPD wandte sich gegen die Ausrüstung
der Bundeswehr mit taktischen Trägerwaffen. Ihre führenden Repräsentanten erklärten, die
Folgen eines Einsatzes von Kernwaffen seien für Deutschland verheerend. Zudem würde eine
nukleare Aufrüstung die Teilung des Landes zementieren. Die SPD lehnte aber nicht nur eine
atomare Teilhabe der Bundesrepublik ab, sondern auch jede Lagerung amerikanischer
Kernwaffen auf deutschem Territorium.[21] Obwohl sich die Sozialdemokraten damit in

---

[19] Vgl. Haftendorn, 1986, 162-165.

[20] Zit. nach Detlef Bald: Die Atombewaffnung der Bundeswehr. Militär, Öffentlichkeit und Politik in der Ära
Adenauer, Bremen 1994, 94.

[21] Vgl. Haftendorn, 1986, 168.

Einklang mit einer Mehrheit der Bevölkerung fanden,[22] überschätzten sie die Relevanz dieses Themas für die Bürger. Bei den Bundestagswahlen im Herbst 1957 erreichten die Unionsparteien die absolute Mehrheit. Im März 1958 beschloß der neue Bundestag, die deutsche Armee entsprechend Direktive MC-70 mit atomaren Trägerwaffen auszustatten. Der von der SPD und dem *Deutschen Gewerkschaftsbund* (DGB) daraufhin gegründete *Arbeits- ausschuß Kampf dem Atomtod* erfuhr zwar kurzfristig große Publizität in den Medien, erreichte aber nie die von seinen Initiatoren erhoffte Bedeutung. Und gegen die Versuche der Sozialdemokraten, die Kernwaffenpolitik der Regierung durch Volksbegehren zu unter- minieren, rief der Kanzler mit Erfolg das Bundesverfassungsgericht an.[23] Ein weiteres Mal hatte Adenauer seine außenpolitische Konzeption gegen innenpolitische Widerstände durch- gesetzt.

Kurswechsel der USA, Teil 2:
Von der "massiven Vergeltung" zur "flexiblen Antwort"

Der Friede in der Allianz war nur von kurzer Dauer. Noch bevor die Bundeswehr ihre Sollstärke erreicht hatte, vollzogen die USA einen erneuten Wandel in ihrer Nuklearstrate- gie.[24] Auslöser für das amerikanische Umdenken war diesmal der spektakuläre Start des ersten sowjetischen Erdsatelliten Sputnik am 4. Oktober 1957. Washington mußte erkennen, daß Moskau in absehbarer Zeit über Interkontinentalraketen verfügen und imstande sein würde, den nordamerikanischen Kontinent nuklear zu bedrohen.[25] Das entzog der bisherigen Annahme den Boden, man könne einen Krieg in Europa mit dem raschen Einsatz von Kernwaffen beenden, ohne einen sowjetischen Gegenschlag auf das eigene Territorium befürchten zu müssen. Der Sputnik-Schock veränderte die amerikanische Nuklearpolitik deshalb nachhaltig - und damit auch die NATO-Strategie und das Verhältnis der Vereinigten Staaten zu ihren Partnern. Auf dem europäischen Kontinent schwand das Vertrauen in die

---

[22] Vgl. Bald, 1994, 90.

[23] Vgl. Besson, 1970, 183/4.

[24] Siehe dazu vor allem Johannes Steinhoff/Reiner Pommerin: Strategiewechsel: Bundesrepublik und Nuklear- strategie in der Ära Adenauer-Kennedy, Baden-Baden 1992.

[25] Vgl. Mahncke, 1972, 66.

Nukleargarantie Washingtons. Charles de Gaulle, am 21. Dezember 1958 zum ersten Präsidenten der von ihm etablierten V. Republik gewählt, zog daraus die Konsequenz, ein eigenes Atomwaffenarsenal anzustreben. Wieder brachte Kissinger das Dilemma des Bündnisses auf den Punkt: Die NATO werde nur überleben, so der Harvard-Professor, wenn es ihr gelinge, zwischen der Skylla eines extremen amerikanischen Zentralismus und der Charybdis eines extremen einzelstaatlichen Nationalismus hindurchzusteuern.[26] Auch Bonn setzte alles daran, die von Kissinger aufgezeigte Alternative zu vermeiden. Die Bundesregierung favorisierte deshalb die Idee einer integralen, multilateralen Atomstreitmacht des Bündnisses, womöglich mit Übertragung der Verfügungsgewalt an den NATO-Rat.[27]

Schon bald nach der Amtsübernahme John F. Kennedys 1961 kam es zu der Neubestimmung der amerikanischen Militärstrategie, die sich seit zwei Jahren abgezeichnet hatte. Die von Verteidigungsminister Robert McNamara ausgearbeitete Doktrin der *flexiblen Antwort* (flexible response) reflektierte die strategische Verwundbarkeit der Vereinigten Staaten.[28] Sie sah nämlich vor, auf eine sowjetische Aggression nicht mehr mit dem sofortigen Einsatz von Atomwaffen zu reagieren, sondern etablierte das Prinzip der abgestuften Eskalation, das den USA möglichst lange die Option offen ließ, sich mit der anderen Supermacht zu verständigen. Damit waren alle bisher gültigen Maximen der Bündnisverteidigung über Bord geworfen. Westdeutschland, das sich in den vergangenen vier Jahren mühsam auf die Strategie der massiven Vergeltung eingestellt hatte, sah sich erneut mit einem Schwenk der amerikanischen Politik konfrontiert: Atomwaffen sollten nun das passive Schild sein, das den Gegner vom Einsatz seiner nuklearen Kapazitäten abhielt, konventionelle Waffen das aktive Schwert, das den Angreifer zurückschlug. Interkontinentalraketen würden die Vereinigten Staaten, so versicherte die Kennedy-Administration, überhaupt nicht als erste einsetzen.

Die Abkehr der USA vom Automatismus nuklearer Eskalation beunruhigte die Bundesregierung aufs höchste. Für sie war im Gegensatz zur Führung in Washington egal,

---

[26] Wiedergegeben bei Besson, 1970, 234.

[27] Vgl. Mahncke, 1972, 82.

[28] Vgl. Jane Stromseth: The Origins of "flexible response". NATO's Debate over Strategy in the 1960s, London 1988.

ob ein Krieg konventionell oder nuklear geführt würde: Deutschland wäre in jedem Fall Hauptschlachtfeld. Es galt deshalb, jede Art von bewaffneter Auseinandersetzung zu vermeiden. Eine solche schien umso unwahrscheinlicher, je sicherer ein Angreifer davon auszugehen hatte, Ziel eines amerikanischen Nuklearschlags zu werden. Immer wieder forderte Strauß deshalb von der US-Regierung konkrete Beweise für ihre Bereitschaft, Europa notfalls mit Kernwaffen zu verteidigen. Bisweilen drohte er sogar, Bonn könne sich gezwungen sehen, dem britischen Beispiel zu folgen und eine eigene Atomstreitmacht anzustreben, wenn Washington von seiner Sicherheitsgarantie abrücke. Daß diese Drohung mehr war als ein *"Bluff"*, wie Helga Haftendorn noch 1986 meinte,[29] wurde mit der Veröffentlichung der Strauß-Memoiren drei Jahre später deutlich. Dort berichtete der ehemalige Verteidigungsminister, daß er mit seinem französischen und italienischen Amtskollegen unter strengster Geheimhaltung 1958 ein Abkommen zur gemeinsamen Produktion von Atomwaffen unterzeichnet hatte.[30] Der Bundeskanzler war darüber natürlich informiert, wollte aber nicht mit solchen Plänen in Verbindung gebracht werden. *"Machen Sie es"*, soll er Strauß gesagt haben, *"aber wenn es Ärger gibt, weiß ich nichts."*[31] Die Vereinbarung wurde zwar von de Gaulle nach seiner Machtübernahme suspendiert, weil er zu keinerlei Verzicht an Handlungsfreiheit in atomaren Fragen bereit war. Ihr Zustandekommen verdeutlicht aber, wie sehr die Bundesrepublik ihre Stellung im westlichen Bündnis und im internationalen System dadurch gefährdet sah, daß sie auf einen rein konventionellen Status beschränkt war.

Das Streben der kontinentaleuropäischen Verbündeten nach eigenen nuklearen Kapazitäten blieb Washington natürlich nicht verborgen - und sollte es auch nicht bleiben. Eine Weiterverbreitung von Atomwaffen lag allerdings nicht im Interesse der Vereinigten Staaten, da dies ihre Stellung innerhalb der NATO als einziger ernstzunehmender atomarer Macht geschwächt hätte. Als am 13. Februar 1960 mit Frankreich zum ersten Mal ein Land unabhängig von den beiden Supermächten eine Kernwaffenexplosion auslöste, stieg in der amerikanischen Regierung die Befürchtung, weitere Staaten würden bald folgen. Besonders skeptisch sah man die Entwicklung in der Bundesrepublik und in Italien. Die sechziger Jahre waren

---

[29] Haftendorn, 1986, 175.

[30] Vgl. Strauß, 1989, 314/5.

[31] Ebd., 313.

deshalb vor allem vom Bemühen der USA gekennzeichnet, eine Proliferation der Nuklearwaffen zu verhindern.[32] Es ist dabei nicht ohne Ironie, daß die Bundesrepublik, die ja erst
durch den amerikanischen Strategiewechsel Mitte der fünfziger Jahre auf den nuklearen
Geschmack gekommen war, nun von den Verbündeten und Washington verdächtigt wurde,
bei der Umsetzung der NATO-Atomwaffenplanungen zu weit zu gehen, und Ziel von
Gegenmaßnahmen wurde.[33]

Kurswechsel der USA, Teil 3:
MLF und Atomwaffensperrvertrag

Anfang der sechziger Jahre bemühten sich die USA verstärkt darum, die Bildung weiterer
selbständiger Atommächte zu verhindern. Dieses Ziel suchten sie auf zwei parallelen, sich
konzeptionell gegenseitig ergänzenden Wegen zu erreichen: Einerseits initiierten sie zusammen mit der Sowjetunion Verhandlungen über einen *Atomwaffensperrvertrag* (Non-
Proliferation Treaty = NPT). Andererseits setzten sie darauf, durch eine Ausweitung der
nuklearen Teilhabe erstens den Bündnispartnern ihr Streben nach eigenen Kernwaffen überflüssig erscheinen zu lassen, und zweitens die existierenden französischen und britischen
Arsenale in die eigene Strategie einzubinden.

Die anvisierte *Multilaterale Atomstreitmacht* (Multilateral Force = MLF)[34] hatte in
den Augen der Kennedy-Administration den zusätzlichen Vorteil, die sich abzeichnende
Anlehnung der Bundesrepublik an Frankreich zu unterlaufen und Bonn für die Aufnahme
bilateraler Gespräche mit Moskau zu versöhnen. Es waren also in erster Linie politische,
nicht militärische Gründe, warum die USA die MLF vorschlugen. Kennedy wollte allerdings
dem Projekt nur dann Priorität einräumen, wenn die Europäer ihrerseits Washington einhellig
um seine Verwirklichung baten.[35]

---

[32] Siehe dazu Küntzel, 1992, 17.

[33] Vgl. Nerlich, 1965, 67.

[34] Zur MLF-Debatte siehe Christoph Hoppe: Zwischen Teilhabe und Mitsprache. Die Nuklearfrage in der
Allianzpolitik Deutschlands 1959-1966, Baden-Baden 1993; Helga Haftendorn: Kernwaffen und die Glaubwürdigkeit
der Allianz. Die NATO-Krise von 1966/67, Baden-Baden 1994, 107-182; und Mahncke, 1972, 129-219.

[35] Vgl. Hoppe, 1993, 221.

Das Konzept einer multilateralen Atomstreitmacht, dessen Grundzüge schon 1959 ausgearbeitet worden waren, sah in seiner im Februar 1963 verkündeten Form vor, eine Flotte aus 25 mit nuklearen Mittelstreckenraketen bestückten Schiffen zu schaffen. Ihre Mannschaften würden multinational zusammengesetzt sein, die Sprengköpfe sich im gemeinsamen Besitz und unter gemeinsamer Verwaltung befinden, aber nur mit Zustimmung aller beteiligten Staaten eingesetzt werden können.[36] Daß die MLF-Initiative vor allem auf Bonn zielte, sah man auch an folgender Regelung: Die Bundesrepublik sollte 40 Prozent der Gesamtkosten übernehmen, 40 Prozent der etwa 7000 Besatzungsmitglieder stellen und deutsche Offiziere mindestens zehn Atomschiffe befehligen. Auch der Zeitpunkt war von den Amerikanern bewußt gewählt. Nach dem Veto de Gaulles gegen einen EG-Beitritt Großbritanniens und der Verabschiedung des Deutsch-französischen Vertrags im Januar 1963 wollte Washington einem weiteren Zerfall der westlichen Allianz entgegenwirken und eine Achse Bonn-Paris verhindern.[37] In der Tat war die Verärgerung Adenauers über die Sicherheitspolitik der Vereinigten Staaten nie größer als zu Beginn des Jahres 1963. In einem Gespräch mit de Gaulle klagte er, die Unsicherheit über die US-Politik sei heute *"abnorm hoch"*. *"Angesichts der sprunghaften amerikanischen strategischen Auffassungen"*, so der Kanzler weiter, *"[kann] man nie wissen, ob sich nicht auch die politischen Auffassungen änderten, so daß eine allgemeine Malaise übrigbleibe."*[38] Matthias Küntzel formulierte ebenso spitz wie richtig: *"Als amerikanisches Therapeutikum gegen Frankreich-Anfälligkeiten aller Art wurde der MLF-Vorschlag in dieser Situation den Deutschen nicht nur nahegebracht, sondern nachgerade verordnet."*[39]

Im April 1963 stimmte die Bundesregierung dem Projekt der gemeinsamen Atomstreitmacht zu, konnte sie dadurch doch dokumentieren, daß sie trotz aller Zusammenarbeit mit Frankreich treu zum Atlantischen Bündnis stand. Zudem sah Bonn die MLF als Chance, einen Teil des amerikanischen Atompotentials mit der europäischen Sicherheit zu verzahnen und sich über den Mitbesitz an Nuklearwaffen auch Mitbestimmung über deren Einsatz zu

---

[36] Vgl. Haftendorn, 1986, 175.

[37] Vgl. Mahncke, 1972, 152; und Besson, 1970, 317.

[38] Konrad Adenauer: Erinnerungen 1959-1963. Fragmente, Stuttgart 1968, 200. (= Adenauer, IV)

[39] Küntzel, 1992, 171.

sichern.[40] Eine starke Fraktion innerhalb der Union lehnte die MLF allerdings ab. Ihr wichtigster Repräsentant, der 1962 im Zuge der Spiegel-Affäre zurückgetretene Franz Josef Strauß, sah in der MLF nur einen Versuch der USA, ihre herausragende Stellung bei Kernwaffen festzuschreiben und Westdeutschland für seinen Beitritt zum Atomwaffensperr-vertrag abzuspeisen. Außerdem befürchteten die Kritiker, Washington wolle die Heraus-bildung einer "Dritten Kraft" Europa durch eine engere deutsch-französische Zusammenarbeit unterlaufen. Auch Adenauer reagierte auf das MLF-Projekt reserviert, nahm das formelle amerikanische Verhandlungsangebot aber rasch an.[41] Diesen "Gaullisten", so benannt wegen ihrer Präferenz für den französischen Staatspräsidenten, standen die "Atlantiker" gegenüber. Sie erhielten entscheidenden Auftrieb, als der Amerika-freundliche Ludwig Erhard gegen den massiven Widerstand Adenauers im Herbst 1963 das Kanzleramt übernahm.[42] Er, Außen-minister Schröder und Verteidigungsminister Kai Uwe von Hassel - und zunächst auch die meisten Sozialdemokraten - sahen in der gemeinsamen Atomstreitmacht den Einstieg in eine Entwicklung, die den Status und die Sicherheit der Bundesrepublik zu erhöhen versprach.[43]

De Gaulle paßten die Ausweitung des amerikanischen Einflusses in Europa und die geplante weitere NATO-Integration durch die MLF nicht ins Konzept. Er war deshalb bereit, Westdeutschland etwas Vergleichbares anzubieten. Da Kanzleramt und Außenministerium in der Hand von Atlantikern waren, äußerte sich der französische Präsident dazu gegenüber dem Staatssekretär im Auswärtigen Amt, Karl Carstens, und offerierte ihm nichts Geringeres als eine Beteiligung an der eigenen Atomstreitmacht, der *Force de frappe*. Die Initiative wurde erst 1995 bekannt. Wörtlich sagte de Gaulle: "*Die Bombe bekommen Sie von den USA nie ... Warum gehen Sie nicht mit uns zusammen? Wir haben die Bombe auch. Bei uns können Sie einen weit größeren Anteil erhalten.*"[44] Carstens mußte dem Präsidenten Frank-

---

[40] Vgl. Kelleher, 1975, 228-234.

[41] Zu Adenauers Haltung siehe Hans-Peter Schwarz: Adenauer. Der Staatsmann: 1952-1967, Stuttgart 1991, 812f. Auf die innenpolitischen Gründe für die positive Reaktion des Kanzlers verweist Hoppe, 1993, 115f.

[42] Zu den Bedenken Adenauers gegen Erhard siehe Adenauer, III, 517-525.

[43] Vgl. Mahncke, 1972, 164-167.

[44] "Gespräche des Staatssekretärs Carstens mit Staatspräsident de Gaulle und dem französischen Außenminister Couve de Murville, 4.7.1964"; Dok. Nr. 186; in: Akten zur Auswärtigen Politik der Bundesrepublik Deutschland 1964/2 Bd., hgg. im Auftrag des AA vom Institut für Zeitgeschichte, München 1995, hier Bd. 1, 766-768, 768.

reichs allerdings klar machen, daß eine enge Kooperation Bonns mit Paris in Nuklearfragen nicht zur Debatte stand: *"Wir müssen sicher sein"*, ließ der Staatssekretär de Gaulle wissen, *"daß die amerikanische Abschreckung funktioniert, deswegen können wir auf die Zusammenarbeit mit den Amerikanern in diesem Bereich nicht verzichten."*[45]

Nachdem die US-Regierung bis ins Frühjahr 1964 hinein die treibende Kraft hinter der gemeinsamen Atomstreitmacht gewesen war, drängte auf einmal die Bundesrepublik. Jetzt begann Washington, wo Lyndon Johnson nach der Ermordung Kennedys Ende November 1963 das Präsidentenamt übernommen hatte, zu zögern. Eine Ursache dafür war, daß sich die internationale Kritik an der Nuklearwaffenflotte verstärkte und die Forderung nach einem Atomwaffensperrvertrag ohne MLF lauter wurde. Zudem gelang es Moskau, die MLF als einziges und eigentliches Hindernis für den Sperrvertrag hinzustellen.[46] Ausschlaggebend für das amerikanische Zögern war jedoch, daß sich Großbritannien und Frankreich, die neben der Bundesrepublik wichtigsten Bündnispartner der USA in Europa, der Initiative nicht anschlossen.[47] In dieser sensiblen Lage regte Erhard im Oktober 1964 an, das Projekt notfalls auf einer deutsch-amerikanischen Basis weiterzuverfolgen. Dieser Vorstoß erwies sich als Sargnagel für die MLF. Norwegen und Dänemark schlugen sich nun auf die Seite der Gegner, Großbritannien sah seine *special relationship* mit den USA gefährdet, Frankreich drohte mit dem Austritt aus der NATO.[48] Washington mußte einsehen, daß es außer der Bundesrepublik keinen anderen Befürworter der MLF in Europa mehr gab. Eine bilaterale Vereinbarung mit Bonn kam aber für die Vereinigten Staaten nicht in Frage.[49] Trotz aller Bekundungen aus dem Weißen Haus, an dem Projekt festzuhalten, wurde nie wieder ernsthaft darüber diskutiert. Mehrere Vorstöße der Bundesregierung für eine revidierte MLF wurden in Washington, wo zunehmend der Vietnam-Krieg die Agenda diktierte, ausweichend beantwortet. Harland Cleveland beschrieb das Ende der multilateralen Atomstreitmacht mit

---

[45] Zit. nach ebd.

[46] Vgl. Glenn Seaborg/Benjamin Loeb: Stemming the Tide, Lexington 1987, 107.

[47] Vgl. Hoppe, 1993, 156.

[48] Vgl. Seaborg/Loeb, 1987, 103/4.

[49] Vgl. Haftendorn, 1994, 132/33.

folgenden Sätzen: *"MLF was never murdered - no corpus delicti, no embarrassing funeral for one-time advocates to attend. It was just quietly forgotten."*[50]

Damit war ein weiterer - und wie sich herausstellen sollte letzter - Anlauf der Bundesrepublik gescheitert, Mitbesitz über Nuklearwaffen zu erlangen. Statt dieser "hardware-Lösung" boten die USA Bonn im Mai 1965 *"als Trostpflaster für die entschlafene MLF"*[51] eine "software-Lösung" an: die Mitplanung am Einsatz von Atomwaffen. Getragen wurde diese Offerte von der Sorge, daß die Bundesrepublik ohne Ersatzlösung zu unberechenbaren Aktionen Zuflucht nehmen könnte. Nach einigem Zögern willigte Bonn ein. 1966 wurde die *Nukleare Planungsgruppe* (NPG) eingerichtet, die aus sieben NATO-Staaten bestand und in der die USA, Großbritannien, Italien und die Bundesrepublik ständige Mitglieder waren. Die Bundesrepublik konnte nun zumindest an den Richtlinien und Konzeptionen für den Einsatz atomarer Waffen mitarbeiten.[52] Tatsächlich gelang es der NPG, die Differenzen zwischen den strategischen Konzepten der Vereinigten Staaten und der europäischen Verbündeten zu überbrücken und gemeinsame Regeln für den Einsatz von Kernwaffen auszuarbeiten.[53] Dies wirkte sich auch positiv auf die Bündnisbeziehungen aus und entschärfte den deutsch-amerikanischen Streit über den Atomwaffensperrvertrag.

Ein wichtiger Grund für das amerikanische Zaudern in Sachen MLF war, daß die USA immer stärker auf die Zusammenarbeit mit der Sowjetunion setzten, um die befürchtete nukleare Proliferation zu verhindern. Als China im Oktober 1964 als fünfter Staat eine Kernwaffe zündete, stellte Washington eine Einigung mit Moskau über den Atomwaffensperrvertrag endgültig über das Interesse der Bundesrepublik an der MLF. Nach diesem amerikanischen Prioritätenwechsel verfestigte sich in Bonn das Gefühl, vom Hauptverbündeten im Stich gelassen worden zu sein. Als klar wurde, daß der Atomwaffensperrvertrag zwei Kategorien von Vertragsparteien einführen - Kernwaffenstaaten und Nicht-Kernwaffenstaaten - und zu ersterer Kategorie nur die USA, die Sowjetunion, Großbritannien, Frankreich und China zählen würden, empfand dies die Bundesrepublik als Diskriminierung und

---

[50] Harland Cleveland: NATO - The Transatlantic Bargain, New York 1970, 53.

[51] Haftendorn, 1996, 177.

[52] Siehe dazu Haftendorn, 1994, 167-180; und Mahncke, 1972, 239-252.

[53] Vgl. Haftendorn, 1994, 175.

Einschränkung ihres politischen Handlungsspielraums. Nur vor diesem Hintergrund ist zu verstehen, daß vor allem Unionspolitiker in der seit 1966 regierenden Großen Koalition die Fortschritte bei den NPT-Verhandlungen mit bisher nicht dagewesener Schärfe attackierten. Der CDU-Vorsitzende Adenauer sprach von einem *"zweiten Jalta"*, der mittlerweile zum Finanzminister avancierte Franz Josef Strauß von einem *"Versailles von kosmischen Ausmaßen"*. Auch Außenminister Brandt äußerte, wenn auch weniger scharf, Bedenken gegen den Vertrag wegen der Ungleichbehandlung Deutschlands im westlichen Bündnis, ließ aber keinen Zweifel an seiner prinzipiellen Zustimmung.[54] Die Bundesrepublik monierte, daß sie eine Verzichtsleistung, die sie zum Teil bereits 1954 im Londoner Protokoll gegenüber den Westmächten in einem Prozeß des *give and take* erbracht hatte, nun ausweiten und gegenüber der Sowjetunion ohne jede Gegenleistung bestätigen sollte. Dahinter stand die Befürchtung, das NPT-Abkommen würde unter dem Vorwand der Nicht-Verbreitung die nuklear-technologische Entwicklung Westdeutschlands behindern und seine Exportchancen im Atomgeschäft mindern. Wichtiger war aber die Sorge, daß der Vertrag eine spätere europäische Nuklearstreitmacht ausschließen und damit den Staaten Europas die Chance nehmen könnte, ihre Sicherheit, ihre Unabhängigkeit und ihren Rang in der Welt zu behaupten.[55]

Die schroffen Einwände gegen den Vertragsentwurf konnten nicht verhehlen, daß sich die Bundesrepublik im Endeffekt einem Beitritt zum Atomwaffensperrvertrag nicht würde widersetzen können. Einen offenen Konflikt mit der Bündnisvormacht USA durfte sich Bonn auf keinen Fall leisten. Eine Verweigerung hätte Westdeutschland nämlich über kurz oder lang in der Allianz und in der internationalen Politik isoliert. Allerdings signalisierte der Streit über den Non-Proliferations-Vertrag den Beginn eines Abnabelungsprozesses der Bundesrepublik von den Vereinigten Staaten. Bundeskanzler Kurt-Georg Kiesinger analysierte am 27. Februar 1967 die deutsch-amerikanischen Beziehungen schonungslos:

> In der Politik herrschen Interessen zwischen den Völkern. Die amerikanische Politik verfolgt ... also amerikanische Interessen. Aufgabe ist es, festzustellen, inwieweit die amerikanischen Interessen mit den unseren, den deutschen und den europäischen übereinstimmen und inwieweit nicht oder nicht mehr. Auf dem Höhepunkt des kalten

---

[54] Zu den deutschen Reaktionen siehe Küntzel, 1992, 122-132; und Morsey, 1995, 103.

[55] Vgl. Wilhelm Grewe: Spiel der Kräfte in der Weltpolitik. Theorie und Praxis der internationalen Beziehungen, Düsseldorf/Wien 1970, 100.

Krieges waren sie natürlich weithin identisch. Seitdem hat sich aber diese merkwürdige, fast paradoxe Situation herausgebildet, die offenbar von keiner Diplomatie so richtig in den Griff genommen worden ist. Das Bündnis besteht weiter. Aber darüber hinaus hat sich so eine Form des atomaren 'Komplizentums' oder der gemeinsamen nuklearen Verantwortlichkeit gebildet, die diese Antagonisten immer näher und näher zusammenzwingt.[56]

Mit der Unterzeichnung des Atomwaffensperrvertrags durch die sozial-liberale Koalition am 28. November 1969 eineinhalb Jahre nach seiner Auslegung gab Bonn zwar seine Blockadehaltung auf, setzte aber alles daran, die Inhalte in seinem Sinne zu gestalten. Fast zehn Jahre, bis zur berühmten Rede Bundeskanzler Helmut Schmidts vor dem *International Institute for Strategic Studies*, war die atomare Frage damit freilich vom Tisch.

Wegen ihrer schwachen politischen Stellung war die Bundesrepublik wie kein anderes Bündnismitglied von Veränderungen in der strategischen Planung der USA abhängig. Trotz aller Wandlungen, die Westdeutschland in den fünfziger und sechziger Jahren nachzuvollziehen hatte, blieb seine Nuklearpolitik durch drei Konstanten geprägt: Erstens hielt die Bundesrepublik an den 1954 eingegangenen Selbstbeschränkungen fest. Zweitens agierte Bonn meist im NATO-Rahmen und verzichtete weitgehend auf eigene Initiativen. Drittens schließlich bemühte sich die Bundesregierung, die vorhandenen Optionen möglichst lange offen zu halten. Dies war insbesondere beim amerikanischen MLF-Angebot der Fall. Zwar verzichtete Bonn aufgrund einer realistischen Einschätzung des innen- und außenpolitischen Handlungsspielraums auf spektakuläre Aktionen, aber gerade beim Ringen um die Bestimmungen des NPT-Vertrags wurde deutlich, daß die Bundesrepublik nicht länger gewillt war, lediglich Objekt in den Planungen der Verbündeten zu sein.

5.2. Bonn als Triebkraft der europäischen Integration

Mit dem Scheitern der EVG in der französischen Nationalversammlung war auch die Hoffnung zu Grabe getragen worden, den europäischen Bundesstaat mit wenigen großen Sprüngen zu erreichen. Adenauer hielt zwar nach wie vor an der Schaffung einer politischen Union fest, aber nicht mehr als Nah-, sondern als Fernziel, auf das man beharrlich mit vielen kleinen Schritten hinarbeiten mußte. Die nächsten Vorschläge für eine weitere Integration

---

[56] Zit. nach Hildebrand, 1984, 310.

ließen auch nicht lange auf sich warten. Wie beim Schuman- und Pleven-Plan kamen sie von den westeuropäischen Nachbarn der Bundesrepublik. Wie bei den bisherigen Initiativen reagierte Bonn grundsätzlich positiv. Im Gegensatz zu früher schaltete sich die Bundesregierung aber diesmal schon anfangs in die Entwicklung neuer Konzepte ein und gestaltete die Europa-Politik entscheidend mit. *"In Westeuropa"*, so analysierte Besson, *"brauchte sich die Bundesrepublik nicht wie in Washington in der Rolle des Bittstellers zu fühlen. Hier war sie Gleicher unter Gleichen, ja es fiel ihr sogar eine führende Aufgabe zu."*[57]

Europäische Wirtschaftsgemeinschaft und Euratom

Wieder einmal war es Jean Monnet, der zur Jahreswende 1954/55 den Stein ins Rollen brachte. Nachdem es seit 1952 mit der Einigung Europas nicht recht vorangegangen war, nutzte er seine Stellung als Präsident der Hohen Behörde der Montanunion, um dem Integrationsgedanken neue Impulse zu verleihen.[58] Der Integrationsprozeß sollte nun vor allem durch eine Einigung in Teilbereichen vorgetrieben werden. Zusammen mit dem belgischen Außenminister Paul-Henri Spaak erarbeitete Monnet eine Initiative, die vorsah, die EGKS auf die Bereiche Verkehr und Energie - vor allem Nuklearenergie - zu erweitern und sie zu einer Wirtschafts- und Zollunion auszubauen. Auf ihrem turnusmäßigen Treffen Anfang Juni 1955 in Messina äußerten sich fünf der sechs Außenminister der Montanunion-Länder vorsichtig optimistisch über dieses Konzept, auch wenn sie in Einzelfragen gegensätzliche Interessen hatten.[59] Allein der Vertreter Frankreichs widersetzte sich aus grundsätzlichen Erwägungen einer weiteren Kompetenzübertragung an supranationale Organe. Widerstand kam auch von der französischen Industrie, die befürchtete, bei einem Fallen der Handelsschranken von der leistungsstärkeren deutschen Konkurrenz erdrückt zu werden.

Trotz dieser Bedenken stimmte Paris einem Abschlußkommuniqué zu, das mit den Sätzen begann: *"Die Regierungen ... glauben, daß der Augenblick gekommen ist, um eine neue Phase auf dem Weg zur Schaffung Europas einzuleiten. Sie sind der Ansicht, daß*

---

[57] Besson, 1970, 185.

[58] Siehe dazu Monnet, 1980, 504-512.

[59] Zu den Konzeptionen siehe Henri-Paul Spaak: Memoiren eines Europäers, Hamburg 1970, 239. Zur Vorgeschichte der EWG siehe auch Hanns-Jürgen Küsters: Die Gründung der Europäischen Wirtschaftsgemeinschaft, Baden-Baden 1982.

Europa zunächst auf wirtschaftlichem Gebiet gebaut werden muß."[60] Der weitere Text stellte freilich die gegensätzlichen Standpunkte unvermittelt nebeneinander. Die schwierige Aufgabe, die unterschiedlichen Auffassungen in ein Aktionsprogramm zu überführen, wurde einem Sachverständigenausschuß unter der Leitung Spaaks übertragen. Durch großes Verhandlungsgeschick und unterstützt durch den Umstand, daß in Paris Anfang 1956 eine Europa-freundliche Regierung an die Macht kam, konnte der belgische Außenminister eine grundsätzliche Einigung über den gemeinsamen Markt und die Zollunion erzielen. Als letztes Hindernis stand nur mehr das Zögern der Bundesregierung im Raum, ihr gerade anlaufendes ziviles Nuklearprogramm zu "europäisieren". Sie hätte lieber mit der weiter fortgeschrittenen amerikanische Atomindustrie zusammengearbeitet. Als Washington jedoch auf die europäische Lösung drängte, lenkte Bonn ein.[61]

Was waren nun die Motive, die Spaak und Adenauer veranlaßten, die Integration Europas voranzutreiben? Der belgische Außenminister sah darin vor allem die Möglichkeit, Bonn von nationalen Alleingängen abzuhalten und fest in das westliche Bündnis einzubinden. In einem Memorandum an den britischen Premier Eden (1955-1957) schrieb er Anfang 1956:

> Ein in den europäischen Verbänden und damit im Nordatlantikpakt integriertes Deutschland verteidigt sich sowohl gegen einen Individualismus, der nur allzuschnell die Formen eines Nationalismus annimmt, dessen Wirkungen wir ermessen konnten, als auch gegen die Versuchung, sich allein an die Russen zu wenden, die strittigen Probleme allein mit ihnen zu lösen, ohne den allgemeinen Interessen des Westens Rechnung zu tragen. Die europäische Integration gibt Deutschland einen Rahmen, in dem seine Expansion begrenzt bleibt, und schafft eine Interessengemeinschaft, die es absichert und uns gegen gewisse Versuche und Abenteuer absichert.[62]

Adenauer wäre wohl bereit gewesen, selbst die politische Union Europas voranzutreiben. Da dies nicht möglich war, entschied er sich, *"zumindest den zur Zeit möglichen Teil zu verwirklichen"*.[63] Nach wie vor betrachtete der Kanzler die europäische Einigung als den

---

[60] "Schlußkommuniqué der Konferenz von Messina vom 3. Juli 1955" (Auszug); abgedr. in EA, 10/1955, 7974f, hier 7974.

[61] Zur EURATOM vgl. Peter Weilemann: Die Anfänge der Europäischen Atomgemeinschaft. Zur Gründungsgeschichte von Euratom 1955-1957, Baden-Baden 1982.

[62] Zit. nach Schwarz, H.-P., 1981, 340.

[63] Vgl. Adenauer, III, 30.

Königsweg, um drei zentrale Ziele westdeutscher Außenpolitik zu verwirklichen: die Bundesrepublik als gleichberechtigtes Glied in der westlichen Staatengemeinschaft zu etablieren, die eigene Position gegenüber Moskau zu stärken und die deutsch-französische Aussöhnung voranzutreiben. Seine Kabinettsmitglieder verpflichtete er in einem Schreiben auf diese Politik:

> Wenn die Integration gelingt, können wir bei den Verhandlungen sowohl über die Sicherheit wie über die Wiedervereinigung als wesentliches neues Moment das Gewicht eines einigen Europas in die Waagschale werfen. Umgekehrt sind ernsthafte Konzessionen der Sowjetunion nicht zu erwarten, solange die Uneinigkeit Europas ihr Hoffnung gibt, diesen oder jenen Staat zu sich herüberzuziehen, dadurch den Zusammenhalt des Westens zu sprengen und die schrittweise Angleichung Europas an das Satellitensystem einzuleiten. Hinzu kommt, daß die dauerhafte Ordnung unseres Verhältnisses zu Frankreich nur auf dem Wege der europäischen Integration möglich ist. Sollte die Integration durch unser Widerstreben oder unser Zögern scheitern, so wären die Folgen unabsehbar.[64]

Am 6. Mai 1956 legte der belgische Außenminister das Ergebnis seiner monatelangen Bemühungen vor. Teil I des *Spaak-Berichts* sah vor, die Volkswirtschaften der sechs Mitglieder der Montanunion innerhalb von zwölf Jahren in mehreren Stufen zu einem gemeinsamen Markt zu verschmelzen. Am Ende sollten alle Binnenzölle abgeschafft, einheitliche Außenzölle errichtet und eine gemeinsame Handelspolitik gegenüber Dritten etabliert sein, Freizügigkeit von Kapital und Arbeit herrschen und ein gemeinsames Wettbewerbsrecht gelten. Investitions- und Anpassungsfonds würden es Betrieben und Arbeitnehmern erleichtern, sich auf die neuen Verhältnisse einzustellen. Teil II des Spaak-Berichts widmete sich der Schaffung einer *Europäischen Atombehörde* (EURATOM), die die nationalen Nuklearpolitiken koordinieren und überwachen sollte. Die Institutionen der Montanunion, die stark von der Bundesrepublik mitgestaltet worden waren, würden - leicht modifiziert - auch die Aufgaben von Wirtschaftsgemeinschaft und EURATOM übernehmen.[65] Spaak bot damit beiden Seiten, was sie unbedingt wollten: Frankreich den gemeinsamen Agrarmarkt und EURATOM, Westdeutschland die Wirtschaftsgemeinschaft mit liberaler Ordnungspolitik.

---

[64] "Europäische Integration als Richtlinie deutscher Politik. Schreiben von Bundeskanzler Konrad Adenauer an die Bundesminister vom 19. Januar 1956"; in: Auswärtiges Amt, 1995, 230/1, hier 230.

[65] Vgl. Herbst, 1986, 166/7.

Im Juni 1956 wurden in Brüssel Regierungsverhandlungen über den Spaak-Bericht aufgenommen. Französische Forderungen nach Schutzklauseln für die heimische Industrie, der Einbeziehung seiner Kolonialgebiete und einer ungehinderten Fortsetzung seines militärischen Atomprogramms führten die Gespräche aber bald in eine Krise. Wie schon bei früheren Gelegenheiten bedurfte es eines Anstoßes von außen, um den Verhandlungen neue Dynamik zu verleihen. Der Herbst 1956 lieferte gleich zwei: Zum einen endete der Versuch Frankreichs und Großbritanniens, die Verstaatlichung des Suez-Kanals durch Ägypten militärisch rückgängig zu machen, in einem Fiasko. Auf Druck der Vereinigten Staaten mußten die beiden Kolonialmächte einem Waffenstillstand zustimmen und damit ihre geschmälerte weltpolitische Rolle schmerzhaft anerkennen. London intensivierte nun die ohnehin engen Beziehungen zu Washington. Paris suchte sein Heil im Ausbau der Zusammenarbeit mit der Bundesrepublik. Zum anderen kam Moskau den stockenden Integrationsbestrebungen wieder einmal zu Hilfe, indem es die Rote Armee in Ungarn einmarschieren ließ, um die reformkommunistische Regierung von Ministerpräsident Imre Nagy zu stürzen und den Volksaufstand zu zerschlagen. Das stärkte bei den Westeuropäern die Einsicht in die Notwendigkeit eines engeren Zusammenschlusses, den auch die USA befürworteten. Relativ rasch einigten sich die Unterhändler in Brüssel nun auf einen Vertragsentwurf für EWG und EURATOM, der nicht weit von den Empfehlungen des Spaak-Berichts abwich.

Das Ergebnis waren der *Vertrag über die Gründung der Europäischen Wirtschaftsgemeinschaft* und der *Vertrag über die Europäische Gemeinschaft für Atomenergie*. Sie wurden am 25. März 1957 in Rom unterzeichnet und traten am 1. Januar 1958 in Kraft. Während EURATOM nur wenige konkrete Erfolge erzielte,[66] erwies sich die EWG als bis dato wichtigster und größter Schritt auf dem Weg zur Integration Kerneuropas. So erklärten die "Sechs" in der Präambel des Vertrages ihren *"festen Willen, die Grundlagen für einen immer engeren Zusammenschluß der europäischen Völker zu schaffen".*[67] Diese Bekundung war allgemein genug, um in Paris Zustimmung zu finden, und ließ gleichzeitig der Bundesrepublik und den Benelux-Staaten die Hoffnung, die politische Union innerhalb des EWG-Vertrags herbeiführen zu können. Die konkurrierenden Auffassungen spiegelten sich auch in

---

[66] Vgl. Weilemann, 1982, 189.

[67] "Vertrag über die Gründung der Europäischen Wirtschaftsgemeinschaft vom 25. März 1957" (Auszug); in: Auswärtiges Amt, 1995, 238-240.

der institutionellen Struktur, die man formal von der Montanunion übernahm. Eine Kommission mit neun Mitgliedern aus den sechs Staaten stand für den Anspruch, auf einen europäischen Bundesstaat mit eigenen Organen hinzuarbeiten. Ihr erster Präsident wurde der enge Vertraute Adenauers und überzeugte Vorkämpfer eines geeinten Europa, Walter Hallstein. Ein unabhängiger Europäischer Gerichtshof, der die Einhaltung des komplexen Rechtssystems überwachte, und ein - damals allerdings noch einflußloses - Europäisches Parlament unterstrichen den supranationalen Charakter des Projekts und verklammerten die drei Gemeinschaften EGKS, EURATOM und EWG. Auf Drängen Frankreichs erfuhr aber gleichzeitig der Ministerrat, bestehend aus jeweils einem Vertreter der nationalen Regierungen, eine Aufwertung seiner Kompetenzen. Zwar sollte bei seinen Abstimmungen nach einer Übergangszeit in der Regel die qualifizierte Mehrheit gelten, d.h. für die Annahme eines Vorschlags sollten zwölf Stimmen notwendig sein, wobei die Bundesrepublik, Frankreich und Italien je vier, Belgien und Holland je zwei und Luxemburg eine Stimme haben würden (Art. 148). Aber bis es soweit war, und bei besonders wichtigen Fragen wie dem Übergang zur nächsten Integrationsstufe beim Gemeinsamen Markt oder der Aufnahme neuer Mitglieder, sollte jeder Staat ein Vetorecht besitzen. *"Das ganze System war so konstruiert"*, faßte Schwarz treffend zusammen, *"daß es den Wagemutigen genügend Gestaltungsspielraum eröffnete, zugleich aber den Ängstlichen einige Schlupflöcher offenließ."*[68]

Noch im Sommer 1957 wurden die *Römischen Verträge* in allen Mitgliedsländern ratifiziert. Daß dies so rasch und problemlos möglich war, lag auch daran, daß die Bevölkerung der europäischen Einigung nach dem EVG-Desaster relativ gleichgültig gegenüberstand, zumal die in der italienischen Hauptstadt vereinbarte Agenda eine rein wirtschaftspolitische zu sein schien.[69] Dadurch erhielten die Regierungen einen größeren Spielraum als dies bei den früheren Projekten der Fall gewesen war. Im Bundestag fanden die Verträge nach nicht einmal fünfstündiger Debatte eine überwältigende Mehrheit. Die Auffassung von Wirtschaftsminister Erhard, die Europäische Wirtschaftsgemeinschaft sei zu dirigistisch und eine großeuropäische Freihandelslösung der bessere Weg, wurde vom Kanzler mit dem Argument abgeschmettert, Europa sei das *"notwendige Sprungbrett"*, *"um überhaupt wieder in die*

---

[68] Schwarz, H.-P., 1981, 346.

[69] Vgl. Herbst, 1986, 190/1.

Außenpolitik zu kommen".[70] Auch die SPD, die sich seit dem Tode Schumachers 1952 all-
mählich mit der Westpolitik Adenauers arrangierte, votierte für EWG und EURATOM.
Allerdings war sie von Monnets *Aktionskomitee für Europa* vor der Abstimmung massiv "bearbeitet" worden. Widerstand kam allein vom Bund der Heimatvertriebenen und Entrechteten
und der FDP, die gesamtdeutsche Vorbehalte geltend machten.

Die deutsch-französische Partnerschaft

Seit Mitte der fünfziger Jahre entwickelte sich zusehends die Zusammenarbeit zwischen Bonn
und Paris zum Gravitationszentrum in Europa.[71] Das lag zum einen daran, daß sich mit
Großbritannien die dritte wichtige europäische Macht von den kontinentalen Integrations-
projekten fernhielt, zum anderen an der Bereinigung der Saarfrage, die das deutsch-französische Verhältnis lange Jahre belastet hatte. Die Bundesrepublik und Frankreich sahen sich nun
als natürliche Partner zur Durchsetzung der eigenen Ziele. Frankreich begriff, daß es allein
ökonomisch zu schwach war, um weiter die Rolle einer Großmacht zu spielen. Mit einer
wirtschaftlich erstarkenden Bundesrepublik an der Seite würde es seine außenpolitischen
Ambitionen sehr viel besser umsetzen können. Gute Beziehungen zu Bonn konnten außerdem
dazu beitragen, die weltpolitische Isolierung zu überwinden, in die sich das Land mit seinem
militärischen Vorgehen in der Suez-Krise und durch den Kampf gegen die algerische Un-
abhängigkeitsbewegung manövriert hatte. *"Nach 1945"*, so kommentierte Alfred Grosser,
*"hatte Frankreich keine Feinde außer Deutschland; 1957 aber keine Freunde außer Deutsch-
land."*[72] In Bonn wußte man, daß die Einigung Europas ohne Frankreich nicht zu erreichen
war. Zudem hoffte die Bundesregierung, über einen engen westeuropäischen Zusammenschluß eine Alternative zur Kooperation mit den USA zu gewinnen, deren Dialog mit
Moskau sie mit Sorge verfolgte. Die enge Zusammenarbeit zwischen Adenauer und de
Gaulle wurde bis zum Rücktritt des Kanzlers Ende 1963 ein Charakteristikum der deutschen
Außenpolitik und der internationalen Beziehungen.

---

[70] "Adenauer an Ludwig Erhard, 13.4.1956"; Zit. bei Daniel Koerfer: Kampf ums Kanzleramt. Erhard und
Adenauer, Stuttgart 1987, 140.

[71] Grundsätzlich dazu siehe Gilbert Ziebura: Die deutsch-französischen Beziehungen seit 1945. Mythen und
Realitäten, Stuttgart 1997.

[72] Zit. nach Herbst, 1996, 180.

Obwohl die beiden Politiker in so zentralen Fragen wie der Europa- oder Bündniskonzeption konträre Ansichten vertraten, verband sie ihr wachsendes Mißtrauen gegenüber dem amerikanisch-sowjetischen Bilateralismus. Gleich in seinem ersten Vier-Augen-Gespräch mit de Gaulle betonte Adenauer, *"daß wir nicht für immer auf die Vereinigten Staaten zählen könnten"*. Vielmehr gehe es ihm darum, *"den negativsten Fall ein[zu]kalkulieren und ... [zu] versuchen, Europa von den Vereinigten Staaten unabhängig zu machen"*.[73] Solche Worte trafen beim französischen Präsidenten natürlich auf offene Ohren, ließen sie sich doch als prinzipielle Zustimmung für sein Projekt einer "Dritten Kraft" Europa interpretieren. Der Kanzler konnte sich deshalb immer dann auf de Gaulle verlassen, wenn es darum ging, eine amerikanisch-sowjetische Einigung über die Köpfe der Europäer hinweg zu verhindern. So war es vor allem der Unterstützung aus dem Elysée-Palast zu verdanken, daß Adenauer Washington und London 1958/59 davon abzubringen vermochte, dem Druck des sowjetischen Parteichefs Nikita Chruschtschow nachzugeben und weitgehende Zugeständnisse bei ihren Rechten in West-Berlin zu machen.[74] Daß die französische Unterstützung allerdings mehr auf einer *"taktischen Bundesgenossenschaft"*[75] (Besson) denn auf einer Übereinstimmung in den inhaltlichen Zielen basierte, ist in der Bundesrepublik zu dieser Zeit nicht immer klar erkannt worden - auch und gerade nicht von Adenauer.

Trotz der Mitarbeit in der EWG blieb de Gaulle ein unbeugsamer Gegner des europäischen Bundesstaats. Walter Hallstein, dem Vorsitzenden der Kommission, warf er etwa vor, zu eigenständig und zu sehr im deutschen Interesse zu handeln.[76] Sein Ziel war die engere Kooperation souveräner Nationalstaaten, ein - wie er es nannte - "Europa der Vaterländer", nicht die von Adenauer angestrebte Integration.[77] In seinen Memoiren betonte der französische Staatspräsident, es sei ihm um die *"Einrichtung des Konzerts der europäischen Staaten [gegangen], um so deren Solidarität wachsen zu lassen, indem sie unterein-*

---

[73] Adenauer, III, 1967, 426.

[74] Vgl. Doering-Manteuffel, 1983, 107-110.

[75] Besson, 1970, 224.

[76] Vgl. Charles de Gaulle: Memoiren der Hoffnung. Die Wiedergeburt 1958-1962, Wien u.a. 1971, 228f.

[77] Vgl. Doering-Manteuffel, 1983, 116.

ander die mannigfaltigsten Bande knüpfen und festigen".[78] Der Vorschlag, den er seinen fünf EWG-Partnern im Sommer 1960 für eine engere Kooperation auf kulturellem, politischem und militärischem Gebiet präsentierte, basierte so auch auf einer rein intergouvernementalen Zusammenarbeit ohne jede supranationale Komponente. Zwar konnten die Bundesrepublik, Italien und die Benelux-Staaten Frankreich ein Jahr später beim Gipfel in Bonn die Zustimmung zu einem gemeinsamen Kommuniqué abringen, das zumindest die Perspektive einer europäischen Föderation offen ließ.[79] Aber schon bald wurde deutlich, daß es sich dabei lediglich um einen Formelkompromiß handelte. Der zur Ausarbeitung der Bonner Erklärung eingesetzten Kommission unter dem französischen Botschafter Christian Fouchet gelang es nämlich nicht, ein Papier zu erstellen, das für alle Beteiligten akzeptabel war. Das Kooperationsmodell de Gaulles ließ sich einfach nicht mit den Vorstellungen der Anhänger einer supranationalen Lösung verbinden. Hinzu kam, daß die französische Initiative eine antibritische Stoßrichtung hatte. Holland, weniger vehement auch Italien, Belgien und die Bundesrepublik wollten London aber die Tür zur EWG nicht verschließen.[80]

Am 15. Mai 1962 beendete de Gaulle schließlich in einer Pressekonferenz mit einem Paukenschlag alle Spekulationen, er würde sich doch noch für eine Vertiefung der Integration gewinnen lassen: Entschieden wie nie zuvor bekannte er sich zu einem Europa der Nationen und tat die supranationale Idee als ein Märchen aus Tausendundeiner Nacht ab.[81] Zwar hatte sich auch Adenauer in der Frage der europäischen Einigung zunehmend pragmatisch gegeben, aber stets am Ziel fortschreitender Integration festgehalten. Daß sich der Kanzler dennoch nicht von Frankreich abwandte, sondern sogar mit neuer Energie für einen Ausbau der Zusammenarbeit plädierte, lag in erster Linie an den sich seit dem Amtsantritt Kennedys im Januar 1961 rapide verschlechternden deutsch-amerikanischen Beziehungen.[82]

---

[78] De Gaulle, 1971, 207.

[79] Siehe "Schaffung eines europäischen Statuts". Erklärung der Staats- und Regierungschefs der Europäischen Wirtschaftsgemeinschaft bei ihrer Zusammenkunft in Bonn am 18. Juli 1961 (Auszüge); in: Auswärtiges Amt, 1995, 261-262.

[80] Vgl. Herbst, 1986, 199-201.

[81] Vgl. Besson, 1970, 284.

[82] Siehe dazu Eckart Conze: Die gaullistische Herausforderung. Die deutsch-französischen Beziehungen in der amerikanischen Europapolitik, München 1995.

Bereits seit 1959 hatte Adenauer überlegt, wie es denn gelingen könne, *"das gute Verhältnis zwischen Frankreich und Deutschland auch für die Zeit zu sichern, während der [er] nicht mehr im Amte sei."*[83] Dabei gewann in seinen Augen ein umfassender Vertrag zwischen den beiden Nachbarn an Attraktivität. Nach und nach fand auch de Gaulle Gefallen an dieser Idee. Nicht nur versprach ein solches Abkommen, die Bundesrepublik von Alleingängen abzuhalten, sondern es bot auch die Aussicht, den Einfluß Washingtons auf die Bonner Außenpolitik zurückzudrängen.[84] Am 22. Januar 1963 unterzeichneten Adenauer und de Gaulle im Elyséepalast den *Vertrag über die deutsch-französische Zusammenarbeit.* Er schrieb regelmäßige Konsultationen zwischen dem Kanzler der Bundesrepublik und dem Präsidenten Frankreichs sowie ihrer Ressortminister fest, um ihre Außen- und Verteidigungspolitiken abzustimmen und Erziehungs- und Jugendfragen zu beraten. Zu den auswärtigen Angelegenheiten hieß es in dem Vertrag: *"Die beiden Regierungen konsultieren sich vor jeder Entscheidung in allen wichtigen Fragen der Außenpolitik und in erster Linie in Fragen von gemeinsamem Interesse, um so weit wie möglich zu einer gleichgerichteten Haltung zu gelangen."*[85]

Für Adenauer war der Vertrag die Krönung seiner Aussöhnungspolitik mit Frankreich. Bei näherer Betrachtung erwies er sich freilich als nicht unproblematisch. Zum einen weckte das Abkommen bei den anderen EWG-Staaten Befürchtungen, die beiden stärksten Mitglieder befänden sich auf dem besten Wege, eine bilaterale Hegemonie in der Gemeinschaft zu errichten. Selbst Kommissionspräsident Hallstein stand dem Projekt aus diesen Gründen skeptisch gegenüber.[86] Zum anderen führte die von de Gaulle durchaus gewünschte anti-angelsächsische Note zu schweren Irritationen in London und Washington, wo man noch unter dem Schock des französischen Vetos vom 14. Januar gegen einen EWG-Beitritt Großbritanniens stand. Kennedy schrieb Adenauer einen *"schulmeisterlichen und arroganten Brief"*, so sein Berater Heinrich Krone, in dem er den Kanzler aufforderte, sich klar zwi-

---

[83] Adenauer, IV, 15.

[84] Vgl. Thomas Jansen: Die Entstehung des deutsch-französischen Vertrages vom 22. Januar 1963; in: Dieter Blumenwitz (Hg.): Konrad Adenauer und seine Zeit, Bd. 2: Beiträge der Wissenschaft, Stuttgart 1976, 249-271.

[85] "Der Elysée-Vertrag". Wortlaut des Vertrages über die deutsch-französische Zusammenarbeit vom 22. Januar 1963; in: Auswärtiges Amt, 1995, 275-278, hier 276.

[86] Vgl. Thilo Vogelsang: Das geteilte Deutschland, München 1973, 263.

schen Frankreich und den Vereinigten Staaten zu entscheiden.[87] Wenig später äußerte die US-Regierung den ausdrücklichen Wunsch, der Bundestag möge bei der Ratifizierung des deutsch-französischen Vertrags erklären, daß man am Inhalt und Geist des Nordatlantikpakts festhalte.[88] Die daraufhin eingefügte - und von Adenauer erst nach langem Widerstand akzeptierte - Präambel stand in diametralem Gegensatz zur Außenpolitik de Gaulles und zu seiner Absicht, Westdeutschland enger an Frankreich zu binden. Wörtlich hieß es in der Resolution, zu den *"großen Zielen"* der Bundesrepublik zählten die *"enge Partnerschaft zwischen Europa und den Vereinigten Staaten von Amerika"*, *"die gemeinsame Verteidigung im Rahmen des nordatlantischen Bündnisses und die Integrierung der Streitkräfte der in diesem Bündnis zusammengeschlossenen Staaten"* und *"die Einigung Europas ... unter Einbeziehung Großbritanniens".*[89] Deutlicher als je zuvor zeigte sich, daß - wenn es hart auf hart kam - Westdeutschland Schutz bei der Supermacht USA und nicht in der Zweiergemeinschaft mit Frankreich suchte.[90] Der Streit zwischen "Gaullisten" und "Atlantikern" war deshalb im letzten müßig, weil selbst die überzeugtesten Anhänger der französischen Option wegen der militärischen und sicherheitspolitischen Abhängigkeit der Bundesrepublik an der Partnerschaft mit Washington nicht rütteln konnten. Die Spannungen und Verstimmungen, die der deutsch-französische Vertrag im Bündnis auslöste, rührten daher, daß Bonn mit einer zentralen Prämisse seiner Außenpolitik brach, nämlich sich nicht zwischen Frankreich und den Vereinigten Staaten festzulegen. Erst die Präambel stellte den Status quo ante wieder her und verhinderte eine weitere Entfremdung der Bundesrepublik von den Vereinigten Staaten und die Spaltung der Unionsfraktion. Trotz der realpolitischen Schwächen des Vertrags etablierte er doch ein Konsultationssystem zwischen Bonn und Paris, das den deutschen Bundeskanzler und den französischen Staatspräsidenten, aber auch die Fachminister und die Bürokratie, zu intensiven und regelmäßigen Beratungen zwingt. Auch darf die Symbolkraft

---

[87] Heinrich Krone: Aufzeichnungen zur Deutschland- und Ostpolitik 1954-1969; in: Rudolf Morsey/Konrad Repgen (Hg.): Adenauer-Studien, Bd. III: Untersuchungen und Dokumente zur Ostpolitik und Biographie, Mainz 1974, 134-201, hier 173.

[88] Vgl. Doering-Manteuffel, 1983, 118.

[89] "Gesetz zum deutsch-französischen Freundschaftsvertrag". Gesetz zu der Gemeinsamen Erklärung und zu dem Vertrag vom 22. Januar 1963, 15. Juni 1963; in: Auswärtiges Amt, 1995, 279-280, hier 279.

[90] Vgl. Schwarz, H.-P., 1983, 258.

des Vertrags nicht unterschätzt werden. Die jahrhundertelange Feindschaft zwischen Franzosen und Deutschen war gegenseitigem Respekt, ja Freundschaft gewichen - verkörpert in den beiden herausragenden Persönlichkeiten Nachkriegseuropas: Konrad Adenauer und Charles de Gaulle.

Stagnation Europas

Für den europäischen Einigungsprozeß erwies sich der betont nationale Kurs des französischen Staatspräsidenten jedoch als hohe, ja unüberwindbare Hürde. Insbesondere nach dem Rücktritt Adenauers im Oktober 1963 und der Machtübernahme des atlantischen Duos Erhard/Schröder gab es niemanden mehr, der de Gaulle auf Europa-Kurs halten konnte. Indem der Präsident die Bundesrepublik drängte, als Juniorpartner in sein Konzept der Zweierunion einzusteigen, ihr aber jede Aussicht auf eine europäische Einbettung ihrer Mitwirkung verbaute, trieb er Bonn in die Arme der Vereinigten Staaten. Die USA taten das ihre, um diesen Prozeß zu beschleunigen: Kennedy konterte bei einem Besuch in der Bundesrepublik de Gaulles Charme-Offensive mit seinem *"Ich bin ein Berliner"*-Bekenntnis und wiederholte das Angebot einer gemeinsamen Atomstreitmacht. Als Bonn seine Außenpolitik dann tatsächlich stärker an den Präferenzen Washingtons ausrichtete, zeigte sich der General tief enttäuscht und gebrauchte das böse Wort, die Bundesrepublik sei ein Satellit der USA.[91] Die stärkere transatlantische Ausrichtung der Regierung Erhard beantwortete der französische Staatschef mit einer Intensivierung der Kontakte zu Moskau, wodurch die Gaullisten in Westdeutschland rasch in die Defensive gerieten. Nachdem er bereits im Juni 1963 Frankreichs Seestreitkräfte der NATO entzogen hatte, kündigte er Anfang März 1966 den Ausstieg aus der gesamten Militärorganisation der Allianz an und ersuchte die ehemaligen Bündnispartner, ihr Hauptquartier aus Paris zu verlegen. Damit hatte in der französischen Außenpolitik die nationalstaatliche Philosophie de Gaulles über die Integrationsidee gesiegt.

Auch in der Europapolitik verhärtete sich de Gaulles Kurs weiter. Nach der Zündung einer eigenen Atombombe und der Beendigung des Algerien-Kriegs war der französische Staatspräsident mehr denn je bestrebt, Zugeständnisse in der Souveräntitätsfrage zu vermeiden. Als die EWG-Kommission Ende März 1965 vorschlug, vertragsgemäß zum qualifi-

---

[91] Vgl. Hildebrand, 1984, 100f.

zierten Mehrheitsstimmrecht überzugehen und die Gemeinschaft in Zukunft nicht mehr durch Beiträge der Mitgliedsländer, sondern durch eigene Einnahmen zu finanzieren, reagierte de Gaulle barsch und machte den Partnern klar, daß er in der Organisation nur einen wirtschaftlichen Zweckverband sah. Die ausbleibende Einigung über die Argarmarktordnung nahm Frankreich am 1. Juli gar zum Anlaß, seine Vertreter aus dem Ministerrat zurückzuziehen und sich nicht mehr an den Planungen über den weiteren Aufbau der Gemeinschaft zu beteiligen. Diese Politik des leeren Stuhls werde Paris erst beenden, so de Gaulle, wenn erstens die Kommission auf ihre Eigenfinanzierungsvorschläge verzichte, zweitens die Finanzierung der Agrarmarktordnung gesichert sei und drittens - und das war der wichtigste Punkt - in Zukunft entgegen den Römischen Verträgen der Ministerrat nur einstimmig entscheiden dürfe.[92] Erst als die Bundesrepublik, Italien und die Benelux-Länder im *Luxemburger Kompromiß* die französische Formulierung akzeptierten, daß das Einstimmigkeitsprinzip im Ministerrat *"bei sehr wichtigen Interessen"* eines Landes gelte, kehrte Frankreich Anfang 1966 in die EWG zurück. Das gegenseitige Mißtrauen aber blieb. Auch ein zweiter Beitrittsantrag Londons scheiterte an de Gaulles Veto. Der Präsident war nach wie vor nicht bereit, ein Land in die EWG zu lassen, das er als europäischen Pfeiler der USA betrachtete und von dem zu erwarten war, daß es Frankreich die Führungsrolle streitig machen würde. Für sein Ja zur Fusion der Räte der drei Gemeinschaften - dem einzigen integrationspolitischen Fortschritt in den sechziger Jahren - ließ sich der französische Präsident schließlich versprechen, daß der Kommissionspräsident und überzeugte Europäer Walter Hallstein nach Ablauf seiner Amtszeit nicht wieder kandidiere.

In dieser Stagnationsphase ohne jeden echten politischen Fortschritt blieb der Bundesrepublik nicht viel anderes zu tun, als durch regelmäßige deutsch-französische Konsultationen Paris von einer völligen Selbstisolierung abzuhalten, die Kontinuität des bilateralen Verhältnisses zu beschwören und zu versuchen, das Erreichte zu bewahren.[93] Zudem wurden die Energien der Bonner Politiker zunehmend von innenpolitischen Krisen absorbiert. Neue außenpolitische Initiativen konnte die Bundesrepublik in diesen Jahren des Stillstands der europäischen Integration, des Dahinsiechens der MLF und des Widerstands gegen den

---

[92] Vgl. Besson, 1970, 347.

[93] Vgl. Walter Lipgens: Die Bundesrepublik Deutschland und der Zusammenschluß Westeuropas; in: Schwarz, H.-P., 1975a, 680-691, hier 684.

Atomwaffensperrvertrag nicht entfalten. Erst der Großen Koalition unter Kurt Georg Kiesinger (CDU) und Willy Brandt (SPD) gelang es ab Ende 1966, das seit Jahren ungelöste Optionsdilemma zwischen den USA und Frankreich zu entschärfen und das gestörte Verhältnis zu Paris zu verbessern.[94] Unter der Oberfläche war allerdings bereits die Frage ins Zentrum der deutschen Außenpolitik gerückt, ob das Festhalten an der Wiedervereinigung im Aufstand gegen die bipolare Ordnung erfolgen oder sich die Bundesrepublik in die von Washington und Moskau vorgegebenen Entspannungsstrukturen einfügen sollte.

5.3. Ost- und Deutschlandpolitik
im Zeichen weltpolitischer Veränderungen

In den Jahren von der Gründung der Bundesrepublik bis zur Erreichung der Souveränität 1955 hatte Bonn keine eigenständigen Initiativen in der Ost- und Deutschlandpolitik verfolgt. Adenauer setzte in dieser Phase alles daran, den jungen Staat als verläßlichen Partner der Westalliierten zu etablieren und ihn in die Organisationsstrukturen der freien Welt einzubinden. Selbstständige Kontakte mit osteuropäischen Staaten oder "Pankow", wie die DDR nach dem Sitz ihrer Regierung damals despektierlich bezeichnet wurde, entwickelte die Bundesregierung nicht. Wenn Adenauer Position beziehen mußte wie im Falle der Stalin-Note im März 1952, so achtete er peinlich darauf, bei den Drei Mächten keinerlei Besorgnisse über eine neue deutsche "Schaukelpolitik" entstehen aufleben zu lassen. Die staatliche Einheit Deutschlands sollte auf keinen Fall durch Regelungen erreicht werden, die die Westintegration auch nur ansatzweise gefährdeten. Die Zusammenfassung von Äußerungen des Kanzlers während einer Koalitionsbesprechung am 25. Mai 1954 durch CDU/CSU-Fraktionschef Heinrich Krone darf als charakteristisch für Adenauers Ostpolitik jener Tage gelten: *"Nur keine Alternativ-Pläne aufstellen. ... Nur jetzt keine Diskussion über Pläne, mit der östlichen Welt ins Gespräch zu kommen. Das würde unsere Position schwächen. Wir dürfen die Uneinigkeit des Westens in wichtigen Fragen nicht noch mehren."*[95]

Gespräche mit der DDR über eine Wiedervereinigung waren auch deshalb kaum denkbar, weil die Bundesrepublik in der Präambel des Grundgesetzes den Anspruch erhoben

---

[94] Vgl. Morsey, 1995, 102/3.

[95] Krone, 1954, 135.

hatte, auch für jene Deutschen gehandelt zu haben, denen es versagt war, an der Verfassungsgebung mitzuwirken.[96] In seiner Regierungserklärung[97] vom 21. Oktober 1949 differenzierte Adenauer diesen Alleinvertretungsanspruch aus und leitete ihn aus der Feststellung
ab, daß die Bundesrepublik einzige Rechtsnachfolgerin des Deutschen Reiches sei und allein
sie über eine freigewählte Regierung verfüge. Sie könne deshalb, so die offizielle Sichtweise
in Bonn, in allen internationalen Angelegenheiten für das gesamte deutsche Volk sprechen.
Alle Versuche der DDR, sich durch direkte Kontakte mit der Bundesrepublik als eigenständiger Staat zu präsentieren, schmetterte Bonn mit der für Ost-Berlin nicht erfüllbaren
Forderung nach freien gesamtdeutschen Wahlen ab. Mit dieser Politik fand Adenauer die
völlige Unterstützung der Westalliierten. Solange der Kalte Krieg tobte, kam es den Drei
Mächten darauf an, die Bundesrepublik fest an ihrer Seite zu wissen. Angesichts der unvereinbaren Positionen zwischen West und Ost überraschte es nicht, daß auch eine Konferenz
der Außenminister Anfang 1954 in Berlin keine Lösung des Deutschlandproblems herbeiführen konnte. Das Schlußkommuniqué konstatierte lakonisch: *"Die vier Minister hatten einen*
vollständigen Meinungsaustausch über die deutsche Frage, die Probleme der europäischen
Sicherheit und über die österreichische Frage; sie waren jedoch nicht imstande, sich in
diesen Fragen zu einigen."[98] Die Hoffnung, letztlich doch die Wiedervereinigung zu erreichen, gründete Bonn auf zwei Überlegungen: Die Bundesrepublik sollte erstens ökonomisch
und politisch so attraktiv gemacht werden, daß die DDR unwiderstehlich von ihr angezogen
würde ("Magnettheorie"), und zweitens militärisch im Verbund mit den Westalliierten so
stark sein, daß die Sowjetunion ihren Herrschaftsbereich nicht festigen konnte und in
Kompromisse über die Zukunft Ostdeutschlands einwilligen mußte ("Politik der Stärke").

Grundbedingung für die Bonner Wiedervereinigungspolitik war also die Bereitschaft
der Westalliierten und insbesondere der USA, auf eine Veränderung der europäischen
Nachkriegsordnung hinzuwirken. Seit dem Abschluß des Prozesses der Blockbildung durch
die Aufnahme der Bundesrepublik in die NATO und die Gründung des Warschauer Pakts

---

[96] Vgl. Herbst, 1986, 142/43.

[97] Der Text der Regierungserklärung findet sich in Ingo von Münch (Hg.): Dokumente des geteilten Deutschland, Stuttgart 1968, Bd. 1, 202-205.

[98] Zit. nach Adenauer, II, 253. Vgl. auch Klaus Körner: Die alliierten Deutschlandkonferenzen; in: Schwarz,
H.-P., 1975a, 555-585, hier 579.

1955 begannen die Drei Mächte freilich, ihr Verhältnis zur Sowjetunion und zu den Ländern Osteuropas zu normalisieren. Eine Konferenz der Staats- und Regierungschefs der Sieger-mächte (Eisenhower, Bulganin und Chruschtschow, Eden, Faure) im Juli 1955 in Genf endete zwar ergebnislos, aber unter der Oberfläche gegenseitiger Schuldzuweisungen wurde deutlich, daß beide Seiten sich mit der Existenz zweier deutscher Staaten arrangierten. Vor allem die UdSSR betonte im Widerspruch zum Potsdamer Abkommen, daß die deutsche Frage *"nicht auf Kosten der DDR"*[99] gelöst werden könne, sondern nur durch Verhandlun-gen der beiden souveränen Separatstaaten ("Zwei-Staaten-Theorie"). Aber auch für die West-mächte rangierte das Interesse an Entspannung und Rüstungskontrolle mit Moskau nun zusehends höher als das Sonderproblem Bonns mit der Sowjetunion über die deutsche Frage. Damit gab es außer der Bundesrepublik keinen Staat mehr, der größeres Interesse an der Wiedervereinigung besaß. Insofern stellte die Genfer Gipfelkonferenz *"eine Art Wasser-scheide zwischen der Nachkriegszeit dar und einer neuen Ära der Ost-West-Beziehungen, die fortan auch die Außenpolitik der Bundesrepublik bestimmte"*.[100]

Der Kanzler verfolgte dieses Bemühen der Siegermächte, das Wiedervereinigungs-problem vom Tisch zu bekommen und die 1945 geschaffenen Machtverhältnisse in Mittel-europa festzuschreiben, mit wachsender Besorgnis: Formal, weil er eine Rückkehr der "Vier" zum System von Potsdam befürchtete, inhaltlich, weil diese Politik seinem Ziel zuwiderlief, die Konsolidierung des Ostblocks zu verhindern, um die deutsche Frage offen zu halten. Die von der Sowjetunion proklamierte Bereitschaft zur Zusammenarbeit war für Adenauer lediglich ein Baustein im langfristigen Plan des Kreml, einen Keil zwischen die Bundesrepublik und die Westmächte zu treiben. Eine sinnvolle Kooperation konnte es in den Augen des Bundeskanzlers erst geben, wenn die UdSSR ihr außenpolitisches Verhalten grundsätzlich änderte. Ein Fortbestehen des Kalten Kriegs war für Adenauer deshalb weniger bedrohlich als eine Entspannungspolitik, *"die zur Aufgabe des westlichen Anspruchs in Gesamtdeutschland führen mußte und damit vor allem dem sowjetischen Expansionismus entgegenkam"*.[101] Alle deutschlandpolitischen Vorschläge des Kanzlers bis Ende der

---

[99] Zit. nach Morsey, 1995, 41.

[100] Schwarz, H.-P., 1981, 271.

[101] Doering-Manteuffel, 1983, 91.

fünfziger Jahre beruhten deshalb auf dem Axiom, daß Moskau seine Präsenz in der DDR aufgeben müsse.

Aber auch Adenauer konnte sich den weltpolitischen Strömungen nicht völlig widersetzen. Während der Genfer Außenministerkonferenz der Vier Mächte sinnierte er: *"Man drängt auf Koexistenz. Koexistenz auf der Basis des geteilten Deutschland."*[102] Obwohl er während seiner Moskau-Reise auf Einladung des Kreml im September 1955 am Alleinvertretungsanspruch festhielt, bedeutete allein das Faktum des Besuchs schon eine indirekte Anerkennung der sowjetischen Zwei-Staaten-Theorie. Im Gegenzug für die Freilassung der letzten knapp 10.000 Kriegsgefangenen und 20.000 Zivilinternierten aus der Sowjetunion mußte der Kanzler sogar der Aufnahme diplomatischer Beziehungen zustimmen.[103] Künftig hatten also Bonn und Ost-Berlin diplomatische Vertretungen in der UdSSR. Adenauer war sich bewußt, daß dies nicht ohne Auswirkungen auf seine Politik der Alleinvertretung bleiben könne:

> Durch die gleichzeitige Anwesenheit eines Botschafters der Bundesrepublik Deutschland und eines Botschafters der Sowjetzone in Moskau liefen wir Gefahr, daß die Staaten, die uns bisher als die einzig legitimen Vertreter des deutschen Volkes ansahen und keine offiziellen Beziehungen zur DDR unterhielten, diese Politik änderten.[104]

Trotz dieser vom Kanzler selbst gesehenen problematischen Implikationen für seine Deutschlandpolitik war das innenpolitische Echo auf seine Moskau-Reise überwältigend. Seine Popularitätskurve ging steil nach oben und noch im Mai 1967, kurz nach seinem Tod, bezeichneten bei einer Umfrage 75 Prozent die Heimführung der deutschen Kriegsgefangenen aus der Sowjetunion als größtes Verdienst Adenauers.[105] Schließlich konnte der Kanzler mit seinem spektakulären Moskau-Besuch kurz nach Erlangung der Souveränität am 5. Mai 1955 auch demonstrieren, daß Bonn eine eigenständige Außenpolitik zu betreiben vermochte.

---

[102] Zit. nach Krone, 1974, 136.

[103] Vgl. Schwarz, H.-P., 1981, 278. Zum Verlauf der Verhandlungen siehe ausführlich Adenauer, II, 1966, 487-556; und Schwarz, H.-P., 1991, 207-222.

[104] Ebd., 492/3.

[105] Vgl. Schwarz, H.-P., 1981, 278.

Die Hallstein-Doktrin

Noch während des Rückflugs aus Moskau begann sich der Leiter der Politischen Abteilung des AA, Wilhelm Grewe, Gedanken zu machen, welche Folgen die Akkreditierung zweier deutscher Staaten bei der UdSSR auf den Alleinvertretungsanspruch der Bundesrepublik haben würde.[106] Er gelangte zu dem Schluß, daß es nur einen Weg aus dem Dilemma gebe: Die deutsche Doppelvertretung bei der Sowjetunion sei eine Ausnahme, weil die UdSSR als Siegermacht und Unterzeichner des Potsdamer Abkommens eine besondere Verantwortung für Deutschland als Ganzes habe; darüberhinaus gelte es, eine internationale Statusverbesserung der DDR zu verhindern. Auf Wunsch seines Vorgesetzten, Staatssekretär Walter Hallstein, arbeitete Grewe seine Ansichten in einem Papier aus. Die *Hallstein-Doktrin* war geboren, auch wenn der Begriff von keiner Bundesregierung offiziell verwendet und erst 1958 in der Publizistik gebräuchlich wurde. Mehr als zehn Jahre drehte sich die deutsche Außenpolitik um die Frage, wie sie in der politischen Praxis durchgesetzt werden sollte.

Schon eine Woche nach seiner Rückkehr aus Moskau hatte Adenauer im Bundestag verkündet, *"daß die Bundesregierung auch künftig die Aufnahme diplomatischer Beziehungen mit der DDR durch dritte Staaten, mit denen sie offizielle Beziehungen unterhält, als einen unfreundlichen Akt ansehen würde"*.[107] Das Außenministerium entwickelte ein abgestuftes Sanktionskonzept, um andere Länder von der Kontaktaufnahme mit Ost-Berlin abzuhalten. Die Maßnahmen reichten von wirtschaftlichem Druck wie der Einstellung der Entwicklungshilfe über die Rückberufung von Botschaftern bis zum Abbruch der diplomatischen Beziehungen. Die Diskussion, wie mit den Ostblockstaaten zu verfahren sei, die Moskau zur Anerkennung der DDR gezwungen hatte ("Geburtsfehlertheorie"), entschied das Argument, weitere Ausnahmen würden Bonns Alleinvertretungsanspruch unglaubwürdig machen.

Der erste Testfall für die Hallstein-Doktrin trat im Oktober 1957 ein, als Jugoslawiens Staatschef Tito die DDR anerkannte.[108] Obwohl Jugoslawien wegen seiner guten Kontakte

---

[106] Zur Ostpolitik Adenauers siehe vor allem Klaus Gotto: Adenauers Deutschland- und Ostpolitik 1954-1963; in: Morsey/Repgen, 1974, 3-91. Vgl. auch Rüdiger Marco Booz: "Hallsteinzeit". Deutsche Außenpolitik 1955-1972, Bonn 1995.

[107] Verhandlungen des 2. Deutschen Bundestages, 101. Sitzung vom 22.9.1955, Stenographische Berichte, 5647.

[108] Vgl. dazu Booz, 1995, 39-46.

zu Ost und West für die Bundesrepublik nicht unwichtig war, statuierte sie mit dem Abbruch der diplomatischen Beziehungen ein Exempel. Bis 1969 tauschte nur noch Kuba nach der Machtübernahme Fidel Castros 1959 Botschafter mit Ost-Berlin aus - und wurde von Bonn auf gleiche Weise bestraft. Die Hallstein-Doktrin bewährte sich also durchaus in ihrer Absicht, die DDR international zu isolieren. Allerdings wurde schon bald deutlich, daß ihre strikte Anwendung auch einen Preis hatte. Voraussetzung und Ziel der Hallstein-Doktrin war ja, daß sich der Status quo in Europa nicht verfestigte. Je mehr die USA und die UdSSR ihre Einflußzonen aber gegenseitig akzeptierten und je länger die DDR als Staat faktisch existierte, desto schwieriger wurde es für Bonn, seine Strategie durchzuhalten. Dies wurde in Ansätzen bereits in den fünfziger Jahren klar.

Mit seinem Berlin-Ultimatum vom 27. November 1958 beendete der sowjetische Parteichef Chruschtschow abrupt die erste Entspannungsphase der Nachkriegszeit. Durch den erfolgreichen Start des Sputnik-Satelliten im Jahr zuvor ermutigt, drohte er, das sowjetische Recht der Kontrolle der Zugangswege nach Berlin an die DDR zu übergeben. Das hätte für Amerikaner, Briten und Franzosen bedeutet, daß sie sich entweder mit Gewalt den Zutritt offenhalten mußten oder mit einem Staat zu verhandeln haben würden, den sie als nicht existent betrachteten. *"Das erste konnte Krieg bedeuten, das zweite Kapitulation auf Raten"*, brachte Peter Bender das Dilemma des Westens auf den Punkt.[109] Durch seine Politik der Pressionen und des Säbelrasselns gegen die Achillesferse der westlichen Allianz - Berlin - versuchte Chruschtschow wie Stalin vor ihm genau das zu erreichen, was Adenauer verhindern wollte: auch für die ehemalige Hauptstadt des Deutschen Reichs eine definitive Lösung zu finden, damit das letzte völkerrechtliche und reale Schlupfloch für ein Offenhalten der Deutschen Frage zu verbauen und den Westen zur Sanktionierung der politischen Nachkriegsordnung östlich der Elbe zu bewegen. Die Vereinigten Staaten und Großbritannien reagierten auf das Ultimatum des sowjetischen Parteichefs kompromißbereiter als dem Bundeskanzler lieb war.[110] Der Fraktionsvorsitzende und enge Adenauer-Vertraute Heinrich Krone notierte Ende Januar 1959 besorgt: *"Der Westen will Ruhe haben. Mit Berlin hat der Kreml die deutsche Frage ins Rollen gebracht. Wir werden diesen Kampf nicht ohne Verluste*

---

[109] Peter Bender: Neue Ostpolitik. Vom Mauerbau bis zum Moskauer Vertrag, München 1986, 52.

[110] Vgl. Schwarz, H.-P., 1983, 80-84.

bestehen."[111] Selbst US-Außenminister John Foster Dulles, der in Adenauers Augen treueste Freund seiner Politik, erklärte nun gegenüber Berlins Regierendem Bürgermeister Willy Brandt: *"Die Russen und wir mögen uns über tausend Dinge uneinig sein. Doch über eines gibt es zwischen uns keine Meinungsverschiedenheit: Wir werden es nicht zulassen, daß ein wiedervereinigtes, bewaffnetes Deutschland im Niemandsland zwischen Ost und West umherirrt.*"[112] In den westlichen Hauptstädten fragte man immer ernsthafter, ob es sich denn lohne, die Berlin-Frage so hochzuspielen, wenn es dem sowjetischen Parteichef doch offenbar nur um eine Frontbegradigung ging.[113]

Auf der Genfer Außenministertagung im Sommer 1959 - der letzten großen Deutschlandkonferenz - kam es zwar zu keiner Einigung zwischen den Vier Mächten, aber die Westalliierten waren mit dem Moskauer Vorschlag einverstanden, das Berlin-Problem getrennt von der Wiedervereinigungsfrage zu behandeln. Die Gipfelbegegnung zwischen Eisenhower und Chruschtschow in Camp David wenige Wochen später unterstrich das Bemühen der Bündnisvormächte um eine verstärkte Zusammenarbeit. Adenauers schlimmste Albträume schienen wahr zu werden. Den Genfer Konferenzverlauf bezeichnete er als *"deprimierend"*.[114] Es gelang dem Kanzler jedoch im Verbund mit de Gaulle, eine Einigung der Supermächte auf Kosten der westlichen Position in Berlin zu verhindern. Als Chruschtschow dies einsehen mußte, nahm er den Abschuß eines amerikanischen U2-Spionageflugzeugs über der UdSSR zum Anlaß, einen vereinbarten Gipfel mit dem US-Präsidenten im Mai 1960 platzen zu lassen. Auch dürfte im Kreml die Überlegung eine Rolle gespielt haben, daß Eisenhower nur mehr acht Monate amtieren würde und sein Nachfolger kompromißbereiter sein könnte.

Der Bundeskanzler brauchte nun auf jeden Fall nicht mehr zu fürchten, daß sich Washington und Moskau auf dem Rücken der Deutschen einigen würden - vorerst zumindest. Der neue US-Präsident John F. Kennedy schien nach seiner Amtsübernahme im Januar 1961 zunächst an die guten alten Zeiten der deutsch-amerikanischen Beziehungen vor 1959

---

[111] Krone, 1974, 149.

[112] Zit. bei Willy Brandt: Begegnungen und Einsichten. Die Jahre 1960-1975, Hamburg 1976, 84.

[113] Vgl. Besson, 1970, 215.

[114] Adenauer, IV, 51.

anzuknüpfen. Schon bald zeigte sich allerdings die Bereitschaft der Vereinigten Staaten, die Lage in Europa auch gegen den Willen der Bundesregierung festzuschreiben. Als Chruschtschow beim Wiener Gipfel im Juni 1961 sein Ultimatum von 1958 erneuerte und den Abschluß eines Friedensvertrags der Vier Mächte mit der DDR forderte, leitete Kennedy eine berlinpolitische Kurskorrektur ein. Fortan sollte sich der Westen auf die Sicherung von drei *"essentials"* beschränken: die unverminderte Präsenz in, den freien Zugang nach und das Selbstbestimmungsrecht für West-Berlin - aber eben nur für West-Berlin, nicht für Gesamt-Berlin. Implizit gaben die USA damit ihre Rechte in Ost-Berlin auf. *"Wer feine Ohren hatte"*, analysierte Hans-Peter Schwarz, *"konnte bereits damals vernehmen, daß Washington gegen sowjetische Maßnahmen im Ostsektor nichts unternehmen würde."*[115]

Moskau verstand das Signal aus Washington: Am 13. August 1961 begann die DDR mit der Rückendeckung der Sowjetunion, eine Mauer quer durch Berlin zu errichten. Die letzte offene Flanke des Ostblocks war geschlossen, die europäische Nachkriegsordnung endgültig und im buchstäblichen Sinn zementiert. Im Rückblick stellte der deutsche Diplomat Grewe fest:

> Nach '62 wurden natürlich irgendwelche Arten von Deutschlandkonferenzen, wie wir sie '59 oder '55 gehabt haben, ganz undenkbar. Die Frage der Wiedervereinigung war einfach vom Tisch, und auch irgendwelche Zwischenlösungen wurden eigentlich kaum noch ernsthaft diskutiert.[116]

Für den Kanzler war der Mauerbau insofern eine Niederlage, weil es ihm nicht gelungen war, die Verknüpfung des Berlin- und des Deutschland-Problems aufrechtzuerhalten.[117] Auch hatte sich sein Konzept "Wiedervereinigung vor Entspannung" nicht gegen den Wunsch der Siegermächte durchsetzen lassen, "Entspannung vor Wiedervereinigung" zu haben. Im November 1961 äußerte Kennedy im Gespräch mit dem Chefredakteur der *Iswestija* und Schwiegersohn Chruschtschows Verständnis für die sowjetischen Ängste vor Deutschland. Nach den Erfahrungen des 2. Weltkriegs, erklärte der US-Präsident, verstehe er die Abneigung Moskaus gegen Atomwaffen in deutscher Hand, und wies darauf hin, daß die NATO

---

[115] Schwarz, H.-P., 1983, 135.

[116] In einer Diskussion im Deutschlandfunk am 2.12.1983. Zit. nach Bender, 1986, 76.

[117] Vgl. Doering-Manteuffel, 1983, 113.

auch eine Kontrollfunktion gegenüber der Bundesrepublik habe.[118] Deutlicher konnte man kaum ausdrücken, daß man die Entspannung am deutschen Sonderkonflikt mit der UdSSR nicht scheitern lassen werde und zur Formalisierung des Faktischen bereit war. Die Hallstein-Doktrin stand nun recht verloren da.

Trotz dieser neuen weltpolitischen Situation blieb die Bundesregierung auf ihrem einmal eingeschlagenen Weg. Indem sie die Nichtanerkennung der DDR aber weiter zum Dreh- und Angelpunkt ihrer Ost- und Deutschlandpolitik machte, engte sie ihren Handlungsspielraum zunehmend ein und geriet automatisch in eine Abwehrhaltung. Besonders deutlich trat dies in der Politik gegenüber den nicht in ein Bündnissystem integrierten Staaten der Dritten Welt zutage. Deutschlandpolitische Ziele begannen die bilateralen Beziehungen seit dem Ende der fünfziger Jahre völlig zu dominieren, wobei die Wirtschaftshilfe zum zentralen Instrument zur Durchsetzung der Hallstein-Doktrin wurde. *"Entwicklungshilfe ist ja keine moralische Aufgabe"*, bemerkte Adenauer einmal nüchtern, *"sondern ist wirklich eine politische Aufgabe, und zwar eine hochpolitische Aufgabe"*.[119] Mit dem Entzug wirtschaftlicher Unterstützung und der Vergabe von Lockprämien versuchte die Bundesrepublik, die Isolation der DDR aufrechtzuerhalten. Ein deutscher Botschafter in einem Entwicklungsland wurde Anfang der sechziger Jahre mit den Worten wiedergegeben: *"Wenn die Regierung [meines Gastlandes] während meiner Amtszeit die Zone nicht anerkennt, habe ich mein Ziel erreicht."*[120] Defensiver hätte man das Ziel bundesdeutscher Politik gegenüber den Entwicklungsländern kaum definieren können.

Damit, daß der Alleinvertretungsanspruch in der Dritten Welt langsam ins Rutschen kam, hätte man in der Bundesrepublik noch leben können. Schwerer wogen die Friktionen, die die Hallstein-Doktrin im Verhältnis zu den Westmächten auslöste. Allein de Gaulle stärkte Adenauer Anfang der sechziger Jahre in seiner harten Haltung noch den Rücken, und auch dies wohl nur, weil er davon ausging, das starre Festhalten am Prinzip "Wiedervereinigung vor Entspannung" werde die Herstellung der deutschen Einheit gerade nicht

---

[118] Vgl. Schwarz, H.-P., 1983, 242.

[119] Konrad Adenauer: Teegespräche 1959-1961, bearbeitet von Hanns-Jürgen Küsters, Berlin 1988, hier Gespräch vom 2.3.1961, 482.

[120] Zit. in "Entwicklungshilfe Afrika: Mit der Gießkanne"; Spiegel 49/1964 (1.12.1964), 47-65, hier 59.

erleichtern. In Washington und London, wo die Weichen nach Berlin- und Kuba-Krise (1962) vollends auf einen Ausgleich mit der Sowjetunion gestellt waren, sah man mit Unbehagen, daß Bonn in der Ost- und Deutschlandpolitik eine eigene Linie verfolgte. Im Gegensatz zum ersten Entspannungsanlauf von 1955 bis 1958 waren die USA aber nun nicht mehr bereit, zu starke Rücksichten auf die Bundesrepublik zu nehmen. Der Abschluß des Nuklearteststopp-Abkommens im August 1963 stellte einen ersten Höhepunkt im neuen Verhältnis der Super-mächte dar.

Auch der Bundeskanzler zeigte Ansätze zu neuen Überlegungen in der Deutsch-landpolitik. Seit Mitte der fünfziger Jahre war er sich darüber klar, daß die Wiederver-einigung eine Sache von Jahrzehnten sein werde.[121] Im März 1958 schon fragte er unter höchster Vertraulichkeit bei der Sowjetregierung an, ob sie bereit sei, "*der Sowjetzone den Status Österreichs zu geben?*".[122] Und in den Jahren 1959 und 1960 arbeitete sein engster Vertrauter, Hans Globke, zwei Versionen eines Plans aus, der den territorialen Status quo in Deutschland zeitlich befristet anerkannte und im Gegenzug humanitäre Erleichterungen und freie Wahlen binnen eines Jahres forderte.[123] Aber offizielle Politik wurde daraus nicht, selbst die Adressaten in Moskau erhielten nur bruchstückhafte mündliche Informationen. Zur Infragestellung der sozialistischen Herrschaftsstruktur in der DDR - und darauf liefen die Überlegungen im Kanzleramt ja hinaus - hätte sich die UdSSR auch nicht bereitgefunden. In den frühen sechziger Jahren verstärkte Adenauer seine Bemühungen, die Lebensumstände für die Ostdeutschen zu erleichtern. Gegenüber der *Neuen Ruhrzeitung* formulierte er als Maxime seiner Deutschlandpolitik: "*In allen Dingen, die mit der Zone zusammenhängen, denke ich zuerst an die Menschen. Es geht mir nicht um die Grenze, sondern um die Men-schen. Wenn wir ihnen helfen können, freier und besser zu leben, dann ist das wichtiger als alles andere.*"[124] Dieser Umdenkungsprozeß fand im Juni 1961 auch in einer Bundestags-resolution seinen Ausdruck, die auf einem Bericht des sozialdemokratischen Abgeordneten

---

[121] Vgl. Äußerungen von Globke gegenüber Bruno Bandulet ("Adenauer zwischen Ost und West. Alternativen der deutschen Außenpolitik", München 1970, 49/Fußnote 129 und 59/Fußnote 169).

[122] Adenauer, III, 377. Siehe auch Gotto, 1974, 34-38.

[123] Siehe dazu die erst 1974 bekanntgewordenen Fassungen der Texte "Der Globke-Plan zur Wiederver-einigung"; in: Morsey/Repgen, 1974, 292-209.

[124] Zit. nach Gotto, 1974, 60.

Wenzel Jaksch basierte und forderte, *"jede sich bietende Gelegenheit (zu) ergreifen, um ...
zu einer Normalisierung der Beziehungen zu kommen"*.[125] Auch die FDP, auf die der Kanzler seit den Wahlen vom September 1961 wieder als Koalitionspartner angewiesen war,
drängte Adenauer im Koalitionsvertrag zu einer aktiveren Deutschlandpolitik. Die Liberalen
setzten sogar die Entlassung Außenminister von Brentanos wegen seiner *"verfehlten Deutschlandpolitik"* durch.[126] Sein Nachfolger Gerhard Schröder etablierte sich zunehmend als
starke außenpolitische Figur im Kabinett. Schon bald trieb er unter entscheidender Hilfe des
Ost-Ausschusses der Deutschen Wirtschaft den Aufbau westdeutscher Handelsmissionen in
Osteuropa voran, um die Kontakte zu dieser Region zu verstärken. Damit unternahm er
eigenständige Gehversuche auf einem Terrain, das bisher tabu gewesen war. Selbst Adenauer
zeigte sich in seinen beiden letzten Amtsjahren um einen Interessenausgleich mit der Sowjetunion bemüht. Im Juni 1962 bot er Moskau einen "Burgfrieden" an, der vorsah, die deutsche
Frage zehn Jahre auf sich beruhen zu lassen, wenn damit eine Verbesserung der humanitären
Lage der ostdeutschen Bevölkerung einherginge.[127] An einer solchen Lösung war die
UdSSR aber nicht interessiert, da sie dadurch nichts gewonnen hätte und sie zunehmend auf
einen Ausgleich mit den Vereinigten Staaten setzte.

Erhards Politik der Bewegung

Erst nach dem Amtsantritt Erhards unternahm die Bundesrepublik weitere Schritte, an deren
Ende eine Auflockerung der Hallstein-Doktrin zumindest gegenüber den Staaten Osteuropas
stehen sollte. Anders als Adenauer, der das Deutschland-Problem durch direkte Verhandlungen mit Moskau lösen wollte, versuchten Erhard und Schröder, die DDR durch eine Intensivierung der Kontakte mit Moskaus anderen Satelliten zu einem politischen Anachronismus
werden zu lassen.[128] Ziel dieser *"Politik der Bewegung"*, wie sie der neue Kanzler in seiner

---

[125] Zit. nach Timothy Garton Ash: Im Namen Europas. Deutschland und der geteilte Kontinent, München
1993, 30.

[126] Zit. nach Klaus Körner: Die Wiedervereinigungspolitik; in: Schwarz, H.-P., 1975a, 587-616, hier 605.

[127] Vgl. Hans-Peter Schwarz: Die deutschlandpolitischen Vorstellungen Konrad Adenauers; in ders. (Hg.):
Entspannung und Wiedervereinigung. Deutschlandpolitische Vorstellungen Konrad Adenauers 1955-1958, Stuttgart
1979, 7-40, hier 34.

[128] Vgl. Hildebrand, 1984, 90.

ersten Regierungserklärung nannte, war die behutsame Einpassung der bundesdeutschen Ost- und Deutschlandpolitik in die Entspannungsbemühungen der USA.[129] Einen grundsätzlichen Richtungswechsel bedeutete Erhards Politik also nicht, allenfalls sprach man die Probleme offener an. Auch mit seinem Bemühen, die Deutsche Frage wieder auf die Tagesordnung der internationalen Politik zu setzen, biß der Kanzler bei den Verbündeten auf Granit.

Schon bald wurde zudem deutlich, daß der Alleinvertretungsanspruch immer schwerer auf der bundesdeutschen Außenpolitik lastete. Anfang 1965 lud der ägyptische Präsident Gamal Abdel Nasser, der immer mehr in die finanzielle und politische Abhängigkeit von Moskau geraten war, DDR-Staats- und Parteichef Walter Ulbricht zu einem Besuch ein. CDU/CSU und Kabinett waren sich über die angemessene Reaktion höchst uneinig.[130] Außenminister Schröder und die FDP-Minister sprachen sich mit dem Argument gegen einen Abbruch der Beziehungen aus, daß Kairo Ost-Berlin ja nicht offiziell anerkannt habe und ein solcher Schritt der DDR das Feld nur allein überlasse. Eine etwa gleich starke Gruppe, unter ihnen die Vorsitzenden der beiden Unionsparteien, Adenauer und Strauß, und mehrere Minister, forderte dagegen die härtestmögliche Sanktion.[131] Nasser drohte seinerseits, zusammen mit anderen arabischen Staaten die DDR anzuerkennen, wenn die Bundesrepublik nicht ihre Waffenlieferungen an Israel beende.[132] Nach reiflicher Überlegung entschloß sich Kanzler Erhard, zwar die Wirtschaftshilfe für Kairo einzustellen und diplomatische Beziehungen zu Israel aufzunehmen, aber keine Rüstungsgüter mehr an den jüdischen Staat zu liefern und den Botschafter in Ägypten zu belassen. Kabinettsintern war der Konflikt damit gelöst, außenpolitisch nicht allzu viel Porzellan zerschlagen, weil sich die meisten arabischen Staaten wegen der Rolle Bonns als wichtiger Geldgeber auf verbale Attacken beschränkten oder die Beziehungen nur vorübergehend ruhen ließen. Allerdings war der erste selbständige Ausflug Bonns in die Weltpolitik von Unsicherheit und Schwäche geprägt gewesen. Zudem hatte es sich gezeigt, wie schwierig es geworden war, die Hallstein-Doktrin konsequent anzuwenden,

---

[129] Vgl. Morsey, 1995, 80.

[130] Vgl. zum folgenden Booz, 1995, 78-92.

[131] Vgl. Hildebrand, 1984, 114.

[132] Zu den deutsch-israelischen Beziehungen siehe Yeshayadu A. Jelinek (Hg.): Zwischen Moral und Realpolitik. Deutsch-israelische Beziehungen 1945-1965. Eine Dokumentensammlung, Gerlingen 1997.

wenn der Kreml die DDR in ihren Anerkennungsbemühungen kraftvoll unterstützte. *"Ein seit Jahren unbestrittenes Mittel zur Verhinderung der rechtlichen Fixierung des Status quo in Deutschland"*, so resümierte Besson, *"schien offenbar unbrauchbar geworden."*[133]

Die Nahost-Krise beschleunigte vor allem im Auswärtigen Amt den Umdenkungsprozeß in der Frage des Alleinvertretungsanspruchs. Außenminister Schröder erkannte als erster öffentlich an, daß sich die internationale Lage seit Mitte der fünfziger Jahre grundlegend verändert und sich Bonn darauf einzustellen hatte. Am 30. März 1965 erklärte er, in der Welt habe sich das *"beherrschende und allgemeine Interesse der Friedenserhaltung vor das Teilinteresse der Wiedervereinigung Deutschlands geschoben"*.[134] Ein hoher Diplomat zog in einem vertraulichen Schreiben an den Außenminister Ende des Jahres die kritische Bilanz, mit der Fortsetzung der bisherigen Politik werde man dem erklärten Ziel keinen Schritt näher kommen:

> Im Gegenteil: das Staatsgefüge der DDR konsolidiert sich von Jahr zu Jahr, die wirtschaftliche Attraktion der Bundesrepublik wird zunehmend geringer, im neutralen und im freundlich gesonnenen Ausland festigt sich die Überzeugung von der faktischen Existenz zweier deutscher Staaten mehr und mehr.[135]

Ähnliche Überlegungen stellte wenig später auch Staatssekretär Carstens an; ihm schienen verbesserte Beziehungen zu Osteuropa nun wichtiger als ein Festhalten an der Hallstein-Doktrin.[136]

Um im Zuge der Ost-West-Entspannung nicht weiter isoliert zu werden, begannen Erhard und Schröder, eigene Vorschläge zu entwickeln. Dabei besaßen sie nicht nur die Unterstützung der FDP, sondern auch der SPD, die sich 1960 von ihrem bisherigen außenpolitischen Konzept verabschiedet und NATO wie Westbindung akzeptiert hatte. In enger Abstimmung mit den Westmächten richtete die Bundesregierung am 25. März 1966 eine *Note*

---

[133] Besson, 1970, 352.

[134] 13. Bundesparteitag der CDU, Bonn 1965, 126.

[135] "Botschafter a.d. Duckwitz an Bundesminister Schröder", Dok. Nr. 480; in: Akten zur Auswärtigen Politik der Bundesrepublik Deutschland 1965, 3 Teilbände, München 1996, 1971-1980, hier 1972.

[136] "Aufzeichnung des Staatssekretär Carstens", Dok. 21 vom 27.1.1966; in: Akten zur Auswärtigen Politik der Bundesrepublik Deutschland 1966, München 1997, 76-102.

zur Abrüstung und Sicherung des Friedens an alle Länder, mit denen Bonn diplomatische Beziehungen unterhielt, aber auch an alle osteuropäischen und arabischen Staaten. In ihr erkannte die Bundesrepublik das Sicherheitsbedürfnis der Länder Osteuropas an und bot ihnen mit Ausnahme der DDR den Abschluß von Gewaltverzichtserklärungen an.[137] Das Besondere an der Note war dabei nicht so sehr ihr Inhalt oder die wenig ermutigenden Gegenvorschläge der Sowjetunion, sondern die Tatsache, daß die Bundesregierung selbst die Initiative ergriff und nicht an die Vier Mächte appellierte.[138] Schließlich führte die Friedensnote die drei Bundestagsparteien in der Deutschlandpolitik näher zusammen als dies bisher je der Fall gewesen war.

Obwohl sich die Bundesrepublik nun in dieselbe ostpolitische Richtung wie die Vereinigten Staaten bewegte, tat sie dies doch so langsam, daß sich der Abstand zwischen der westdeutschen und der amerikanischen Politik weiter vergrößerte. Im Herbst 1966 wurde die Kritik an der Hallstein-Doktrin auch in der Union immer lauter. Staatssekretär Carstens erläuterte dem Kabinett, daß die Politik des juristisch fundierten Alleinvertretungsanspruchs in eine Sackgasse geführt habe. Die Bundesrepublik sei erpreßbar geworden, ihre auf eine Veränderung des Status quo ausgerichtete Politik drohe sie selbst im Westen zu isolieren. Sein nüchterner Lagebericht mündete in den Satz: "*Unsere Deutschland-Politik bringt ein hohes zusätzliches Sicherheitsrisiko für die Bundesrepublik Deutschland mit sich*".[139] Ob und wie diese Analyse die Ost- und Deutschlandpolitik der Regierung Erhard beeinflußt hätte, bleibt spekulativ. Nur wenige Wochen später zerbrach die Koalition aus CDU, CSU und FDP an der Führungsschwäche des Kanzlers und am Widerstand der Liberalen gegen Steuererhöhungen.

Ostpolitik im Übergang: Die Große Koalition

Angesichts der Mehrheitsverhältnisse im Bundestag einigten sich Union und SPD rasch auf eine Große Koalition. Neuer Kanzler wurde am 1. Dezember 1966 der von den Querelen in

---

[137] "Friedensnote der Bundesregierung". Note der Bundesregierung zur deutschen Friedenspolitik an alle Regierungen der Staaten, zu denen sie diplomatische Beziehungen unterhält, 25. März 1966 (Auszug); in: Auswärtiges Amt, 1995, 295-298.

[138] Vgl. Körner, 1975, 609.

[139] Zit. bei Hildebrand, 1984, 199.

der Bonner Union nicht betroffene Ministerpräsident von Baden-Württemberg, Kurt Georg Kiesinger, sein Stellvertreter und Außenminister Willy Brandt. In seiner Regierungserklärung verzichtete der Kanzler auf die Formel, daß die Wiedervereinigung Voraussetzung für eine Entspannung im Ost-West-Verhältnis sei, und bot den osteuropäischen Staaten die Aufnahme voller diplomatischer Beziehungen an.[140] Selbst zu Kontakten mit den *"Behörden im anderen Teil Deutschlands"* fand sich die neue Regierung bereit:

> Wir wollen, soviel es an uns liegt, verhindern, daß die beiden Teile unseres Volkes sich während der Trennung auseinanderleben. Wir wollen entkrampfen und nicht verhärten, Gräben überwinden und nicht vertiefen. Deshalb wollen wir die menschlichen, wirtschaftlichen und geistigen Beziehungen mit unseren Landsleuten im anderen Teil Deutschlands mit allen Kräften fördern.[141]

Auch wenn Kiesinger den bisherigen Rechtsstandpunkt der Bundesrepublik zur Deutschlandfrage aufrechterhielt und die Geburtsfehler-Theorie zur Legitimation seiner neuen Ostpolitik heranzog, war die Hallstein-Doktrin doch schwer angeschlagen. Über die allgemeine Zielrichtung ihrer Ost- und Deutschlandpolitik war sich die Große Koalition also einig: Die Blockade sollte überwunden werden, die eigene Politik neuen Handlungsspielraum insbesondere gegenüber den östlichen Nachbarn gewinnen; der deutsche Sonderkonflikt mit der UdSSR sollte nicht länger die Entspannung zwischen den beiden Blöcken behindern, die deutsche Frage im europäischen Rahmen gelöst werden. So betonte Kanzler Kiesinger nun, man könne *"das Zusammenwachsen der getrennten Teile Deutschlands nur eingebettet sehen in den Prozeß der Überwindung des Ost-West-Konflikts in Europa"*.[142] Damit war Bonn nach langen Jahren des Widerstands auf die von Washington und Moskau verfolgte Politik eingeschwenkt. Gleichzeitig führte die Große Koalition den Versuch der Erhard-Regierung fort, die DDR zu isolieren. Mit der Aufnahme diplomatischer Beziehungen zu Rumänien Ende Januar 1967 schien diese Strategie einen ersten Erfolg verbuchen zu können.

---

[140] Siehe vor allem Dirk Kroegel: Einen Anfang finden! Kurt Georg Kiesinger in der Außen- und Deutschlandpolitik der Großen Koalition, München 1997.

[141] "Regierungserklärung von Bundeskanzler Kurt Georg Kiesinger vor dem Deutschen Bundestag am 13. Dezember 1966"; in: Hans Ulrich Behn: Die Regierungserklärungen der BRD; in: Deutsches Handbuch der Politik, Bd. 5, München 1971, 202.

[142] Kiesinger in seiner Rede vom 17. Juni 1967. Zit. nach Hildebrand, 1984, 332.

Schon bald zeigte sich aber, daß weder die Sowjetunion noch die DDR bereit waren, die osteuropäischen Aktivitäten Bonns widerstandslos hinzunehmen. Für sie wäre ein Gelingen der Ostpolitik der Großen Koalition nämlich einer Niederlage gleichgekommen: Die Bundesrepublik hätte mit der Isolierung der DDR über den Botschafteraustausch mit den anderen Warschauer Pakt-Ländern ihr wichtigstes Ziel erreicht, ohne in der Grenzfrage, bei der Anerkennung Ost-Berlins und beim Alleinvertretungsanspruch Zugeständnisse gemacht zu haben. Zudem befürchtete die Sowjetunion, das von Westdeutschland angestrebte Aufbrechen der Fronten würde über kurz oder lang zu einer Destabilisierung der kommunistischen Regime in den Satellitenstaaten führen und so das eigene Imperium gefährden. Der Kreml brandmarkte die deutsche Ostpolitik deshalb als *"gefährliche Variante der imperialistischen Globalstrategie"*[143] und vereitelte das Bemühen Bonns, mit weiteren osteuropäischen Ländern diplomatische Beziehungen aufzunehmen. Der bundesdeutsche Botschafter in Moskau mußte Brandt mitteilen, *"daß eine 'elastischere' deutsche Ostpolitik ... als zunehmende Gefährdung empfunden"* wird, weil der Kreml befürchte, daß Westdeutschland *"einen Keil zwischen die Staaten des Warschauer Paktes treiben wolle"*.[144] Auch die SED konnte eine solche Aufweichung nicht zulassen, hing ihre Herrschaft doch noch stärker von sowjetischen Bajonetten ab als die der anderen kommunistischen Parteien im Ostblock. Die DDR-Führung reagierte prompt: Noch im Februar 1967 verschärfte sie ihre Abgrenzungspolitik, indem sie eine eigene Staatsbürgerschaft einführte. Im selben Monat nahmen die Außenminister der Warschauer Pakt-Länder auf ihr Drängen einen Beschluß an, der besagte, daß kein Mitglied des Ostblocks sein Verhältnis zur Bundesrepublik normalisieren dürfe, bevor die DDR dies getan habe ("Ulbricht-Doktrin").[145] Und als Kiesinger in einem Briefwechsel mit Ministerpräsident Stoph Vorschläge zur *Erleichterung des täglichen Lebens für die Menschen in den beiden Teilen Deutschlands* machte, gab die SED zur Antwort, man werde über solche Fragen erst sprechen, wenn Bonn die Zwei-Staaten-Theorie akzeptiere. Auch der Dialog mit Moskau über ein Gewaltverzichtsabkommen kam wegen der sowjetischen Forde-

---

[143] Körner, 1975b, 610.

[144] Akten zur Auswärtigen Politik der Bundesrepublik Deutschland 1967, München 1998. Hier zit. nach der Besprechung von Gregor Schöllgen: Druck auf Moskau; FAZ, 23.6.1998.

[145] Vgl. Bender, 1986, 140.

rung nicht vom Fleck, die Bundesregierung müsse zuvor den Status quo in Europa anerkennen.[146] Damit hatte die Ostpolitik der Großen Koalition ein gutes Jahr nach ihrem Beginn das Gegenteil dessen erreicht, was ihr ursprüngliches Ziel gewesen war. Peter Bender zog folgende enttäuschende Bilanz: *"Der Warschauer Pakt schloß sich nicht auf, sondern riegelte sich ab. Die Solidarität seiner Mitglieder wurde nicht gelockert, sondern gefestigt und die DDR nicht isoliert, sondern integriert."*[147] Einziges greifbares Ergebnis in dieser Phase war die Wiederaufnahme diplomatischer Beziehungen zu Jugoslawien am 31. Januar 1968 - und das zu einem hohen Preis: Da Jugoslawien blockfrei war sowie die DDR anerkannt hatte und Bonn die Beziehungen gerade zehn Jahre zuvor abgebrochen hatte, konnte die Geburtsfehlertheorie zur Legitimation nicht angewendet werden. Die Hallstein-Doktrin bröckelte unverkennbar.

Der Konfrontationskurs von Sowjetunion und DDR machte außerdem offenbar, daß es eine kohärente Strategie der Großen Koalition zur Umsetzung ihrer neuen Ostpolitik nicht gab. In ihren Antworten auf die intransigente Politik des Ostens entfernten sich Union und Sozialdemokratie nun in ihren deutschlandpolitischen Konzeptionen zusehends voneinander: Die CDU und vor allem die CSU beharrten auf bundesdeutschen Rechtspositionen, während die SPD immer größere Bereitschaft zeigte, auf einige der östlichen Forderungen einzugehen. Im März 1968 erklärte Brandt, Bonn komme an einer Anerkennung der Oder-Neiße-Linie als polnischer Westgrenze nicht vorbei.[148] Nach dem Einmarsch der Warschauer Pakt-Truppen in der Tschechoslowakei am 21. August 1968 und der Niederschlagung des Prager Frühlings verhärteten sich die Fronten in der Großen Koalition weiter. Nur mehr mit großer Mühe konnte sich die Bundesregierung im Frühjahr 1969 darauf verständigen, die diplomatischen Beziehungen zu Kambodscha nach dessen Anerkennung der DDR einzufrieren.[149] Während die Sozialdemokraten die Annäherungspolitik ungeachtet der Ereignisse in der CSSR fortführen wollten, gewannen in der Union jetzt Stimmen Oberwasser, die eine Rückkehr zur Sicherheitspolitik der fünfziger Jahre forderten. *"Herr Brandt will die Anerkennung"*, brachte

---

[146] Vgl. Morsey, 1995, 98-101; und Körner, 1975b, 610/1.

[147] Bender, 1986, 141.

[148] Vgl. ebd., 149.

[149] Vgl. Morsey, 1995, 113.

der Bundeskanzler die divergierenden Ansichten sechs Monate vor den Bundestagswahlen im Oktober 1969 auf den Punkt, *"und der Kiesinger will sie nicht."*[150] Eine gemeinsame Politik war unter solchen Vorzeichen nicht mehr möglich.

Trotz der Paralyse in der zweiten Hälfte ihrer Amtszeit war es der Großen Koalition weitgehend gelungen, die Bonner Deutschland- und Ostpolitik mit den Anforderungen des internationalen Systems zu versöhnen. Die Bundesrepublik hatte sich in die amerikanisch-sowjetische Hegemonialordnung eingefügt und wurde nun nicht mehr als Störenfried in Europa gesehen, obwohl sie prinzipiell auf eine Revision der territorialen Ordnung hinarbeitete. Eine aktive Ostpolitik schien aber solange nicht möglich, wie man die Forderungen der DDR und der UdSSR nicht erfüllte. Dazu war die CDU/CSU nicht bereit. Seit Anfang 1968 zeichnete sich allerdings ab, daß ein neuer Partner für eine Ostpolitik nach sozialdemokratischen Vorstellungen bereits in den Startlöchern stand: die FDP. Sie hatte ihren national-liberalen Parteivorsitzenden Mende gestürzt und durch Walter Scheel ersetzt und definierte sich nun zunehmend über ihre neue Ost- und Deutschlandpolitik.[151] Die sozial-liberale Ära stand vor ihrem Beginn.

5.4. Aufstieg in der Weltwirtschaft

Während die Bundesrepublik in der Phase von 1955 bis 1969 in ihrer Sicherheitspolitik extrem, in ihrer Ost- und Deutschlandpolitik stark auf ihre Verbündeten und insbesondere die USA angewiesen war, gelang es ihr, in einem Bereich immer mehr gleichzuziehen: in der Wirtschaft. Aus der einseitigen Abhängigkeit der zweiten Hälfte der vierziger und frühen fünfziger Jahre wurde eine stärker und stärker gleichberechtigte Zusammenarbeit. Diese Entwicklung von der symmetrischen Dependenz Westdeutschlands von den Vereinigten Staaten auf sicherheitspolitischem und ökonomischem Gebiet hin zu einer asymmetrischen Interdependenz charakterisiert die Beziehungen zwischen den beiden Staaten bis in die Gegenwart.[152] Die USA nutzten die sicherheitspolitische Schwäche der Bundesrepublik

---

[150] Zit. nach Hildebrand, 1984, 335.

[151] Vgl. ebd., 339-352.

[152] Vgl. Manfred Knapp: Politische und wirtschaftliche Interdependenzen im Verhältnis USA - (Bundesrepublik) Deutschland 1945-1975; in: ders. u.a.: Die USA und Deutschland 1918-1975. Deutsch-amerikanische Beziehungen zwischen Rivalität und Partnerschaft, München 1978, 153-219, hier 161.

dabei des öfteren, um sie zu Zugeständnissen im wirtschaftlichen Bereich zu bewegen. Bonn hingegen instrumentalisierte seine ökonomische Potenz, um seine politischen Ziele gegenüber den europäischen Nachbarn und den Ländern der Dritten Welt durchzusetzen. Nicht zu Unrecht konnte Bundeskanzler Helmut Schmidt 1975 behaupten: *"Unsere ökonomische Politik ist schon seit Jahren immer zugleich Außenpolitik gewesen."*[153]

Phoenix aus der Asche: Das Wirtschaftswunder

Der ökonomische Aufstieg der Bundesrepublik vollzog sich gerade in den fünfziger Jahren mit atemberaubender Geschwindigkeit: Wachstumsraten von jährlich 7,6 Prozent, eine von mehr als zehn auf 1,3 Prozent fallende Arbeitslosigkeit, Preisstabilität, steigende Leistungs-bilanzüberschüsse, ja sogar ein Plus im Staatshaushalt kennzeichneten den Zeitraum von 1950 bis 1960. Ausgelöst wurde diese Erfolgsgeschichte durch das Zusammentreffen mehrerer Faktoren:[154] der von Ludwig Erhard im Juni 1948 handstreichartig durchgesetzten ord-nungspolitischen Grundentscheidung, eine Marktwirtschaft zu etablieren, die den innovativen Unternehmer ebenso belohnte wie den leistungsbereiten Arbeitnehmer; der günstigen Aus-gangslage, konkret: einem weitgehend intakten Produktionspotential (Fabriken, Maschinen) und einem Überfluß an gutausgebildeten und motivierten Arbeitskräften; der hohen Inlands-nachfrage nach Gütern des einfachen und mittleren Fertigungsniveaus, die mit bekannten Technologien produziert werden konnten; schließlich der Eingliederung in ein liberales Weltwirtschaftssystem, das gerade nach Ausbruch des Korea-Kriegs die Erschließung neuer Absatzmärkte erleichterte. Während der Welthandel von 1950 bis 1960 jährlich um 6,4 Prozent .wuchs, legten die westdeutschen Ausfuhren um fast 16 Prozent pro Jahr zu.[155] Die Außenhandelsverflechtung der Bundesrepublik stieg deshalb rasch: Betrug die Quote 1949 nur wenige Prozent, so steuerte der internationale Warenaustausch 1960 schon jede dritte Mark zum Bruttosozialprodukt bei. Jeder siebte westdeutsche Arbeitsplatz hing 1960 vom Export ab, zehn Jahre später bereits jeder sechste. In Schlüsselsektoren wie Eisen und Stahl

---

[153] Zit. nach Hanrieder, 1995, 247.

[154] Vgl. dazu Dieter Grosser: Wurden die ökonomischen Ziele erreicht?; in: ders. u.a.: Soziale Marktwirt-schaft. Geschichte - Konzept - Leistung, Stuttgart u.a. 1988, 74-121, hier 80-88.

[155] Vgl. Eckard Minx: Von der Liberalisierungs- zur Wettbewerbspolitik. Internationale Wirtschaftspolitik zwischen Industrieländern nach dem Zweiten Weltkrieg, Berlin 1980, 293.

oder bei Maschinen und im Fahrzeugbau führten die Unternehmen in den fünfziger und sechziger Jahren fast durchweg mehr als ein Drittel ihrer Produktion aus.[156] Die Außenhandelsverflechtung der Bundesrepublik war damit höher als die aller anderen großen Industrienationen. Angefacht wurde der Exportboom durch eine bis 1973 bestehende Unterbewertung der D-Mark, die westdeutsche Güter für Ausländer billig machte und gleichzeitig die Importe dämpfte. Wichtigste Handelspartner der Bundesrepublik waren die Staaten Westeuropas und Nordamerikas. Mit ihnen trieb das Land in den fünfziger Jahren etwa zwei Drittel seines Außenhandels. Bis 1970 stieg dieser Wert auf drei Viertel. Frankreich rangierte dabei knapp vor den Niederlanden, den USA, Italien und Belgien. Der Warenaustausch mit Ost- und Südosteuropa ging dagegen zurück. Hatte das Deutsche Reich vor dem Krieg etwa 15 Prozent seines Handels mit dieser Region abgewickelt, waren es jetzt nur noch um die vier Prozent. Ursache für diese Umleitung der Handelsströme waren der Ost-West-Konflikt, der den Handel mit dem Osten politisch unerwünscht machte, das planwirtschaftliche System in Osteuropa, das den Warenaustausch stark behinderte, und die Nicht-Teilnahme der Ostblockländer an den Zollsenkungsrunden des GATT, was ihre Produkte im Westen relativ verteuerte.

Gleichzeitig veränderte sich die Import- und Export-Struktur der Bundesrepublik dramatisch: Importierte sie 1950 noch zu 74 Prozent Nahrungsmittel und Rohstoffe, so fiel diese Warengruppe bis 1970 mit 33 Prozent weit hinter industrielle Fertigerzeugnisse (50 Prozent) zurück. Der Anteil der Fertigerzeugnisse am Export wuchs im selben Zeitraum von 64 auf 86 Prozent.[157] Da die Preise für Rohstoffe und Halbfertigprodukte langsamer stiegen als die für Fertigwaren, mußte die Bundesrepublik immer weniger Güter exportieren, um eine bestimmte Menge an Gütern einführen zu können. Die realen Austauschverhältnisse im Warenverkehr, die *Terms of Trade*, verbesserten sich in den beiden ersten Nachkriegsjahrzehnten fast durchgehend.

Die Bundesrepublik wurde in der globalen Ökonomie zu einem immer wichtigeren Akteur: Allein von 1950 bis 1957 verdoppelte sich ihr Anteil am Welthandel auf 7,5 Prozent

---

[156] Vgl. Werner Abelshauser: Wirtschaftsgeschichte der Bundesrepublik Deutschland 1945-1980, Frankfurt a.M. 1983, 163f.

[157] Vgl. die Tabellen bei Klaus Hardach: Deutschland 1914-1970; in: Carlo Cipolla/Knut Borchardt (Hg.): Europäische Wirtschaftsgeschichte Bd. 5: Die europäischen Volkswirtschaften im zwanzigsten Jahrhundert, Stuttgart/New York 1986, 47-100, hier 92f.

mit steigender Tendenz. 1970 lag dieser Wert schon bei zehn Prozent.[158] Westdeutschland war damit gut zwanzig Jahre nach Ende des 2. Weltkriegs die zweitgrößte Handelsnation der Erde mit nur geringem Abstand zu den Vereinigten Staaten. Die von Washington gewünschte und durchgesetzte Integration der Bundesrepublik in ihr liberales, multilaterales und offenes Weltwirtschaftssystem wurde von den meisten deutschen Politikern nachdrücklich unterstützt. Vor allem Wirtschaftsminister Erhard machte sich aus grundsätzlichen Erwägungen immer wieder zum Fürsprecher der US-Politik. Schon kurz nach der Gründung der Bundesrepublik erklärte er in einer Kabinettssitzung, Westdeutschland habe jetzt die Möglichkeit, *"in der europäischen Entwicklung zu einer freieren Gestaltung der Wirtschaftsbeziehungen Schrittmacher zu werden im Geiste der amerikanischen Wirtschaftspolitik".*[159] Bei den Liberalisierungsrunden im Rahmen des GATT entwickelte sich Bonn mit Ausnahme der Bereiche Landwirtschaft, Textil und Keramik zum freihändlerischen Musterknaben.[160] Schon 1954 waren 90 Prozent der Importe aus den OEEC-Ländern und 54 Prozent der Einfuhren aus dem Dollarraum liberalisiert. Von 1955 bis 1957 senkte Bonn seine Zölle sogar mehrmals einseitig.[161] Das amerikanische Ziel, Westdeutschland zu einem Eisbrecher gegen Hochzolländer wie Italien, Frankreich und Großbritannien zu machen, ging also weitgehend auf.

Ihre starke ökonomische Position verlieh der Bundesrepublik eine gewichtige Stimme, wenn es um internationale Wirtschaftsfragen ging. Hier konnte Bonn schon bald als Gleicher unter Gleichen agieren, ja sogar eine gewisse Vermittlerrolle zwischen den Europäern und den Amerikanern übernehmen. Als sich die 1963 beginnende *Kennedy-Zollsenkungsrunde* im Rahmen des GATT gleich am Anfang wegen eines Disputs zwischen den USA und der EWG festzufahren drohte, gelang es schon Erhard mit einem eigenen Vorschlag, eine Einigung herbeizuführen. Auch innerhalb der Europäischen Wirtschaftsgemeinschaft übte Bonn des öfteren Druck aus, um vor allem Paris zum Einlenken in weitere Liberalisierungsschritte zu

---

[158] Ebd., 94.

[159] So Erhard während der 11. Kabinettssitzung am 11.10.1949. Kabinettsprotokolle der Bundesregierung, Bd. 1: 1949, hgg. von Hans Booms, Boppard 1982, 114-121, hier 114.

[160] Vgl. Helmut Gröner: Die westdeutsche Außenhandelspolitik; in: Schwarz, H.-P., 1975a, 405-437, hier 415-421.

[161] Vgl. Hilmar Kaht: Die Wirkung der Integration auf die Einfuhren der Bundesrepublik Deutschland, Hamburg 1975, 106.

bewegen.[162] In Fällen mit sicherheitspolitischer Relevanz blieb der Handlungsspielraum der Bundesrepublik aber eng begrenzt. Als sie etwa 1962/63 Röhren an die UdSSR zum Bau einer Ölpipeline liefern wollte, intervenierten die USA mit dem Argument, man dürfe den weltpolitischen Kontrahenten in einem militärstrategisch so wichtigen Bereich nicht unterstützen.[163] Eine auf amerikanisches Insistieren hin zustandegekommene Empfehlung des NATO-Rats forderte die Bündnismitglieder auf, keine Großrohre an die Sowjetunion zu liefern. Kennedy erklärte die Einhaltung des Embargos gar zur Chefsache. Obwohl SPD, FDP und Teile der Union die Verträge mit Moskau erfüllen wollten, gelang es Adenauer durch Verfahrenstricks, eine Aufhebung des Embargos durch den Bundestag zu verhindern. In der Plenardebatte hatte Wirtschaftsminister Erhard im Namen der Regierung unterstrichen, daß es sich die Bundesrepublik *"aus ihrem vitalsten Interesse unter gar keinen Umständen leisten [könne], etwas zu tun, was gegen einen einstimmigen NATO-Beschluß verstößt".*[164] Sicherheitspolitische Erwägungen hatten über ökonomische triumphiert. Auch Anfang 1966 mußte Bonn bei seinen vorsichtig geknüpften Handelskontakten mit China nach Protesten der USA den Rückzug antreten.[165]

Außenpolitische Implikationen

Trotz solcher Härtefälle wurde die Außenwirtschaftspolitik so etwas wie eine Ersatzaußenpolitik der Bundesrepublik. Bonner Politiker propagierten diese Verbindung explizit. Erhard hatte schon im März 1950 eine Ansprache vor Export-Unternehmern mit dem Aufruf geschlossen,

> nunmehr auch alles andere und das Letzte daran zu geben, durch eine besonders große Exportsteigerung in diesem Jahre 1950 der Welt den Beweis zu liefern, daß wir tüchtige Kaufleute, fleißige Arbeiter, ehrliche Schuldner und gute Europäer sind.

---

[162] Vgl. Zit. nach Jürgen Bellers: Außenwirtschaftspolitik der Bundesrepublik Deutschland 1949-1989, Münster 1990, 196-198.

[163] Siehe dazu vor allem Markus Engels/Petra Schwartz: Alliierte Restriktionen für die Außenwirtschaftspolitik der Bundesrepublik Deutschland. Das Röhrenembargo von 1962/63 und das Erdgas-Röhrengeschäft von 1982; in: Haftendorn/Riecke, 1996, 227-242, hier 227-232.

[164] Verhandlungen des Bundestages, Stenographische Berichte, 4. Wahlperiode/68. Sitzung, 18.3.1963, 3071.

[165] Vgl. Hildebrand, 1984, 172.

Wenn Sie herausgehen in die fremden Märkte, deutsche Waren zu verkaufen, dann handeln Sie nicht zuletzt im demokratischen Auftrag des deutschen Volkes, der Ihnen und (sic!) dessen Lebensrechte neu zu erringen und zu sichern heißt.[166]

Die deutschen Industriellen folgten den Worten ihres Wirtschaftsministers. Mußten noch 1950 fast ein Fünftel der Einfuhren mit Marshall-Plan-Geldern finanziert werden, so entspannte sich die Zahlungsbilanzkrise bereits im zweiten Halbjahr 1951. Von 1952 an erzielte die Bundesrepublik Überschüsse im Außenhandel. Bald konnten nicht nur die Kredite zurückgezahlt werden, die Bonn wegen seiner Devisenknappheit in den Jahren zuvor bei der *Europäischen Zahlungsunion* (EZU) aufgenommen hatte, sondern es schwoll auch der Gold- und Devisenbestand der Bundesbank rasch an. 1960 betrug er mehr als 30 Mrd. DM, 1970 fast 50 Mrd. DM. Der Handelsbilanzüberschuß erhöhte außenpolitische Handlungsfreiheit und Integrationsfähigkeit der Bundesrepublik. Bonn vermochte nämlich internationale Verpflichtungen einzugehen, die sein politisches Gewicht stärkten, ohne seine Netto-Gläubiger-Position zu untergraben.[167] Die schnelle Rückzahlung der Auslandsverbindlichkeiten durch das Londoner Schulden-Abkommen sowie die Kompensationsleistungen für Israel und die *Claims Conference* durch das Luxemburger Abkommen waren nur möglich, weil die Bundesrepublik hohe Überschüsse im Warenaustausch mit dem Ausland erzielte. Ebenso konnte die Hallstein-Doktrin in der Dritten Welt allein deshalb so lange und so erfolgreich durchgesetzt werden, weil Bonn aufgrund seiner glänzenden ökonomischen Lage die Entwicklungsländer mit wirtschaftlichen Anreizen zu locken vermochte. Schließlich wurde Westdeutschland nicht zuletzt darum rasch ein geschätztes Mitglied in internationalen Organisationen, weil es ein potenter und williger Beitragszahler war.[168] Sein zunehmendes wirtschaftliches und monetäres Gewicht fand vor allem in der Mitwirkung im IWF seinen Ausdruck. Bereits 1959 zählte die Bundesrepublik zu den fünf stärksten Mitgliedern und erhielt ebenso wie die USA, Großbritannien, Frankreich und Japan einen eigenen Exekutivdirektor.[169]

---

[166] Ludwig Erhard: Rede anläßlich der Kundgebung zur Exportförderung, 9.3.1950; zit. nach Tudyka, 1978, Bd. 2, 357.

[167] Vgl. Abelshauser, 1983, 161.

[168] Vgl. Bellers, 1990, 203.

[169] Vgl. Hans-Eckart Scharrer: Die Bundesrepublik Deutschland im internationalen Währungssystem; in: Schwarz, H.-P., 1975a, 383-405, hier 389.

Getragen wurde der deutsche Handelsbilanzüberschuß von der Unterbewertung der D-Mark, die deutsche Güter für das Ausland billiger, Importwaren hingegen teurer machte. Die Unterbewertung beruhte darauf, daß die Bundesrepublik eine stabilitätsorientiertere Wirtschaftspolitik verfolgte als ihre wichtigsten Handelspartner. Da die Inflationsrate in Westdeutschland langsamer stieg als etwa in Großbritannien, Frankreich oder den USA, hätte die D-Mark unter dem System fester Wechselkurse in bestimmten Abständen aufgewertet werden müssen, um die unterschiedlichen monetären Entwicklungen zu kompensieren. Da dies unterblieb beziehungsweise zu spät und in zu geringem Umfang geschah, besaß die Bundesrepublik in den fünfziger und sechziger Jahren einen wichtigen Wettbewerbsvorteil gegenüber ihren Konkurrenten. Allerdings hatte der hohe Handelsbilanzüberschuß auch Schattenseiten. Ökonomisch bedeutete er, daß die Bundesrepublik mehr reale Güter an das Ausland lieferte als sie erhielt; das minderte den gesamtwirtschaftlichen Wohlstand. Zudem heizten die Überschüsse die Inflation an, weil die Deutsche Bundesbank die Devisenzuflüsse ja in D-Mark umtauschen mußte und so die Geldmenge stärker wuchs als geplant. Wichtiger waren aber die politischen Folgen des hohen Überschusses im Warenaustausch. Seit Ende der fünfziger Jahre geriet die Bundesrepublik unter permanenten Druck Frankreichs, Großbritanniens und der USA, die D-Mark aufzuwerten. Wolfram Hanrieder hat dieses Grunddilemma des bundesdeutschen Wirtschaftswunders treffend beschrieben: *"Je erfolgreicher [die] Stabilitätspolitik innerhalb der Bundesrepublik war, desto mehr Spannungen und Konflikte ließ sie im internationalen Umfeld entstehen. Jeder gegenwärtige deutsche Erfolg barg bereits zukünftige Probleme in sich."*[170]

Dollarschwemme und Lastenteilung

Zur Hauptursache der Friktionen im internationalen Währungssystem entwickelte sich seit der zweiten Hälfte der fünfziger Jahre allerdings das Defizit in der amerikanischen Handelsbilanz. Hatte Europa davor unter einem akuten Dollarmangel gelitten, der nur durch die Marshall-Plan-Gelder abgemildert werden konnte, so änderte sich die Situation schon wenige Jahre später. Der Grund dafür war, daß die Vereinigten Staaten aus sicherheitspolitischen Gründen mehr als 300.000 Soldaten in Europa stationierten - die meisten davon in West-

---

[170] Hanrieder, 1995, 254.

deutschland -, ihre Militärhilfe für die europäischen Verbündeten erhöhten und amerikanische Unternehmen kräftig im Ausland investierten.[171] Damit flossen immer mehr Dollar aus der Neuen in die Alte Welt und schließlich in die Tresore europäischer Notenbanken. Die Amerikaner konnten sich ein solches Zahlungsbilanzdefizit weit eher leisten als ihre europäischen Partner, weil sich der Dollar im Rahmen des Bretton-Woods-Systems zur Reserve- und Ankerwährung entwickelt hatte. In US-Dollar wurden die Wechselkurse berechnet und in US-Dollar wurden die Stützungskredite des IWF ausbezahlt. Zwar waren alle wichtigen Währungen fest aneinander gebunden, um Abwertungswettläufe wie in den dreißiger Jahren zu verhindern, aber allein der Dollar konnte gegen Gold zu einem festgesetzten Kurs bei der amerikanischen Notenbank eingetauscht werden. Dieses Privileg erlaubte es den Vereinigten Staaten, ihre Zahlungsbilanzdefizite mit der eigenen Währung zu finanzieren. Allerdings gab es auch dafür Grenzen. Als die US-Auslandsverbindlichkeiten 1959 erstmals die Höhe der US-Goldreserven erreichten, sah sich Washington zum Handeln gezwungen. Präsident Eisenhower sprach Ende 1960 die Frage der "Lastenteilung" (*burden sharing*) direkt an und versuchte, das Problem durch eine Exportoffensive bei Rüstungsgütern in den Griff zu bekommen. Sein Nachfolger Kennedy nahm diese Politik auf und machte sich sofort nach seiner Amtsübernahme daran, die Zahlungsbilanz zu sanieren und den wachsenden Dollarüberhang zu reduzieren.

Bevorzugter Adressat der Vereinigten Staaten war die Bundesrepublik. Nicht nur erwirtschaftete sie die höchsten Dollarüberschüsse, sondern ihre sicherheitspolitische Abhängigkeit von den USA machte sie auch für die amerikanischen Argumente am empfänglichsten. In einem Gespräch ließ Kennedy schon vier Wochen nach seiner Amtseinführung Bundesaußenminister von Brentano wissen: "*Das Defizit der Vereinigten Staaten geht ausschließlich auf die Verpflichtungen und Handlungen zurück, die sie für die gemeinsame Verteidigung der freien Welt übernommen haben.*"[172] Und in einem der Bundesregierung am selben Tag zugeleiteten Memorandum hieß es: "*Ein wesentlicher Teil des deutschen*

---

[171] Zum folgenden vgl. vor allem Elke Thiel: Dollar-Dominanz, Lastenteilung und amerikanische Truppenpräsenz in Europa. Zur Frage kritischer Verknüpfungen währungs- und stationierungspolitischer Zielsetzungen in den deutsch-amerikanischen Beziehungen, Baden-Baden 1979; und Gregory F. Treverton: The "Dollar Drain" and American Forces in Germany. Managing the Political Economics of Alliance, Ohio 1978.

[172] "Kommuniqué über die Besprechung zwischen Präsident Kennedy und Bundesaußenminister von Brentano in Washington am 17.2.1961"; abgedr. in EA, Vol. 16/6 (1961), D164.

Überschusses resultiert direkt aus den Verteidigungsprogrammen der freien Welt."[173] Von dieser Feststellung war es nur ein kurzer Weg bis zur Forderung, Bonn möge das seine zur Lösung des amerikanischen Zahlungsbilanzproblems beitragen. Rechtlich entbehrte ein solches Sonderopfer zwar jeder Grundlage, da die US-Streitkräfte aufgrund frei verhandelter Verträge in der Bundesrepublik stationiert und die Kosten für ihren Unterhalt vom Entsendestaat zu tragen waren.[174] Westdeutschland war aber durchaus bereit, Washington in der Frage der "Truppendollars" entgegenzukommen, um die Fortsetzung des verteidigungspolitischen Engagements der USA in Europa sicherzustellen. So zahlte die Bundesrepublik ihre Schulden bei Amerika früher als geplant zurück, erhöhte ihren Beitrag an gemeinsamen militärischen Entwicklungsprojekten und tätigte ihre Waffenkäufe für die im Aufbau befindliche Bundeswehr vor allem in den Vereinigten Staaten. Insgesamt schloß Bonn von 1961 bis 1975 acht Devisenausgleichsabkommen mit Washington mit einem Gesamtvolumen von 11 Mrd. Dollar.[175] Noch 1961 wertete die Bundesregierung die D-Mark um fünf Prozent auf. Auch wenn diese Währungsanpassung die Spannungen kurzfristig milderte, kam sie doch Jahre zu spät und stellte ein erstes Anzeichen dafür dar, daß es aufgrund der hartnäckigen Leistungsbilanzungleichgewichte im Gebälk des Bretton-Woods-Systems zu krachen begann.[176]

Als die deutsche Seite ab 1963 nicht mehr so viele Rüstungsgüter benötigte und die US-Regierung immer mehr Dollar für die gleichzeitige Finanzierung des Vietnam-Kriegs und der Sozialleistungen im Rahmen der *Great Society*-Programme drucken ließ, stiegen die Überschüsse erneut. Washingtons Forderungen wurden nun immer direkter. Präsident Johnson rang Kanzler Erhard bei dessen Besuchen in den Vereinigten Staaten Zusagen über neue Waffenkäufe ab. 1965/66 verschlechterte sich allerdings die Bonner Haushaltslage als Folge des wirtschaftlichen Abschwungs und der im Bundestagswahlkampf versprochenen großzügigen Wahlgeschenke. Der Kanzler versuchte deshalb, die deutschen Zahlungen zu

---

[173] "Memorandum der Vereinigten Staaten an die Bundesregierung vom 17.2.1961"; abgedr. in ebd., D166.

[174] Vgl. Haftendorn, 1994, 229.

[175] Vgl. Monika Medick: "Burden-sharing" und Devisenausgleich als Problem der deutsch-amerikanischen Beziehungen; in: Manfred Knapp (Hg.): Die deutsch-amerikanischen Beziehungen nach 1945, Frankfurt/New York 1975, 188-227.

[176] Vgl. Thilo Sarrazin: Der EURO. Chance oder Abenteuer?, Bonn 1997, 55.

verringern, konnte sich damit aber während einer Staatsvisite bei Johnson im September 1966 nicht durchsetzen.[177] Erhard war politisch schwer angeschlagen und trat nur wenige Wochen später zurück. Aus dem stillschweigenden Einverständnis zwischen Washington und Bonn, daß die Bundesrepublik einen Beitrag zu den US-Verteidigungslasten in Form von Einkäufen in den Vereinigten Staaten leistete, war damit unversehens ein amerikanischer Anspruch geworden. Zunächst latent, dann immer offener verlieh die US-Administration nun ihren Wünschen mit dem Argument Nachdruck, andernfalls müsse sie ihre Truppen in Westdeutschland reduzieren. Initiativen des Kongresses in diese Richtung und die Entwicklung von Großraumflugzeugen, die eine schnelle Truppenverlegung erlaubten, verschafften diesen Forderungen zusätzliche Durchschlagskraft. Da die Bundesrepublik an einer unverminderten Fortsetzung der amerikanischen Präsenz höchstes Interesse hatte, kam sie den USA in dieser Frage entgegen. Am 30. Mai 1967 versicherte Bundesbankchef Karl Blessing seinem Counterpart beim amerikanischen *Federal Reserve Board* (Fed) sogar schriftlich, daß man auch in Zukunft darauf verzichten werde, die Dollarguthaben in Gold einzutauschen.[178] Zudem kaufte die Deutsche Bundesbank 1967 und noch einmal 1969 US-Staatsanleihen im Gesamtwert von 4 Mrd. Dollar. Westdeutschland finanzierte damit einen erheblichen Teil des amerikanische Zahlungsbilanzdefizits. Andere Länder, allen voran de Gaulles Frankreich, tauschten dagegen zunächst ausgiebig ihre Dollarguthaben in Gold ein.[179]

Im Zuge der Eskalation des Vietnam-Kriegs verschlechterte sich die amerikanische Zahlungsbilanz weiter: 1968 standen Goldreserven von 11 Mrd. Dollar Auslandsverbindlichkeiten von fast 40 Mrd. Dollar gegenüber. Angesichts dieses Ungleichgewichts war eine Verteidigung der Dollar-Gold-Parität aussichtslos. Im März 1968 wurde deshalb der Goldpreis freigegeben, der bislang auf 35 Dollar pro Feinunze fixiert war. Von da an konnten nur mehr Zentralbanken ihre Dollars "vergolden". Wie die Deutsche Bundesbank hielten sich jedoch auch die anderen Notenbanken zurück, weil sie wußten, daß weitere Umtausch-

---

[177] Der Inhalt der Gespräche ist zusammengefaßt bei Haftendorn, 1994, 248-250. Vgl. dazu auch die Schilderungen des damaligen US-Botschafters in Bonn, George McGhee: At the Creation of Germany. From Adenauer to Brandt. An Ambassador's Account, New Haven/London 1990, 188-191.

[178] Der "Blessing-Brief" ist abgedr. in "Auszüge aus Presseartikeln der Deutschen Bundesbank", Nr. 34/1967 (12.5.1967).

[179] Vgl. Bellers, 1990, 298.

aktionen eine Währungskrise auslösen würden. Selbst Frankreich, das nach den Maiunruhen 1968 mit eigenen Zahlungsbilanzproblemen zu kämpfen hatte, beachtete die neuen Regeln. Damit war die Welt praktisch zu einem reinen Dollarstandard übergegangen. Die USA konnten es sich nun leisten, in der Zahlungsbilanzfrage eine Haltung der "wohlwollenden Vernachlässigung" (*benign neglect*) einzunehmen und die Anpassungslasten auf die Überschußländer abzuwälzen.[180]

Daß der Dollar weiter unter Druck geriet, kümmerte Washington dabei zunächst wenig. Als es jedoch zu starken spekulativen Devisenabflüssen aus Dollar, Franc und Pfund in die unterbewertete deutsche Währung kam, drangen die USA, Frankreich und Großbritannien immer lautstärker auf eine deutliche Aufwertung der D-Mark. Auf einer Währungskonferenz der *Zehnergruppe* in Bonn Ende November 1968 wiesen Finanzminister Strauß und Wirtschaftsminister Schiller die teilweise schroff vorgetragenen Forderungen zurück. Die deutschen Minister erschienen als strahlende Sieger, die Verbündeten mußten einsehen, daß sie nicht viel ausrichten konnten, wenn die Bundesrepublik ihre ökonomischen Muskeln spielen ließ. Die Schlagzeile der *Bild*-Zeitung "*Jetzt sind die Deutschen Nummer 1 in Europa*" war nicht untypisch für die Stimmung im Lande.[181] Als die sozial-liberale Bundesregierung ein Jahr später die D-Mark gleich nach ihrem Wahlsieg doch aufwertete, war dies lange überfällig und vom Umfang nicht ausreichend, um die Spannungen im System dauerhaft zu mildern. Nachdem die amerikanischen Verbindlichkeiten 1971 68 Mrd. Dollar erreicht hatten, entschloß sich Präsident Nixon, die Gold-Dollar-Konvertibilität auch de jure aufzuheben. Das System von Bretton-Woods war schwer angeschlagen. Die Neuordnung der Wechselkurse erwies sich als von kurzer Dauer. Schon 1973 zerbrach das System der festen Währungsparitäten endgültig, als sich die EG-Staaten unter Führung des deutschen Finanzministers Schmidt weigerten, den Dollar weiter zu stützen.

Wichtigster Grund für das Scheitern von Bretton-Woods war, daß die USA die Leitwährungsrolle des Dollars ausnutzten und ihre nationalen Interessen vor ihre Verpflichtung gegenüber dem Weltwährungssystem stellten. Konkret: Washington bezahlte seine ambitiösen innenpolitischen Programme und den Vietnam-Krieg nicht mit eigenen Ressourcen

---

[180] Vgl. Thiel, 1979, 100.

[181] Vgl. Hildebrand, 1984, 322/3.

sprich: Steuererhöhungen, sondern mit schnell gedruckten Dollars, die die Europäer aufnehmen mußten. Ein solches Finanzgebaren stieß in Europa auf immer schärfere Kritik.
Blessing bezeichnete die US-Zentralbank gar als *"perfekte Inflationsmaschine"*.[182] Als die
Bundesrepublik als wichtigster Financier nicht mehr bereit war, die amerikanischen Lei-
stungsbilanzdefizite durch Dollarkäufe auszugleichen und damit die Stabilität der eigenen
Währung zu riskieren, kollabierte das System. Nach der Freigabe der Wechselkurse nahm
die Abhängigkeit Westdeutschlands von den Vereinigten Staaten ab. Blessings Nachfolger
Otmar Emminger nannte es später eine entscheidende Wende in der deutschen Stabilitätspolitik, *"als wir die Nabelschnur zur festen Dollarparität durchschnitten, den Zwang zum unbe-
grenzten Dollarankauf zu festen Kursen aufhoben und dadurch die Herrschaft über die eigene
Geldversorgung zurückgewannen."*[183] Die Asymmetrie im Bereich der monetären Interdependenz war damit ein großes Stück abgebaut, die Bundesrepublik im internationalen
Finanzsystem zum zweitwichtigsten Spieler aufgestiegen.[184]

5.5. Fazit

1) Kennzeichnend für die deutsche Außenpolitik im Zeitraum 1955 bis 1969 blieb die
Abhängigkeit der Bundesrepublik von der amerikanischen Sicherheitsgarantie. Solange die
Bedrohung durch die Sowjetunion zu den Konstanten der deutschen Außenpolitik zählte,
verfügte Westdeutschland ohne eigene Atomwaffen und ohne europäische Verteidigungsgemeinschaft über keine Alternative zum nuklearen Schutzschirm der USA. Bonn war
dadurch gezwungen, Veränderungen in der amerikanischen Verteidigungskonzeption nachzuvollziehen.

2) Die unterschiedlichen geostrategischen Positionen der Bundesrepublik und der Vereinigten
Staaten sowie der Statusunterschied zwischen der Kern- und der Nicht-Kernwaffenmacht
hatten eine divergierende sicherheitspolitische Risikoeinschätzung zur Folge. Dieses Problem,

---

[182] Zit. nach Hanrieder, 1995, 303.

[183] Otmar Emminger: Die internationale Bedeutung der deutschen Stabilitätspolitik. Vortrag vor der Mitgliederversammlung der Deutschen Gesellschaft für Auswärtige Politik am 28. Juni 1977 in Bonn; abgedr. in EA,
15/1977, 509-514, hier 509.

[184] Vgl. Knapp, 1975, 210.

das sich am deutlichsten in der Frage der Nuklearstrategie der NATO stellte, konnte zwar auf Verfahrenswegen eingedämmt werden, grundsätzlich lösen ließ es sich aber nicht.

3) Auch für die bundesdeutsche Ost- und Deutschlandpolitik setzte die amerikanische Außen- und Sicherheitspolitik den Rahmen. Zwar versuchte Westdeutschland schon seit der zweiten Hälfte der fünfziger Jahre, seine Konzeption "Wiedervereinigung vor Entspannung" im Westen durchzusetzen. Aber die USA zeigten sich nur anfangs bereit, ihre bilateralen Beziehungen zur anderen Supermacht durch den deutschen Sonderkonflikt mit der UdSSR beeinflussen zu lassen. Schon die Große Koalition begann deshalb, auch in diesem Politikbereich auf die amerikanischen Vorgaben einzuschwenken.

4) In einem Bereich vermochte sich die Bundesrepublik dagegen rasch zu emanzipieren: der Wirtschaft. Die glänzende makroökonomische Entwicklung der fünfziger und sechziger Jahre verlieh Westdeutschland in internationalen Währungs- und Handelsfragen ein Gewicht, das es zur Förderung seiner freihändlerischen und stabilitätspolitischen Ziele einsetzen konnte. Zwar bot die Asymmetrie zwischen den ökonomischen Konkurrenzbeziehungen und den sicherheitspolitischen Abhängigkeitsbeziehungen Washington einen Ansatzpunkt, die Bundesrepublik etwa beim Erdgas-Röhren-Geschäft mit der UdSSR oder in der Frage der US-Leistungsbilanzdefizite zu Entgegenkommen zu bewegen. Wenn die eigenen wirtschafts- und währungspolitischen Ziele aber zu stark ins Hintertreffen zu geraten drohten wie dies Ende der sechziger, Anfang der siebziger Jahre bei den Wechselkursen der Fall war, widersetzte sich Bonn den Wünschen der westlichen Partner.

5) Die Europapolitik spielte zunehmend eine Sonderrolle in der deutschen Außenpolitik, weil sie es der Bundesrepublik erlaubte, ihre nationalen Ziele zu verfolgen, ohne bei den Nachbarn Besorgnisse über mögliche Alleingänge zu wecken. Auch nach dem Scheitern der EVG drängte Bonn deshalb auf weitere Integrationsschritte im wirtschaftlichen und politischen Bereich. Ihren vorläufigen Höhepunkt fanden die deutschen Bemühungen um die Einigung Europas 1957 in der Gründung der EWG. Während der Präsidentschaft de Gaulles (1958- 1968) mußte sich die Europapolitik der Bundesrepublik indes mehr auf die Bewahrung des Erreichten konzentrieren als daß sie neue integrationspolitische Impulse geben konnte.

6) In seiner Westpolitik mußte Bonn darauf bedacht sein, nicht in eine Lage zu geraten, in der es zwischen Washington und Paris zu wählen hatte. Dies war lange Zeit unproblematisch, weil die USA die europäische Einigung nachdrücklich unterstützten, um einen ökono-

misch starken und politisch geeinten Partner in ihrer globalen Politik der Eindämmung der Sowjetunion zu haben, und weil Frankreich in der Integration der Bundesrepublik in europäische Strukturen den besten Weg zur Gewährleistung seiner Sicherheit sah. Als de Gaulle jedoch die Bundesrepublik für sein Konzept der "Dritten Kraft" Europa mit anti-amerikanischer Stoßrichtung zu gewinnen versuchte, konnte dies Washington und mit ihm der atlantische Flügel in der deutschen Politik nicht akzeptieren.

6. Emanzipation (1969-1989)

In der Phase von 1955 bis 1969 war die Außenpolitik der Bundesrepublik durch das Bemühen gekennzeichnet, zum einen durch die europäische Integration Mitsprache über die eigenen Geschicke zu erreichen und zum anderen unter der Bedingung einer zunehmenden Asymmetrie der Interdependenz mit den USA eigene Vorstellungen gegenüber Washington zu entwickeln und durchzusetzen. Während Westdeutschland im ersten Punkt im großen und ganzen erfolgreich war, fiel die Bilanz im zweiten mager aus. Mehrere Gründe trugen dazu bei, daß sich Bonn seit Ende der sechziger, Anfang der siebziger Jahre stärker außenpolitisch von Washington zu emanzipieren vermochte: die Bundesrepublik hatte sich als verläßlicher Partner in der europäischen Politik sowie in den transatlantischen Beziehungen etabliert und mußte ihre West-Treue nicht mehr täglich unter Beweis stellen; die Entspannung zwischen den Supermächten verminderte die Gefahr einer kriegerischen Auseinandersetzung in Mitteleuropa und damit die Abhängigkeit Westdeutschlands von der Sicherheitsgarantie Washingtons; das Bretton-Woods-System, das die Hegemonialposition der USA festschrieb, bekam Risse und zerbrach schließlich 1973; die Energien der amerikanische Diplomatie waren vom Vietnam-Krieg absorbiert, was die Bewegungsfreiheit der Bundesrepublik erhöhte. Diese Umstände erlaubten es Bonn, in stärkerem Maße als bisher eigene außenpolitische Initiativen zu entwickeln und sukzessive eine gestaltende Rolle in der internationalen Politik zu übernehmen. Erster und wichtigster Bereich, in dem sich die neue deutsche Selbständigkeit manifestierte, war die Ost- und Deutschlandpolitik.[1]

6.1 Die Ost- und Deutschlandpolitik

Im Wahlkampf des Sommers 1969 war es zwar vornehmlich um wirtschaftliche Themen gegangen, aber auch die Ost- und Deutschlandpolitik hatte eine nicht unwichtige Rolle gespielt. Während sich die Gräben zwischen den Partnern der Großen Koalition vertieften, zeigten die Wahlkampfprogramme von SPD und FDP eine auffallende Ähnlichkeit in ihrem

---

[1] Für die Ost- und Deutschlandpolitik der Ära Brandt/Scheel siehe vor allem Link, Werner: Außen- und Deutschlandpolitik in der Ära Brandt 1969-1974; in: Karl-Dietrich Bracher/Wolfgang Jäger/Werner Link: Republik im Wandel 1969-1974. Die Ära Brandt, Stuttgart 1986, 163-284. (= Geschichte der Bundesrepublik Deutschland, Bd. 5/I); und Margit Roth: Zwei Staaten in Deutschland. Die sozial-liberale Deutschlandpolitik und ihre Auswirkungen 1969-1978, Opladen 1981. Bisher unzugängliche Dokumente zur Deutschlandpolitik der sozial-liberalen Koalition veröffentlichte Heinrich Potthoff: Bonn und Ost-Berlin 1969-1982, Bonn 1997.

Wunsch nach einer weiteren Verbesserung der Beziehungen zu den östlichen Nachbarn. Das ließ die Machthaber im Kreml aufhorchen. Noch vor den Wahlen luden sie die Führungen beider Parteien nach Moskau ein und deuteten damit eine neue Verständigungsbereitschaft an. Die Gründe für die positive Reaktion der UdSSR lagen auf der Hand: Erstens schienen SPD und FDP sehr viel eher bereit als die Union, die sowjetischen Forderungen nach Anerkennung des zweiten deutschen Staates und damit des Status quo in Europa zu erfüllen. Zweitens hoffte Moskau nach den bewaffneten Kämpfen mit chinesischen Grenztruppen am Ussuri am 2. März 1969, durch eine Entspannung in den Beziehungen zum Westen den Rücken für den Konflikt mit Peking freizubekommen.

Bei den Bundestagswahlen im September 1969 wurde die Union mit 46,1 Prozent wieder stärkste Partei. Die SPD erzielte mit 42,7 Prozent ihr bis dato bestes Ergebnis, während die FDP fast die Hälfte ihrer Stimmen verlor und mit 5,8 Prozent nur mehr knapp über die 5-Prozent-Hürde kam. Da die NPD mit 4,6 Prozent den Einzug in den Bundestag verpaßte, besaßen SPD und FDP eine Mehrheit von zwölf Mandaten. Brandt und Scheel verständigten sich nun rasch auf ein Bündnis ihrer Parteien, das bereits sechs Monate zuvor bei der Wahl des Sozialdemokraten Gustav Heinemann zum Bundespräsidenten erstmals erprobt worden war.[2] Die gravierenden wirtschafts- und gesellschaftspolitischen Differenzen der beiden Koalitionspartner wurden von den weitgehend identischen Vorstellungen in der Außenpolitik und dem Willen, zwanzig Jahre Unions-Herrschaft zu beenden, in den Hintergrund gedrängt. Wohin die Reise ost- und deutschlandpolitisch aber genau gehen sollte, war beiden Seiten nicht völlig klar. Wichtige außenpolitische Akteure der SPD wie Herbert Wehner, Helmut Schmidt und Egon Bahr hatten sich auf die Fortsetzung der Zusammenarbeit mit der CDU/CSU eingerichtet. In der Koalitionsvereinbarung hieß es deshalb unter "Punkt 3: Außenpolitik" unspezifisch, man wolle die Politik *"aufgrund der Friedensnote der Bundesregierung vom Frühjahr 1966 und des außenpolitischen Teils der Regierungserklärung vom 13. September 1966 kontinuierlich [weiterentwickeln]"*. Daß sich die FDP dabei als Antreiber verstand, machte "Punkt 1" des Abkommens deutlich: Hier erklärten die Liberalen, es sei ihre *"unverzichtbare Forderung"*, die Hallstein-Doktrin fallenzulassen.[3]

---

[2] Zur Vorgeschichte und Bildung der sozial-liberalen Koalition siehe Baring/Görtemaker, 1982, 27-194.

[3] Zit. nach ebd., 1982, 244/5.

Der entscheidende Bruch mit der bisherigen Außenpolitik der Bundesrepublik wurde aber nicht in der Koalitionsvereinbarung, dem Kabinett, der Fraktion oder der Parteizentrale vollzogen. Er ging vielmehr auf einen Vorschlag Brandts zurück, dem Scheel zustimmte. Beide fügten nämlich einen Satz in den Entwurf der Regierungserklärung ein, der die Kontinuität mit der Politik Adenauers, Erhards und Kiesingers verließ.[4] So sagte der Kanzler am 28. Oktober 1969 vor dem Deutschen Bundestag nach einigen harmlosen Ausführungen zum künftigen Verhältnis zur DDR: "*Auch wenn zwei Staaten in Deutschland existieren, sind sie doch füreinander nicht Ausland.*"[5] Damit hatte der Regierungschef der Bundesrepublik die DDR als Staat anerkannt und ihr alle Eigenschaften eines Völkerrechtssubjekts zugesprochen. Bahr, dem manchmal die Autorenschaft der "zwei Staaten in Deutschland"-Passage nachgesagt wurde, war in Wahrheit damals gegen die Anerkennung, weil er sie als wichtiges Pfand für spätere Verhandlungen zurückhalten wollte.[6] Brandt meinte jedoch, nur das Eingehen auf diese alte sowjetische und ostdeutsche Forderung werde die Dinge wirklich in Gang bringen. In diesem Kontext war auch die Ankündigung zu sehen, dem langjährigen Drängen Moskaus nachzugeben und den Atomwaffensperrvertrag zu unterzeichnen. Um nicht völlig ohne Verhandlungsmasse bei etwaigen Gesprächen mit Moskau oder Ost-Berlin dazustehen, erwähnte der Kanzler die vereinbarte Aufgabe der Hallstein-Doktrin nicht. In einer nicht für die Öffentlichkeit bestimmten Anweisung für die Auslandsmissionen der Bundesrepublik hieß es sogar, den Bestrebungen der DDR nach Anerkennung solle so lange entgegengewirkt werden, bis Ost-Berlin zu einer Regelung der innerdeutschen Beziehungen bereit sei.[7] In dieser nach dem neuen Außenminister benannten "*Scheel-Doktrin*" lebte also ein Restbestand der Hallstein-Doktrin fort.

Für das neue Selbstverständnis der SPD/FDP-Regierung sprach auch, daß die so wichtige "zwei Staaten in Deutschland"-Formulierung nicht mit den Westmächten abgesprochen war, obwohl es dabei um eine Frage ihres ureigensten Verantwortungsbereichs ging.

---

[4] Vgl. Karl Moersch: Kurs-Revision. Deutsche Politik nach Adenauer, Frankfurt a.M. 1978, 125.

[5] "Zwei deutsche Staaten ...". Regierungserklärung des Bundeskanzlers Willy Brandt vor dem Deutschen Bundestag am 28. Oktober 1969. Auszüge zur Außenpolitik; in: Auswärtiges Amt, 1995, 329-333, hier 330.

[6] Vgl. Baring/Görtemaker, 1982, 247/8.

[7] Vgl. Klaus Körner: Die innerdeutschen Beziehungen; in: Schwarz, H.-P., 1975a, 616-646, hier 639.

Gegenüber ausländischen Journalisten unterstrich Brandt: *"Ich verstehe mich als Kanzler nicht eines besiegten, sondern eines befreiten Deutschland. Unsere Partner in der Welt werden es mit einer loyalen, aber nicht immer bequemen Regierung zu tun bekommen."*[8] Und in seiner Regierungserklärung betonte der Kanzler, die gemeinsamen deutsch-amerikanischen Interessen seien tragfähig genug *"für eine selbständigere deutsche Politik in einer aktiveren Partnerschaft"*.[9]

Jenseits des Atlantiks nahm man solche Ankündigungen mit gemischten Gefühlen auf, dämmerte es den Entscheidungsträgern doch, daß die neue Ostpolitik nicht ein bloßes Einschwenken auf eigene Vorgaben darstellte, sondern die Deutschen ihr Schicksal bis zu einem gewissen Grad selbst in die Hände zu nehmen und ihren Handlungsspielraum auszu- weiten gedachten. So waren der im Januar 1969 ins Amt gekommene Präsident Richard Nixon (1969-1974) und sein Sicherheitsberater Henry Kissinger zwar dabei, der Détente- Politik des Ausgleichs mit der Sowjetunion eine neue Qualität zu verleihen, aber sie hatten dies zunächst als bilaterales Unterfangen angelegt. Vor allem für Kissinger schien das erklärte Ziel der Bundesregierung, fest im Westen verankert zu bleiben, aber eine aktive Po- litik nach Osten lancieren zu wollen, auf einen Prioritätenkonflikt hinauszulaufen. In seinen Memoiren schilderte er später seine Bedenken so: *"It seemed to me that Brandt's new Ostpolitik, which looked to many like a progressive policy of quest for détente, could in less scrupulous hands turn into a new form of classic German nationalism."*[10] Wen er mit seiner Bemerkung von den "weniger vorsichtigen Händen" im Auge hatte, führte der wichtigste außenpolitische Berater Nixons auch gleich aus: *"Though Bahr was a man of the left, I consi- dered him above all a German nationalist who wanted to exploit Germany's central position to bargain with both sides."*[11] Auch ein so hochrangiger Mitarbeiter im Auswärtigen Amt

---

[8] Zit. nach Wolfgang Jäger: Die Innenpolitik der sozial-liberalen Koalition 1969-1974; in: Bracher u.a., 1986, 15-162, hier 24.

[9] "Zwei deutsche Staaten ...". Regierungserklärung des Bundeskanzlers Willy Brandt vor dem Deutschen Bundestag am 28. Oktober 1969. Auszüge zur Außenpolitik; in: Auswärtiges Amt, 1995, 329-333, hier 331.

[10] Henry Kissinger: White House Years, Boston/Toronto 1979, 409.

[11] Ebd., 411. Zum Mißtrauen Kissingers gegenüber Bahr siehe auch Strauß, 1989, 455. Die ausführlichste Darstellung des ost- und deutschlandpolitischen Denkens Bahrs bietet Andreas Vogtmeier: Egon Bahr und die deutsche Frage. Zur Entwicklung der sozialdemokratischen Ost- und Deutschlandpolitik vom Kriegsende bis zur Vereinigung, Bonn 1996. Sehr kritisch bewertet Bahrs Motive und Verhandlungsführung der langgediente Bonner

wie Staatssekretär Paul Frank sah in Bahr vor allem einen *"idealistischen Nationalisten"*.[12] Bahr selbst hatte mit dieser Charakterisierung keine Probleme.[13]

Die konzeptionelle Grundlage der neuen Ostpolitik
der Regierung Brandt/Scheel (1969-1974)

In der Tat ließ das ost- und deutschlandpolitische Konzept des engsten außenpolitischen Mitarbeiters Brandts und Staatssekretärs im Kanzleramt eine solche Deutung als nicht abwegig erscheinen. Die Wiedervereinigung, so hatte Bahr schon in seiner berühmten Rede am 15. Juli 1963 in Tutzing ausgeführt, werde nicht ein einzelner Akt sein, sondern *"ein Prozeß mit vielen Schritten und vielen Stationen"*.[14] Dabei gebe es keine Veränderung der Lage in der DDR ohne das Placet des Kreml: *"Die Zone muß mit Zustimmung der Sowjets transformiert werden."* Nur wenn man Moskau und dem DDR-Regime die Angst vor der Infragestellung ihrer territorialen Integrität nehme, könne man eine Auflockerung der Grenzen und der Mauer erreichen. *"Das ist eine Politik"*, faßte Bahr zusammen, *"die man auf die Formel bringen könnte: Wandel durch Annäherung."*[15]

Wie diese "Annäherung" zur Lösung der deutschen Frage führen sollte, konkretisierte Bahr, der *"konzeptionell fähigste meiner Mitarbeiter"* (Brandt)[16], 1968 als Leiter des Planungsstabs des AA in einem Arbeitspapier: die Teilung lasse sich letztlich nur durch *"die Überwindung des Status quo durch eine europäische Friedensordnung"* beseitigen.[17] Dieses

---

Beamte auf dem Feld der Deutschlandpolitik, Kurt Plück ("Der schwarz-rot-goldene Faden. Vier Jahrzehnte erlebter Deutschlandpolitik, Bonn 1997").

[12] Paul Frank: Entschlüsselte Botschaft. Ein Diplomat macht Inventur, Stuttgart 1981, 284.

[13] Vgl. Hildebrand, 1984, 327.

[14] "15. Juli 1963: Vortrag des Leiters des Presse- und Informationsamtes des Landes Berlin, Bahr, in der Evangelischen Akademie Tutzing"; abgedr. in "Dokumente zur Deutschlandpolitik", Reihe IV/Bd. 9, Frankfurt a.M. 1978, 572-575, hier 573.

[15] Ebd., 575.

[16] Willy Brandt: Erinnerungen, Berlin/Frankfurt a.M. 1989, 73.

[17] Dieses Papier wurde der Illustrierten Quick zugespielt und am 27. September 1973 unter dem provokanten Titel "Wie Egon Bahr Deutschland neutralisieren will" veröffentlicht. Bahr selbst zitiert es in Egon Bahr: Sicherheit für und vor Deutschland. Vom Wandel durch Annäherung zur europäischen Sicherheitsgemeinschaft, München

Ziel sei am besten durch ein vollständig neues Sicherheitssystem zu erreichen, das die NATO und den Warschauer Pakt ersetzt. Da das aber im Moment kaum verwirklichbar sei, müsse man zunächst dafür sorgen, daß sich die bestehenden Bündnisse arrangierten und zu einem Ausgleich der Interessen fänden. Eine erste Maßnahme auf diesem Weg, so Bahr damals, sei die größtmögliche Entspannung zwischen beiden Blöcken und der Abbau konventioneller Truppen. Als nächsten Schritt gelte es eine atomwaffenfreie Zone in Mitteleuropa zu schaffen. Diese Vorstellungen erinnerten mehr an den Rapacki-Plan und andere Disengagement-Pläne der späten fünfziger Jahre als an die Politik der bisherigen Bundesregierungen. Dieses hätten eine Lockerung der Westbindung unter keinen Umständen auch nur erwogen, nicht einmal für den Preis der Wiedervereinigung. Das Ergebnis einer konsequenten Umsetzung von Bahrs Konzept wäre dagegen ein Deutschland zwischen Ost und West gewesen. *"Adenauer begegnete Bismarck"*, formulierte Timothy Garton Ash spitz.[18]

Die USA, allen voran Kissinger, konnten einer solchen Perspektive nichts abgewinnen. In einem Interview mit dem Nachrichtenmagazin *Der Spiegel* betonte der Außenpolitiker später, er habe stets die Gefahr gesehen, daß Deutschland aufgrund seiner geographischen Lage *"eine völlig separate und spezielle Politik"* betreiben könnte und damit *"all die Gefahren heraufbeschwört, die es eigentlich zu vermeiden sucht"*. *"Das war"*, so Kissinger weiter, *"immer Bestandteil der deutschen Politik, egal, ob es sich um die Hallstein-Doktrin handelte, mit der man das Risiko der Konfrontation lief, oder um die Ostpolitik mit dem Risiko zu excessiver Verhandlungen"*.[19] Mit seinem letzten Halbsatz meinte der Sicherheitsberater, die UdSSR werde den Wunsch der Bundesregierung nach einer Neuordnung des Verhältnisses dazu nutzen, eine selektive Entspannung mit Bonn zu verfolgen und Sonderbeziehungen zu Westdeutschland an Washington vorbei zu etablieren. Er ließ Staatssekretär Frank bei dessen Antrittsbesuch in Washington deshalb wissen: *"Eines will ich Ihnen sagen, wenn schon Entspannungspolitik mit der Sowjetunion gemacht werden soll, dann machen wir sie."*[20]

1991, 42-52.

[18] Garton Ash, 1993, 126.

[19] "Ich habe Bismarck studiert und bewundert". Henry Kissinger über Sowjet-Rüstung, den Konflikt Moskau - Peking, die Kreml-Führung und Kissinger (II); Der Spiegel, 31/1978 (31.7.1978), 99.

[20] So berichtet Frank, 1979, 287. Heraushebung im Original.

Letztlich blieben die weitreichenden Pläne Bahrs jedoch in der Schublade. Das lag zum einen daran, daß andere Spitzenpolitiker der Koalition wie Brandt, Schmidt und Scheel nicht bereit gewesen wären, die Westverankerung zu lockern und die NATO zur Disposition zu stellen. Zum anderen kamen die Pläne für eine Abrüstung in Mitteleuropa (Mutual and Balanced Force Reductions = MBFR) nicht recht vom Fleck, weil die USA nicht mitzogen. *"We deflected the German initiative by supporting a Canadian set of general MBFR principles of inspired vagueness"*, konstatierte Kissinger nüchtern.[21] Schließlich war Bahr mit seinen Verhandlungen mit Moskau und Ost-Berlin so beschäftigt, daß kaum Zeit für großangelegte Vorstöße in Richtung einer neuen europäischen Friedensordnung blieb. Als er sich von seinen Anstrengungen erholt hatte, wurde die Energie der Regierung bereits von anderen Problemen absorbiert.

Aber auch Washington hatte, so Kissinger wörtlich, noch ein *"Ass im Ärmel"* gehabt, um die Bundesregierung von unerwünschten Alleingängen abzuhalten: die Zuständigkeit für Berlin. Immer wenn die DDR nämlich eine bestimmte Entscheidung Bonns nicht paßte, antwortete sie mit neuen Schikanen gegen den Transitverkehr. Ohne eine Verbesserung der realen Situation der Stadt war deshalb an einen erfolgreichen Abschluß der Verhandlungen mit Moskau nicht zu denken. Eine Berlin-Vereinbarung erforderte jedoch die Zustimmung aller vier Siegermächte. *"Thus our active cooperation was crucial"*, analysierte Kissinger, *"we alone had the strength to counterbalance the reality of Berlin's isolation; in time we would achieve thereby a major voice in the process, however it was started."*[22] Berlin war also der Hebel, mit dem die amerikanische Administration verhindern konnte, als Garantiemacht für unbedachte oder nicht abgesprochene Vorstöße der Bundesrepublik einstehen zu müssen.

Der Moskauer Vertrag

Im neuen Kabinett war man sich bewußt, daß alle ostpolitischen Schlüssel in Moskau lagen. Weil sie dieser *"simplen, aber kardinalen Einsicht"*[23] (Baring) nicht genug Rechnung tru-

---

[21] Kissinger, 1979, 534.

[22] Ebd., 531.

[23] Baring/Görtemaker, 1982, 255.

gen, waren die Regierungen Erhard und Kiesinger mit ihren ostpolitischen Initiativen gescheitert. In seinem *Bericht zur Lage der Nation* betonte Brandt am 14. Januar 1970 deshalb, in Osteuropa könne Wesentliches seit 1945 nicht ohne und schon gar nicht gegen die UdSSR erreicht werden. Damit stand fest, daß Verhandlungen zunächst mit den Machthabern im Kreml geführt werden mußten. Dies hatte den zusätzlichen Vorteil, über die Sowjetunion auch auf den widerspenstigen SED-Chef Walter Ulbricht einwirken zu können. Ohne den Druck aus Moskau, darüber war man sich auf westdeutscher Seite im klaren, würde sich der Verzicht der DDR auf eine völkerrechtliche Anerkennung nicht durchsetzen lassen. Daß die Bundesregierung mit dieser Einschätzung richtig lag, machte eine Bemerkung des sowjetischen Außenministers Andrei Gromyko (1957-1985) in den späteren Verhandlungen deutlich: Man brauche sich, so Gromyko zynisch, *"keine besondere Sorge über die Haltung dritter Staaten"* - gemeint waren Polen und die DDR - zu machen, da der Kreml mit ihnen *"reden"* werde.[24]

Am 30. Januar 1970 nahm Bahr, *"Kopf und Herz der neuen, sozialliberalen Ostpolitik"*[25], in Moskau Sondierungsgespräche mit Gromyko auf. Daß die Wahl auf den Staatssekretär im Kanzleramt und nicht auf den Außenminister fiel, lag an seiner tieferen Vertrautheit mit der Materie und der Befürchtung, die Entsendung Scheels würde den Erfolgsdruck unnötig erhöhen. Ausgangspunkt der Unterredungen war die Antwort Moskaus auf die Gewaltverzichts-Note der Großen Koalition vom September 1969, in der der Kreml sein Interesse an einer weiteren Erörterung dieser Fragen bekundet hatte. Gleich in der ersten Sitzung machte Gromyko dem deutschen Unterhändler jedoch unmißverständlich klar, daß ein reines Gewaltverzichtsabkommen, wie Bonn es wünschte, der Sowjetunion nicht reiche. Vielmehr konfrontierte er Bahr mit 18 scharf formulierten und weitgehenden Forderungen.[26] Die wichtigsten lauteten: Völkerrechtliche Anerkennung der DDR und der europäischen Nachkriegsgrenzen, Festschreibung des Status Berlins als einer besonderen politischen Einheit, ein sowjetisches Interventionsrecht in der Bundesrepublik gemäß den Feindstaaten-

---

[24] So die Protokollnotizen Bahrs. Zit. ebd., 255.

[25] Ebd., 266.

[26] Die 18 Punkte erwähnte Gerhard Schröder, der Vorsitzende des Auswärtigen Ausschusses, in einem Interview mit der Illustrierten Quick; in: Nr. 32/70 (5.8.1970), 26.

Artikeln 53 und 107 der UN-Charta[27] und die förmliche Aufgabe des Ziels der Wiedervereinigung.

Da die Bundesrepublik über keinerlei Drohpotential verfügte, blieb ihr nur ein Netz von Vorleistungen und Anreizen, um den Kreml zu einem Abrücken von seinen Maximalpositionen zu bewegen. Dazu versuchte Bonn erstens, Moskau seine Kooperationsbereitschaft durch ein Geflecht wirtschaftlicher Maßnahmen zu versüßen. So intervenierte der Bundeskanzler direkt bei der Ruhrgas AG, um den Abschluß eines Erdgas-Röhren-Abkommens zu fördern, das mit einem Umfang von über 1 Mrd. DM das größte Geschäft darstellte, das je ein westlicher Staat mit der UdSSR abgeschlossen hatte.[28] Zweitens stellte Bahr dem Kreml in Aussicht, dessen alten Wunsch nach einer gesamteuropäischen Konferenz zu unterstützen. Drittens versuchte Brandt, die sowjetische Seite durch direkte Begegnungen mit dem DDR-Staatsratsvorsitzenden Willi Stoph in Erfurt und Kassel im März und Mai 1970 davon zu überzeugen, daß er es ernst meinte mit der Neuordnung der Beziehungen zum Osten. Es war das erste Mal, daß die Regierungschefs West- und Ostdeutschlands zusammentrafen. Viertens schließlich führte Bahr während der Gespräche wiederholt das Argument ins Feld, ein gemeinsamer Vertrag drohe angesichts der knappen Mehrheitsverhältnisse im Deutschen Bundestag zu scheitern, wenn Moskau in entscheidenden Punkten nicht einlenke.

In 14 zähen, insgesamt mehr als 33 Stunden dauernden Gesprächen[29] mit Gromyko gelang es Bahr, die sowjetische Seite zu einigen Zugeständnissen zu bewegen. Den Kernpunkt bildete dabei die Forderung des Kreml nach einer völkerrechtlichen Anerkennung der DDR. Das war für Bonn inakzeptabel. Bahr konterte mit dem Hinweis, die Bundesrepublik könne einen solchen Schritt unmöglich tun, weil ja die Vier Mächte noch immer für Deutschland als Ganzes zuständig seien und eine einseitige Anerkennung der DDR ihre Rechte, also auch die der UdSSR, verletze. *"Gromyko staunte"*, schildert Baring die Reaktion des sowjeti-

---

[27] Die Feindstaatenartikel bezogen sich auf Staaten, die während des 2. Weltkriegs Feind eines Unterzeichnerstaats der UN-Charta waren, also primär Deutschland und Japan. Gegen sie durften Zwangsmaßnahmen ohne Ermächtigung durch den UN-Sicherheitsrat verhängt werden, wenn sie wieder eine agressive Politik verfolgen sollten.

[28] Vgl. Axel Rückert: Ostpolitik und Ostgeschäft; in: Dokumente. Zeitschrift für internationale Zusammenarbeit, April 1971, 73.

[29] Über die Gesamtdauer der Gespräche gibt es unterschiedliche Angaben. Am verläßlichsten erscheinen die von Schmid errechneten (Schmid, 1979, 79).

schen Außenministers, *"so hatte er die Sache bisher noch nicht gesehen."*[30] Daß Bahrs Hinweis auf die Rechte der Vier Mächte seine Wirkung auf den Kreml nicht verfehlte, ließ sich auch daran ablesen, daß Moskau im Februar 1970 die Bezeichnung für seine Truppen in Ostdeutschland zu ändern begann. Nicht mehr von *"zeitweilig in der DDR stationierten"* Streitkräften sprach man nun, sondern von den *"Sowjetischen Truppen in Deutschland"*.[31] Gegen den Wunsch der SED-Spitze ließ die UdSSR schließlich ihre Forderung nach uneingeschränkter völkerrechtlicher Anerkennung der DDR fallen. Auch in der Frage der Nachkriegsgrenzen fanden Gromyko und Bahr einen Kompromiß: Die deutsche Seite akzeptierte, daß diese Grenzen im Abkommen explizit angesprochen werden sollten, die sowjetische, daß sie nur als *"unverletztbar"*, nicht als *"unverrückbar"* bezeichnet wurden. Damit hielt Bonn ein Schlupfloch für eine einvernehmliche Veränderung im Zuge einer etwaigen Wiedervereinigung der beiden deutschen Staaten offen. Allerdings gelang es Bahr nicht, eine Klausel einzufügen, wonach der Vertrag im Falle der Wiedervereinigung revidiert werden sollte.[32] In der Frage der UN-Feindstaaten-Klausel beharrte der Kreml auf seinem prinzipiellen Interventionsrecht. Die von Gromyko akzeptierte Formel, Streitfragen zwischen den beiden Parteien seien ausschließlich mit friedlichen Mitteln zu lösen, schloß eine tatsächliche Inanspruchnahme dieses Rechts aber aus.

Am 22. Mai 1970 segneten die beiden Unterhändler einen Bericht ab, der die Ergebnisse ihrer Gespräche festhielt und auf dessen Grundlage über die Aufnahme offizieller Beratungen beschlossen werden sollte. Dieses *Bahr-Papier* bestand aus zehn Leitsätzen, von denen die ersten vier die Substanz und großteils auch den Wortlaut des späteren Moskauer Vertrags vorwegnahmen. In den Punkten fünf bis zehn erklärte die Bundesrepublik ihre Absicht, mit allen sozialistischen Staaten entsprechende Abkommen zu schließen, den Alleinvertretungsanspruch in dem Maße aufzugeben, wie der Entspannungsprozeß Fortschritte machte, und den UNO-Beitritt beider deutscher Staaten zu fördern. Als Außenminister Scheel Ende Juli formale Verhandlungen mit seinem sowjetischen Pendant aufnahm, stand das Ergebnis weitgehend schon fest - zumal das Bahr-Papier schnell in die Presse

---

[30] Baring/Görtemaker, 1982, 275.

[31] Die detaillierteste Wiedergabe der Verhandlungen findet sich bei Schmid, 1979, hier 48.

[32] Vgl. ebd., 55.

gelangt und deshalb ohne politischen Gesichtsverlust einer der beiden Seiten kaum mehr revidierbar war. Lediglich in zwei Streitfragen kam es noch zu einer Klärung: Erstens akzeptierte die UdSSR, daß die Grenzgarantie an den Gewaltverzicht angebunden wurde, daß also eine friedliche Grenzkorrektur möglich blieb. Und zweitens fand sich der Kreml bereit, bei Vertragsunterzeichnung einen *Brief zur deutschen Einheit* entgegenzunehmen und ihn damit als Teil des Abkommens anzuerkennen. In ihm stellte die Bonner Seite fest, daß das Abkommen "*nicht im Widerspruch zu dem politischen Ziel der Bundesrepublik Deutschland steht, auf einen Zustand des Friedens in Europa hinzuwirken, in dem das deutsche Volk in freier Selbstbestimmung seine Einheit wiedererlangt*".[33]

Am 12. August 1970 unterschrieben Brandt und Scheel in der sowjetischen Hauptstadt den Moskauer Vertrag. Mit ihm erreichte der Kreml, was er seit vielen Jahren angestrebt hatte: die Anerkennung seines ost- und mitteleuropäischen Imperiums durch die Bundesrepublik. Bonn eröffnete sich mit dieser völkerrechtlich verbindlichen Gesamtregelung, die de facto einer friedensvertraglichen Regelung entsprach, einen größeren Spielraum, den es für die Milderung der Folgen der deutschen Teilung nutzen wollte. Darüber hinaus markierte der Moskauer Vertrag einen wichtigen Schritt auf dem Wege der außenpolitischen Emanzipation der Bundesrepublik. "*Nicht mehr der Sieger nahm die Unterwerfung des Besiegten entgegen*", brachte es der Journalist Peter Bender auf den Punkt, "*sondern zwei gleichberechtigte Staaten gingen Verpflichtungen ein, die beide banden*".[34] Und der französische Botschafter in Moskau hatte Bahr noch während der Verhandlungen wissen lassen:

> Es ist völlig gleichgültig, ob sie hier zu einem positiven Ergebnis kommen oder nicht. Die Tatsache allein, daß die Bundesrepublik Deutschland zum ersten Mal nach dem Kriege, zum ersten Mal seit ihrem Bestehen, bewiesen hat, daß sie selbständig mit der Sowjetunion zu reden imstande ist, hat die politische Landschaft in Europa verändert.[35]

Allerdings sollte nicht übersehen werden, daß Bonn die Westalliierten, insbesondere den Hauptverbündeten USA permanent über Inhalt und Verlauf der Gespräche mit der sowjeti-

---

[33] "Deutsch-sowjetischer Vertrag vom 12. August 1970"; in: Auswärtiges Amt, 1995, 337f, hier 338.

[34] Bender, 1986, 174.

[35] Zit. nach Baring/Görtemaker, 1982, 282.

schen Führung informierte und alles tat, um Rapallo-Ängste[36] gar nicht erst aufkommen zu lassen.[37] Brandt wurde nicht müde, auf die Bedeutung der Bindung zu den Westmächten hinzuweisen:

> Die Bundesrepublik Deutschland führt ihre Ostpolitik nicht als Wanderer zwischen den Welten; sondern in der festen Verankerung der westlichen Zusammenarbeit. Atlantisches Bündnis und westeuropäische Partnerschaft sind für uns essentielle Voraussetzungen für den Erfolg eines Ausgleichs mit dem Osten.[38]

Im Moskauer und später auch im Warschauer Vertrag wurde deshalb sogar ein Passus aufgenommen, der besagte, daß frühere Abkommen der beiden Unterzeichner von der Vereinbarung nicht betroffen seien, die Bundesrepublik also weiter fest in den westlichen Institutionen integriert bleibe. In Noten an die USA, Frankreich und Großbritannien erklärte die Bundesregierung zudem, daß *"die Rechte und Verantwortlichkeiten"* der Vier Mächte durch den deutsch-sowjetischen Vertrag nicht berührt würden.[39]

Der Warschauer Vertrag

Im Windschatten der Bahr-Gromyko-Gespräche sondierte Staatssekretär Ferdinand Duckwitz vom Auswärtigen Amt seit Februar 1970 die Möglichkeiten für vergleichbare Regelungen mit Polen. Obwohl es um ähnliche Inhalte ging wie in Moskau, unterschieden sich die psychologischen Voraussetzungen stark: Polen war nicht nur das erste Opfer des nationalsozialistischen Kriegszugs, sondern über Jahrhunderte auch Beutemasse deutscher und russischer Expansionspolitik gewesen. Hauptstreitpunkt bildete nicht unerwartet die Forderung Warschaus nach einer formalen Anerkennung der Oder-Neiße-Linie als polnischer Westgrenze.[40]

---

[36] Im italienischen Rapallo hatten das Deutsche Reich und die Sowjetunion im April 1922 in einem Vertrag ihre Beziehungen umfassend geregelt. Im Westen führte das zu Befürchtungen, Deutschland orientiere sich einseitig nach Osten.

[37] Vgl. Brandt, 1976, 374-399.

[38] Ansprache von Bundeskanzler Brandt beim 5. Treffen der deutsch-französischen Handwerkskammern am 3.9.1971 in Hamburg; in: Presse- und Informationsamt der Bundesregierung (Hg.): Bundeskanzler Brandt. Reden und Interviews, Bonn 1971, 326-332, hier 327.

[39] Note der Bundesrepublik Deutschland an die drei Westmächte; in: Auswärtiges Amt, 1995, 338-340, 339.

[40] Zu den Details der deutsch-polnischen Verhandlungen siehe Schmid, 1979, 97-120.

Wie die völkerrechtliche Anerkennung der DDR lehnte die Bundesregierung dies unter Hinweis auf die alliierten Vorbehaltsrechte für Deutschland als Ganzes ab und trug ihr Angebot eines Gewaltverzichts unter besonderer Erwähnung der territorialen Integrität vor. Während man in Warschau über die Grenzfrage verhandelte, kam durch die Veröffentlichung des Bahr-Papiers zutage, daß sich der deutsche Unterhändler und Gromyko in Moskau bereits auf eine Formulierung zur Oder-Neiße-Linie geeinigt hatten, die weniger weit ging als von Polen gefordert. Dies, so faßte Günter Schmid zusammen,

> stellte aus polnischer Sicht nicht nur eine Negierung der eigenen Souveränität und eine Begrenzung des eigenen Spielraums bei den bilateralen Verhandlungen mit der Bundesrepublik dar, sondern dokumentierte auch sichtbar die Zweitrangigkeit Polens im ostpolitischen Konzept der Regierung Brandt/Scheel.[41]

Um Warschau in dieser schwierigen Lage entgegenzukommen, fand sich die Bundesrepublik schließlich bereit, das Grenzproblem im Abkommen vor dem Gewaltverzicht anzusprechen. Damit verzichtete Bonn auf die in Moskau noch als großen Erfolg gefeierte Reihenfolge und verlieh dem Abkommen den Charakter eines Grenzvertrags. Politisch war die westliche Staatsgrenze von Bonn nun ohne wenn und aber anerkannt, völkerrechtlich letztgültig fixieren konnte sie aber erst ein Friedensvertrag oder ein wiedervereinigtes Deutschland, für das die Rechte der Vier Mächte nicht mehr galten. Neben der Grenzfrage nahm das Problem der ausreisewilligen Deutschen die zentrale Stellung bei den Verhandlungen ein.[42] Trotz aller Appelle Brandts ließ sich die polnische Seite nicht dazu bewegen, Ausreisemöglichkeiten für die in Polen lebenden Deutschen im Vertrag zu erwähnen. Lediglich in einer schriftlichen "Information" Warschaus wurde in Aussicht gestellt, einige zehntausend Deutsche ausreisen zu lassen. Erst 1975 gelang es der Bundesrepublik, im Gegenzug für einen Großkredit in Höhe von 1 Mrd. DM und eine Pauschalzahlung von 1,3 Mrd. DM für polnische Rentner eine völkerrechtlich verbindliche Zusage Warschaus zu erhalten, in den nächsten vier Jahren etwa 120.000 Personen deutscher Abstammung ausreisen zu lassen.

Am 7. Dezember 1970 unterzeichneten die Regierungschefs und Außenminister der Bundesrepublik und Polens den Warschauer Vertrag. Besondere Symbolkraft verlieh dem im

---

[41] Ebd., 118.

[42] Vgl. Link, 1986, 193-196.

Abkommen geäußerten Wunsch nach einem Neuanfang in den Beziehungen Brandts Kniefall vor dem Denkmal für die im Warschauer Ghetto Umgekommenen. Dieses Bild dürfte sich ähnlich tief ins kollektive Gedächtnis der Deutschen eingegraben haben wie jenes von Adenauer und de Gaulle in der Kathedrale von Reims zuvor oder das von Kohl und Mitterrand an den Gräbern der Gefallenen von Verdun danach.

Das Berlin-Abkommen: Nagelprobe für die Ostpolitik

Bei den Verhandlungen in Moskau und Warschau kam die Bundesrepublik dem Wunsch des Kreml nach, die Ergebnisse des 2. Weltkriegs festzuschreiben. Bei den über weite Strecken parallel laufenden Gesprächen der Vier Mächte über Berlin ging es dagegen Bonn darum, den Status quo zu zementieren und die langjährigen sowjetischen und ostdeutschen Störmanöver zu beenden. Die Berlin-Frage bildete somit die erste und wichtigste Bewährungsprobe für die tieferen ostpolitischen Absichten der sozial-liberalen Koalition. Schon in seinen ersten Gesprächen mit Gromyko hatte Bahr betont, daß Berlin von vitalem deutschen Interesse sei.[43] Die angestrebte Fixierung der "Realitäten" in Europa, so der deutsche Unterhändler, müsse auch für Berlin gelten. Und Scheel ließ seinen sowjetischen Amtskollegen kurz vor Unterzeichnung des Moskauer Vertrags sogar wissen, daß die Bundesrepublik das Abkommen ohne Berlin-Lösung nicht in Kraft setzen werde.[44]

Kompliziert wurde die Lage allerdings dadurch, daß jede Berlin-Regelung Vier-Mächte-Angelegenheit war und die Bundesrepublik damit bei den Gesprächen nicht mit am Tisch sitzen konnte. Allerdings bezogen die Botschafter der Westalliierten Vertreter der Bundesregierung in die Erarbeitung ihrer Verhandlungsposition in der sogenannten "Bonner Vierer-Gruppe" mitein.[45] In taktischen Fragen blieben freilich Unterschiede bestehen. Während Brandt und Bahr das Berlin-Problem parallel zu den eigenen Sondierungen mit der sowjetischen Führung behandelt haben wollten und auf eine zügige Einigung drangen, ließen sich die USA und die UdSSR aus unterschiedlichen Motiven viel Zeit bei den Gesprächen:

---

[43] Vgl. Garton-Ash, 1992, 115.

[44] Vgl. Frank, 1981, 299; und Baring/Görtemaker, 1982, 348.

[45] Die Vierer-Gruppe hatte bereits während der Berlin-Krise 1958 bis 1961 zur Koordinierung der westlichen Politik gedient. Vgl. Haftendorn, 1993, 65.

Washington sah in seiner Mitwirkung an einer Regelung für die ehemalige Reichshauptstadt einen Hebel zur Kontrolle der bundesdeutschen Ostpolitik, den man möglichst lange in der Hand behalten wollte. Moskau spekulierte darauf, Bonn werde nach der Unterzeichnung des deutsch-sowjetischen Vertrags Druck auf die Vereinigten Staaten ausüben, nun auch in der Berlin-Frage zu einem Abschluß zu finden und dem Kreml entgegenzukommen.[46]

Die Vier Mächte-Verhandlungen, begonnen im März 1970 nur wenige Wochen nach Bahrs ersten Gesprächsrunden in der sowjetischen Hauptstadt, zogen sich deshalb in die Länge. Erst im Herbst kam es zu ersten Fortschritten und es dauerte gar bis zum September 1971, daß die Unterhändler ein Abkommen unterzeichnen konnten. Es fiel für den Westen günstiger aus als erwartet. Die UdSSR fand sich nämlich zu Zugeständnissen bereit, weil sie den Moskauer Vertrag möglichst rasch ratifiziert sehen wollte und die USA Fortschritte bei den Abrüstungsgesprächen über strategische Waffen (*Strategic Arms Limitations Talks* = SALT) von einer befriedigenden Berlin-Regelung abhängig machten.[47] Kenneth Rush, der amerikanische Verhandlungsführer, kommentierte die erzielte Einigung: "*... it is still difficult for me to believe that it is as favorable as it is*".[48] Das Berlin-Abkommen kam freilich nur zustande, weil es nicht definierte, für welches Gebiet es eigentlich galt: die Sowjetunion ging von West-Berlin aus, die USA, Großbritannien und Frankreich vom Berlin des Potsdamer Abkommens. Ohne also eine völkerrechtliche Regelung des Berlin-Problems zu erreichen, verständigten sich die Unterhändler in drei wichtigen Bereichen auf Kompromißlösungen:[49] Erstens akzeptierte die Sowjetunion die Existenz einer besonderen Bindung West-Berlins an die Bundesrepublik, die nicht nur aufrechterhalten, sondern auch entwickelt werden dürfe; zudem konnte die Außenvertretung des Westteils der Stadt nun teilweise von Bonn wahrgenommen werden. Im Gegenzug erreichte Moskau die verbindliche Zusicherung, West-Berlin sei kein Bestandteil der Bundesrepublik, und das Verbot staatlicher Akte der Bundesorgane in der Stadt. Zweitens übernahm Moskau wieder die oberste Verantwortung für den zivilen Transitverkehr, die es 1955 der DDR übertragen hatte, und garantierte seine einfach-

---

[46] Vgl. Kissinger, 1979, 532f.

[47] Vgl. Link, 1986, 200.

[48] Zit. nach Kissinger, 1979, 830.

[49] Zum folgenden siehe Dieter Mahncke: Das Berlin-Problem; in: Schwarz, H.-P., 1975a, 657-664, hier 662f.

ste und schnellste Abwicklung; dies beendete weitgehend die notorischen Schikanen der ostdeutschen Grenzbeamten und machte Reisen zwischen West-Berlin und der Bundesrepublik berechenbar. Schließlich wurde die Bewegungsfreiheit der West-Berliner verbessert, die erstmals seit dem Ende der Passierschein-Regelung 1966 wieder in den Osten der Stadt und erstmals seit 1952 wieder in die DDR fahren durften. Zwar mußten die letzten beiden Punkte in deutsch-deutschen Gesprächen noch im Detail geregelt werden, aber es war klar, daß die vom Regierenden Bürgermeister Klaus Schütz (SPD) vor den Verhandlungen geäußerten Wünsche weitgehend erfüllt worden waren, die er auf die Formel der "drei Z" gebracht hatte: Zuordnung (zur Bundesrepublik), Zugang (von der Bundesrepublik nach West-Berlin) und Zutritt (der West-Berliner zu Ost-Berlin und zur DDR).[50]

Mit dem Vier Mächte-Abkommen über Berlin gab die Sowjetunion ihre langjährige Politik des massiven Drucks gegen den Westteil der Stadt auf. Der Westen erreichte zwar mit dem Vertrag Verbesserungen der humanitären Lage und der praktischen Politik, nahm aber eine gewisse Verschlechterung in der Statusfrage in Kauf: Zum einen lagen die Beziehungen zwischen West-Berlin und der Bundesrepublik nun nicht mehr in der alleinigen Verantwortung der drei Westmächte, zum anderen duldeten die USA, Großbritannien und Frankreich die faktische Zuordnung Ost-Berlins zur DDR. Offen blieb die Frage, wie großzügig die Sowjetunion die bisweilen nicht sehr konkreten Regelungen in Zukunft interpretieren würde.

Die innenpolitische Debatte um die Ostverträge

Mit der Unterzeichnung des Berlin-Abkommens im September 1971 war der Weg frei für die Aufnahme der Ratifizierungsverfahren für den Moskauer und den Warschauer Vertrag im Deutschen Bundestag. Die sich anschließende Debatte zwischen Regierung und Opposition wurde teilweise mit einer Heftigkeit geführt, die an die Auseinandersetzungen um die Westbindung und die Wiederbewaffnung erinnerte. Besondere Dramatik erhielt sie dadurch, daß die Mehrheitsverhältnisse äußerst knapp und beide Seiten in sich gespalten waren. So verloren SPD und FDP sukzessive zehn Abgeordnete, die aus Protest gegen die Ost- und Wirtschaftspolitik der sozial-liberalen Koalition zur Opposition übertraten. Aber auch in der

---

[50] Vgl. Benno Zündorf: Die Ostverträge. Die Verträge von Moskau, Warschau, Prag, das Berlin-Abkommen und die Verträge mit der DDR, München 1979, 117.

Union war die Haltung nicht einheitlich. Während Oppositionsführer Rainer Barzel (CDU) eine *"kompetitive Zusammenarbeit"*[51] mit der Regierung anstrebte, das heißt, das Vertragswerk möglichst im Sinne der Union beeinflussen wollte und eine parlamentarische Zustimmung nicht ausschloß, setzten andere wie CDU-Parteichef Kiesinger und der CSU-Vorsitzende Strauß auf den Aufbau einer klaren politischen Gegenposition.

Im Frühjahr 1972 ereichte die Polarisierung im Streit um die Ostpolitik ihren Höhepunkt. Die Opposition warf der Regierung vor, deutsche Rechtspositionen für die vage Hoffnung zu kompromittieren, humanitäre Verbesserungen für die Bürger Ostdeutschlands erhalten zu können.[52] Die Koalition konterte, ohne Anerkennung des Status quo seien Fortschritte in der deutschen Ostpolitik nicht erreichbar und die Union versage sich der Entspannung zwischen West und Ost. Beide Seiten operierten dabei mit Argumenten, die einer genauen Überprüfung nicht stand hielten: Die Regierung behauptete, daß die deutsche Frage mit den Verträgen leichter zu lösen sein würde, obwohl die Regelungen ja gerade den bestehenden Zustand festschrieben. Die Opposition tat so, als sei die Überwindung der deutschen Teilung ohne die Verträge im Rahmen einer gesamteuropäischen Lösung erreichbar, obwohl es dafür keinerlei Anzeichen gab.[53]

Die innenpolitische Auseinandersetzung kulminierte am 27. April 1972 in einem konstruktiven Mißtrauensvotum gegen Willy Brandt. Nachdem kurz zuvor ein weiterer FDP-Abgeordneter seiner Fraktion den Rücken gekehrt hatte, glaubte man in der Union, den Kanzler stürzen und die Vertragsratifizierung zunächst aussetzen zu können. Bis zuletzt versuchten Regierung und Opposition, schwankende Parlamentarier mit Mandatszusagen und Versprechen über Beraterverträge zu sich herüberzuziehen. Für die meisten Beobachter und Beteiligten unerwartet konnte Barzel nur 247 der erforderlichen 249 Stimmen auf sich vereinen.[54] 1990 wurde bekannt, daß die Staatssicherheit der DDR die Stimme des CDU-Abgeordneten Julius Steiner gekauft hatte. Eine namentliche Abstimmung am nächsten Tag

---

[51] Link, 1986, 207.

[52] Beiträge namhafter Gegner der Ostpolitik finden sich im Sammelband von Hans Graf Huyn (Hg.): Ostpolitik im Kreuzfeuer, Stuttgart 1971.

[53] Vgl. Noack, 1981, 142f.

[54] Vgl. Baring/Görtemaker, 1982, 420-424.

über den Haushalt des Bundeskanzlers machte aber deutlich, daß auch Brandt keine Mehrheit besaß und im Parlament eine Pattsituation herrschte. In dieser Lage einigten sich Kanzler und Oppositionsführer auf einen Kompromiß: Brandt, weil er ein Scheitern der Verträge verhindern wollte, Barzel, um zu vermeiden, daß ein Fehlschlag der Ostpolitik der Union angelastet würde. Gemeinsam erarbeiteten die Fraktionen eine *Gemeinsame Erklärung des Bundestages zu den Ostverträgen*, die alle umstrittenen Vertragspunkte im deutschen Sinne festschrieb: den Friedensvertragsvorbehalt, das Selbstbestimmungsrecht des deutschen Volkes, das Bekenntnis zum Atlantischen Bündnis und zur europäischen Einigung, den Ausbau der Bindungen zwischen der Bundesrepublik und West-Berlin.[55] In seinen Memoiren meinte Brandt, die Bemühungen seien *"bis an die Grenze dessen [gegangen], was ich noch vertreten konnte"*.[56] In der Tat war es der Union gelungen, zentrale Forderungen durchzusetzen.

Nach hektischen Verhandlungen zwischen deutschen Spitzenpolitikern und dem sowjetischen Botschafter in Bonn, in die zeitweise auch der Oppositionsführer eingeschaltet war, stimmte der Kreml zu, die Bundestags-Entschließung als offizielle Vertragsinterpretation der Bundesrepublik zu akzeptieren, die allerdings ohne Einfluß auf die eigene Sichtweise bliebe.[57] Barzel plädierte nun für ein Ja der CDU/CSU zu den beiden Verträgen, konnte sich jedoch gegen seine Gegner in der Fraktion nicht durchsetzen. Beide Flügel einigten sich schließlich darauf, sich geschlossen der Stimme zu enthalten. Lediglich einigen Abgeordneten aus den Vertriebenenverbänden wurde ein Nein-Votum gestattet. Dieses Verhalten stellte am 17. Mai 1972 die Ratifizierung der Abkommen mit jeweils 248 Ja-Stimmen sicher. Zehn Parlamentarier votierten gegen den Moskauer, 17 gegen den Warschauer Vertrag. Anschließend wurde die Gemeinsame Entschließung bei nur fünf Enthaltungen angenommen. Zwei Tage später ließ auch der Bundesrat, in dem die Unions-geführten Länder über eine knappe Mehrheit verfügten, die Verträge passieren. Die Ostpolitik der Regierung Brandt/Scheel hatte damit alle innenpolitischen Hürden genommen.

---

[55] Vgl. "Entschließung des Bundestages zum deutsch-sowjetischen und deutsch-polnischen Vertrag"; in: Auswärtiges Amt, 1995, 368-369.

[56] Brandt, 1976, 473.

[57] Vgl. Link, 1986, 211/2.

Die deutsch-deutschen Verhandlungen

Die Ordnung des Verhältnisses zur Sowjetunion war für die Bundesregierung die entscheidende Station in ihrem Bemühen gewesen, zu einem Ausgleich mit der DDR zu gelangen. Ohne den Umweg über Moskau, das war eines der Axiome der sozial-liberalen Ostpolitik, war eine grundlegende Verbesserung des deutsch-deutschen Verhältnisses nicht möglich. Zwar hatte sich Brandt schon im Frühjahr 1970 mit dem ostdeutschen Staatsratsvorsitzenden Stoph in Erfurt und Kassel getroffen, aber damit verfolgte er vor allem das Ziel, gegenüber der UdSSR seinen Entspannungswillen zu dokumentieren.[58] Erst mit der Unterzeichnung des Moskauer Vertrags war der Rahmen gegeben, der die Regelung der Beziehungen zu Ostdeutschland erlaubte. Was nämlich vom großen Bruder Sowjetunion kam, war auch für Ost-Berlin verbindlich. SED-Chef Ulbricht, der sich den Vorgaben aus Moskau widersetzte und immer mehr auf einen national-sozialistischen Kurs ging, wurde jetzt von der UdSSR fallen gelassen. Am 28. Juli 1970, als Scheel die letzten Details des deutsch-sowjetischen Vertrags in Moskau verhandelte, schrieb Breschnew dem zweiten Mann in der SED-Hierarchie, Erich Honecker, daß er ostdeutsche Alleingänge nicht wünsche und ihn gegen den zunehmend renitenten Ulbricht unterstützen werde, wenn es hart auf hart komme:

> Ich sage dir ganz offen, es wird ihm auch nicht möglich sein, an uns vorbei zu regieren, unüberlegte Schritte gegen sie und andere Genossen des PB [= Politbüros; S.B.] zu unternehmen. Wir haben doch Truppen bei ihnen. Erich, ich sage Dir ganz offen, vergesse das nie: die DDR kann ohne uns, ohne die SU, ihre Macht und Stärke, nicht existieren. Ohne uns gibt es keine DDR.[59]

Breschnew machte Honecker auch klar, daß beim Abkommen mit der Bundesrepublik wie geplant vorgegangen würde:

> der Abschluß dieses Vertrages wird ein Erfolg für uns sein, für die SU, die sozialistischen Länder. Die DDR wird durch diesen Vertrag gewinnen. Ihre internationale Autorität wird sich erhöhen. Ihre Grenzen, ihre Existenz werden vor aller Welt bestätigt werden, ihre Unverletzlichkeit. Das wird die Lage in der DDR festigen.[60]

---

[58] Zu den Vorbereitungen der Bundesregierung auf die innerdeutschen Treffen siehe Schmid, 1979, 121-157.

[59] Der Brief ist abgedruckt bei Peter Przybylski: Tatort Politbüro. Bd. 1: Die Akte Honecker, Berlin 1991, 281.

[60] Ebd., 283.

Allerdings, und daran ließ der KPdSU-Chef keinen Zweifel, dürfe Brandts Strategie des Wandels durch Annäherung nicht aufgehen: *"Es ... darf zu keinem Prozeß der Annäherung zwischen der BRD und der DDR kommen ... Im Gegenteil, die Abgrenzung, der Graben zwischen DDR und BRD wird noch tiefer werden."*[61] Von Breschnew mit den Vorgaben für die neue Marschrichtung versehen, signalisierte Ost-Berlin der Bundesregierung sein Interesse an einer Fortsetzung des Dialogs. Ende 1970 nahmen Bahr und DDR-Staatssekretär Michael Kohl vertrauliche Expertengespräche auf. Von den Alliierten vorgegebenes Gesprächsthema war dabei zunächst die Ausgestaltung der Regelung des zivilen Verkehrs zwischen West-Berlin und der Bundesrepublik. Zu Fortschritten kam es aber erst nach Ulbrichts Ablösung als Parteichef im Mai 1971. Trotzdem brauchte es 42 Verhandlungsrunden, bis sich die beiden Seiten Ende des Jahres auf ein Transitabkommen, im Mai 1972 auf einen allgemeinen Verkehrsvertrag einigten. Die Bedeutung dieser Vereinbarungen lag weniger im Inhalt als in der Tatsache begründet, daß sie die *ersten* völkerrechtlichen Abkommen zwischen den beiden deutschen Staaten darstellten.

Nachdem der Moskauer und Warschauer Vertrag ratifiziert und das Berlin-Abkommen am 3. Juni 1972 in Kraft getreten waren, gewannen die Bahr-Kohl-Gespräche mit der Aufnahme der Beratungen über eine *Normalisierung der Beziehungen zwischen der Deutschen Demokratischen Republik und der Bundesrepublik Deutschland* eine neue Qualität. Jetzt ging es nämlich um eine grundsätzliche vertragliche Ordnung des Verhältnisses zwischen Bonn und Ost-Berlin, die nach den Vorstellungen der sozial-liberalen Koalition Kern- und Höhepunkt ihrer Ostpolitik bilden sollte.[62] Indirekt mit am Tisch saßen die Westmächte und die Sowjetunion, deren deutschlandpolitischen Rechte ja von den Verhandlungen berührt wurden. Die Gespräche Bahrs mit ihren Vertretern erwiesen sich als ebenso schwierig wie die Beratungen mit der DDR. Der prinzipielle Gegensatz zwischen Bonn und Ost-Berlin in der Frage der völkerrechtlichen Anerkennung der DDR und eines Sonderverhältnisses der beiden Staaten ließ ein Ende der Gespräche unabsehbar erscheinen. *"Im Sommer 1972 war für mich nicht zu erkennen, ob die Verhandlungen zwei oder zwölf Monate dauern würden"*,[63] er-

---

[61] Ebd.

[62] Vgl. Baring/Görtemaker, 1982, 457-482; und Potthoff, 1997, 27-37.

[63] Brandt, 1976, 519.

innerte sich Brandt später. Die parlamentarische Schwäche der sozial-liberalen Koalition und die Aussicht auf baldige Neuwahlen wirkte jedoch wie eine Klammer, die den Druck auf beide Seiten erhöhte, zu einer Einigung zu gelangen: auf die Bundesregierung, weil sie möglichst mit einem fertigen deutsch-deutschen Vertrag vor die Wähler treten wollte; Bahr bat deshalb Breschnew im Oktober, auf die DDR einzuwirken, um die Verhandlungen noch vor dem Wahltag abschliessen zu können.[64] Auf Moskau und Ost-Berlin, weil sie eine Wahlniederlage Brandts befürchteten und ihnen eine Unions-geführte Bundesregierung als weitaus unangenehmerer Verhandlungspartner erschien. Bei einem Treffen der Ostblock-führer am 31. Juli 1972 betonte Breschnew mit Blick auf SED-Chef Honecker, man müsse sich überlegen, *"wie man Brandt helfen kann, damit wir doch mit ihm zu tun haben und nicht mit der CDU/CSU, nicht Strauß und Barzel"*[65].

Es ist schwer zu entscheiden, wer unter diesem Zeitdruck größere Zugeständnisse machte.[66] Die DDR jedenfalls akzeptierte nach langem Zögern, daß in der Präambel die unterschiedlichen Auffassungen zur nationalen Frage erwähnt wurden. Außerdem erklärte sie sich bereit, einen Brief zur deutschen Einheit analog dem Moskauer Modell entgegenzuneh-men. Die SPD/FDP-Koalition dagegen willigte ein, die Unverletztlichkeit der Grenzen vor die Aussage über den Gewaltverzicht zu stellen und damit die Reihenfolge aus dem Moskauer Vertrag umzukehren. Der Gewaltverzicht leitete sich nun aus der Grenzachtung ab, was der Bundesregierung die Argumentation erschwerte, die Wiedervereinigung auf friedlichem Wege bleibe auch nach Vertragsschluß möglich.

Der *Vertrag über die Grundlagen der Beziehungen zwischen der Bundesrepublik Deutschland und der Deutschen Demokratischen Republik* - oder kurz *Grundlagenvertrag* - wurde am 8. November 1972 wenige Wochen vor der Bundestagswahl unterzeichnet und sofort veröffentlicht. Obwohl Bonn darin die DDR nicht völkerrechtlich anerkannte, wurden die Beziehungen zwischen den beiden deutschen Staaten doch auf eine *"Grundlage der Gleichberechtigung"* (Art. 1) gestellt. Zudem verzichtete die Bundesrepublik ausdrücklich auf

---

[64] Vgl. Garton-Ash, 1993, 117.

[65] "Treffen der Ostblockführer am 31. Juli 1972 auf der Krim"; abgedr. in Potthoff, 1997, 208-216, hier 216.

[66] So argumentiert Potthoff, die DDR sei im Herbst 1972 auf eine Kompromißlinie eingeschwenkt (1997, 30). Dagegen stellt Andreas Vogtmeier die These auf, die Bundesregierung habe in dieser Phase größere Zugeständnisse gemacht (Vogtmeier, 1996, 165).

den Alleinvertretungsanspruch und die Hallstein-Doktrin, die die Bonner Außenpolitik über viele Jahre geleitet hatten. In Artikel 4 heißt es wörtlich: *"Die Bundesrepublik Deutschland und die Deutsche Demokratische Republik gehen davon aus, daß keiner der beiden Staaten den anderen international vertreten oder in seinem Namen handeln kann."*[67] Um dies auch in der internationalen Praxis festzuschreiben, sollten beide Staaten möglichst bald Mitglieder der Vereinten Nationen werden. Daß die DDR trotzdem für die Bundesrepublik nicht Ausland war, konnte man an zwei Regelungen ablesen: So sollten laut Artikel 8 in Bonn und Ost-Berlin "ständige Vertretungen" und keine Botschaften des jeweils anderen Landes errichtet werden. Und in einer Protokollnotiz erklärte die Bundesregierung außerdem, daß Staatsangehörigkeitsfragen durch den Vertrag nicht geregelt seien. Artikel 7 schrieb schließlich fest, was sich Bonn vom SED-Staat erwartete, nämlich *"die Bereitschaft, im Zuge der Normalisierung ihrer Beziehungen praktische und humanitäre Fragen zu regeln".*[68]

Aus Sicht der Bundesregierung ließ sich der Grundlagenvertrag vereinfacht auf folgende Formel bringen: westdeutsche Anerkennung der DDR im Gegenzug für ostdeutsche Zustimmung zu einem formalisierten Modus vivendi. An genau dieser Frage entspann sich aber auch der innenpolitische Zwist: Die Union argumentierte, die Regierung habe für die erbrachten Vorleistungen und die Aufgabe von Rechtspositionen lediglich Hoffnungen zu bieten; der Vertrag bedeute die Hinnahme der Teilung Deutschlands und Europas. Die SPD/FDP-Koalition hielt dagegen, dies sei der einzige Weg, die Lage der Menschen in der DDR zu verbessern, und wies auf schriftliche Zusagen Ost-Berlins bei der Familienzusammenführung und bei Reisen hin. *"Vorher hatten wir keine Beziehungen"*, lautete ein vielzitierter Satz Egon Bahrs, *"jetzt haben wir wenigstens schlechte."*[69]

Innenpolitisch schadete der Grundlagenvertrag der sozial-liberalen Koalition nicht - im Gegenteil. Sein Abschluß wie die Ostpolitik der Regierung überhaupt trugen maßgeblich dazu bei, daß sie gestärkt aus den Bundestagswahlen vom 19. November 1972 hervorging.[70]

---

[67] "Grundlagenvertrag" vom 21. Dezember 1972 und ergänzende Dokumente; in: Auswärtiges Amt, 1995, 370-373, hier 371.

[68] Ebd., 372.

[69] Zit. bei Peter Bender: Episode oder Epoche? Zur Geschichte des geteilten Deutschland, München 1996, 184.

[70] Vgl. Baring/Görtemaker, 1982, 506.

Es gelang der SPD sogar das erste Mal, die Union als stärkste Partei zu überflügeln. Wie Adenauers Westpolitik, so war auch Brandts Ostpolitik vom Wähler bestätigt worden. Damit war die Ratifizierung des Vertrags auch gegen die Stimmen der Opposition sichergestellt. Allerdings erreichte die bayerische Staatsregierung durch eine Klage beim Bundesverfassungsgericht eine verbindliche Interpretation zentraler Textpassagen, die ihrer Vorstellung sehr nahe kam.[71] Auch wenn ihr Antrag, den Grundlagenvertrag als nicht verfassungsgemäß zurückzuweisen, vom obersten deutschen Gericht verworfen wurde, so verpflichtete Karlsruhe doch alle Verfassungsorgane, auf eine Wiederherstellung der nationalen Einheit hinzuarbeiten, und erließ detaillierte Anweisungen, wie die Bundesregierung ihre Deutschlandpolitik zu betreiben habe.[72] Der Grundlagenvertrag hatte zwar die letzte Hürde genommen, aber seine Kritiker konnten sich zumindest teilweise bestätigt fühlen.[73]

Wie sind der deutsch-deutsche Vertrag und die Ostpolitik der sozial-liberalen Koalition nun zu bewerten? Sicherlich führte Anfang der siebziger Jahre kein Weg vorbei an der Anerkennung der Nachkriegsordnung in Europa und damit auch der DDR, wollte die Bundesrepublik ihr Verhältnis zum Osten bereinigen und die globale Entspannungspolitik aktiv mitgestalten. Dies erkannt und die notwendigen Schritte eingeleitet zu haben ohne die Beziehungen zu den Westmächten dauerhaft zu belasten, ist das Verdienst der Regierung Brandt/Scheel. Die CDU/CSU, schon damals ohne grundsätzliche Alternative zum eingeschlagenen Kurs, arrangierte sich schon Mitte der siebziger Jahre mit der Ost- und Deutschlandpolitik der sozial-liberalen Koalition. Plausibel, wenn auch empirisch schwer zu belegen, ist zudem die Vermutung, daß die durch die Vertragspolitik ermöglichten Kontakte zwischen West- und Ostdeutschen den Einheitsgedanken wachgehalten haben sowie den Bürgern der DDR Kenntnisse über den Westen brachten und dadurch das dortige System langfristig destabilisierten.

Gleichzeitig erscheint die Hoffnung, die SED-Diktatur durch direkte Kontakte aufweichen und domestizieren zu können und eine Periode der Zusammenarbeit einzuleiten,

---

[71] Das Urteil des Bundesverfassungsgerichts mit Begründung findet sich in "Entscheidungen des Bundesverfassungsgerichts", 36. Bd., Tübingen 1974, 1-37. Auszugsweise abgedr. in Auswärtiges Amt, 1995, 392-395.

[72] Vgl. Haftendorn, 1986, 396-402.

[73] Vgl. dazu die Ausführungen von Strauß, 1989, 450-458.

aus heutiger Sicht jedoch naiv. Die DDR und die Führungsmacht Sowjetunion ließen intern zu keiner Zeit Zweifel daran aufkommen, daß man die Kontakte der Deutschen aus Ost und West und alle Anzeichen einer "Sozialdemokratisierung" der DDR strikt unterbinden werde. Mitte 1972 betonte Breschnew beispielsweise gegenüber Honecker, daß man den Versuchen Bonns, die DDR zu beeinflussen, *"hohe kollektive Wachsamkeit"* entgegenbringen müsse. Auch dürfe eine Übereinkunft zwischen den beiden deutschen Staaten, so der Generalsekretär der KPdSU wörtlich, *"die weitere konsequente Verfolgung des Kurses auf unbeirrte Abgrenzung der sozialistischen DDR vom imperialistischen Westen nicht komplizieren".*[74] Gerade in humanitären und praktischen Fragen zeigte sich die SED weit weniger entgegenkommend als von der Bundesregierung erwartet, vor allem, nachdem sie mit ihrer Aufnahme in die Vereinten Nationen und der damit verbundenen de-facto Anerkennung ihrer völkerrechtlichen Souveränität ihr wichtigstes außenpolitisches Ziel erreicht hatte. So verdoppelte Ost-Berlin im Sommer 1973 den Mindestumtausch für Besuchsreisen von 10 auf 20 DM und unterlief damit die Bonner Bemühungen um vermehrte innerdeutsche Begegnungen, erweiterte den Kreis der Geheimnisträger, dem West-Kontakte untersagt waren, und baute den Staatssicherheitsdienst aus.[75] In einem Schreiben an Breschnew klagte Brandt am 30. September des Jahres, es bereite ihm *"besondere Sorge"*, *"daß die DDR ... kaum noch geneigt ist, irgendwelche Anstrengungen zu machen, um zu einer Normalisierung mit der Bundesrepublik Deutschland zu kommen".*[76] Selbst Heinrich Potthoff, Mitglied der Historischen Kommission der SPD und prinzipieller Befürworter der sozial-liberalen Ostpolitik, bezeichnete es später als eine Illusion von Bahr anzunehmen, *"daß sich die DDR mit dem Abschluß der Verträge nun doch wie ein einigermaßen zivilisierter Staat verhalten würde"*[77]. Daß sich Ost-Berlin dennoch zu weiteren Vereinbarungen mit Bonn bereitfand, lag nicht an einer Veränderung des totalitären Charakters der SED-Herrschaft. Vielmehr waren die Zugeständnisse im Transit- und Reiseverkehr, beim Post- und Fernmeldewesen sowie bei der Freilassung von

---

[74] "Treffen der Ostblockführer"; in: Potthoff, 1997, 212.

[75] Vgl. Karl-Wilhelm Fricke: Opposition und Widerstand in der DDR. Ein politischer Report, Köln 1984, 156; und Manfred Görtemaker: Die unheilige Allianz. Die Geschichte der Entspannungspolitik 1943-1979, München 1979, 153-186.

[76] Zit. nach Link, 1986, 232.

[77] Potthoff, 1997, 36.

politischen Häftlingen auf den steigenden Devisenbedarf der DDR zurückzuführen, der sich nach 1980 gar zu einer ökonomischen Überlebensfrage auswuchs. D-Mark gegen menschliche Erleichterungen, nicht Wandel durch Annäherung, lautete das kleine schmutzige Geheimnis der partiellen Erfolge in den deutsch-deutschen Beziehungen in den siebziger und achtziger Jahren.

Nirgendwo wurde dies deutlicher als beim Freikauf politischer Häftlinge durch die Bundesregierung. Seit Ost-Berlin im Juni 1962 einige Gefangene für drei Lastwagenlieferungen Kali entlassen hatte, entwickelte sich der Handel mit Menschen zu einem lukrativen Geschäft für die DDR. Anfang der siebziger Jahre betrug der Preis für einen "normalen" Freikauf 40.000 DM, seit 1977 95.847 DM.[78] Auf diese Weise holte Bonn bis 1989 mehr als 31.000 politische Gefangene aus der DDR. Zusammen mit den 4.500 DM pro Kopf für die 250.000 Fälle der Familienzusammenführung zahlte die Bundesrepublik in bar und in Naturalien in dreißig Jahren etwa 3,5 Mrd. DM an Ostdeutschland.[79]

Aber nicht allein das Verhältnis zur DDR entwickelte sich schon 1973 wenig zufriedenstellend. Auch der Staatsbesuch Leonid Breschnews in der Bundesrepublik im Mai, der die neue Qualität des deutsch-sowjetischen Dialogs krönen sollte, verlief nicht so gut wie erhofft. Der Bundesregierung gelang es nämlich nicht, den Generalsekretär zu einer großzügigen Interpretation des Berlin-Abkommens zu bewegen. Im Zentrum des Konflikts stand dabei die Interpretation des Worts "Bindungen". Bonn verstand darunter die Genehmigung des Ausbaus der politischen Beziehungen zwischen West-Berlin und der Bundesrepublik, Moskau die Gewährleistung der Verbindungswege.

Der Kreml-Chef zeigte sich seinerseits enttäuscht über die Ergebnisse seiner Wirtschaftsgespräche. Die Euphorie der Jahre 1971 und 1972 wich nun breiter Ernüchterung. Auch der Abschluß des *Deutsch-tschechoslowakischen Vertrags* im Dezember 1973[80] vermochte die ostpolitische Jahresbilanz kaum aufzuhellen, da er erst nach einem mühevollen

---

[78] Die DDR bestand auf dieser "krummen" Summe, um dem Eindruck vorzubeugen, man lege feste Preise für den Freikauf politischer Gefangener fest.

[79] Vgl. Garton-Ash, 1993, 212-228; und Ludwig Rehlinger: Freikauf. Die Geschäfte der DDR mit politisch Verfolgten 1963-1989, Berlin/Frankfurt a.M. 1996.

[80] Vgl. "Vertrag über die gegenseitigen Beziehungen zwischen der Bundesrepublik Deutschland und der Tschechoslowakischen Sozialistischen Republik vom 11. Dezember 1973 (ohne Briefwechsel)"; in: Auswärtiges Amt, 1995, 398f.

Tauziehen um die Fortgeltung des *Münchner Abkommens* von 1938[81] sowie SPD- und Koalitions-interne Querelen unterschrieben werden konnte.[82] Vor allem die verschärfte Haltung der Sowjetunion und ihrer Satelliten gegenüber Berlin nahm der Ostpolitik Brandts und Bahrs viel von ihrem Glanz.

TAB. 2: DIE OSTVERTRÄGE

Vertrag	Verhandlungsdauer	Abschluß
Moskauer Vertrag (Bundesrepublik-Sowjetunion)	Gespräche Bahr-Gromyko (Januar - Mai 1970) Verhandlungen Scheel-Gromyko (26.7.-7.8.1970)	Unterzeichnung 12.8.1970 Ratifizierung 17.5.1972 Inkrafttreten 3.6.1972
Warschauer Vertrag (Bundesrepublik-Polen)	Gespräche Duckwitz-Winiewicz (Februar - Oktober 1970) Verhandlungen Scheel-Jedrychowski (3.11.-13.11.1970)	Unterzeichnung 7.12.1970 Ratifizierung 17.5.1972 Inkrafttreten 3.6.1972
Berlin-Abkommen (Vier Mächte)	Verhandlungen der Botschafter der USA, der UdSSR, Großbritanniens und Frankreichs (März 1970 - September 1971)	Unterzeichnung durch die Außenminister der Vier Mächte und Inkrafttreten 3.6.1972 (Voraussetzung für Inkrafttreten des Moskauer und Warschauer Vertrags)
Grundlagenvertrag (Bundesrepublik-DDR)	Gespräche Bahr-Kohl (Juni - August 1972) Verhandlungen Bahr-Kohl (16.8.-8.11.1972)	Unterzeichnung 21.12.1972 Ratifizierung 11.5.1973 Inkrafttreten 21.6.1973
Prager Vertrag (Bundesrepublik-Tschechoslowakei)	Verhandlungen Frank-Götz (7.5.-20.6.1973)	Unterzeichnung 11.12.1973 Ratifizierung 20.6.1974

---

[81] Im Münchner Abkommen hatte Hitler im September 1938 durch ultimative Forderungen gegenüber Frankreich, Großbritannien und Italien durchgesetzt, daß die Tschechoslowakei die überwiegend von Deutschen bewohnten Grenzgebiete Böhmens (Sudetenland) an das Deutsche Reich abtreten mußte. Nach 1945 gab es immer wieder Auseinandersetzungen über die völkerrechtliche Qualität des Münchner Abkommens.

[82] Vgl. Link, 1986, 229-231.

In einem offiziellen Schreiben mußte der Bundeskanzler US-Präsident Nixon im Januar 1974 bitten, sich in Moskau für einen reibungslosen Ablauf des Transitverkehrs zu verwenden. Ohne die amerikanische Schutzmacht, das machte dieser Vorfall deutlich, blieb die Erfolgsaussicht der deutschen Ostpolitik gering und der Spielraum der Bundesregierung begrenzt.[83] Von der Hoffnung, über die Ostverträge auch die Blockkonfrontation mildern und eine gesamteuropäische Entspannungspolitik lancieren zu können, war 1973/74 nicht mehr viel übrig geblieben. Vor allem im Verhältnis der beiden deutschen Staaten bewegte sich kaum etwas. *"Nirgendwo waren die Schritte kleiner und die Worte größer als in den deutsch-deutschen Beziehungen"*, resümierte Garton-Ash später.[84]

Das Erreichte sichern:
die Ostpolitik der Regierung Schmidt/Genscher (1974-1982)

Mit der Stagnation der Ost- und Deutschlandpolitik war nicht nur das wichtigste Projekt der sozial-liberalen Koalition beschädigt, sondern auch der Mann angeschlagen, der sie wie kein anderer verkörperte: Willy Brandt. Der Glanz außenpolitischer Erfolge konnte nun nicht länger die zunehmenden finanz- und wirtschaftspolitischen Krisen überdecken, die bereits 1972 zu den Rücktritten der zuständigen Minister Alex Möller und Karl Schiller geführt hatten. Der Bundeskanzler erschien nun immer mehr als ein Mann, der seine wichtigsten Ziele zwar erreicht hatte, dessen Energie aber verbraucht war und dem die Regierungszügel aus der Hand glitten.[85] Vor allem der Vorsitzende der SPD-Bundestagsfraktion, Herbert Wehner, versuchte das Vakuum durch eigene Initiativen zu füllen und auf eine Ablösung Brandts hinzuarbeiten. Bei einem Besuch in Moskau nannte Wehner Brandt *"entrückt"* und *"abgeschlafft"*; seine öffentliche Kritik mündete in den Satz: *"Der Kanzler badet gern lau"*[86]. Aus den intensiven direkten Kontakten des SPD-Fraktionschefs zu Honecker und seinen bisweilen recht eigenmächtigen ostpolitischen Aktivitäten freilich einen Verrat am

---

[83] Vgl. Link, 1986, 233.

[84] Garton-Ash, 1993, 193.

[85] Vgl. Jäger, 1986, 114/5.

[86] "Was der Regierung fehlt, ist ein Kopf"; Der Spiegel 41/1973 (8.10.1973), 25, 27-34, hier 27.

Kanzler konstruieren zu wollen, wie das Bahr später tat, geht an der Realität vorbei.[87] Auf jeden Fall war Brandt nun ein Kanzler auf Abruf. Den Ausschlag für seinen Rücktritt am 6. Mai 1974 gab schließlich die Enttarnung seines Referenten Günter Guillaume als Agent des ostdeutschen Auslandsgeheimdienstes.[88] Die DDR, mit der einen Ausgleich zu finden im Mittelpunkt von Brandts Denken und Handeln stand, hatte - Ironie der Geschichte - den Anlaß für die Demission des Kanzlers geliefert.

Für die Nachfolge Brandts gab es nur einen ernsthaften Kandidaten: Finanzminister Helmut Schmidt. In Temperament und Führungsstil unterschied er sich allerdings diametral von seinem Vorgänger: rational und nüchtern, von preußischer Pflichtauffassung, führungsstark und effizient. Sein allen Ideologien abgeneigtes Politikverständnis stand in scharfen Kontrast zum begeisterten und begeisternden Auftreten Brandts. Damit war Schmidt der richtige Mann zur richtigen Zeit. Weder die ökonomische Lage der Bundesrepublik noch die ost- und deutschlandpolitischen Entwicklungen rechtfertigten visionäre Höhenflüge. *"In einer Zeit weltweit wachsender Probleme konzentrieren wir uns in Realismus und Nüchternheit auf das Wesentliche, auf das, was jetzt notwendig ist, und lassen anderes beiseite"*, betonte der neue Kanzler in der Regierungserklärung nach seiner Wahl am 17. Mai 1974 und gab damit auch die Eckpunkte seiner künftigen Ost- und Deutschlandpolitik vor. Dies bedeutete kein Abrücken von der Entspannungspolitik seines Vorgängers, sondern ihre Neuinterpretation in einer Phase der Ernüchterung durch einen Politiker, der in Kategorien des *"Gleichgewichts der Kräfte"*, der *"Sicherheit Westeuropas"* und der *"Sorge vor wachsenden Rüstungsanstrengungen im Warschauer Pakt"* - alles Zitate aus der Regierungserklärung - dachte.[89] Bei allen Kontinuitätsbeteuerungen waren ein neuer Stil und eine neue Akzentsetzung also unverkennbar. Das fand auch in der Kabinettsbesetzung seinen Ausdruck. Walter Scheel machte Platz für den ost- und deutschlandpolitisch vorsichtiger agierenden Hans-Dietrich Genscher, um sich wenig später zum Bundespräsidenten wählen zu lassen. Auch Egon Bahr, der Architekt der Brandtschen Ostpolitik, schied aus dem engsten Zirkel der Macht aus.

---

[87] Vgl. Egon Bahr: Zu meiner Zeit, München 1996, 438-447. Entkräftet werden die Vorwürfe Bahrs durch Heinrich Potthoff: "Im konspirativen Stil"; Der Spiegel 42/1996 (14.10.1996).

[88] Zur Guillaume-Affäre siehe Bahr, 1996, 117-126.

[89] "Außenpolitik, Deutschlandpolitik, Sicherheitspolitik". Aus der Regierungserklärung von Bundeskanzler Schmidt vor dem Deutschen Bundestag am 17. Mai 1974; in: Auswärtiges Amt, 1995, 401-404, hier 402.

Selbst wenn sich Schmidt stärker auf innen- und wirtschaftspolitische Themen konzentrierte und nüchterner an die Beziehungen zu Moskau und Ost-Berlin heranging, versuchte er doch, ein Versanden der Ostpolitik zu verhindern. Das war auch nötig, weil die UdSSR und die DDR nur geringe Bereitschaft zeigten, der Bundesrepublik bei der Umsetzung der Berlin-Vereinbarung und in Fragen der zwischenmenschlichen Beziehungen entgegenzukommen. Der Kreml lehnte etwa den Bonner Wunsch kategorisch ab, West-Berlin in ein Abkommen über wissenschaftlich-technische Zusammenarbeit, Rechtshilfe und Kulturaustausch einzubeziehen. Die SED-Führung setzte ihre schon unter Ulbricht begonnene Politik fort, alle gesamtdeutschen Reminiszenzen aus dem öffentlichen Leben zu tilgen. Nicht Annäherung, sondern Abschottung war die Devise der DDR. Die im Oktober 1974 revidierte Verfassung enthielt in ihrer Präambel etwa nicht länger das Bekenntnis zur *"ganzen deutschen Nation"* wie noch in den Fassungen von 1949 und 1968, sondern sprach vom *"Volk der Deutschen Demokratischen Republik"* und suchte so eine eigene ostdeutsch-sozialistische Identität zu kreieren. Und die Nationalhymne, in der sich die Zeile *"Deutschland, einig Vaterland"* fand, durfte fortan nur mehr gespielt und nicht mehr gesungen werden.[90] Um den bilateralen Beziehungen wenigstens einige Impulse zu verleihen, setzte Schmidt vor allem auf die ökonomische Karte. Mit einer großzügigen Ausgestaltung des zinslosen Überziehungskredits der DDR ("Swing") für Einkäufe in der Bundesrepublik erreichte Bonn Reiseerleichterungen und eine Herabsetzung des Mindestumtauschs von 20 auf 13 DM.[91] Wirtschaftliche Anreize waren es auch, die das Interesse der Sowjetunion an einer Fortsetzung der Entspannungspolitik wachhalten sollten. Seine Überlegungen schilderte Schmidt später so:

> Ich war zu dem Eindruck gelangt, daß nur eine dynamische Erweiterung des deutsch-sowjetischen Wirtschaftsaustausches uns über die von beiden Seiten als lästig empfundenen Streitigkeiten über Berlin und das Viermächteabkommen hinweghelfen konnte; so bemühte ich mich sehr, einzelne Großprojekte voranzubringen.[92]

---

[90] Vgl. Beate Neuss: Die Entwicklung in der DDR: 1969-1989; in: Dieter Grosser/Stephan Bierling/Beate Neuss (Hg.): Bundesrepublik und DDR 1969-1990, Stuttgart 1996, 180. (= Deutsche Geschichte in Quellen und Darstellung, Bd. 11).

[91] Vgl. Potthoff, 1997, 50.

[92] Helmut Schmidt: Menschen und Mächte, Berlin 1987, 74.

Tatsächlich erwiesen sich die ökonomischen Beziehungen als stabilisierendes Element im bilateralen Verhältnis. Mitte der siebziger Jahre war die Bundesrepublik der mit Abstand wichtigste westliche Handelspartner von DDR und UdSSR.

Die multilaterale Dimension der Ostpolitik: die KSZE

Als im August 1975 die abschließenden Beratungen der *Konferenz für Sicherheit und Zusammenarbeit in Europa* (KSZE) in Helsinki begannen, hatten die Beziehungen Bonns zu seinen östlichen Nachbarn zwar ihren Aufbruchselan verloren, aber sie waren insgesamt stabil und berechenbar. In der finnischen Hauptstadt sollte die bilaterale Entspannungspolitik nun auf eine multilaterale Grundlage gestellt werden. Die Idee einer gesamteuropäischen Konferenz ging auf Moskau zurück, das damit eine internationale Anerkennung der Nachkriegsgrenzen erreichen und einen Keil zwischen die USA und Westeuropa treiben wollte. Nachdem sichergestellt war, daß Washington mit an Bord sein würde, ließ sich der Westen auf die Konferenz ein, da sie die Möglichkeit zu bieten schien, umfassende Kooperationsstrukturen mit den Ostblockstaaten zu entwickeln. Die KSZE-Schlußakte behandelte in drei sogenannten "Körben" die zentralen Fragen der Ost-West-Beziehungen: Korb I widmete sich der europäischen Sicherheit und vertrauensbildenden Maßnahmen, Korb II stellte Richtlinien für die wirtschaftliche und kulturelle Zusammenarbeit auf, Korb III legte Grundsätze für humanitäre Fragen und den Informationsaustausch fest.[93] Die Voraussetzung, daß es überhaupt zu einer Aufstellung solcher Richtlinien kam, war jedoch, daß sie keine rechtsverbindlichen Normen darstellten, sondern allenfalls politisch-moralische Wirkung entfalten konnten.

Die Bundesrepublik engagierte sich in Helsinki vor allem für die in Korb III diskutierten Regeln und legte dabei besonderen Wert auf die Familienzusammenführung und die Verbesserung der Kommunikation zwischen West und Ost. Allerdings konnte sie ihre Vorstellungen wegen der mangelnden Unterstützung der EG-Partner nur mit einigen Einschränkungen in das Abkommen einbringen. Dagegen gelang es Bonn nach zähen Verhandlungen, gegenüber der Sowjetunion, aber auch gegenüber einigen westlichen Ländern die sogenannte "deutsche Option" durchzusetzen, also den Anspruch, die nationale Einheit durch eine

---

[93] Zur KSZE vgl. Wilfried von Bredow: Der KSZE-Prozeß, Darmstadt 1992.

friedliche Grenzänderung anstreben zu dürfen. Trotz dieses partiellen Verhandlungserfolgs lehnte die CDU/CSU-Opposition die KSZE-Schlußakte ab. Franz Josef Strauß sah darin nur einen weiteren Schritt auf dem von Bahr einst beschrittenen Weg nach einer neuen Ordnung in Europa und holte zu einem Rundumschlag gegen die gesamte Ostpolitik der sozial-liberalen Koalition aus: *"Wir sagen nicht nein zu diesem oder zu jenem Inhalt der Dokumente, wir sagen zu der Systematik, zu der Konzeption, zu der eingebauten Konsequenz dieses Vertragswerks nein ..."*.[94] Außerdem kritisierte die Opposition, daß es sich bei den Bestimmungen nur um schöne Worte mit wenig Substanz handele, die vom Ostblock ganz anders interpretiert werden würden als vom Westen.[95] In der Tat zitierten die kommunistischen Staaten mit Vorliebe die in Korb I niedergelegte "Nichteinmischung in innere Angelegenheiten", wenn es um das Helsinki-Abkommen ging,[96] während für die demokratischen Länder Korb III im Mittelpunkt stand. Die Bilanz der Schlußakte war so auch zwiespältig: Auf der einen Seite kam es zu keinen Verbesserungen bei den Menschen- und Bürgerrechten in Osteuropa - im Gegenteil. KGB und Stasi versuchten sogar mit besonderer Schärfe, ihren Herrschaftsbereich von den in Korb III anvisierten Entwicklungen abzuschotten. Regimekritiker wie Alexander Solschenyzin, Wladimir Bukowski, Andrej Sacharow, Robert Havemann und Wolfgang Biermann wurden verhaftet, in psychatrische Anstalten gesperrt oder abgeschoben, westliche Korrespondenten in ihrer Arbeit behindert oder ausgewiesen, Politikern vor allem der Union die Einreise in die DDR verweigert. Auf der anderen Seite diente die Schlußakte, die in allen Unterzeichnerstaaten veröffentlicht werden mußte, vielen Dissidenten und Ausreisewilligen als Referenzdokument und katalysierte damit den Widerstand in einigen Ostblockstaaten. Insgesamt entfaltete der KSZE-Prozeß nur ein geringes Eigenleben und blieb vom generellen Ost-West-Verhältnis abhängig.

Entspannungspolitik in der Krise

Die Entspannungspolitik, vor allem die amerikanisch-sowjetische Annäherung, hatte bei der Unterzeichnung der KSZE-Schlußakte Ende 1975 allerdings ihren Zenit schon überschritten.

---

[94] Verhandlungen des Deutschen Bundestages, Stenographische Berichte (25.7.1975), 12869.

[95] Vgl. Link, 1986, 298f.

[96] Vgl. Noack, 1981, 158.

Die Aktivitäten Moskaus in Afrika, die Verstärkung der sowjetischen Flottenpräsenz im Indischen Ozean, die vom Kreml betriebene Modernisierung der atomaren Mittelstreckenraketen in Zentraleuropa und die Menschenrechtskampagne des 1977 vereidigten US-Präsidenten Jimmy Carter belasteten das Ost-West-Verhältnis schwer. Immer deutlicher wurde nun das Bemühen der Bundesregierung, ihre Ost- und vor allem ihre Deutschlandpolitik von der Verschlechterung der weltpolitischen Großwetterlage zu isolieren. Dabei war Schmidt bis zu einem gewissen Maße bereit, gegen die Interessen Washingtons zu verstoßen und einen eigenen Kurs zu verfolgen. In einem vertraulichen Brief ließ der Kanzler Breschnew etwa wissen: *"In meinen Augen ist der Streit beider Weltmächte über Angola nicht so gewichtig, daß darüber das Vertrauen anderer Völker in die Stetigkeit der Entspannung leiden darf."*[97] Gegenüber der Sowjetunion, aber auch gegenüber anderen Ostblock-Ländern setzte die Bundesregierung auf einen Ausbau der Wirtschaftsbeziehungen, um das Erreichte zu sichern. So kam es bei Breschnews zweitem Deutschland-Besuch im Mai 1978 zum Abschluß einer umfassenden Vereinbarung *"über die Entwicklung und Vertiefung der langfristigen Zusammenarbeit zwischen der Bundesrepublik Deutschland und der UdSSR auf dem Gebiet der Wirtschaft und der Industrie"*. Selbst nach dem Nachrüstungsbeschluß der NATO am 12. Dezember[98] und der Invasion der *Roten Armee* in Afghanistan am 27. Dezember 1979[99] zeigte sich die sozial-liberale Koalition bemüht, ihre Ostpolitik fortzusetzen und die Wirtschaftsbeziehungen weiterzuführen. Schmidt war denn auch der erste westliche Regierungschef, der nach der Afghanistan-Intervention im Juni 1980 in Moskau mit Breschnew zusammentraf. Im *Langfristigen Programm* wurde die deutsch-sowjetische Wirtschaftskooperation sogar noch intensiviert, wobei der Energiebereich im Zentrum der Vereinbarungen stand.[100]

---

[97] Zit. nach Garton Ash, 1993, 139.

[98] Auf einer Sondersitzung beschlossen die 14 an der militärischen Integration beteiligten NATO-Mitglieder die Aufstellung amerikanischer Mittelstreckenraketen in Europa als Gegengewicht zu den sowjetischen SS-20. Gleichzeitig boten sie der UdSSR Rüstungskontrollverhandlungen an ("Doppelbeschluß").

[99] Moskau reagierte damit auf die dringenden Hilfegesuche der kommunistischen Machthaber in Kabul, die von islamischen Widerstandskämpfern, den Mudschaheddin, schwer bedrängt wurden.

[100] Vgl. Manfred Pohl: Geschäft und Politik. Deutsch - russisch/sowjetische Wirtschaftsbeziehungen 1850-1988, Mainz 1988, 187.

Vor allem sollten aber nach dem Wunsch der Bundesregierung die innerdeutschen Beziehungen nicht unter den amerikanisch-sowjetischen Spannungen leiden. Wiederholt drängte der Bundeskanzler auf weitere "Paketgeschäfte" - Erleichterungen für die Menschen im Gegenzug für ökonomische Vorteile - mit der DDR, um den Verhandlungsfaden nicht abreißen zu lassen. Im Frühjahr 1977 machte Schmidt sogar erstmals von der verabredeten Telephonverbindung mit Honecker Gebrauch, um die weltpolitische Lage und deutsch-deutsche Probleme zu erörtern.[101] Die zunehmenden Friktionen zwischen den beiden Super-mächten setzten jedoch dem deutschlandpolitischen Spielraum der Bundesrepublik Grenzen. Das galt allerdings in noch viel stärkerem Maße für die DDR. Nachdem zunächst auch Honecker versucht hatte, die Beziehungen zu Bonn nicht allzu sehr vom neu aufflammenden Ost-West-Konflikt beeinträchtigen zu lassen, warf er Ende 1980 das Ruder abrupt herum. Ursache dafür waren zum einen das Geheiß aus Moskau, die Blocksolidarität aufrecht-zuerhalten, zum anderen die Ereignisse in Polen, wo die KP durch die Anerkennung der Gewerkschaft Solidarnosc ihr Machtmonopol faktisch aufgegeben hatte. Nicht nur ließ der SED-Generalsekretär den Mindestumtausch von 13 auf 25 DM drastisch erhöhen, sondern er brachte in einer Rede in Gera im Oktober 1980 auch alte Maximalforderungen wieder aufs Tapet: die Anerkennung der DDR-Staatsbürgerschaft, die Umwandlung der Ständigen Vertretungen in Botschaften, die Auflösung der *Zentralen Erfassungsstelle* von SED-Unrecht in Salzgitter.[102] Die Bundesregierung reagierte darauf mit dem Versuch, die DDR durch Appelle und direkte Kontakte zur Rücknahme ihrer Maßnahmen zu bewegen. Zu der lange geplanten Spitzenbegegnung zwischen Schmidt und Honecker konnte es aber erst Ende 1981 kommen, nachdem Breschnew mit einem Besuch in der Bundesrepublik wenige Wochen zuvor sein Interesse an einer Fortsetzung des Ost-West-Dialogs signalisiert hatte.[103]

Vom 11. bis 13. Dezember 1981 traf daraufhin erstmals ein bundesdeutscher Regie-rungschef mit einem SED-Generalsekretär zu einem Gipfel auf deutschem Boden - genauer: am Werbellinsee - zusammen. Neue Initiativen oder gar ein Durchbruch in den bilateralen

---

[101] Auszüge des Gesprächs sind abgedruckt bei Potthoff, 1997, 360-367.

[102] "Zu aktuellen Fragen der Innen- und Außenpolitik der DDR"; Neues Deutschland, 14.10.1980, 3-5, hier 4.

[103] Vgl. Link, 1987, 378.

Beziehungen waren indes nicht zu erwarten. In seinen Memoiren schreibt Schmidt, Honecker habe damals *"weder im Ministerrat noch im Politbüro eine Mehrheit für größere Zugeständnisse an uns"* besessen.[104] Richtig daran ist, daß sich Stasi-Chef Erich Mielke und andere Politbüro-Mitglieder in Moskau über den angeblich zu Bonn-freundlichen Kurs des Generalsekretärs beklagten.[105] Die implizite Vermutung des Kanzlers, Honecker selbst sei über Stabilitätsbekundungen hinaus an einem grundsätzlichen Entgegenkommen interessiert gewesen, ist allerdings schwer zu belegen. Auf jeden Fall reichte die bisher praktizierte Politik *"mehr Menschlichkeit gegen Kasse"* - so Schmidt bei der Gipfelvorbereitung zum ostdeutschen Anwalt Wolfgang Vogel - unter den herrschenden weltpolitischen Bedingungen nicht aus, um dem Verhältnis Impulse zu verleihen.[106] Am Werbellinsee konnte man sich nur auf einige kleine Gesten verständigen und auf die gegenseitige Zusicherung, im Dialog zu bleiben.[107] Überschattet wurde das Treffen zudem am letzten Tag von der Nachricht aus Polen, daß KP-Chef General Wojciech Jaruzelski das Kriegsrecht über das Land verhängt, die Solidarnosc verboten und Tausende ihrer Anhänger inhaftiert hatte. Fortschritte in der Ost- und Deutschlandpolitik waren in einem solchen Klima kaum zu erreichen. Bis zum Sturz Schmidts durch ein konstruktives Mißtrauensvotum am 1. Oktober 1982 gab es deshalb in allen Streitfragen nur marginale Fortschritte.

Mit dem Ende der sozial-liberalen Koalition war zweierlei klar geworden: Erstens konnten die Beziehungen der Bundesrepublik zu ihren östlichen Nachbarn, auch die zur DDR, nicht vom Verhältnis der beiden Führungsmächte zueinander abgekoppelt werden. Der Handlungsspielraum Bonns war dabei umso geringer, je konfrontativer sich Washington und Moskau gegenüberstanden. Eine Entspannung zwischen den Blöcken entsprach deshalb nicht nur dem überragenden Interesse der Bundesrepublik, es nicht zu einer kriegerischen Auseinandersetzung an der Nahtstelle der beiden Allianzen kommen zu lassen, sondern stellte auch die Bedingung für eine eigenständigere Bonner Außenpolitik dar. Zweitens: Das Kalkül der

---

[104] Helmut Schmidt: Die Deutschen und ihre Nachbarn. Menschen und Mächte II, Berlin 1990, 67.

[105] Vgl. Przybylski, 1991, 343-347.

[106] "Gespräche H. Schmidt/Wehner mit Wolfgang Vogel am 9. Dezember 1981 (Bonn)"; in: Potthoff, 1997, 637-651, hier 638.

[107] Vgl. die Protokolle der Unterredungen. "Das Teffen am Werbellinsee/Döllnsee, 11.-13.12.1981"; in: ebd., 652-697. Siehe auch Zimmer, 1992; 53/4.

sozial-liberalen Ostpolitiker, eine Stabilisierung ihrer Herrschaft würde es der SED-Führung erlauben, in humanitären und praktischen Fragen konzilianter aufzutreten, war nicht aufgegangen. Nachdem Ost-Berlin erreicht hatte, was es unter den gegebenen Umständen erreichen konnte, erfolgten "menschliche Erleichterungen" nur mehr in homöopathischen Dosierungen, die noch dazu ständig davon bedroht waren, zurückgenommen zu werden. 13 Jahre nach seiner Einführung in die praktische Politik war offensichtlich, daß das Konzept "Wandel durch Annäherung" nicht in der beabsichtigten Weise wirkte. Die sozial-liberale Koalition mußte sich den Vorwurf gefallen lassen, daß sie ihre Ost- und Deutschlandpolitik nach einem innovativen Beginn in den späteren Jahren trotz ausbleibender Erfolge allzu unkritisch weiterverfolgte, ohne sich die Frage zu stellen, ob sie denn tatsächlich dem Charakter kommunistischer Regime gerecht wurde.[108] Mehr noch, die Gespräche zwischen SED und SPD über eine gemeinsame Ideologiedenkschrift und die Kritik führender Sozialdemokraten am Wiedervereinigungsgebot des Grundgesetzes - Brandt nannte es 1988 die *Lebenslüge der zweiten deutschen Republik*"[109] - und an der Erfassungsstelle von DDR-Unrecht in Salzgitter in den achtziger Jahren zeigten, daß die Annäherung zwischen den beiden deutschen Staaten die westdeutschen Sozialdemokraten mehr zu wandeln drohte als die ostdeutschen Kommunisten.[110]

Skeptische Kooperation:
Die Ost-und Deutschlandpolitik der Regierung Kohl/Genscher (1982-89)

Illusionen über die Veränderbarkeit der kommunistischen Diktaturen im Osten Europas konnte man der neuen Bundesregierung nicht unterstellen.[111] Daß es dennoch nach 1982 zu keinem deutlichen Kurswechsel in der Ost- und Deutschlandpolitik kam, lag zum einen

---

[108] Vgl. Frank Fischer: Deutsche Ost- und West-Politik im Spiegel von Quellen; NZZ, 16.10.1997, 37.

[109] So Brandt in einem Vortrag mit dem Titel "Deutsche Wegmarken" am 11.9.1988 in Berlin. Abgedr. in: Berliner Lektionen. Lesungen und Gespräche im Westberliner Renaissance-Theater, hgg. von Ruth Berghaus, Berlin 1989, 72-88, hier 82.

[110] Siehe dazu Roos, 1996, 253f und 306f.

[111] Zur Deutschlandpolitik der CDU/CSU/FDP-Koalition siehe vor allem Korte, 1998; Matthias Zimmer: Nationales Interesse und Staatsräson. Zur Deutschlandpolitik der Regierung Kohl 1982-1989, Paderborn 1992; und Heinrich Potthoff: Die "Koalition der Vernunft". Deutschlandpolitik in den 80er Jahren/Dokumente, München 1995.

daran, daß sich die CDU/CSU trotz aller Kritik an den Ostverträgen seit Mitte der siebziger Jahre auf eine konziliantere Linie zubewegt hatte, zum anderen am Verbleib der FDP in der Regierung, was Kontinuität in der Außenpolitik gewährleistete. Allerdings, daran ließ der neue Kanzler Helmut Kohl keinen Zweifel, sollten der Partnerschaft mit den Vereinigten Staaten wieder zentrale Bedeutung eingeräumt und Grundsatzpositionen gegenüber dem Ostblock wieder nachhaltiger vertreten werden. Es war also mehr als nur Rhetorik, wenn CDU und CSU in ihrer Koalitionsabsprache vereinbarten, *"die deutsche Frage nicht nur theoretisch offen zu halten, sondern für das deutsche Recht auf Einheit und Freiheit aktiv einzutreten".*[112]

Dieser Ansatz entsprach auch der politischen Philosophie und dem Führungsstil Helmut Kohls. Nach den heftigen Auseinandersetzungen um die Ostverträge in der eigenen Partei und dem Wahldebakel von 1972 hatte er ein Jahr später den Vorsitz der CDU und nach seiner knappen Niederlage gegen Schmidt 1976 auch die Führung der Opposition im Bundestag übernommen. Sein auf Ausgleich bedachter Kurs half, die Zerrissenheit der Partei in der Ost- und Deutschlandpolitik zu überwinden. In einer vielbeachteten Bundestagsrede bekannte sich Kohl im November 1980 zur Rechtsgültigkeit der Ostverträge und forderte, die beiden deutschen Staaten *"müssen füreinander kalkulierbar handeln".*[113] Über vertrauliche Kontakte signalisierte die CDU den SED-Machthabern außerdem, daß sie nach einem Regierungswechsel in der Bundesrepublik nicht an einer Destabilisierung der DDR interessiert sei. Selbst Strauß, der in den frühen siebziger Jahren die Politik Brandts scharf bekämpft hatte, betonte jetzt nicht allein die Formel "pacta sunt servanda" - Verträge müssen gehalten werden -, sondern nahm Anfang 1983 sogar eine Initiative der Vorgängerregierung auf und fädelte einen Milliardenkredit für die in arge finanzielle Schwierigkeiten geratene DDR ein.[114] Im Gegenzug baute Ost-Berlin die Selbstschußanlagen und Minen an der innerdeutschen Grenze ab und erleichterte den Reiseverkehr. Obwohl Strauß mit seiner Aktion stärker in die außenpolitischen Kompetenzen des Kanzlers und des Außenministers eingriff als dies je ein Ministerpräsident getan hatte, ließ ihn Kohl gewähren, weil er ihn damit in die eigene

---

[112] Zit. nach Garton Ash, 1993, 151.

[113] Verhandlungen des Deutschen Bundestages, Stenographische Berichte, Bd. 117 (26.11.1980), 47.

[114] Siehe dazu Korte, 1998, 161-183; und Strauß, 1989, 470-80.

deutschlandpolitische Konzeption einbinden konnte.[115] Strauß selbst stellte später mit Genugtuung fest, quasi im Alleingang *"die Union insgesamt und die CSU im besonderen aus einem toten Winkel herausgeholt und Handlungsspielraum hergestellt zu haben".*[116] Mit dem CSU-Chef an Bord konnte die Bundesregierung eine pragmatische Deutschlandpolitik betreiben, ohne Gefahr zu laufen, daß es zu koalitionsinternen Querelen kam.

Die neue Eiszeit zwischen den Supermächten schlug allerdings auf das Verhältnis Bonn - Moskau durch. Auch ökonomisches Entgegenkommen konnte eine Verhärtung der sowjetischen Haltung in dieser Situation nicht verhindern, wie der Bundeskanzler während seines Besuchs in der UdSSR im Juli 1983 erfahren mußte.[117] In einer vertraulichen Mitteilung wies der Kreml Ost-Berlin gleich nach der Kohl-Visite an, Bonn gegenüber hart aufzutreten:

> Wir halten es für wichtig, in Frage der Mittelstreckenraketen auch weiterhin aktiv auf Bonn einzuwirken und deutlich zu machen, wie sich die "Nachrüstung" der NATO für die Interessen der BRD selbst auswirken kann, darunter auch auf die bilateralen Beziehungen zu den einzelnen sozialistischen Ländern.[118]

Nach dem Nachrüstungsbeschluß des Deutschen Bundestags am 22. November 1983 verhängte die sowjetische Führung sogar eine Art diplomatische Quarantäne über Westdeutschland, intergouvernementale Kontakte blieben auf formale Routine beschränkt. Ihren tiefsten Punkt erreichten die Beziehungen, als Moskau einen für September 1984 geplanten Staatsbesuch von SED-Generalsekretär Honecker in der Bundesrepublik durch sein Veto verhinderte.[119]

Dagegen erwiesen sich die deutsch-deutschen Beziehungen auf operativer Ebene als erstaunlich stabil. Schon in seiner Rede zur Stationierung von *Pershing II* und *Cruise Missiles* hatte Kohl in Richtung Honecker gesagt, daß *"die beiden Staaten in Deutschland gerade dann, wenn die internationale Lage schwieriger wird, alle Kraft daran setzen [müs-*

---

[115] Vgl. Korte, 1998, 161.

[116] Strauß, 1989, 481.

[117] Vgl. Hacke, 1993, 377/8.

[118] Zit. nach Garton-Ash, 1993, 155.

[119] Vgl. Helene Seppain: Contrasting US and German Attitudes to Soviet Trade, 1917-1991. Politics by Economic Means, New York 1992, 238.

sen], das Geflecht der Beziehungen und der Zusammenarbeit weiterzuentwickeln".[120] Am 9. Februar 1984 appellierten CDU, CSU, FDP und SPD mit der ersten gemeinsamen deutschlandpolitischen Erklärung des Bundestags seit 1972 an Ost-Berlin, auch in schwierigen Zeiten die Zusammenarbeit voranzutreiben. Wörtlich hieß es in der Entschließung:

> Die deutsch-deutschen Beziehungen werden von den Beziehungen der beiden Großmächte USA und Sowjetunion in besonderer Weise beeinflußt. Die Bundesrepublik Deutschland und die DDR stehen in einer Verantwortungsgemeinschaft für den Frieden und die Sicherheit in Europa; beide müssen sich um eine Entschärfung der internationalen Lage bemühen.[121]

Tatsächlich blieb die DDR trotz allen schweren propagandistischen Geschützes, das sie gegen die Nachrüstung auffuhr, vor allem aus ökonomischen Gründen daran interessiert, den Kontakt zu Bonn nicht abreißen zu lassen. Honecker erwiderte das Wort von der "Verantwortungsgemeinschaft" mit der Aussicht auf *"Schadensbegrenzung"* und eine *"Koalition der Vernunft".*[122] Karl-Rudolf Korte, der für seine Analyse der Deutschlandpolitik in den achtziger Jahren Einblick in die Dokumente des Kanzleramts erhielt, unterstützt diese Sicht:

> Liest man die internen Vermerke, die unmittelbar in der Zeit nach dem Stationierungsbeschluß über die bilateralen Begenungen angefertigt wurden, kann man schon den Eindruck gewinnen, daß hier ein Sonderverhältnis mit allen Mitteln gerettet werden sollte.[123]

Aus verbalen Signalen wurden schon bald konkrete Fakten: Im Rahmen eines zweiten Großdarlehens Mitte 1984 senkte Ost-Berlin den Mindestumtausch für Rentner von 25 auf 15 DM und schaffte ihn für Jugendliche unter 14 Jahren ganz ab. Gleichzeitig stieg die Zahl der Übersiedler aus der DDR 1984 steil auf 41.000 an, nachdem sie in den Jahren der sozial-liberalen Koalition um die 11.000 pro Jahr geschwankt war.[124] Allerdings ging der Ver-

---

[120] Verhandlungen des Deutschen Bundestages, Stenographische Berichte, Bd. 126 (21.11.1983), 2328.

[121] Der Text findet sich in Bundesministerium für Innerdeutsche Beziehungen (Hg.): Texte zur Deutschlandpolitik, Reihe III, Bd. 2, Bonn 1968ff., 45-47, hier 46f.

[122] Vgl. Zimmer, 1992, 166.

[123] Korte, 1998, 190.

[124] Die Zahlen 1969 bis 1978 finden sich bei Roth, 1981, 177.

such, sich auf diese Weise der *"Eiterbeulen"* - wie Stasi-Chef Erich Mielke *"unverbes-serliche"* Antragsteller bezeichnete - durch eine einmalige Ausreiseaktion zu entledigen, gründlich daneben.[125] Vielmehr schnellten die Anträge bis 1987 auf 112.000 empor. Da die Zahl der Genehmigungen aber wieder auf das Niveau vor 1984 zurückging, wuchs das Protestpotential immer mehr an.[126]

Bis zu einem gewissen Grad gelang es den beiden deutschen Staaten jedoch, ihre Beziehungen trotz der widrigen weltpolitischen Lage stabil zu halten. Dazu trugen auch die Telephonate und die beiden persönlichen Begegnungen zwischen Kohl und Honecker am Rande der Trauerfeierlichkeiten für die sowjetischen Generalsekretäre Jurij Andropow (1982-1984) und Konstantin Tschernenko (1984-1985) in Moskau im Februar 1984 und im März 1985 bei. Beim zweiten dieser manchmal despektierlich als "Begräbnisdiplomatie" bezeichne-ten Treffen kam es sogar zur ersten gemeinsamen Erklärung der Vertreter der beiden deutschen Staaten seit Kohls Amtsantritt.[127] Angesichts so viel deutsch-deutscher Gemein-samkeit witterte mancher Bündnispartner schon neutralistische Sonderwege Bonns. Vor diesem Hintergrund ist zu sehen, daß US-Außenminister George Shultz (1982-1989) im Kanzleramt die *"freundliche Bitte"* vortragen ließ, Washington doch künftig früher als bisher über seine deutschlandpolitischen Schritte zu unterrichten.[128] Sein italienischer Kollege Guilio Andreotti provozierte gar einen diplomatischen Eklat mit seiner Bemerkung: *"Es gibt zwei deutsche Staaten, und zwei deutsche Staaten sollen es bleiben."*[129] Dies zeigte, daß bei aller Emanzipation der Bundesrepublik vor allem seit 1969 jede ost- und deutschlandpoliti-sche Bewegung, die die enge Bindung Bonns an den Westen auch nur zu berühren schien, von den Verbündeten genau registriert und sofort beantwortet wurde.

---

[125] Zit. nach Hans-Hermann Hertle: Der Fall der Mauer. Die unbeabsichtigte Selbstauflösung des SED-Staates, Opladen 1996, 84.

[126] Vgl. ebd.

[127] Der Text findet sich in Bundesministerium für Innerdeutsche Beziehungen (Hg.): Die Entwicklung der Innerdeutschen Beziehungen zwischen der Bundesrepublik Deutschland und der Deutschen Demokratischen Republik 1980-1986. Eine Dokumentation, Bonn 1986, 212.

[128] Vgl. "Washington möchte früher unterrichtet werden"; FAZ, 18.8.1984.

[129] Zit. bei Heinz Timmermann: Italiens Kommunisten, Andreotti und die deutsche Frage, Köln 1984, 3. (= BI-Ost/Aktuelle Analysen 32/1984)

Von der Eiszeit zum Tauwetter:

Die deutsch-sowjetischen Beziehungen unter Gorbatschow

Wer sich von der Amtsübernahme Michail Gorbatschows (1985-1991) im März 1985 eine grundlegende Verbesserung der deutsch-sowjetischen Beziehungen erwartet hatte, sah sich zunächst getäuscht. Alle Avancen Bonns wies der Kreml zurück. In einer Sitzung des Politbüros betonte Gorbatschow am 27. März 1986, die Strategie, sich im politischen Dialog mit Deutschland zurückzuhalten, die ökonomischen Beziehungen aber weiterzuführen, habe sich als richtig erwiesen. Natürlich beschwere sich Bonn über die sowjetische Reserviertheit, erklärte der Generalsekretär, aber das sei nicht von Nachteil. Obgleich es langfristig so nicht weitergehen könne, solle diese Linie bis zu den Bundestagswahlen im Januar 1987 beibehalten werden. Die sowjetischen Entscheidungsträger machten kein Hehl daraus, daß sie der Bundesregierung ihre harte Haltung in der Stationierungsfrage noch immer verübelten.[130] Kohl verhalte sich *"wie ein Lakai der USA"*, wetterte Gorbatschow gegenüber Honecker.[131] Eine Wende im bilateralen Verhältnis ziehe man nur dann in Betracht, daran ließ der Kreml keinen Zweifel, wenn sich die Koalition gegen die amerikanischen Rüstungsanstrengungen stelle und die SDI-Pläne nicht mittrage.[132] Zu einer weiteren Abkühlung der deutsch-sowjetischen Beziehungen kam es, als Kohl in einem Interview mit dem amerikanischen Nachrichtenmagazin *Newsweek* im Oktober 1986 die Propagandafähigkeiten Gorbatschows mit denen von Joseph Goebbels verglich.[133] Dagegen konnten sich Vertreter der SPD-Opposition bei Besuchen in der UdSSR freundlicher Aufmerksamkeit erfreuen.[134]

---

[130] Vgl. Julij Kwizinskij: Vor dem Sturm. Erinnerungen eines Diplomaten, Berlin 1993, 397, 407.

[131] Das Zitat findet sich in der Quellensammlung von Daniel Küchenmeister (Hg.): Honecker-Gorbatschow-Vieraugengespräche, Berlin 1993, 99.

[132] Vgl. Fred Oldenburg: Das Verhältnis Moskau-Bonn unter Gorbatschow; in: Osteuropa, 36. Jg/Nr. 8/9 (August/September 1986), 774-786, hier 781. Siehe auch T. Stephen Larrabee: The View From Moscow; in: ders. (ed.): The Two German States and European Security, London 1989, 182-205, hier 193; und Adomeit, 1998, 243f.

[133] "Kohl to Reagan: "Ron, Be Patient"; Newsweek, 27.10.1986, 19-20, 20. Die relevante Textstelle lautete: *"He [Gorbachev; S.B.] is a modern communist leader who understands public relations. Goebbels, one of those responsible for the crimes of the Hitler era, was an expert in public relations, too."* Teltschik bezeichnete diese Äußerung gegenüber dem Verfasser als *"unnötiges Ereignis"*. Zur Reaktion der UdSSR siehe Adomeit, 1998, 260f.

[134] Vgl. Gerhard Wettig: The Soviet Union and German Unification, Köln 1990, 2-3 (= BI-Ost 38/1990). Für eine Diskussion der sowjetischen Politik gegenüber der europäischen Linken bis 1985 siehe John van Oudenaren: The Soviet Union and the Socialist and Social Democratic Parties of Western Europe, Santa Monica 1985.

Nach ihrem Wahlsieg am 25. Januar 1987 verstärkte die CDU/CSU/FDP-Koalition ihre Kooperationssignale in Richtung Moskau und übernahm damit eine Schrittmacherrolle im Westen. In einer bemerkenswert deutlichen Rede vor dem *Weltwirtschaftsforum* in Davos warnte Genscher bereits eine Woche später davor, eine Chance von historischem Ausmaß verstreichen zu lassen. *"Versuchen wir vielmehr, die Entwicklung von unserer Seite aus zu beeinflussen, voranzutreiben und zu gestalten"*, appellierte der deutsche Außenminister an die anwesenden Staats- und Wirtschaftsführer.[135] Solche Aussagen verstand Washington als Kritik an der eigenen Politik - und so waren sie wohl auch gemeint. Auf jeden Fall nahmen die Unmutsbekundungen vor allem aus dem US-Verteidigungsministerium über den angeblich allzu sowjet-freundlichen Kurs Genschers hier ihren Anfang; der Begriff *Genscherism* wurde den Falken zum Synonym für eine von Illusionen geleitete Ostpolitik.[136]

Im Laufe des Jahres 1987 schwenkte die Sowjetunion auf eine pragmatischere Linie gegenüber der Bundesrepublik ein. Dies hing zum Teil mit den Abrüstungsvereinbarungen zwischen den USA und der UdSSR zusammen, welche auch die deutsch-sowjetischen Beziehungen entlasteten; zum Teil war es aber auch Folge des gesteigerten Interesses Moskaus an einer außenwirtschaftlichen Flankierung des binnenwirtschaftlichen Umstrukturierungsprozesses und die Einsicht, es für mindestens eine weitere Legislaturperiode mit der unionsgeführten Bundesregierung zu tun zu haben. Erstes konkretes Ergebnis des Bemühens beider Seiten um einen Ausbau der ökonomischen Zusammenarbeit stellte das *Kooperationsabkommen* vom 22. Mai 1987 dar. Mit dem Empfang von Bundespräsidenten von Weizsäcker und der Ministerpräsidenten Bayerns und Baden-Württembergs, Strauß und Späth, signalisierte der Kreml seine Bereitschaft, das bilaterale Verhältnis weiter zu normalisieren. Der Besuch Eduard Schewardnadses (1985-1990) in der Bundesrepublik im Januar 1988 - der erste eines

---

Allerdings machten sich in Moskau und Ost-Berlin bald Zweifel breit, ob die Unterstützung für die SPD Früchte tragen würde. *"Wir wollen ihnen [der SPD; S.B.] helfen"*, klagte Honecker im Januar 1987, *"aber denen kann man nicht helfen. Niemand glaubt ernsthaft, daß die überhaupt regieren wollen.* Adomeit, 1998, 261. Hier zit. in der Übersetzung von Heinrich Maetzke: Stalin hat die DDR verspielt; FAZ, 31.3.1998.

[135] Hans-Dietrich Genscher: Gorbatschow ernst nehmen - Gorbatschow beim Wort nehmen. Rede vor dem "World Economic Forum" am 1.2.1987 in Davos; in: ders.: Zukunftsverantwortung, Berlin 1990, 7-20, hier 15.

[136] Das Nachrichtenmagazin *Time* definierte *Genscherism* folgendermaßen: *"being soft on the Soviets, weak on NATO, "wet" on defense"*. Time, 8.5.1989. Vgl. auch Stephen F. Szabo: The Diplomacy of German Unification, New York 1992, 18.

sowjetischen Außenministers seit fünf Jahren - dokumentierte den Sinneswandel Moskaus.[137] Dieser fand auch in der Zahl von Ausreisegenehmigungen für deutschstämmige Sowjetbürger seinen Ausdruck, die von 870 im Jahr 1985 auf fast 50.000 1988 stieg.[138]

Die Koalition reagierte auf die Zeichen aus Moskau rasch und positiv. Für Oktober 1988 wurde ein Staatsbesuch Kohls in der UdSSR vereinbart, der schon im Vorfeld eine Vielzahl von bilateralen Wirtschaftskontakten auslöste. Unter deutscher Präsidentschaft und auf besonderes Drängen Bonns nahm die Europäische Gemeinschaft im Juni 1988 offizielle Beziehungen zum *Rat für gegenseitige Wirtschaftshilfe* (RGW) auf.[139] Den Einwand, eine ökonomische Unterstützung von Gorbatschows Reformpolitik könne die Bedrohung aus dem Osten erhöhen, wies Kohl nun als *"eine Philosophie aus dem Kalten Krieg"* zurück und rief zu einer Modifizierung der westlichen Embargoliste COCOM auf.[140] Für diesen Kurs fand er nicht nur die Unterstützung der deutschen Wirtschaft, sondern auch der Öffentlichkeit und der Opposition.[141] Die Moskauer Gipfelbegegnung vom 24. bis 26. Oktober 1988 bildete einen Wendepunkt für die Beziehungen zwischen Bonn und Moskau. Die außenpolitischen Hauptberater der beiden Staatsführer, Tschernajew und Teltschik, sprachen von einer *"erstaunlichen Wandlung"*[142] und dem *"Wiederbeginn von vernünftigen deutsch-sowjetischen Beziehungen"*[143]. Gorbatschow erinnerte sich später: *"Wir haben damals einen großen Schritt aufeinander zugemacht, ein neues Kapitel in den deutsch-sowjetischen Beziehungen aufgeschlagen"*.[144] Der Boden für eine enge Zusammenarbeit in allen Bereichen war bereitet.

---

[137] Vgl. Fred Oldenburg: Moskau und die Wiedervereinigung Deutschlands, Köln 1991, 13. (= BI-Ost, 38/1991)

[138] Vgl. Sidney Heitman: Soviet Emigration Since Gorbachev, Köln 1989, 12 (Tabelle 4). (= BI-Ost, 62/1989)

[139] Vgl. Peter Gumbel: Eastern Bloc Hopes to Firm Ties With EC; Wall Street Journal, 13.6.1988, 14.

[140] Zit. nach David Marsh/Judy Dempsey: Bonn Emphasises Stronger Ties With East Europe; Financial Times, 22.7.1988, 1. Übersetzung durch den Verfasser.

[141] Für die Haltung der SPD siehe z.B. Wolfgang Roth: Wirtschaftsbeziehungen - COCOM - Gorbatschow; in: Die Neue Gesellschaft/Frankfurter Hefte, Jg. 31/Nr. 6 (Juni 1988), 532-536, hier 536.

[142] Tschernajew, 1993, 229.

[143] Horst Teltschik im Interview mit Ekkehard Kuhn. Ekkehard Kuhn: Gorbatschow und die deutsche Einheit. Aussagen der wichtigsten russischen und deutschen Beteiligten, Bonn 1993, 28.

[144] Michail Gorbatschow: Erinnerungen, Berlin 1995, 705.

Zu Beginn des Jahres 1989 hatte sich herauskristallisiert, daß die Bundesregierung, die zunächst von Moskau die kalte Schulter gezeigt bekommen hatte, nun von sowjetischer Seite nicht nur auf die gleiche Stufe wie andere Industriestaaten gestellt, sondern auch mehr und mehr in eine Schlüsselrolle gedrängt wurde; das Kabinett Kohl war bereit, diesen Part zu übernehmen. Die deutsche Forderung nach einem Abbau der nuklearen Kurzstreckenraketen in Europa gegen den Widerstand Washingtons und Londons wurde von Moskau als weiterer Beleg gesehen, daß die Bundesrepublik den eigenen europa- und abrüstungspolitischen Vorstellungen inzwischen von allen Mächten im Westen am nächsten stand. Auch was die Unterstützung für den Reformprozeß anlangte, setzte die sowjetische Führung auf Bonn. *"Unsere Partnerwahl ist auf die Bundesrepublik gefallen"*, erklärte ein enger Berater Gorbatschows.[145]

Der Staatsbesuch des sowjetischen Präsidenten in Deutschland vom 12. bis zum 16. Juni 1989 stand so unter einem günstigen Stern. Gorbatschow wurde von den Bonner Bürgern gefeiert, die Gespräche mit den Spitzenvertretern der deutschen Industrie verliefen positiv. Der Kanzler und der Präsident kamen sich auch persönlich näher, boten sich die Duzfreundschaft an, erzählten sich in einer lauen Sommernacht nur mit ihren Dolmetschern auf einer Mauer am Rheinufer sitzend ihre Kriegserlebnisse und philosophierten über die Geschichte, das Leben und die Politik. Gorbatschows Bericht über die wirtschaftlichen Schwierigkeiten seines Landes mündete in die Frage, ob der Kanzler *"in der Lage und willens"* sein würde, ihm sofortige Hilfe zu gewähren, wenn er ihn einmal dringend darum bitten müsse.[146] *"Ich antwortete ihm mit einem uneingeschränkten Ja"*, erinnerte sich Kohl später.[147] Wie schnell dieser Fall eintreten sollte, dürften beide Politiker nicht geahnt haben. Offiziellen Höhepunkt des Besuchs bildete die Unterzeichnung einer *Gemeinsamen Erklärung*. Darin bekannten sich die Bundesrepublik und die UdSSR zu Selbstbestimmung, Abrüstung, friedlichem Konfliktaustrag, wirtschaftlicher Kooperation und Abbau der Konfrontation in Europa. Erstmals hatte sich damit ein westlicher Staat bereit gefunden, die

---

[145] So Alexander Jakowlew im Gespräch mit dem saarländischen Ministerpräsidenten Oskar Lafontaine. Zit. nach "Unsere Partnerwahl"; Der Spiegel, 25/1990 (19.6.1989), 23/4.

[146] Zit. nach Garton Ash, 1993, 177. Die Ausführungen Ashs beruhen auf einem Interview mit Kohl.

[147] Helmut Kohl: Ich wollte Deutschlands Einheit, Berlin 1996, 42.

Prinzipien der neuen sowjetischen Außenpolitik in einem bilateralen Dokument zu unterstützen.[148]

Deutschlandpolitik in den letzten Jahren der DDR

Gorbatschows Amtsantritt beeinflußte die deutsch-deutschen Beziehungen zunächst kaum. Sticheleien der DDR wie die massive Einschleusung von Asylsuchenden über Ost-Berlin konnten durch finanzielles Entgegenkommen Bonns geregelt werden.[149] Der Reiseverkehr von Ost- nach Westdeutschland verdreifachte sich gar von 1986 auf 1987 auf fünf Millionen. Nachdem Gorbatschow einen Honecker-Besuch in der Bundesrepublik 1986 noch verhindert hatte,[150] erhob er keine Einwände gegen einen neuen Termin im September des nächsten Jahres. Der Bundeskanzler, der zwar die Einladung Schmidts an Honecker erneuert, sich aber lange gegen den Besuch gesträubt hatte, willigte schließlich ein, weil er - so sein enger Vertrauter Ackermann - *"die in Aussicht stehenden Verbesserungen für die Menschen in der DDR, vor allem im Hinblick auf die Reiseerleichterungen, nicht gefährden wollte"*.[151] Noch am Tage des Empfangs klagte Kohl, das Ereignis sei *"eine der bittersten Stunden in seiner politischen Laufbahn"*.[152] Auch deshalb legte er besonderen Wert darauf, daß seine Tischrede live im Fernsehen übertragen wurde, in der er den Unrechtscharakter des SED-Regimes geißelte. Gerade als Regierungschef, unter dessen Ägide es mit dem Honecker-Besuch zu einer neuen Qualität der protokollarischen Anerkennung der DDR und der deutschen Teilung kam, betrachtete es Kohl als seine Aufgabe, die Gegensätze zwischen den beiden Systemen schärfer und grundsätzlicher anzusprechen als dies ein wichtiger Repräsentant der Bundesrepublik im direkten Kontakt in den letzten zwanzig Jahren getan hatte:

---

[148] Vgl. Rafael Biermann: Zwischen Kreml und Kanzleramt. Wie Moskau mit der deutschen Einheit rang, Paderborn 1997, 135.

[149] Vgl. dazu Potthoff, 1995, 28-30.

[150] Vgl. Garton Ash, 1993, 252/3.

[151] Eduard Ackermann: Mit feinem Gehör. Vierzig Jahre in der Bonner Republik, Bergisch Gladbach 1994, 273.

[152] So Schäuble, zit. nach Werner Filmer/Heribert Schwan: Wolfgang Schäuble. Politik als Lebensaufgabe, München 1992, 163.

Die Bundesregierung hält fest an der Einheit der Nation, und wir wollen, daß alle Deutschen in gemeinsamer Freiheit zueinander finden können. ... Gerade auch an der Grenze mitten durch Deutschland darf Anwendung und Androhung von Gewalt nicht länger ein Mittel der Politik sein. Wirklicher Friede ist auch nicht möglich ohne Gewährleistung der Menschenrechte.[153]

Honecker ließ diese Ansprache stoisch über sich ergehen, bedeutete der Empfang mit fast allen Ehren, die einem Staatsoberhaupt zustehen, für ihn doch die *"Krönung seines Lebenswerkes"*.[154] Der Besuch, so hieß es im Bericht für das SED-Politbüro, sei *"das wichtigste Ereignis"* seit dem Grundlagenvertrag, und weiter: *"... die durchgesetzte politische und protokollarische Behandlung des Genossen Erich Honecker als Staatsoberhaupt eines anderen souveränen Staates dokumentierten vor aller Welt Unabhängigkeit und Gleichberechtigung beider deutscher Staaten"*.[155]

Es ist nicht ohne Ironie, daß in der Stunde des größten Triumphs der SED ihre Machtbasis bereits ins Rutschen geraten war. Insofern erinnerte die Zelebration von Honekkers Bonn-Reise an das bekannte Pfeifen im Walde. Gorbatschows Reformpolitik, das sah man in Ost-Berlin nämlich klarer als in Moskau, würde über kurz oder lang das Machtmonopol der kommunistischen Partei in Frage stellen. In seiner aufsehenerregenden Rede vor der UNO-Generalversammlung im Dezember 1988 betonte der sowjetische Generalsekretär, daß jedes Land die freie Wahl habe, welchen politischen Weg es einschlagen wolle. Dies bedeutete de facto die Aufhebung der *Breschnew-Doktrin*, die eine militärische Intervention Moskaus im Falle eines Abgehens vom sowjetischen Sozialismusmodell androhte. Während aber in den anderen Ostblockländern damit nur das Gesellschaftssystem zur Disposition stand, mußte eine solche Entwicklung in der DDR die Existenzberechtigung des Staats unterminieren. Die DDR habe stets *"nur als sozialistische Alternative zur BRD"* bestehen können, erkannte der SED-Chefideologe, Otto Reinhold, im Sommer 1989 hellsichtig.[156]

---

[153] "Gespräche mit Generalsekretär Honecker". Ansprache von Bundeskanzler Kohl am 7. September 1987 (Auszug); in: Auswärtiges Amt, 1995, 551-3, hier 553.

[154] Filmer/Schwan, 1992, 164.

[155] Das Dokument findet sich bei Potthoff, 1995, 564-575, hier 570.

[156] So Reinhold am 19. August 1989 in Radio DDR II; zit. nach der Abschrift des Bundespresseamts (DDR-Spiegel, 22.8.1989).

Die SED fand sich dabei in einer *"doppelten Frontstellung"*[157]: Nach Westen mußte sie sich gegen Marktwirtschaft und Demokratie, nach Osten gegen Perestroika und Glasnost abgrenzen. Schon gegenüber der Bundesrepublik wurde es angesichts der Zunahme der Westreisen immer schwieriger, sich abzuschotten. Aber das konnte man im Notfall noch steuern. So beschloß das Politbüro am 23. Februar 1988, die Reiseregelung wieder restriktiver zu handhaben.[158] Schwieriger, wenn nicht unmöglich, war es jedoch, sich von den Liberalisierungstendenzen bei der Bündnisvormacht und den anderen Ostblockstaaten zu isolieren. Sowjetische Zeitschriften konnte man nur in begrenztem Umfang nicht ausliefern, Gorbatschow-Reden nicht völlig bedenkenlos zensieren.[159] Unter dem massiven Druck Moskaus mußte die DDR in Wien im Frühjahr 1989 einem KSZE-Abschlußdokument zustimmen, das grundlegende Menschen- und Bürgerrechte betonte. Gegenüber Sowjetbotschafter Wjatscheslaw Kotschemassov quittierte dies Honecker mit der Feststellung: *"Wir geben Weisung, dieses Dokument zu unterzeichnen, werden es aber nicht erfüllen."*[160] Spätestens seit den wieder einmal gefälschten Kommunalwahlen im Mai 1989 formierten sich Widerstandsgruppen in der DDR. Im August begann die Massenflucht über Ungarn. Sie wirkte wie ein Katalysator für die Ereignisse in Ostdeutschland und dokumentierte auf dramatische Weise die fehlende Legitimation des SED-Regimes. Erst unter dem Eindruck der Flucht breiteten sich die oppositionelle Bewegung wie ein *"Flächenbrand"* (Eckhard Jesse) über das gesamte Land aus.

Die Bundesrepublik, die nach dem Honecker-Besuch bemüht war, die Deutschlandpolitik wieder aus den Schlagzeilen zu bringen, betrieb zunächst business as usual. Der DDR sollte weiter kein Anlaß gegeben werden, ihre Destabilisierungsängste durch Pressionen gegen die eigene Bevölkerung zu kompensieren. In der letzten großen Verhandlungsrunde vor dem Fall der Mauer erklärte sich Bonn deshalb im Spätsommer 1988 bereit, die im nächsten Jahr auslaufende Transitpauschale von 525 Mio. DM auf 860 Mio. DM pro Jahr bis 1999 zu erhöhen. Selbst als das Kanzleramt im Frühjahr 1989 von der explodierenden Zahl

---

[157] Zimmer, 1992, 206.

[158] Vgl. Hertle, 1996, 79.

[159] Zur Abschottung der DDR vor "subversiven" Einflüssen aus der Sowjetunion siehe Adomeit, 1998, 292f.

[160] Zit. nach Wjatscheslaw Kotschemassow: Meine letzte Mission, Berlin 1994, 76.

von Ausreiseanträgen von DDR-Bürgern erfuhr, versuchte es, seine Politik der behutsamen kleinen Schritte für menschliche Erleichterungen fortzusetzen.[161] Wiederholt versicherte die Bundesregierung SED-Spitzenpolitikern, daß man zwar keinen Flüchtling zurückweisen werde, aber auch niemanden zum Verlassen der DDR animiere. Gerade zu Beginn der Massenflucht im August und September plädierte Kohl im Kabinett nachhaltig für öffentliche Zurückhaltung in dieser Frage und erklärte, daß sich eine Politik der Destabilisierung verbiete.[162] Sogar als Honecker bei der Feier des 40. Jahrestags der DDR am 6. Oktober 1989 den Versuch *"einflußreicher Kräfte der BRD"* geißelte, *"die Ergebnisse des zweiten Weltkrieges und der Nachkriegsentwicklung durch einen Coup zu beseitigen"*, hielt Bonn still.[163] Dabei dürfte nicht nur die Rücksichtnahme auf die Entwicklungen in der DDR eine Rolle gespielt haben, sondern auch das Bemühen, die östliche Vormacht Sowjetunion davon zu überzeugen, daß man in der Bundesrepublik kein Interesse an einer Verschärfung der Lage in der DDR hatte.

Erst Anfang November leitete Kohl einen konzeptionellen Wandel seiner Deutschlandpolitik ein. Die Lage hatte sich nach der Absetzung Honeckers am 18. Oktober und dem massenhaften Zustrom zu den Montagsdemonstrationen in Leipzig so zugespitzt, daß er in einer Regierungserklärung am 8. November die bis dahin geübte Zurückhaltung aufgab:

> Sie [die Flucht; S.B.] ist zugleich eine eindeutige Absage an ein politisches System, das die grundlegenden Rechte des einzelnen, seine Freiheit und sein persönliches Wohlergehen mißachtet. ... Die Menschen in der DDR werden sich mit dem Machtmonopol der SED nicht abfinden.[164]

In der Tat gelang es SED und Stasi weder durch brutale Zerschlagung friedlicher Demonstrationen noch durch die Wahl von Krenz zum Generalsekretär, das Heft des Handelns wieder an sich zu reißen. Am 9. November öffnete das Politbüro in einem Akt der Ver-

---

[161] Siehe dazu das Gespräch von Kanzleramtsminister Rudolf Seiters mit Honecker am 4.7.1989 in Ost-Berlin; in: Potthoff, 1995, 957-964.

[162] Vgl. Korte, 1998, 454.

[163] "Festansprache Erich Honeckers zum 40. Jahrestag der DDR"; Neues Deutschland, 9. Oktober 1989, 3/4.

[164] "Bericht der Bundesregierung zur Lage der Nation". Erklärung von Bundeskanzler Kohl am 8. November 1989 vor dem deutschen Bundestag (Auszüge); in: Auswärtiges Amt, 1995, 605-612, hier 605, 609.

zweiflung und Verwirrung die Mauer.[165] Das gesamte Herrschaftssystem der SED geriet nun ins Rutschen. Am 28. November überraschte Kohl das In- und Ausland mit einem zehn Punkte umfassenden Plan, mit dem die deutsche Teilung überwunden werden sollte. Vorgesehen war ein langsamer Prozeß in Phasen, der über konföderative Strukturen letztlich zu einem Bundesstaat geführt hätte. Daß diese Initiative nicht zum Tragen kam, lag am Druck der DDR-Bevölkerung auf eine schnelle Vereinigung. Das Zwei-Staaten-Konzept mußte so innerhalb weniger Wochen ad acta gelegt werden. Die Wiederherstellung der staatlichen Einheit stand nun fast zehn Monate im Mittelpunkt der bundesdeutschen Außenpolitik.

6.2. Deutsche Sicherheitspolitik im Zeichen von Entspannung und Konfrontation

In der zweiten Hälfte der sechziger Jahre hatten sich in der Sicherheitspolitik folgende für die Bundesrepublik und die westliche Allianz zentralen Tendenzen herauskristallisiert: 1) Westdeutschland blieb ein Importeur von Sicherheit und war deshalb vom wichtigsten Exporteur von Sicherheit, den Vereinigten Staaten, in besonderem Maße abhängig; 2) die USA richteten ihre Bündnispolitik seit Ende der fünfziger Jahre zunehmend weniger an den Wünschen und Bedenken der Bundesrepublik aus, sondern maßen den eigenen nationalen Interessen, dem bilateralen Ausgleich mit der Sowjetunion und innenpolitischen Erwägungen stärkere Bedeutung zu; Ausdruck fand dies unter anderem in der 1962 von den USA einseitig verkündeten Doktrin der flexiblen Antwort, die aus europäischer und deutscher Sicht eine Verwässerung der unbedingten amerikanischen Nukleargarantie darstellte; und 3) begannen mehrere westeuropäische Länder eine eigenständige, mit Washington nicht abgestimmte Politik gegenüber Moskau zu verfolgen.[166]

Der Harmel-Bericht

Um die schleichende Erosion der westlichen Sicherheitspolitik zu stoppen und das Bündnis wieder auf eine solide Grundlage zu stellen, aber auch um ein Entspannungssignal in Rich-

---

[165] Die wohl definitive Darstellung der Hintergründe der Maueröffnung bietet Hertle, 1996.

[166] Für den Zeitraum bis 1982 siehe vor allem Helga Haftendorn: Sicherheit und Entspannung. Zur Außenpolitik der Bundesrepublik Deutschland 1955-1982, München 1986. (Im folgenden Haftendorn, 1986a)

tung Osten zu senden, verabschiedeten die NATO-Außenminister im Dezember 1967 eine Agenda für die künftigen Aufgaben der Allianz. Dieses nach dem belgischen Außenminister Harmel benannte Dokument betonte zwar, die erste Aufgabe der NATO sei es, *"eine ausreichende militärische Stärke und politische Solidarität aufrechtzuerhalten, um gegenüber Aggression und anderen Formen von Druckanwendung abschreckend zu wirken und das Gebiet der Mitgliedstaaten zu verteidigen, falls es zur Aggression kommt"*. Aber, so der Harmel-Bericht weiter, *"militärische Sicherheit und eine Politik der Entspannung stellen keinen Widerspruch, sondern eine gegenseitige Ergänzung dar"*.[167] Abschreckung und politische Zusammenarbeit sollten also in Zukunft die beiden Pfeiler der westlichen Politik gegenüber den Warschauer Pakt-Staaten bilden.

Mit der Amtsübernahme der sozial-liberalen Koalition schwenkte auch die Bundesrepublik auf diesen Kurs ein. Bis dahin hatte Bonns Ostpolitik seine Sicherheitspolitik behindert, weil sie darauf abzielte, die deutsche Frage offen zu halten, und deshalb Rüstungskontrollmaßnahmen wegen ihrer verfestigenden Wirkung auf den europäischen Status quo ablehnte. Als Brandt in seiner Regierungserklärung die politischen und territorialen Ergebnisse des 2. Weltkriegs anerkannte und eine Vertragspolitik mit dem Osten einleitete, war der Weg frei für eine aktive Mitarbeit der Bundesrepublik an Rüstungskontroll- und Abrüstungsverhandlungen.[168]

Die sicherheitspolitische Konzeption des Westens stützte sich seit den frühen sechziger Jahren auf drei Waffenbereiche: den *taktischen*, der Streitkräfte, nicht-nukleare Bewaffnung und nukleare Bewaffnung von einer Reichweite von unter 150 km umfaßte und geographisch mitten in Europa angesiedelt war; den *eurostrategischen*, der nukleare Trägersysteme von einer Reichweite von 150 bis 5500 km einschloß; und den *interkontinentalen*, der auf den amerikanischen Langstreckenraketen mit einer Reichweite von über 5500 km basierte. Zusammen bildeten die drei Teile die sogenannte *"Triade"*.[169] In den Rüstungskontroll- und Abrüstungsgesprächen ging es seit den frühen siebziger Jahren um Interkontinentalraketen

---

[167] "Der Harmel-Bericht: Die künftigen Aufgaben der Allianz". Anhang zum Schlußkommuniqué der NATO-Ministertagung vom 13.-14. Dezember 1967 in Brüssel; in: Auswärtiges Amt, 1995, 311-313, hier 311.

[168] Vgl. Hanrieder, 1995, 78.

[169] Zur Bedeutung von Atomwaffen siehe grundsätzlich Uwe Nerlich/Trutz Rendtorff (Hg.): Nukleare Abschreckung - Politische und ethische Interpretationen einer neuen Realität, Baden-Baden 1989.

und Truppenreduzierungen in Mitteleuropa. Über eurostrategische Mittelstreckenraketen (*Intermediate Nuclear Forces* = INF) wurde zunächst nicht verhandelt. Schon 1972 unterzeichneten die Vereinigten Staaten und die Sowjetunion ein Abkommen über Obergrenzen bei strategischen Kernwaffen (*Strategic Arms Limitation Talks* = SALT). Dies war aus europäischer und deutscher Sicht insofern von Bedeutung, als Washington damit die Parität der UdSSR im Bereich der Interkontinentalraketen anerkannte; die amerikanische Zusage, Europa im Kriegsfall mit strategischen Nuklearwaffen zu verteidigen, schien angesichts der festgeschriebenen Zweitschlagsfähigkeit der Sowjetunion nun nicht mehr so glaubwürdig wie zuvor.

Für die Bundesrepublik gewannen die 1973 in Wien aufgenommenen Gespräche über eine Reduzierung der konventionellen Rüstung in Mitteleuropa daher besondere Bedeutung.[170] Am Verhandlungstisch saßen alle Warschauer Pakt-Staaten und diejenigen Mitglieder der NATO, die in Mitteleuropa Truppen unterhielten oder dorthin entsandt hatten, also auch die USA. Bonn hoffte im Rahmen dieser MBFR-Gespräche drei Ziele zu erreichen: erstens die Erhöhung der eigenen Sicherheit durch einen ausgewogenen Truppenabbau in Zentraleuropa; zweitens die Förderung der politischen Entspannung durch Erfolge bei der Abrüstung, was vor allem in Bahrs Konzeption letztlich zur Überwindung der etablierten Allianzstrukturen führen sollte; drittens schließlich die Verhinderung einseitiger amerikanischen Truppenreduzierungen in der Bundesrepublik, die Senator Mansfield im US-Kongreß wiederholt gefordert hatte. Allerdings gerieten die MBFR-Verhandlungen schon bald in eine Sackgasse, weil sich Ost und West weder über die Ausgangszahlen noch über die Verifikationsmethoden einigen konnten. Bis Ende der achtziger Jahre kamen die Gespräche deshalb kaum vom Fleck.

Die Stationierung der SS-20 und der Nachrüstungsbeschluß

Während man in Moskau und Washington über eine weitere Begrenzung der strategischen Waffen (SALT-II) und in Wien über konventionelle Abrüstung in Mitteleuropa sprach, begann die Sowjetunion, ihre veralteten atomaren Mittelstreckenraketen SS-4 und SS-5 (*SS = surface to surface*) durch wesentlich zielgenauere, weiterreichende und mit Dreifach-

---

[170] Siehe dazu vor allem Haftendorn, 1986a, 528-611; und Hanrieder, 1995, 89-111.

Sprengköpfen ausgestattete Flugkörper vom Typ SS-20 zu ersetzen. Dazu war Moskau berechtigt, da kein Abkommen über diesen Waffentypus existierte, ja nicht einmal Verhandlungen ins Auge gefaßt waren. Da die USA nach der Entwicklung von Interkontinentalraketen in den sechziger Jahren ihre Mittelstreckensysteme bis auf einige Pershing I-Raketen aus Europa abgezogen hatten und die Nukleararsenale Frankreichs und Großbritanniens bescheiden waren, konnten die Westeuropäer nichts Adäquates entgegensetzen. Ein unvermindertes Anhalten der Stationierung der SS-20 mußte dem ohnehin bestehenden Ungleichgewicht in diesem Bereich eine neue Qualität verleihen. Mit ihrer Aufrüstung legte die Sowjetunion also eine Schwäche der NATO-Doktrin der flexiblen Antwort bloß: die Verwundbarkeit im eurostrategischen Bereich. Moskau machte damit deutlich, daß der mittlere Pfeiler der Triade tönern war. Die sich abzeichnenden politischen Implikationen wären dramatisch gewesen: Westeuropa hätte sich einem sowjetischen Drohpotential ausliefert gesehen und die Vereinigten Staaten wären unter den Bedingungen der strategischen Parität zum ohnmächtigen Zusehen verurteilt gewesen.[171] Damit wäre für die Vereinigten Staaten und Westeuropa eine ungleiche Sicherheitslage entstanden, die ein "Abkoppeln" der USA in den Bereich des Möglichen gerückt hätte.[172] *"Das eurostrategische Ungleichgewicht"*, so konstatierte Hanrieder, *"schürte aufs neue die Zweifel, ob die Vereinigten Staaten ihre eigene Existenz für die Verbündeten aufs Spiel setzen oder eher versuchen würden, einen Nuklearkrieg auf Europa zu begrenzen."*[173]

Gerade für die Bundesrepublik, die wie kein anderer Staat auf eine möglichst wasserdichte Sicherheitsgarantie der USA angewiesen war, war die Entwicklung deshalb höchst beunruhigend. Die westdeutschen Sorgen wuchsen noch, als US-Präsident Carter das Bonner Drängen, bei den SALT-Verhandlungen auch die Mittelstreckenrakten einzubeziehen, mit dem Hinweis beschied, den SS-20 könne mit den vorhandenen Kapazitäten ausreichend begegnet werden. Zudem brachte Carter die Bundesregierung dadurch in Verlegenheit, daß er ihr zwar eine noch zu produzierende Neutronenwaffe als zusätzliches Abschreckungsmittel

---

[171] Vgl. Helga Haftendorn: Sicherheit und Stabilität. Außenbeziehungen der Bundesrepublik zwischen Ölkrise und NATO-Doppelbeschluß, München 1986, 94. (= Haftendorn, 1986b)

[172] Vgl. Andrew Pierre: Läßt sich Europas Sicherheit von Amerika "abkoppeln"?; in: EA, 1973/14, 465-481.

[173] Hanrieder, 1995, 90.

zur Verfügung stellen, die Verantwortung für diese heikle, da in der SPD sehr umstrittene Entscheidung aber dem deutschen Kanzler zuweisen wollte.[174] Schmidt sah dies als ein weiteres Indiz für eine zunehmend unberechenbare amerikanische Politik, die den Sorgen der Westeuropäer zu wenig Beachtung schenkte. *"Ich muß diese Frage in aller Offenheit und mit Nachdruck ansprechen"*, betonte Schmidt, *"damit Carter endlich kapiert, worum es bei SALT geht: um das strategische Gleichgewicht, auch in Europa."*[175] Er nutze daher einen Vortrag vor dem *International Institute for Strategic Studies* (IISS) in London Ende Oktober 1977, um seine Befürchtungen zu artikulieren. Seine Analyse der sicherheitspolitischen Lage mündete in den Satz: *"Durch SALT neutralisieren sich die strategischen Nuklearpotentiale der USA und der Sowjetunion. Damit wächst in Europa die Bedeutung der Disparitäten auf nukleartaktischem und konventionellem Gebiet zwischen West und Ost."*[176] Obwohl Schmidt darauf hinwies, daß die Sowjetunion ihre Überlegenheit im konventionellen und taktisch-nuklearen Bereich vergrößere und es keine Grauzone zwischen strategischer und konventioneller Abrüstung geben dürfe, schreckte er davor zurück, explizit eine westliche Nachrüstung zu fordern.

Auch wenn die Europäer keine konkreten Maßnahmen vorschlugen, war klar, daß ihnen Verweise auf die amerikanische Nukleargarantie nicht genügen würden. Ex-US-Außenminister Kissinger brachte das Problem wieder einmal auf den Punkt:

> If my analysis is correct we must face the fact that it is absurd to base the strategy of the West on the credibility of the threat of mutual suicide ... and therefore I would say - what I might not say in office - that our European allies should not keep asking us to multiply strategic assurances ... Our strategic dilemma is not solved by verbal reassurances, it requires redesigning our forces and doctrine.[177]

Dieser Logik konnte man sich auch in Washington nicht verschließen. Die US-Regierung begann, die westeuropäischen Bedenken ernster zu nehmen. Carters Sicherheitsberater

---

[174] Vgl. Hacke, 1993, 276.

[175] Zit. nach Haftendorn, 1986b, 13.

[176] "Aspekte der westlichen Sicherheit". Vortrag von Bundeskanzler Schmidt vor dem *International Institute for Strategic Studies* in London am 28. Oktober 1977 (Auszüge); in: Auswärtiges Amt, 1995, 441-443, hier 442.

[177] Henry Kissinger: The Future of NATO; in: Kenneth A. Myers (ed.): NATO - the Next Thirty Years, Boulder 1978, 3-20, hier 8.

Zbigniew Brzezinski (1977-1981) notierte nach einer Reise durch die wichtigsten europäischen Hauptstädte: *"The gray areas issue ... is likely to become a major problem in alliance relationships in the 1980s. Europeans are worried; yet they are not quite sure what ought to be done about it and are likely to shrink away from any concrete solutions."*[178] Bei einem Vierer-Gipfel der Staats- und Regierungschefs der USA, Großbritanniens, Frankreichs und der Bundesrepublik auf der Antillen-Insel Guadeloupe schlug Carter deshalb Anfang 1979 vor, den sowjetischen SS-20 amerikanische Mittelstreckenraketen gegenüberzustellen. Die Europäer stimmten zu. Moskau sollten allerdings zunächst Verhandlungen über eine Begrenzung dieser Systeme auf beiden Seiten angeboten werden. Würde jedoch in einer festgelegten Frist keine Einigung erzielt werden können, so sollten US-Mittelstreckenwaffen - und darauf legte die Bundesrepublik besonderen Wert - in *mehreren* europäischen NATO-Ländern stationiert werden. *"Mir war klar"*, schrieb Schmidt in seinen Memoiren, *"daß ein solcher Schritt zu Hause in Europa und in meiner eigenen Partei nicht auf ungeteilte Zustimmung stoßen würde."*[179] Die politische Grundsatzentscheidung war jedoch gefallen, es mußten freilich noch die restlichen Bündnismitglieder konsultiert und die technischen Details ausgearbeitet werden. Am 12. Dezember 1979 folgte der sogenannte Doppelbeschluß des NATO-Ministerrats, der eine Stationierung von 108 Pershing II und 464 Marschflugkörpern bei gleichzeitigem Verhandlungsangebot an die Sowjetunion vorsah. Punkt 11a des Kommuniqués faßte die Intention der westlichen Allianz in einem Satz zusammen:

> Ein Modernisierungsbeschluß einschließlich der verbindlichen Festlegung auf Dislozierungen ist erforderlich, um den Abschreckungs- und Verteidigungsbedürfnissen der NATO gerecht zu werden, um in glaubwürdiger Weise auf die einseitigen TNF [= Theater Nuclear Forces/Mittelstreckenraketen; S.B.]-Dislozierungen der Sowjetunion zu reagieren und um das Fundament für ernsthafte Verhandlungen über TNF zu schaffen.[180]

Die große offene Frage war, wie Moskau auf die Entscheidung der NATO reagieren würde.

---

[178] Zbigniew Brzezinski: Power and Principle. Memoirs of the National Security Adviser 1977-1981, New York 1983, 294.

[179] Schmidt, 1987, 232.

[180] "Der NATO-Doppelbeschluß". Kommuniqué der Außen- und Verteidigungsminister der NATO über den bedingten Beschluß zur Stationierung von Mittelstreckenwaffen, 12. Dezember 1979; in: Auswärtiges Amt, 1995, 469-472, hier 472.

Eine neue Eiszeit in den Ost-West-Beziehungen

Zwei Wochen später, am 27. Dezember 1979, marschierte die Rote Armee in Afghanistan ein. Damit war klar, daß die bereits länger sieche Entspannungspolitik zu einem definitiven Ende gekommen war. Während Washington jedoch die sowjetische Aktion als weiteren Beleg für Moskaus Expansionspolitik sah, hielten die Kontinentaleuropäer die Invasion für eine Absicherung des eigenen Machtbereichs, auf die nicht übertrieben reagiert werden dürfe. Im Kern kreiste die innerwestliche Debatte um die Frage, ob die Entspannung teilbar war, wie Europa und insbesondere Deutschland argumentierte, oder für alle Weltregionen zu gelten habe, wie die Vereinigten Staaten meinten. Für die von den USA geforderten Sanktionen zeigten die Europäer daher wenig Verständnis. Schmidt traf die Stimmung vieler Deutscher nicht allein auf der politischen Linken, als er im Wahlkampf sagte: *"Wir können uns keine Gesten der Stärke leisten und keine markigen Zeichen der Unerschütterlichkeit. Wir haben die Schnauze voll davon."*[181] Einen Moratoriumsvorschlag des Bundeskanzlers für die Stationierung neuer Waffen interpretierte Washington gar als Abrücken vom Doppelbeschluß. Als Carter ihn daraufhin schriftlich in harten Worten vor einem Abweichen von der NATO-Linie warnte,[182] antwortete ein wütender Schmidt öffentlich in englischer Sprache: *"You can rest assured that you can depend on the bloody Germans".*[183] Aber nicht nur die Nachrüstung, sondern auch den Boykott der Olympischen Spiele in Moskau im Jahr 1980 trug Bonn loyal mit und sagte außerdem zu, die Verteidigungsausgaben zu erhöhen.[184]

Der NATO-Doppelbeschluß, der getreu dem Harmel-Bericht eine entspannungs- wie eine sicherheitspolitische Seite hatte, wurde von den USA freilich immer stärker als Mittel zur Eindämmung der Sowjetunion interpretiert. Ronald Reagan, der Republikanische Herausforderer Carters, kritisierte im Wahlkampf, die bisherigen Rüstungskontroll-Abkommen hätten Moskau die Möglichkeit gegeben, das militärische Gleichgewicht zu seinen Gunsten zu verändern, und den Westen politisch erpreßbar gemacht. Als Präsident werde er mit der

---

[181] Zit. nach "Angst, daß die Sicherungen durchbrennen"; Der Spiegel, 17/1980 (21.4.1980), 21-27.

[182] Vgl. Brzezinski, 1983, 309/10.

[183] Zit. nach Strobe Talbott: Deadly Gambits. The Reagan Administration and the Stalemate in Nuclear Arms Control, New York 1984, 41.

[184] Vgl. Haftendorn, 1986a, 258.

UdSSR erst dann wieder über die Atomrüstung verhandeln, wenn die USA ihren militärischen Rückstand wettgemacht hätten. Nach seinem Amtsantritt im Januar 1981 sollte Reagan Wort halten. In den Mittelpunkt der amerikanischen Militärdoktrin rückte nun das Ziel, einer sowjetischen Aggression auf jeder Gewaltstufe - also im konventionellen, eurostrategischen und interkontinentalen Bereich - begegnen zu können. Die Nuklearstrategie der USA wurde vom neuen Präsidenten gleich im ersten Amtsjahr dahingehend geändert, daß nicht mehr die Abschreckung per se, sondern die theoretische Gewinnbarkeit eines längeren atomaren Kriegs gefordert wurde.[185]

Daß Reagan den Systemwettkampf mit der Sowjetunion nun erneut in den Mittelpunkt der amerikanischen Weltpolitik rückte, verschärfte den ohnehin bestehenden Gegensatz zu Bonn. In den Vereinigten Staaten verfestigte sich der Eindruck, Westeuropa und insbesondere die Bundesrepublik wollten die ökonomischen Früchte der Entspannung ernten, während die sicherheitspolitischen Lasten immer mehr von Washington getragen werden sollten. Auf der anderen Seite des Atlantiks gelangte man zu der Auffassung, den USA gehe es mehr um symbolische Strafaktionen denn um Schadensbegrenzung, wobei das Hauptgewicht der verhängten Sanktionen Europa zufalle.[186] Bei aller prinzipiellen Kritik an der amerikanischen Politik hielt Schmidt aber daran fest, daß der Nachrüstungsbeschluß durchgeführt werden müsse, um die Bündnisverpflichtungen einzuhalten und der Sowjetunion die Ernsthaftigkeit des eigenen Anliegens zu verdeutlichen. Zweiflern im Kabinett hielt der Kanzler entgegen: "*Dank Adolf Nazi und Auschwitz sind wir nun einmal von den USA nicht so unabhängig wie Frankreich. Sonst könnten wir uns natürlich auch eigene Atomwaffen und Raketen zulegen.*"[187] Die SPD war freilich immer weniger bereit, Schmidt in seiner Unterstützung der Stationierung zu folgen.[188] In seinen Memoiren, in denen Parteiinterna sonst nicht zur Sprache kommen, rechnete der Kanzler 1987 mit seinen Gegnern ab:

---

[185] Erst Präsident Bill Clinton rückte Ende 1997 von dieser Nuklearstrategie ab. Vgl. Smith, Jeffrey: Clinton Orders Changes In Nuclear-War Strategy; International Herald Tribune, 8.12.1997, 1/10, hier 10.

[186] Vgl. Friedemann Müller: Sanktionen im Ost-West-Konflikt; in: Außenpolitik, 1984/1, 67-79, hier 73.

[187] So Schmidt am 8.7.1981 nach den Aufzeichnungen eines Teilnehmers der Kabinettssitzung. Zit. nach "Ich lag in Kissingers Badewanne"; Der Spiegel, 23/1983 (6.6.1983), 20-23, hier 22.

[188] Vgl. Haftendorn, 1986a, 261.

Schlimmer noch war die wachsende Tendenz einiger Redner des linken Flügels der Sozialdemokratie einschließlich des Kreises um den Vorsitzenden Willy Brandt, welche den Verdacht nahelegte, die USA und die Sowjetunion sollten mit zweierlei Maß gemessen und die Bundesrepublik am Beispiel des Doppelbeschlusses als bloßer Brückenkopf amerikanischer Interessenwahrung in Europa dargestellt werden. Auf dem linken Flügel der SPD wollte man den Doppelbeschluß am liebsten ersatzlos gestrichen sehen; die Sowjetunion erschien in einigen Reden beinahe als weniger gefährlich als die USA unter Reagans Führung.[189]

Diese schwankende Haltung der SPD in der Frage des Doppelbeschlusses stieß auch in der FDP auf Kritik. Auch wenn außenpolitische Faktoren nicht ausschlaggebend waren, so trugen sie doch zum Bruch der sozial-liberalen Koalition bei. In einem konstruktiven Mißtrauensvotum wählten Parlamentarier der Union und die meisten FDP-Abgeordneten am 1. Oktober 1982 Oppositionsführer Helmut Kohl zum Bundeskanzler. Die neue Regierung hielt zwar an der aktiven Osthandelspolitik ihrer Vorgängerin fest,[190] aber in der alles überlagernden Frage der Nachrüstung suchte sie den möglichst engen Schulterschluß mit den USA. In seiner ersten Regierungserklärung betonte Kohl: *"Die Bundesregierung steht uneingeschränkt zum Doppelbeschluß der NATO von 1979 ... Sie wird die Beschlüsse erfüllen und nach innen vertreten: den Verhandlungsteil und - wenn notwendig - auch den Nachrüstungsteil."*[191] Die Umsetzung dieser Zusage war innenpolitisch jedoch höchst umstritten. Logistisch und finanziell unterstützt von Deutscher Kommunistischer Partei (DKP) und Stasi machte die Friedensbewegung mit Menschenketten, Massendemonstrationen und Blockaden gegen die Stationierung amerikanischer Mittelstreckenwaffen mobil. Auch entfernte sich die SPD nach Schmidts Sturz immer mehr von der Politik ihres ehemaligen Kanzlers. Oskar Lafontaine forderte sogar den Austritt der Bundesrepublik aus der NATO und sprach von einem Generalstreik, um die Nachrüstung abzuwenden.[192] Trotz aller Widerstände blieben Union und FDP bei ihrem Kurs. Als Moskau bei den Verhandlungen in Genf nicht einlenkte, beschloß

---

[189] Schmidt, 1987, 290, 292.

[190] Vgl. Angela Stent: The Federal Republic of Germany; in: Reinhard Rode/Hanns-D. Jacobsen (eds.): Economic Warfare or Détente? An Assessment of East-West Economic Relations in the 1980s, Boulder/London 1985, 99-119, hier 108.

[191] "Koalition der Mitte". Regierungserklärung von Bundeskanzler Kohl vor dem Bundestag am 13. Oktober 1982 (Auszüge zur Außen- und Deutschlandpolitik); in: Auswärtiges Amt, 1995, 494-499, hier 496.

[192] Vgl. Hans Apel: Der Abstieg. Politisches Tagebuch eines Jahrzehnts, München 1991, 269.

seine Regierungskoalition am 22. November 1983, mit der Stationierung der amerikanischen Mittelstreckenraketen auf deutschen Boden zu beginnen - gegen das Votum der GRÜNEN und der meisten Abgeordneten der SPD, wo allein Schmidt und 24 Getreue sich der Stimme enthielten. Moskau zog daraufhin seine Unterhändler aus Genf zurück und erklärte alle Abrüstungsgespräche für beendet. Es sollte bis zum Januar 1985 dauern, daß es wieder zu Verhandlungen zwischen den USA und der Sowjetunion über die Kontrolle von Kernwaffen kam.

Überraschungscoup SDI

In den über zwölf Monaten der Funkstille in Abrüstungsfragen war allerdings *ein* sicherheits-politisches Thema in den Ost-West-Beziehungen zumindest latent, im transatlantischen Verhältnis ganz offen präsent: die Strategische Verteidigungsinitiative (*Strategic Defense Initiative* = SDI).[193] Am 23. März 1983 hatte Reagan einer staunenden Öffentlichkeit seine Vision eines Abwehrsystems gegen Interkontinentalraketen eröffnet.[194] Zugrunde lag die-sem Programm die tiefempfundene Abscheu des Präsidenten gegen das auf dem Prinzip der wechselseitig gesicherten Zerstörungsfähigkeit (*Mutual Assured Destruction* = MAD) basierende "Gleichgewicht des Schreckens". Zu seiner Überwindung stellte Reagan die Entwicklung und Stationierung eines weltraumgestützten Systems in Aussicht, das ballistische Raketen während ihres 20 bis 25minütigen Anflugs auf die USA unschädlich machen würde.

Die Sowjetunion mußten solche Pläne tief verunsichern. Ein Raketenabwehrsystem, das den amerikanischen Kontinent unverwundbar machen würde, stellte für Moskau den schlimmsten aller Albträume dar, da es das strategische Gleichgewicht grundsätzlich ver-ändert hätte. Die eigenen Interkontinentalraketen wären nutzlos geworden, während man unvermindert einem amerikanischen Erstschlag ausgesetzt gewesen wäre. Auch war sich die Moskauer Führung im klaren, daß die Entwicklung eines eigenen Raketenabwehrsystems weder technologisch noch finanziell machbar war. Die sowjetische Politik setzte deshalb in den nächsten Jahren alles daran, SDI zu verhindern.

---

[193] Zu SDI siehe vor allem Edward Reiss: The Strategic Defense Initiative, New York 1992; und Wolfgang Schreiber: Die Strategische Verteidigungsinitiative, Melle 1985.

[194] "National Security". Address to the Nation, March 23, 1983; in: Weekly Compilation of Presidential Documents, No. 12/1983 (28.3.1983), 442-448.

Auch die Westeuropäer zeigten sich über Reagans Initiative beunruhigt, und das nicht in erster Linie wegen der ausgebliebenen Konsultation vor ihrer Verkündung, sondern wegen ihrer strategischen Implikationen.[195] Zwar beruhigte sich die Bundesregierung damit, daß es sich dabei um *"Zukunftsmusik"* handele und SDI die bisherige Verteidigungsstrategie des Bündnisses in den nächsten zehn bis fünfzehn Jahren nicht verändern werde.[196] Aber gleichzeitig war klar, daß SDI - konsequent zuende gedacht - in der Allianz Zonen unterschiedlicher Sicherheit schaffen und letztlich zu einer "Festung Amerika" führen würde.[197] Wenn die USA nicht mehr von sowjetischen Interkontinentalraketen bedroht werden könnten, warum sollten sie sich dann noch dem Risiko aussetzen, durch die Verbündeten in einen Konflikt in Europa hingezogen zu werden? SDI erweckte bei den Europäern deshalb grundlegende Zweifel *"über Form, Inhalt und Überlebensfähigkeit des transatlantischen Sicherheitspakts"*[198] und schürte die deutsche Urangst, Amerika könne sich aus Europa zurückziehen. Kohl betonte deshalb in einem Vortrag vor der Münchner Wehrkundetagung Anfang 1985, *"ein Weltraumdefensivsystem [müsse] die strategische Einheit des Bündnisgebiets voll berücksichtigen"* und erfordere *"wegen [der] weitreichenden Folgen, insbesondere für unsere Sicherheit, engste und vertrauensvollste Konsultationen"*.[199]

Die USA versuchten, solchen Befürchtungen mit dem Argument entgegenzutreten, die durch SDI erlangte Unverletzbarkeit ihres Territoriums würde die Glaubwürdigkeit ihrer Schutzgarantie nicht obsolet machen, sondern im Gegenteil erhöhen. Verbale Zusicherungen waren jedoch, wie von Kissinger Jahre zuvor festgestellt, nicht geeignet, die tiefe Verunsicherung der Europäer und insbesondere der Deutschen zu beseitigen. Bonn blieb wieder einmal nichts anderes übrig, als sich mit einem Wandel in der amerikanischen Verteidigungsstrategie zu arrangieren und zu hoffen, daß sich dieses Problem von selbst erledigen werde.

---

[195] Vgl. Ivo Daalder: The SDI Challenge to Europe, Cambridge/Mass. 1987.

[196] So Regierungssprecher Sudhoff: Interessen Europas berücksichtigen, dpa, 25.3.1983.

[197] Vgl. Townsend Hoopes: Star-Wars: A Way of Going It Alone; NYT, 2.1.1986, 19.

[198] Hanrieder, 1995, 104.

[199] "Die Bundesrepublik Deutschland und Europa im Nordatlantischen Bündnis". Beitrag von Bundeskanzler Dr. Helmut Kohl auf der 22. Internationalen Wehrkundetagung in München am 9.2.1985; in: Bulletin Nr. 19 (14.2.1985), 159.

Vom Rüstungs- zum Abrüstungswettlauf

Während man sich in Europa noch mit den Auswirkungen von SDI auf die amerikanische Sicherheitsgarantie beschäftigte, arbeiteten die USA und die Sowjetunion schon an neuen rüstungspolitischen Vorschlägen, die den Alten Kontinent in Aufregung stürzen sollten. Als der sowjetische Außenminister Gromyko und sein amerikanischer Kollege Shultz im Januar 1985 die Wiederaufnahme der Gespräche über Nuklearwaffen vereinbarten, hatte dies vielfältige Gründe - die Rücksicht auf die strategischen Sorgen der europäischen NATO-Partner war kein primärer. Vielmehr sah sich Reagan nach den großen Verteidigungsanstrengungen der letzten vier Jahre nun in der Lage, sein "Frieden durch Stärke"-Konzept bei den Rüstungskontroll-Verhandlungen mit Moskau zu erproben. Hinzu kam der Druck aus Kongreß und Öffentlichkeit, auf eine Entspannung mit Moskau hinzuarbeiten, und der Wunsch des Präsidenten, seine zweite Amtszeit nach der glänzenden Wiederwahl im November 1984 mit Erfolgen in der Abrüstungspolitik zu krönen. Die sowjetische Führung mußte erkennen, daß ihre Strategie, die Nachrüstung mit Drohungen und der Unterstützung der deutschen Friedensbewegung zu verhindern, nicht aufgegangen war und weitere Gespräche über die Kontrolle der Atomrüstung auch in ihrem Interesse lagen.

In den Verhandlungen wurde schnell klar, daß es Moskau vor allem um die Verhinderung des SDI-Projekts ging. Die amerikanische Seite, allen voran Reagan selbst, erklärte dagegen, das Raketenabwehrprogramm sei rein defensiv ausgerichtet und nicht verhandelbar. Beim ersten Supermächte-Gipfel seit sechs Jahren im November 1985 in Genf schoß sich der neue Generalsekretär Gorbatschow auf SDI ein: die amerikanische Initiative sei ein Schritt hin zu einer Erstschlagsstrategie der USA und bedeute die Militarisierung des Weltraums. Reagan hielt an seiner Idee fest.[200] Schon im Oktober des nächsten Jahres trafen die beiden im isländischen Reykjavik erneut zusammen. Was als Arbeitssitzung geplant war, entwickelte sich rasch zum weitestreichenden Gedankenaustausch über eine Reduzierung der Atomwaffen in der Geschichte. An einem Punkt der Unterredungen faßten die beiden Spitzenpolitiker sogar eine völlige Eliminierung aller Atomwaffen innerhalb von zehn Jahren ins Auge. Als Stolperstein erwies sich letztlich wieder SDI. Gorbatschows Forderung, die Stationierung eines solchen Systems vertraglich auszuschließen, führte zum Abbruch der Gespräche.

---

[200] Vgl. Raymond Garthoff: The Great Transition. American-Soviet Relations and the End of the Cold War, Washington, D.C. 1994, 243.

In Reykjavik hatten Gorbatschow und Reagan das Undenkbare gedacht: die weitgehende Entnuklearisierung der Welt.[201] Das Scheitern des Gipfels wurde deshalb je nach Standpunkt des Beobachters als verpaßte Gelegenheit von historischem Ausmaß oder als glückliches Ende verwegener Ideen betrachtet. Bei den Westeuropäern, vor allem der Bundesrepublik, führte Reykjavik zu einem tiefen Schock. Zwar hatte man Reagan stets gedrängt, der Entspannungspolitik über Abrüstungsvereinbarungen neues Leben einzuhauchen, aber dabei immer eine enge Abstimmung zwischen Washington und dem europäischen Pfeiler des Bündnisses vorausgesetzt. Was der amerikanische Präsident jetzt tat, ließ die Bonner Urangst seit den Tagen Adenauers wach werden: Die Vereinigten Staaten mißachteten alle Regeln der Bündnisdiplomatie und arrangierten sich über die bundesdeutschen Sicherheitsinteressen hinweg mit dem weltpolitischen Kontrahenten. Kohl schlug in einer ersten Reaktion in dieselbe Kerbe und stellte den Reykjavik-Gipfel in eine Reihe mit den Konferenzen zu Ende des 2. Weltkriegs, in denen "*Spitzenleute zusammentreffen und denken, sie hätten jetzt über das Schicksal der Völker zu entscheiden*".[202] Tatsächlich wären die militärstrategischen Folgen einer Verschrottung aller Nuklearraketen unüberschaubar gewesen. Die gesamte NATO-Doktrin der flexiblen Antwort, die ja auf dem abgestuften Einsatz von Atomwaffen an einem bestimmten Punkt der Eskalationsleiter basierte, wäre hinfällig geworden, ohne daß man Überlegungen angestellt hätte, was an ihre Stelle treten sollte. Angesichts der nach wie vor bestehenden konventionellen Überlegenheit der Warschauer Pakt-Staaten in Europa hätten die Westeuropäer, vor allem die Deutschen ein massives Aufrüstungsprogramm beginnen müssen, um das militärische Gleichgewicht in Mitteleuropa zu halten. Das wäre aber wegen der hohen Popularitätswerte Gorbatschows in der Bundesrepublik innenpolitisch kaum durchsetzbar gewesen.

Nach Reykjavik sah Gorbatschow ein, daß SDI nicht wegzuverhandeln war und konzentrierte sich auf andere Abrüstungsbereiche. Anfang 1987 griff er einen Vorschlag

---

[201] Vgl. ebd., 285-291. Eine kritische Bilanz des Reykjavik-Gipfels gibt James Schlesinger; Reykjavik and Revelations: A Turn of the Tide?; in: Foreign Affairs, Sonderheft: America and the World 1986, 426-446. Zur Reaktion der Europäer siehe vor allem Jane M. O. Sharp: After Reykjavik: Arms Control and the Allies; in: International Affairs, 63/2 (Spring 1987), 239-258, insbesondere 249-251.

[202] "Kohl to Reagan: 'Ron, Be Patient'"; Newsweek, 27.10.1986, 19-20, hier 19. Im autorisierten Interviewtext lautete die Passage: "*You know, we Germans have some experience with conferences of this kind, where top people meet and think that they now would have to decide on the fate of nations. We remember recent history: Teheran, Yalta, and in 1938 Munich.*"

Reagans aus dem Jahr 1981 auf und erklärte seine Bereitschaft zur "Doppel-Null-Lösung" bei den Mittelstreckenraketen mit längerer (1000-5500km) und kürzerer (500-1000km) Reichweite. Schon im September 1987 unterzeichneten die beiden Staatsführer der Supermächte in Washington den INF-Vertrag, der vorsah, alle 846 amerikanischen und 1846 sowjetischen Trägersysteme innerhalb von drei Jahren zu verschrotten. Obwohl von dem Abkommen nur fünf Prozent der insgesamt etwa 50.000 Nuklearsprengköpfe auf beiden Seiten betroffen waren, bedeutete es in doppelter Hinsicht ein Novum: Erstmals kam es zur Vernichtung und zum Verbot einer ganzen Klasse amerikanischer und sowjetischer Waffen und erstmals stimmte Moskau einer asymmetrischen Abrüstungsmaßnahme zu.

In Europa, insbesondere in der Bundesrepublik wurde der INF-Vertrag trotz aller rhetorischen Unterstützung nicht ohne Skepsis betrachtet. Zwar waren damit der Zustand vor Mitte der siebziger Jahre wiederhergestellt und keine amerikanischen Mittelstreckenraketen mehr in nennenswertem Umfang in Europa vorhanden. Aber schon damals war das Vakuum im Mittelbereich der Triade als Problem gesehen worden, das die Sowjetunion durch die Stationierung der SS-20 nur ausgenutzt hatte. Konfrontiert mit dem Wunsch der USA, den Vertrag abzuschliessen, hatte Bonn zudem zustimmen müssen, ihre 72 Pershing 1A-Trägersysteme, deren Nuklearsprengköpfe sich in amerikanischer Hand befanden, ebenfalls zu verschrotten.[203] *"Die Bundesrepublik"*, kommentierte Hanrieder, *"war wieder einmal in einer praktisch wie symbolisch äußerst wichtigen Frage zum Rückzug gezwungen worden, was ihren begrenzten diplomatischen Einfluß auf Sicherheitsfragen erneut herausstellte."*[204]

Die Debatte über die Nuklearwaffen in Europa war aber mit Abschluß des INF-Vertrags noch nicht zu Ende. Zahlreiche Sicherheitsexperten befürchteten nun eine Singularisierung der Bundesrepublik, weil die verbleibenden sowjetischen Kurzstreckenraketen mit einer Reichweite von unter 500km fast ausschließlich westdeutsches Gebiet bedrohten. Verstärkt wurden diese Sorgen durch die Absicht der USA und der NATO, die 88 auf deutschem Boden verbliebenen taktischen Nuklearwaffen (SNF = *Short-range Nuclear Missiles*) vom Typ *Lance* wie 1983 in Montebello vereinbart zu modernisieren. Die Bundes-

---

[203] Vgl. "Moskau stationiert Raketen auf Schienen"; SZ, 10.8.1987.

[204] Hanrieder, 1995, 98.

regierung war in dieser Frage gespalten. Während Kohl bereit war, dem Drängen der NATO-Partner nachzugeben, widersetzten sich Außenminister Genscher und CDU/CSU-Fraktionschef Alfred Dregger. Anfang 1989 lenkte der Kanzler ein, weil er ein Auseinanderbrechen der Koalition befürchtete. Washington sah das Bonner Zögern mit Argwohn und nahm es zum Anlaß, die Angelegenheit zu einem Prüfstein für die Bündnistreue zu machen. Die Bundesrepublik hielt indes an ihrer mühsam erreichten Position fest. Selbst ein NATO-Gipfel am 29. Mai 1989 in Brüssel konnte den Streit nur dadurch beenden, daß die Frage der Lance-Modernisierung auf deutschen Wunsch vertagt wurde.[205] Allein der Kollaps des Ostblocks rettete das Bündnis vor einer weiteren deutsch-amerikanischen Konfrontation über Nuklearfragen.

Insgesamt dokumentierten SDI, Reykjavik, INF-Vertrag und Lance-Modernisierungsdebatte in den achtziger Jahren nachhaltig, daß der strategische Grundkonsens zwischen den USA und Westeuropa, der 1957 nach der erfolgreichen Sputnik-Mission ins Rutschen gekommen war, weitgehend aufgebraucht war. Indem Reagan dies durch seine Initiativen deutlicher machte als seine Amtsvorgänger, trug er trotz aller Bündnisrhetorik zu einem sicherheitspolitischen Umdenken der Kontinentaleuropäer bei und stärkte ihr Bemühen zu eigenen Verteidigungsanstrengungen.

Die vom INF-Vertrag ausgehende Initialzündung für Vereinbarungen in den beiden anderen Waffenbereichen erledigte in den nächsten Jahren viele Bedenken westdeutscher Sicherheitsexperten. In weniger als achtzehn Monaten einigten sich Ost und West in den *Verhandlungen über konventionelle Streitkräfte in Europa* (KSE), die 1989 an die Stelle der dahindümpelnden MBFR-Gespräche getreten waren, auf eine drastische Reduzierung der Streitkräfte vom Atlantik bis zum Ural, wobei die Warschauer Pakt-Staaten auf die zentralen westlichen Forderungen einschwenkten. So galt der Grundsatz "Wer mehr hat, muß mehr abrüsten", und auch die Verifikation war durch die Garantie von Vor-Ort-Inspektionen gewährleistet. Als sich im April 1991 der Warschauer Pakt auflöste, fand die seit 1945 bestehende konventionelle Bedrohung Westdeutschlands aus dem Osten ihr Ende. Schließlich unterzeichneten die USA und die Sowjetunion im Juli 1991 auch noch das START I-Abkommen (*Strategic Arms Reduction Talks*) über die atomaren Langstreckenraketen. Beide Seiten

---

[205] Vgl. Rupert Scholz: Deutsche Frage und europäische Sicherheitspolitik in einem sich einigenden Deutschland und Europa; in: EA, 7/1990, 239-246, hier 240.

vereinbarten darin, 30 Prozent ihrer Arsenale abzubauen und maximal 6000 Sprengköpfe zu behalten. Zudem kündigten US-Präsident George Bush (1989-1993) und Gorbatschow wenige Wochen später an, alle taktischen Atomwaffen, alle nuklearen Artilleriegeschosse und alle nuklearen Landminen zu zerstören. Im November 1991 erklärte der NATO-Gipfel in Rom die Doktrin der flexible response für ungültig. In Westeuropa sollten nur mehr 700 luftgestützte Mittelstreckenraketen der USA verbleiben, denen zusammen mit den stark reduzierten Zahl an amerikanischen Soldaten die Funktion des Bindeglieds zu den Vereinigten Staaten zukam.

Anfang der neunziger Jahre hatte sich die sicherheitspolitische Lage der Bundesrepublik also grundlegend verändert. Die vierzigjährige Bedrohung durch das östliche Militärbündnis unter Führung der Sowjetunion war zuende, Deutschland nun auch im Osten nur mehr von Partnern umgeben, von denen die meisten sogar mit Vehemenz in die NATO strebten. Der Sicherheitsexperte Lothar Rühl wies darauf hin, daß Deutschland erstmals seit dem 18. Jahrhundert nicht mehr einer direkten militärischen Bedrohung mit dem Risiko eines Offensivkriegs in Europa ausgesetzt war.[206] "Sicherheitspolitik" im traditionellen Sinne gab es nicht mehr. Es galt nun, sich auf neue Herausforderungen einzustellen.

6.3. Auf dem Weg zu einer wirtschaftlichen und politischen Führungsmacht in Europa

Obwohl die außenpolitische Eigenständigkeit der Bundesrepublik nach 1969 gewachsen war, blieben ihrem ost- und sicherheitspolitischen Spielraum aufgrund der völkerrechtlichen Zuständigkeit der Drei Mächte für West-Berlin und der Abhängigkeit von der amerikanischen Nukleargarantie doch enge Grenzen gesetzt. In einem Bereich entwickelte sich Bonn allerdings immer deutlicher zu einem zentralen Akteur: in der Europapolitik, und dabei insbesondere in Wirtschafts- und Währungsfragen. Hier lancierte die Bundesrepublik nicht nur eigene Initiativen, sondern sie scheute sich auch nicht, ihre Vorstellungen mit Nachdruck zu vertreten.[207]

---

[206] So in einem Beitrag für Die Welt, 6.2.1993.

[207] Für den Zeitraum von 1974 bis 1982 siehe vor allem Haftendorn, 1986b, 35-91. Vgl. auch Bellers, 1990, 284-305, 352-411.

Deutsche Europapolitik: große Ziele, kleine Schritte

Nach dem Rücktritt de Gaulles im April 1969 schien nach fast zehn Jahren der Stagnation der Weg frei für einen Ausbau und eine Erweiterung der Europäischen Gemeinschaft. Hierauf hatten vor allem die Bundesrepublik, aber auch die Benelux-Staaten und Italien während der sechziger Jahre immer wieder gedrängt.[208] Die kompromißbereitere Haltung des neuen französischen Staatspräsidenten Georges Pompidou (1969-1974) erlaubte es der Gemeinschaft nun, nach der Vollendung der Zollunion konkrete Pläne für eine Vertiefung der Integration und für die Aufnahme neuer Staaten zu schmieden. Dies war im besonderen Interesse der neuen sozial-liberalen Koalition. Eine engagierte Politik für die europäische Einigung sollte das Pendant zu ihrem ost- und deutschlandpolitischen Aktivismus bilden. "*So viel Integration wie möglich in Westeuropa ..., so viel Kooperation wie überhaupt nur denkbar in Osteuropa*", verkündete Außenminister Scheel; erklärtes europapolitisches Ziel Bonns sei "*die politische Union Europas*" und "*nicht etwa ein Interessenverband europäischer Länder, um sich gegenseitig Vorteile zu verschaffen*".[209]

Auf dem *Haager Gipfel* faßten die Staats- und Regierungschefs der Sechs am 1. und 2. Dezember 1969 Beschlüsse, die den deutschen Wünschen entsprachen: möglichst schnell sollten Verhandlungen mit den beitrittswilligen Staaten aufgenommen, die Finanzordnung reformiert und zusammen mit der Kommission ein Stufenplan für eine Wirtschafts- und Währungsunion (WWU) ausgearbeitet werden; die Außenminister beauftragte der Rat, Möglichkeiten für eine Intensivierung der Zusammenarbeit zu prüfen. Vor dem Bundestag verkündete Kanzler Brandt optimistisch, es sei in Den Haag gelungen, "*den lähmenden Stillstand der europäischen Entwicklung zu überwinden*"[210].

In der Tat konnte die EG einige der Haager Vorhaben umsetzen. Vor allem der im Vergleich zu späteren Beitrittsrunden rasche Abschluß der Gespräche mit den Kandidaten Großbritannien, Irland, Dänemark und Norwegen war ein Erfolg. Zwar blockierten die Norweger in einem Referendum die Mitgliedschaft ihres Landes, aber mit der Aufnahme

---

[208] Für eine deskriptive Darstellung der deutschen Europapolitik in dieser Phase siehe Herbert Müller-Roschach: Die deutsche Europapolitik 1949-1977, Bonn 1980, 141-216.

[209] Verhandlungen des Deutschen Bundestages. Stenographische Berichte (27.5.1970), 2689; (17.6.1979), 3238; und (15.4.1970), 2140.

[210] Verhandlungen des Deutschen Bundestages. Stenographische Berichte (3.12.1969), 591.

Großbritanniens in die Gemeinschaft am 1. Januar 1973 erreichte die Bundesrepublik ein seit langem verfolgtes Ziel. Im Oktober 1970 riefen die Außenminister außerdem die Europäische Politische Zusammenarbeit ins Leben, die *"durch regelmäßige Unterrichtung und Konsultationen eine bessere gegenseitige Verständigung über die großen Probleme der internationalen Politik"*[211] gewährleisten wollte. Es war allerdings ein anderes Projekt, das in den siebziger Jahren einen Großteil der europapolitischen Energien der Bundesrepublik absorbieren sollte: die Errichtung einer auf Stabilität ausgelegten Währungszone.

Der Zerfall von Bretton Woods und das Entstehen des D-Mark-Blocks

Ausgangspunkt der verstärkten Aktivitäten Bonns bildete die Währungskrise der Jahre 1967 bis 1973.[212] Bis dahin hatte das System fester Wechselkurse, das unter Führung der USA 1944 in *Bretton Woods* aus der Taufe gehoben worden war, relativ störungsfrei funktioniert und entscheidend zum Aufschwung des Welthandels beigetragen. Vor allem die exportorientierte Bundesrepublik konnte von dem stabilen währungspolitischen Rahmen profitieren. Aufgrund ihrer hohen Abhängigkeit vom Weltmarkt stand für sie bei Währungsturbulenzen aber auch besonders viel auf dem Spiel. Als die Vereinigten Staaten ihre Pflichten als Leit- und Reservewährungsland zu verletzen begannen und die Welt mit Dollars überschwemmten, war Deutschland davon stark betroffen. Die Bundesbank, die aufgrund des amerikanischen Defizits im Handel mit der Bundesrepublik und der hohen Direktinvestitionen von US-Firmen ohnehin auf großen Dollar-Beständen saß, mußte nun den Dollarkurs durch Devisenmarktinterventionen stützen. Dadurch erhöhte sich die heimische Liquidität, was die Inflation anheizte. Die ökonomisch gebotene Aufwertung der D-Mark schob die Bundesregierung jedoch aus Rücksicht auf die deutsche Exportindustrie und die Gewerkschaften immer wieder hinaus. Eine von der sozial-liberalen Koalition gleich nach ihrem Wahlsieg 1969 beschlossene Aufwertung um gut neun Prozent kam zu spät und konnte die Spannungen im Währungssystem nur kurzfristig verringern. Durch den Fortbestand der Dollarbindung blieb die Bundesrepublik weiter von der binnenwirtschaftlich und innenpolitisch motivierten Zins- und

---

[211] "Erster Bericht der Außenminister an die Staats- und Regierungschefs der EG-Mitgliedstaaten vom 27. Oktober 1970 (Luxemburger Bericht)"; in: EA, 22/1970, D520-D524.

[212] Siehe dazu Link, 1986, 266-275.

Fiskalpolitik der USA abhängig. Auch für die Zusammenarbeit in der EG, insbesondere das System der gemeinsamen Agrarmarktordnungen, erwiesen sich die Leitkursanpassungen als störend. Da die Garantiepreise für landwirtschaftliche Produkte nach schwierigen Verhandlungen in Dollar festgelegt worden waren, bedrohte jede Veränderung einer EG-Währung zum Dollar das fein ausbalancierte Gefüge.[213]

Auf dem Haager Gipfel hatten die Staats- und Regierungschefs deshalb eine französische Initiative aufgenommen und den Ministerrat beauftragt, zusammen mit der Kommission einen Stufenplan für eine Wirtschafts- und Währungsunion auszuarbeiten. Die Bundesrepublik unterstützte dieses Ziel, versprach eine engere Zusammenarbeit in diesem Bereich doch Schutz vor den gefürchteten Wechselkursschwankungen.[214] Über die Reihenfolge der dafür nötigen Maßnahmen waren sich die Regierungen in Bonn und Paris jedoch uneinig: Die in der Bundesrepublik tonangebende Schule der *Ökonomisten* wollte mit der Währungsunion warten, bis sich die Wirtschaftsentwicklung in den Mitgliedstaaten angeglichen hätte und ein hohes Maß an Konvergenz erreicht sei. Nach Auffassung der *Monetaristen*, die besonders in Frankreich Anhänger hatten, sollte die Währungsunion dagegen der Motor für die realwirtschaftliche Angleichung sein. Dem vom Ministerrat eingesetzten Sonderausschuß unter der Leitung des luxemburgischen Ministerpräsidenten und Finanzministers Pierre Werner gelang es, die unterschiedlichen Auffassungen dadurch zusammenzuführen, daß er ein paralleles Vorrücken in Währungs- und in Wirtschaftsfragen vorschlug. Sein Bericht vom 8. Oktober 1970 sah vier ineinandergreifende Maßnahmen als Voraussetzung für die WWU vor: Verstärkung der Währungskooperation, Koordinierung der Wirtschaftspolitiken, Schaffung eines europäischen Kapitalmarkts und Entwicklung einer gemeinsamen Struktur- und Regionalpolitik.[215] Kein Konsens herrschte indes über die Frage, welche Prinzipien den zu koordinierenden Wirtschaftspolitiken zugrunde gelegt werden sollten.

In der am 1. Januar 1971 beginnenden ersten Dreijahresstufe der WWU wurden die erlaubten Schwankungsbreiten zwischen den Währungen der Sechs verringert. Wie eine

---

[213] Vgl. Elke Thiel: Die europäische Union, München 1997, 146f.

[214] Vgl. Brandt, 1976, 321-323.

[215] Vgl. dazu Henry Krägenau/Wolfgang Wetter: Die Europäische Wirtschafts- und Währungsunion. Vom Werner-Plan zum Vertrag von Maastricht, Baden-Baden 1993, 6-14.

Schlange im Tunnel sollten sich die europäischen Währungen nun als enges Band innerhalb des im Bretton-Woods-System zulässigen größeren Fluktuationskorridors zum Dollar bewegen.[216] Allerdings sah sich diese "Währungsschlange" bald mit massiven Belastungen konfrontiert. Nach Dollarzuflüssen im Gegenwert von 18 Mrd. DM in den ersten Monaten des Jahres 1971 nach Deutschland - davon allein von 8 Mrd. DM in den ersten Maitagen - mußten die Devisenbörsen am 5. Mai geschlossen werden. Als sich die EG nicht auf gemeinsame Maßnahmen einigen konnte, gab die Bundesrepublik im Alleingang den Wechselkurs der D-Mark frei. Um die eigene wirtschaftliche Stabilität zu sichern, war Bonn also bereit, gegen die Statuten des Internationalen Währungsfonds und gegen die in der EG geltenden Verhaltensnormen zu verstoßen.[217]

Obwohl es im *Smithsonian Agreement* Ende des Jahres zu einer Neufestsetzung der Kursverhältnisse (*Realignment*) und zu einer Rückkehr der Bundesrepublik in den Verbund fixer Wechselkurse kam, brach das Bretton-Woods-System nach erneuten Turbulenzen aufgrund der amerikanischen Defizitpolitik Anfang 1973 endgültig auseinander. Was Scheel euphemistisch als *"eine etwas steinige Strecke auf dem Weg zur Wirtschafts- und Währungsunion"* bezeichnete,[218] war in Wirklichkeit der Anfang vom Ende des Werner-Plans. Der Ölpreisschock und die sich verschlechternde Konjunkturlage in Europa machten zudem deutlich, daß die politische Bereitschaft für eine Harmonisierung der Wirtschaftspolitiken nicht gegeben war. Denn nur wenn sich bei den Teilnehmern die Preise, die Kosten und die Nachfrage weitgehend parallel entwickelten, konnten die Austauschverhältnisse der Währungen über längere Zeit stabil bleiben. Die Spannbreite bei den Inflationsraten der EG-Länder verringerte sich jedoch nicht, sondern vergrößerte sich sogar noch. Großbritannien, Irland und Italien mußten kurz nach ihrem Beitritt den Wechselkursverbund wieder verlassen. Frankreich trat wiederholt ein und aus. Angesichts dieser Turbulenzen wurde die für den 1. Januar 1974 vorgesehene Einführung der zweiten Stufe der WWU, der auf der *Pariser Gipfelkonferenz* im Oktober 1972 vereinbart worden war, auf Eis gelegt. Allein die wenigen

---

[216] Vgl. Thiel, 1997, 150.

[217] Vgl. Hans-Eckart Scharrer: Die Bundesrepublik Deutschland im Internationalen Währungssystem; in: Schwarz, H.-P., 1975a, 383-405, hier 392.

[218] Verhandlungen des Deutschen Bundestages. Stenographische Berichte, (19.7.1993), 7757.

Länder, die eine ähnlich stabilitätsorientierte Finanz- und Geldpolitik wie die Bundesrepublik verfolgten, konnten in der Währungsschlange verbleiben. Der D-Mark-Block, bestehend aus Deutschland, den Benelux-Staaten und Dänemark, war begründet.[219]

Auf internationaler Ebene bedeutet das Zerbrechen des Bretton-Woods-Systems das Ende der dreißig Jahre währenden Hegemonialstellung der USA in der internationalen Währungspolitik. Die Bundesrepublik verfügte nun über den höchsten Bestand an Devisenreserven in der Welt und konnte erstmals ihre stabilitätspolitischen Ziele verfolgen, ohne ihre Beeinträchtigung von außen befürchten zu müssen. Zugleich war die D-Mark nach dem Dollar gegen den Willen Bonns zur zweitwichtigsten Reservewährung geworden.[220] Damit wuchs aber auch die politische Verantwortung der Bundesrepublik.

Deutschland als Krisenmanager

In diese währungspolitisch schwierige Phase platze im Oktober 1973 der Jom-Kippur-Krieg, in dessen Verlauf die arabischen Staaten einen Ölboykott über die USA wegen ihrer israelfreundlichen Haltung verhängten und die Versorgung anderer Länder drosselten. Den Westen traf dies völlig unvorbereitet. Die Vervierfachung des Ölpreises innerhalb weniger Monate auf fast 12 Dollar pro Faß (*barrel* = 164 Liter) wirkte wie eine gewaltige Sondersteuer. Das Wachstum brach ein, Inflation und Arbeitslosigkeit stiegen, die Leistungsbilanzungleichgewichte verstärkten sich. In vielen Industriestaaten wuchs die Versuchung, zu Maßnahmen Zuflucht zu nehmen, die den Bestand der liberalen Wirtschafts-, Handels- und Finanzordnung bedrohten. Der seit Mai 1974 amtierende Bundeskanzler Schmidt sah in der Bewältigung dieser Probleme eine so wichtige Aufgabe, "*daß lediglich die Erhaltung des Weltfriedens höher einzuschätzen*" war. Der Bundesrepublik falle dabei, so Schmidt, eine "*erstklassige Rolle*" zu, da sie in Wirtschaftsfragen zusammen mit den USA, Japan, Frankreich und England "*in die erste Kategorie*" gehöre und in diesem Bereich eine "*Weltmacht*" sei.[221]

Die Weltwirtschaftskrise bedrohte aber nicht nur die Stabilität der einzelnen Volkswirtschaften, sondern auch die Fortentwicklung der EG. Damit gerieten gleich zwei Axiome

---

[219] Vgl. Krägenau/Wetter, 1993, 13.

[220] Vgl. ebd., 393.

[221] Die Zitate finden sich bei Link, 1987, 277.

der deutschen Außenpolitik ins Wanken: die Einigung Europas und die Etablierung einer freien Weltwirtschaftsordnung. Die Bundesregierung versuchte daher mit aller Kraft, dieser Entwicklung entgegenzuwirken. Zum einen übernahm sie besondere finanzielle Lasten, um ein Auseinanderbrechen der EG zu verhindern. So gewährte die Bundesbank im Herbst 1974 Italien einen Kredit über 5,2 Mrd. DM für die Stützung seiner Währung. Ein Jahr später sagte die Bundesregierung zu, einen Teil der britischen Beitragszahlungen zu übernehmen, um den Verbleib Londons in der EG sicherzustellen. Die deutschen Nettobeiträge stiegen von 454 Mio. DM 1971 über 3,5 Mrd. DM 1975 auf 7 Mrd. DM 1982 an.[222] Zum anderen setzte Bonn auf den Ausbau der Konsultationsmechanismen und die Vertiefung der Gemeinschaft. Im Dezember 1974 wurde der Europäische Rat der Staats- und Regierungschefs institutionalisiert, um den Koordinierungs- und Entscheidungsprozeß in der EG zu verbessern. Und vor allem auf deutsches Dringen wurde beschlossen, das Europäische Parlament künftig direkt wählen zu lassen. Mit ihrer Forderung nach substantiellen Kompetenzübertragungen scheiterte Bonn aber am Widerstand Großbritanniens, Dänemarks und Frankreichs.

Schließlich forcierte die Bundesregierung die internationale wirtschaftliche Zusammenarbeit. Auf französisch-deutsche Initiative kamen im November 1975 erstmals die Repräsentanten der sechs wichtigsten Volkswirtschaften der Welt auf Schloß Rambouillet bei Paris zusammen, um *"über die Weltwirtschaftslage, die unseren Ländern gemeinsamen Wirtschaftsprobleme ... und über Pläne zu ihrer Lösung"* zu beraten.[223] Die USA, Japan, die Bundesrepublik, Frankreich, Großbritannien und Italien verpflichteten sich, auf *"Maßnahmen [zu] verzichten, mit denen sie versuchen könnten, ihre Probleme auf Kosten anderer zu lösen"*.[224] Auch wenn sich die hohen Erwartungen an die 1976 durch die Hinzunahme Kanadas zur *Gruppe der Sieben* (G7) gewachsenen Weltwirtschaftsgipfel nie erfüllten, so ging von ihnen doch das politische Signal aus, daß die Industrieländer nicht versuchen würden, die ökonomischen Schwierigkeiten durch einseitige nationale Schritte wie in den dreißiger Jahren zu lösen.

---

[222] Vgl. Bernhard May: Kosten und Nutzen der deutschen EG-Mitgliedschaft, Bonn 1985, 38/Tab. 5.

[223] "Erster Weltwirtschaftsgipfel in Rambouillet". Treffen der sechs Staats- und Regierungschefs auf Schloß Rambouillet vom 15. bis 17. November 1975; in: Auswärtiges Amt, 1995, 425-428, hier Punkt 1, 425.

[224] Ebd., Punkt 8, 426.

Die Aktivitäten im Gefolge der Währungs- und Wirtschaftskrise der frühen siebziger Jahre demonstrierten, daß Bonn bereit und fähig war, eine seiner Wirtschaftskraft entsprechende Rolle in Europa zu spielen. In seinen privaten Aufzeichnungen notierte Schmidt, die Bundesrepublik sei *"zwangsläufig"* und wider den eigenen Willen zu einem *"Führungsfaktor geworden"* zur *"zweiten Weltmacht des Westens"*, was Besorgnisse bei *"anderen Regierungen"* auslösen könne.[225] Auch um solchen Ängsten die Spitze zu nehmen, suchte Bonn die Kooperation mit Paris. Unter Bundeskanzler Schmidt und Staatspräsident Giscard d'Estaing (1974-1981) begann eine enge Abstimmung der deutschen und französischen Politik, die von ökonomischen Fragen ausging, sich jedoch auf andere inhaltliche Bereiche ausdehnte und schließlich zu einer *Relance Européenne* in der internationalen Politik führte.[226]

Das EWS: Inflationsgemeinschaft oder DM-Imperialismus?

Zwar hatte das System flexibler Wechselkurse die weltwirtschaftlichen Verwerfungen im Gefolge der Ölkrise zu mildern vermocht, aber schon bald zeigte sich, daß die Erwartung vieler Ökonomen nicht eintrat, die Wechselkurse der floatenden Währungen würden sich um die Kaufkraftparität einpendeln. Tatsächlich bewirkten politische Faktoren und Spekulationen mit vagabundierenden Dollarmilliarden nämlich starke Kurssprünge (*overshooting*).[227] Im Frühjahr 1977 setzte der Dollar erneut zu einer rapiden Talfahrt an, verlor binnen eines Jahres zwanzig Prozent seines Werts und durchbrach im März 1978 die Zwei-D-Mark-Grenze. Für die Bundesrepublik, die zu diesem Zeitpunkt fast ein Viertel ihres Bruttosozialprodukts im Ausfuhrgeschäft erwirtschaftete, war diese Entwicklung Gift. *"Die Bewegung der Wechselkurse, die eigentlich Veränderungen der gesamtwirtschaftlichen Bedingungen eines Landes konstatieren sollte, kann sie diktieren"*, mußte der Sachverständigenrat in seinem Jahresgutachten ernüchtert feststellen.[228]

---

[225] Aufzeichnung Schmidts vom Dezember 1976: "Erwägungen für 1977". Zit. bei Niedhart, 1996, 19.

[226] Vgl. Haftendorn, 1986b, 169.

[227] Vgl. Beate Neuss: Internationale Verflechtung und Wettbewerbsfähigkeit; in: Dieter Grosser u.a.: Soziale Marktwirtschaft. Geschichte - Konzept - Leistung, Stuttgart 1988, 194-220, hier 208.

[228] Sachverständigenrat zur Begutachtung der gesamtwirtschaftlichen Entwicklung: Jahresgutachten. 1978/79, Frankfurt a.M. 1979, Ziff. 342.

Ursache der erneuten Dollarschwäche war vor allem die unterschiedliche Wirtschaftspolitik in den USA und der Bundesrepublik. Während Washington der Konjunktur mit einer
expansiven Fiskal- und Geldpolitik auf die Beine helfen und die Arbeitslosigkeit reduzieren
wollte, hielt Bonn an seinen Stabilitätszielen fest. Forderungen aus den USA und Großbritannien, Deutschland solle durch neue Ausgabenprogramme die eigene Wirtschaft ankur-
beln und eine "Lokomotivfunktion" für die Weltwirtschaft übernehmen, konterte Schmidt im
Mai 1977 auf dem Weltwirtschaftsgipfel in London mit dem für ihn typischen Sarkasmus:

> Ich glaube nicht, daß uns der französische oder der amerikanische Präsident auf-
> fordern werden, mehr Inflation in Kauf zu nehmen. Es könnte sein, daß die Briten
> dies für wünschenswert halten. Ich meine jedoch, wir anderen sollten ihnen lieber
> helfen, wie wir es bisher getan haben, von ihrer Inflationsrate von 18 Prozent her-
> unter zu kommen.[229]

Weil sich die US-Regierung aber nicht für eine Stabilisierungsaktion für den Dollar gewinnen
ließ, suchte Schmidt den Schulterschluß mit Frankreich. Nachdem der Werner-Plan gescheitert war, präsentierte er zusammen mit Staatspräsident Giscard d'Estaing dem Europäischen
Rat im Juli 1978 nun eine außervertragliche Form der währungspolitischen Kooperation: die
Schaffung eines *Europäischen Währungssystems* (EWS). Obwohl das EWS zunächst den
ökonomischen Erfordernissen zweier stark außenhandelsabhängiger Volkswirtschaften
entsprang, verbanden die deutsche und die französische Regierung damit auch politische
Ziele. Giscard d'Estaing hoffte zum einen, durch ein System fixer Wechselkurse die Bundesbank zu größeren Devisenmarktinterventionen für die schwächeren Länder zu verpflichten,
damit eine Mitsprache über die deutsche Geldpolitik zu gewinnen und so einen "D-Mark-
Imperialismus" zu verhindern;[230] zum anderen sollte der mit dem EWS verbundene Stabili-
sierungsdruck der französischen Regierung bei der Durchsetzung ihrer innenpolitischen Kon-
solidierungspolitik helfen. Schmidt dagegen ging es vor allem darum, *"eine europäische
Gegenposition zu den verhängnisvollen Wirkungen des Dollarverfalls aufzubauen"*[231] und
indirekten Druck auf die USA auszuüben: *"Es [das EWS] wird drüben [in Washington]"*, so

---

[229] Zit. nach Haftendorn, 1986b, 69.

[230] Vgl. Schmidt, 1990, 229.

[231] Zit. nach Link, 1987, 287.

der Kanzler wörtlich, *"den Stabilitätswillen in bezug auf die eigene Währung stärken."*[232]
Auch bei den europäischen Partnern, so Schmidt, würde das EWS zu einer solideren Geld-
und Finanzpolitik führen.[233] Deutschland und Frankreich waren sich zudem darin einig, daß
der seit Anfang der siebziger Jahre stagnierende europäische Integrationsprozeß durch das
EWS neue Impulse erhalten würde. Hanrieder analysiert:

> Wie so oft bevorzugten die Deutschen einen europäischen institutionellen Rahmen zur
> Durchsetzung ihrer nationalen Interessen und suchten den Eindruck zu vermeiden,
> daß sie nach nationaler Handlungsfreiheit strebten oder ihren politischen Einfluß zu
> vergrößern suchten.[234]

Das EWS lehnte sich eng an die Währungsschlange an. Die Wechselkurse der Teilnehmer-
länder wurden bilateral fixiert bei einer Schwankungsbreite von +/- 2,25 Prozent für die
starken, von +/- 6 Prozent für die schwachen Länder und prinzipieller Veränderbarkeit (*fixed
but adjustable*). Als Rechnungseinheit im EWS und Bezugsgröße für die Paritäten schuf man
den ECU (*European Currency Unit*), eine Korbwährung aus den gewichteten Währungen der
Mitgliedsländer. Drohte eine Währung zu stark vom festgesetzten Leitkurs abzuweichen, so
mußten Stark- und Schwachwährungsland symmetrisch an den Devisenmärkten intervenieren.
Ein Schwachwährungsland, das über keine eigenen Devisenbestände verfügte, konnte Kredite
beim *Europäischen Fonds für Währungspolitische Zusammenarbeit* (EFWP) oder beim
Starkwährungsland aufnehmen. Bei hohen Paritätsschwankungen, die nicht spekulativ
begründet waren, sollten die Wechselkurse einvernehmlich geändert werden.

Schon vor Einführung des EWS am 1.1.1979 war klar, daß der Bundesrepublik darin
eine besondere Rolle zukommen würde. Aufgrund ihres Außenhandelsüberschusses, der ja
eine Verschuldung der Handelspartner bedeutete, verfügte sie allein über die nötigen Devisenreserven, um den Defizitländern Kredite einzuräumen. Die politischen Implikationen
dieses ökonomischen Faktums waren nicht zu unterschätzen: Über die Kredite konnte die
Bundesrepublik Länder wie Italien und Frankreich, die eine inflationistische Wirtschafts-

---

[232] Zit. nach Krägenau/Wetter, 1993, 17.

[233] Vgl. "Europäisches Währungssystem". Regierungserklärung von Bundeskanzler Schmidt über die Ergebnisse des Europäischen Rates in Brüssel am 6. Dezember 1978 (Auszüge); in: Auswärtiges Amt, 1995, 456-458.

[234] Hanrieder, 1995, 330.

politik betrieben, nämlich auf die eigenen Stabilitätskriterien festlegen, wenn nicht gar zu ihrer Beachtung zwingen. Bonn vermochte also aufgrund seiner starken ökonomischen Stellung Einfluß auf die Wirtschaftspolitik, ja die Innenpolitik der Partnerländer zu nehmen. Dies ging soweit, daß Bundeskanzler Schmidt einmal eine Regierungsbeteiligung von Kommunisten als unvereinbar mit einer Kreditvergabe erklärte.[235]

In diesem Dringen auf eine gesamteuropäische Stabilitätspolitik fand die Bundesregierung die volle Unterstützung der Bundesbank. Dem EWS stand man in Frankfurt jedoch skeptisch gegenüber, weil man davon eine Einschränkung des nach dem Zerfall des Bretton-Woods-Systems neugewonnenen Handlungsspielraums befürchtete. Die Bundesbank machte deshalb von Anfang an klar, daß sie ihre Geldpolitik weiterhin am Ziel der Preisniveaustabilität in Deutschland orientieren werde und unter ihr das EWS zu keiner Inflationsgemeinschaft werden würde.[236] Wollten die Partnerländer ihre Währungen stabil halten, so mußten sie die deutschen Stabilitätsvorstellungen - und damit die Ankerrolle der D-Mark - anerkennen.

Weltwirtschaftskrise und Währungsturbulenzen

Das deutsche Bemühen, die europäischen Schwachwährungsländer in ein Korsett geld- und finanzpolitischer Stabilität zu zwängen, wurde 1979/80 konterkariert durch eine erneute Explosion der Ölpreise. Der Anstieg von 12 auf 34 Dollar pro Barrel war diesmal aber nicht wie 1973 auf eine konzertierte Aktion der arabischen OPEC-Länder zurückzuführen, sondern spiegelte die Befürchtung, die Machtübernahme radikaler Islamisten im Iran würde zu Engpässen in der Ölversorgung führen.[237] Die sich anschließende Weltwirtschaftskrise erwies sich als hartnäckiger als die Mitte der siebziger Jahre. Während Frankreich und Italien ihre Wirtschaften mit Konjunkturprogrammen wieder flott zu machen versuchten und dafür hohe Inflationsraten in Kauf nahmen, hielt die Bundesregierung an ihrem restriktiven

---

[235] Vgl. Bellers, 1990, 376.

[236] Vgl. dazu die Ausführungen Hans Tietmeyers: Der Beitrag der Währungspolitik zur Europäischen Integration. Vortrag vor dem 2. Symposium der deutschen Akademie der Wissenschaften "Europa - Ideen, Geschichte, Realität" am 13.6.1996; in: Deutsche Bundesbank, Auszüge aus Presseartikeln (im folgenden BB/AaP), 38/1996, 6-7.

[237] Vgl. Haftendorn, 1986b, 78-80.

Kurs fest. Dieses *"Stabilitätsdiktat"*[238] der Bundesbank übte einen enormen Konsolidierungsdruck auf alle Schwachwährungsländer aus. Selbst Frankreich, das in den ersten fünf Jahren des EWS seine Währung gegenüber der D-Mark um über 30 Prozent abwerten mußte, lenkte 1983 auf den deutschen Kurs ein und begann seine Politik des *franc fort*. In seinen Memoiren triumphierte Schmidt: *"... ohne EMS und die Prestige-Einbuße mehrerer, durch die französische Haushalts- und Geldpolitik verursachter Franc-Abwertungen hätte François Mitterrand seinen ursprünglich expansiven, inflatorischen Kurs vermutlich fortgesetzt"*.[239] Mit Ausnahme der italienischen Lira erwiesen sich die europäischen Währungen im Verhältnis zur D-Mark in den nächsten zehn Jahren als relativ stabil. Betrug die durchschittliche Inflationsrate der EWS-Länder 1980 noch 12 Prozent, so fiel dieser Wert bis 1987 auf 2,5 Prozent. Im selben Zeitraum ging die Differenz zwischen der höchsten und niedrigsten Inflationsrate von 14,4 auf 5,2 Prozent zurück.[240] Die Ende 1988 lancierten Pläne zur Schaffung einer europäischen Währungsunion standen damit auf festerem ökonomischen Fundament als die entsprechenden Initiativen von Anfang der siebziger Jahre. Deutschland war es also nicht nur gelungen, durch die Etablierung des EWS kalkulierbare Wechselkursbedingungen für 50 Prozent seines Außenhandels zu schaffen, sondern auch seine stabilitätspolitische Philosophie in großen Teilen Westeuropas durchzusetzen.

Die Kurssprünge gegenüber dem Dollar blieben dagegen auf der Tagesordnung. Diesmal bereitete der Bundesregierung allerdings nicht der Verfall der amerikanischen Währung, sondern ihr dramatischer Anstieg Sorge. Von einem Tiefstand von 1,70 DM 1980 schoß der Greenback auf fast 3,50 DM im Februar 1985. Ursache dafür war zum einen die Hochzinspolitik der amerikanischen Notenbank, mit der ihr neuer Präsident Paul Volcker (1979-1987) die Inflation bekämpfte, zum anderen das angespannte weltpolitische Klima, das den Dollar als sicherster Anlage (*safe haven*) Auftrieb verlieh. Die markante Aufwertung der amerikanischen Währung kurbelte zwar die deutsche Konjunktur an, weil sich die Exporte, die in den Dollarraum gingen, verbilligten. Aber gleichzeitig wurden die Importe teurer, vor

---

[238] Krägenau/Wetter, 1993, 23.

[239] Vgl. Schmidt, 1992, 263.

[240] Vgl. EG-Kommission: Jahreswirtschaftsbericht 1988-1989; in: Europäische Wirtschaft Nr. 38 (November 1988), 25.

allem das in Dollar fakturierte Rohöl. In Amerika dagegen zogen die Importe an, während die Ausfuhren einbrachen. Dies rief den Kongreß mit protektionistischen Forderungen auf den Plan. Um diese Forderungen abzuschwächen, bedrängte die US-Administration nun die westdeutsche und japanische Regierung, ihre Wirtschaften durch eine expansive Fiskalpolitik anzukurbeln und dadurch die Nachfrage nach amerikanischen Produkten zu fördern. Der Übergang zu flexiblen Wechselkursen hatte also nicht nur die Erwartung nicht erfüllt, damit würde "automatisch" Ordnung in die Währungsbeziehungen einkehren, sondern sogar zu schweren ökonomischen und politischen Verwerfungen geführt.[241] Vor allem die Furcht, die starken Währungsausschläge würden der liberalen Welthandelsordnung schweren Schaden zufügen, veranlaßte die fünf wirtschaftlich wichtigsten Staaten der Welt (G-5)[242], im Herbst 1985 in New York zusammenzukommen. Ergebnis war das nach dem Tagungshotel benannte *Plaza-Agreement*. Die USA sagten darin zu, ihre Politik des "benign neglect" aufzugeben und den Dollarkurs durch mit den anderen Ländern abgestimmte Eingriffe auf den Devisenmärkten auf ein vertretbares Niveau zurückzuführen. Die Ära der gestalteten Wechselkurse (*managed/dirty floating*) war geboren. Bis Anfang 1987 verlor der Dollar gegenüber D-Mark und Yen die Hälfte seines Werts. Erneut kamen die G-5 daraufhin zusammen, um die US-Währung zu stabilisieren. Der *Louvre-Akkord* sah vor, weitere starke Währungsverschiebungen durch engere Zusammenarbeit zu verhindern.

Frischer Wind in der Europapolitik:
Von der Einheitlichen Europäischen Akte zur Währungsunion

Nach dem Platzen der großen integrationspolitischen Ziele des Haager und Pariser Gipfels war die deutsche Europapolitik von dem Bemühen getragen, angesichts der weltwirtschaftlichen Herausforderungen den Bestand des Erreichten zu sichern und die Einheit Europas in kleinen Schritten voranzubringen. Allerdings trat gerade in der zweiten Hälfte der siebziger Jahre die eine stärkere Vergemeinschaftung wünschende Richtung in der deutschen Europapolitik in den Hintergrund. Bonn war also nicht unschuldig, daß das im Vergleich zur

---

[241] Vgl. Michael Tolksdorf: Die Währungsturbulenzen der 70er und 80er Jahre; in: Peter Czada/Michael Tolksdorf/Alparslan Yenal: Internationale Währungsprobleme. Zur Geschichte, Funktion und Krise des internationalen Währungssystems, Opladen 1988, 77-124, hier 113.

[242] Die G5 werden gebildet von den USA, Japan, der Bundesrepublik, Frankreich und Großbritannien.

Frühphase der europäischen Einigung langsame Integrationstempo von Beobachtern mit Schlagworten wie "Europessimismus" und "Eurosklerose" bedacht werden konnte.

In der ersten Hälfte der achtziger Jahre wuchs sowohl der Reformdruck der EG-Institutionen wie die Reformbereitschaft der drei wichtigsten Mitglieder, der Bundesrepublik, Frankreichs und Großbritanniens. Im November 1981 legte Außenminister Genscher mit seinem italienischen Amtskollegen Colombo einen Entwurf für eine *Europäische Akte* vor, die die außervertraglichen Kooperationsformen EPZ und Europäischen Rat in die EG einfügen und den erreichten Integrationsstand festschreiben sollte. Zusätzlichen Schub erhielten diese Einigungsbemühungen mit der Wahl Helmut Kohls zum Bundeskanzler, der stärker als sein Vorgänger auf eine Vertiefung der EG setzte.[243] Unter deutscher Präsidentschaft verabschiedete der Rat auf dem Gipfel von Stuttgart am 19. Juni 1983 eine *Feierliche Deklaration zur Europäischen Union*, die es aber bei allgemeinen Zielsetzungen beließ und damit die gegensätzlichen Auffassungen der wichtigsten Mitgliedsländer in der Frage einer Vertragsänderung überspielten. Das änderte sich erst, als der französische Präsident Mitterrand, der die EG in seinen ersten Amtsjahren mehr oder weniger ignoriert hatte, bei der Übernahme der Ratspräsidentschaft im Januar 1984 überraschend eine große diplomatische Initiative zur Wiederbelebung des Einigungsprozesses vorschlug.[244] Widerstand kam jetzt nur noch aus Großbritannien. So sehr sich Premierministerin Margaret Thatcher (1979-1990) einer Stärkung des supranationalen Elements in der EG widersetzte, so sehr war sie gleichzeitig daran interessiert, die hohen britischen Netto-Beiträge zu senken und die EG für die Ausbreitung ihrer liberalen Wirtschaftsüberzeugungen zu nutzen. "*The outlines of an interstate bargain were becoming clear*", kommentierte Moravcsik die Lage, "*Germany and Britain were agreed on the need for liberalization, with weak support from France, while Germany and France were agreed on the need for procedural reform, with weak support from Britain.*"[245] Mit der Drohung, notfalls ohne London bei der Vertiefung voranzuschreiten, setzten Kohl und Mitterrand die britische Premierministerin unter Druck. Auf dem

---

[243] Siehe vor allem Eckart Gaddum: Die deutsche Europapolitik in den 80er Jahren, Paderborn 1994.

[244] Zu den diplomatischen und politischen Manövern, die schließlich zur Einheitlichen Europäischen Akte führten, siehe Andrew Moravcsik: Negotiating the Single European Act; in: Robert Keohane/Stanley Hoffmann (eds.): The New European Community. Decisionmaking and Institutional Change, Boulder u.a. 1991, 41-84.

[245] Ebd., 55.

Gipfel von Fontainebleau am 25. und 26. Juni 1984 stimmten Bonn und Paris Thatchers Forderung zu, die Zahlungen Großbritanniens an die EG zu verringern und die Liberalisierung der europäischen Güter- und Dienstleistungsmärkte auf die Agenda zu setzen. Im Gegenzug erhielten die Bundesrepublik und Frankreich das britische Placet zur Einsetzung eines Ad-hoc-Ausschusses für institutionelle Fragen. Dieser später nach seinem irischen Vorsitzenden Dooge benannte Ausschuß sollte dem Rat *"Vorschläge zum besseren Funktionieren der europäischen Zusammenarbeit im Gemeinschaftsbereich wie auch im Bereich der Politischen Zusammenarbeit und in anderen Bereichen"*[246] unterbreiten.

Während der Beratungen im Dooge-Ausschuß zeigte sich, daß die Bundesrepublik in fast allen Reformbereichen ehrgeiziger war als ihre Partner: bei den Befugnissen für das Europäische Parlament, den Mehrheitsentscheidungen im Rat, der Institutionalisierung der EPZ und der Erschließung neuer Politikbereiche wie Technologie und Umwelt. Lediglich bei der frühzeitigen Einführung einer Währungsunion gab sich Bonn skeptisch.[247] Insgesamt waren im Frühjahr 1985 die Rahmenbedingungen für grundlegende Reformen der EG so günstig wie seit den späten fünfziger Jahren nicht mehr: Deutschland und Frankreich arbeiteten eng zusammen, Großbritannien begab sich nicht in Fundamentalopposition, der Abschluß der Beitrittsverhandlungen mit Spanien und Portugal im Frühjahr 1985 erhöhte den Druck, zu einer Vereinfachung der Entscheidungsverfahren zu gelangen, und der neue Kommissionspräsident Jaques Delors (1985-1994) legte sich mit Verve für weitere Integrationsschritte ins Zeug. Die Kommission erarbeitete nun ein Weißbuch mit einem detaillierten Maßnahmenkatalog und einem präzisen Zeitplan für die Vollendung des Binnenmarkts zum 31. Dezember 1992.

Auf dem Mailänder Gipfel beschloß der Europäische Rat Ende Juni 1985 nach der Diskussion des Dooge-Berichts und des Weißbuchs die Einberufung einer Regierungskonferenz zur "Herbeiführung konkreter Schritte auf dem Weg zur Europäischen Union". Ergebnis der Beratungen war die *Einheitliche Europäische Akte* (EEA).[248] Sie wurde auf

---

[246] "Europa der Bürger". Schlußfolgerungen des Vorsitzes des Europäischen Rates auf der 28. Tagung am 25. und 26. Juni 1984 in Fontainebleau; in: Auswärtiges Amt, 1995, 514-516, hier 516.

[247] Vgl. Gaddum, 1994, 247, 251.

[248] Vgl. Rudolf Hrbek: Die Einheitliche Europäische Akte; in: EA, 6/1986, 173-184.

dem Gipfel von Luxemburg im Dezember 1985 verabschiedet und trat am 1. Juli 1987 in Kraft. Die EEA bildete die erste umfassende Revision und Ergänzung der Gründungsverträge. Neben der Stärkung des Europäischen Parlaments kam es zur Einführung einer teilweisen Mehrheitsabstimmung in den Räten und der Einbeziehung von Europäischem Rat und EPZ in das Vertragswerk. Neue Politikbereiche wie die Regional- und Strukturpolitik, die Umweltpolitik sowie die Forschungs- und Technologiepolitik wurden den EG-Aufgaben hinzugefügt und erstmals das Ziel der Europäischen Union verankert. Am wichtigsten war jedoch die Vorgabe, den Binnenmarkt bis zum 31.12.1992 zu vollenden.

Wenig Fortschritte gab es dagegen beim Thema Währungsintegration. Hier blockten die Bundesrepublik, Großbritannien und die Niederlande die weitergehenden Vorschläge der Kommission und Frankreichs ab. Während London damit freilich jede monetäre Koordination auf EG-Ebene verhindern wollte, ging es den Deutschen darum, zunächst die ihrer Ansicht nach notwendige Angleichung der wirtschaftlichen Entwicklung in der EG zu erreichen.[249] Auf französisches Drängen erklärte sich Bonn bereit, zumindest die Perspektive der Schaffung einer europäischen Wirtschafts- und Währungsunion in die Einheitliche Europäische Akte aufzunehmen. In Art. 102a der EEA bekannten die Unterzeichner ihren Willen zur Zusammenarbeit, *"um die für die Weiterentwicklung der Gemeinschaft erforderliche Konvergenz der Wirtschafts- und Währungspolitiken zu sichern"*.

Auch wenn die EEA die Frage der Schaffung einer europäischen Wirtschafts- und Währungspolitik offengelassen hatte, so verlieh die innere Logik des Binnenmarkts der Ansicht Auftrieb, daß die Einführung einer gemeinsamen Währung die Konsequenz der fortschreitenden ökonomischen Integration Europas sei. Erst sie würde es erlauben, alle Vorteile eines einheitlichen Markts zu ernten. Die deutsche Skepsis galt dabei mehr dem "Wie" und dem "Wann", nicht unbedingt dem "Ob" einer Währungsunion. Mit einer Ausfuhrquote von 30,6 Prozent und als zweitgrößter Exporteur der Welt war die Bundesrepublik an berechenbaren Wechselkursverhältnissen natürlich überaus interessiert.[250] Nur war sie nicht bereit, vom Primat der geldpolitischen Stabilität abzurücken. Frankreich, das die Dominanz der D-Mark in Europa vor allem als politisches Problem sah, drängte dagegen wie

---

[249] Vgl. Gaddum, 1994, 266f.

[250] Vgl. Neuss, 1988, 206.

schon zu Zeiten des Werner-Plans auf eine rasche Vergemeinschaftung dieses Politikbereichs. Bonn und Paris bildeten so die währungspolitischen Gegenpole in der EG.[251]

In den Jahren nach der Verabschiedung der Einheitlichen Europäischen Akte geriet die Bundesrepublik durch zahlreiche währungspolitische Vorschläge Frankreichs, Italiens und der Kommission in die Defensive. Am 26. Februar 1988 reagierte Außenminister Genscher auf diesen Handlungsdruck mit einem *Memorandum für die Schaffung eines europäischen Währungsraumes und einer Europäischen Zentralbank.*[252] Damit ergriff das Auswärtige Amt nicht nur gegenüber den EG-Partnern die Initiative, sondern auch im innerdeutschen Diskussionsprozeß, wo Finanzministerium und Bundesbank einer Währungsintegration nicht viel abgewinnen konnten. Der Kanzler legte wenig später nach: Unter deutscher Ratspräsidentschaft wurde ein Ausschuß unter Führung von Delors Ende Juni 1988 von den Staats- und Regierungschefs in Hannover beauftragt, *"die konkreten Etappen zur Verwirklichung dieser [Wirtschafts- und Währungs-; S.B.] Union zu prüfen und vorzuschlagen".*[253] Die Bundesrepublik konnte erreichen, daß die EG-Zentralbankpräsidenten in den Delors-Ausschuß berufen wurden. Dadurch war nicht nur die Bundesbank in die Entwürfe zur WWU eingebunden, sondern es stand auch zu erwarten, daß die Vorschläge des Ausschusses die stabilitätsorientierte Position der Bundesrepublik gebührend berücksichtigen würden. Auch wenn Bonn inhaltlich keine größeren Konzessionen machte, so vollzog sich im ersten Halbjahr 1988 doch eine wichtige Akzentverschiebung der deutschen Europapolitik im Währungssektor.[254]

Am 13. April 1989 legte der Delors-Ausschuß den Staats- und Regierungschefs seinen Bericht vor. Einstimmig empfahlen seine Mitglieder darin die Schaffung eines politisch unabhängigen europäischen Zentralbanksystems, dessen oberstes Ziel die Preisstabilität sein müsse. Weiter schlug der Bericht vor, die Wirtschafts- und Währungsunion in drei Stufen einzuführen, wobei die erste am 1. Januar 1990 beginnen sollte. Ende Juni 1989 nahm der

---

[251] Vgl. Gaddum, 1994, 335.

[252] Hans-Dietrich Genscher: Memorandum für die Schaffung eines europäischen Währungsraumes und einer Europäischen Zentralbank; abgedr. in: BB/AaP, Nr. 15/1988 (1. März 1988), 6.

[253] "Schlußfolgerungen des Vorsitzes des Europäischen Rates zur 39. Tagung am 27. und 28. Juni 1988 in Hannover"; in: Bulletin der Bundesregierung, Nr. 90 (30.6.1988), 845-848, hier 847.

[254] Vgl. Gaddum, 1994, 352f.

Europäische Rat in Madrid die Empfehlungen des Delors-Ausschusses an und regte die baldige Einberufung einer Regierungskonferenz an, um die entsprechenden Verträge auszuhandeln. Die Weichen für die WWU waren also gestellt, bevor sich die Aufmerksamkeit der EG auf den Kollaps des Ostblocks und die Überwindung der deutschen Teilung zu richten begann.

6.4. Fazit

1) Die deutsche Außenpolitik war in den Jahren 1969 bis 1989 von einer deutlichen Emanzipation in allen Politikbereichen gekennzeichnet. Vor allem während Entspannungsphasen in den Ost-West-Beziehungen vermochte Bonn dabei eigene Akzente zu setzen. Allerdings achtete die Bundesrepublik sehr darauf, seine Initiativen stets im multilateralen Kontext und in enger Abstimmung mit den beiden wichtigsten außenpolitischen Partnern, den USA und Frankreich, zu lancieren.

2) Die Ost- und Deutschlandpolitik bildete zunächst das wichtigste Feld deutscher Emanzipationsbestrebungen. Bei allen Bemühungen, insbesondere die deutsch-deutschen Beziehungen von Veränderungen in der außenpolitischen Großwetterlage zu isolieren, ordnete Bonn aber letztlich seine Beziehungen zum Osten immer seinen Beziehungen zum Westen unter.

3) In der Sicherheitspolitik wurde die Diskrepanz zwischen den bundesdeutschen und den amerikanischen Interessen zunehmend virulent. Seit die Sowjetunion mit den SALT-Verträgen die Anerkennung ihrer strategischen Parität mit den USA erreicht hatte, verstärkten sich in Bonn die Zweifel an der Zuverlässigkeit der amerikanischen Nukleargarantie. Auch Reagans Bündnisrhetorik konnte nicht darüber hinwegtäuschen, daß der strategische Grundkonsens zwischen den Vereinigten Staaten und der Bundesrepublik brüchig geworden war. Nur der Kollaps der UdSSR verhinderte eine Verschärfung des Konflikts in der Allianz über die richtige Verteidigungsstrategie.

4) In der Wirtschafts- und Währungspolitik entwickelte sich die Bundesrepublik parallel zu ihrem wachsenden ökonomischen Gewicht zu einem wichtigen Akteur. Während ihre konservative Fiskal- und Geldpolitik in den siebziger Jahren nur von einer kleinen Gruppe von Staaten geteilt wurde, schwenkte in den achtziger Jahren auch Frankreich auf diese Linie ein. Damit gelang es Westdeutschland, seine stabilitätspolitischen Vorstellungen sukzessive auf andere europäische Länder zu übertragen.

5) Nach dem Scheitern der großen Ziele des Haager und Pariser Gipfels konzentrierte sich die deutsche Europapolitik bis in die frühen achtziger Jahre auf außervertragliche Kooperationsschritte wie die EPZ, den Europäischen Rat und das EWS. Mit der Wahl Kohls 1982 wurde die europäische Integration wieder zu einem zentralen Thema deutscher Außenpolitik. Konzeptionell und verhandlungstaktisch spielte die deutsche Europapolitik dabei insbesondere bei der institutionellen Reform der Gemeinschaft eine führende Rolle.

7. Beendigung der Sonderrolle (1989-1998)

Von 1949 bis 1989 war die Bundesrepublik von einem internationalen Paria zum weithin respektierten Mitglied der Staatengemeinschaft geworden. Die Länder im Westen schätzten sie als verläßlichen Verbündeten, Anwalt der europäischen Integration und zahlungskräftiges Mitglied in internationalen Organisationen, die Länder im Osten sahen in ihr einen bedeutenden Wirtschafts- und berechenbaren Ansprechpartner. Besonders wichtig war aber allen Beteiligten, daß die Bundesrepublik ihr großes ökonomisches Potential und ihre zentrale geostrategische Lage nicht dazu nutzte, nach einer politischen Führungsrolle in Europa und der Welt zu drängen. Das Heraufziehen der Wiedervereinigung sollte all dies einer harten Probe unterziehen.

7.1 Die Wiedervereingung Deutschlands

Fast vier Jahrzehnte hatten die Alliierten die Forderung der Bundesrepublik, sie im Streben nach der Wiederherstellung der deutschen Einheit zu unterstützen, mitgetragen, ohne großen Enthusiasmus zwar, aber letztlich doch eindeutig dokumentiert etwa in den Westverträgen, im Harmel-Bericht und in vielen öffentlichen Erklärungen.[1] Allerdings waren selbst die USA und Italien, ganz zu schweigen von Frankreich, Großbritannien und Holland, immer sehr hellhörig gewesen, wenn sich die deutsch-deutschen Beziehungen allzu unabhängig entwickelten. Als das kommunistische Herrschaftssystem in der DDR im Herbst 1989 zu wanken begann, schließlich zusammenbrach und sich nach dem Mauerfall die Wiedervereinigung abzeichnete, löste dies in Ost und West große Befürchtungen aus.[2]

Die Bundesregierung antwortete in dieser Lage mit einer Doppelstrategie: Einerseits versuchte sie, ihre Objektrolle zu überwinden und selbst gestaltend in den Einigungsprozeß einzugreifen. Andererseits setzte sie alles daran, den Partnern zu versichern, daß diese

---

[1] Vgl. etwa Art. 7 des Generalvertrags vom 26.5.1952, der als gemeinsames Ziel des Westens formulierte *"ein wiedervereinigtes Deutschland, das eine freiheitlich-demokratische Verfassung, ähnlich wie die Bundesrepublik, besitzt und das in die Europäische Gemeinschaft integriert ist"*. Siehe vor allem auch die NATO-Erklärung vom Mai 1989, in der man wie üblich auf die entsprechende Formulierung im *Brief zur deutschen Einheit* zurückgriff.

[2] Zur deutschen Wiedervereinigungs-Poltik siehe die wohl definitive Studie von Werner Weidenfeld/Peter Wagner/Elke Bruck: Außenpolitik für die deutsche Einheit, Stuttgart 1998. Für eine knappe Einführung mit den wichtigsten Dokumenten vgl. Karl Kaiser: Deutschlands Vereinigung. Die internationalen Aspekte, Bergisch-Gladbach 1991.

Entwicklung zu keiner Störung des Gleichgewichts in Europa und zu keiner Änderung der bewährten politischen Grundausrichtung Deutschlands führen würde. Mit einem im kleinsten Beraterkreis ausgearbeiteten *10-Punkte-Programm* versuchte der Kanzler am 28. November 1989, die sich überschlagenden Ereignisse zumindest ansatzweise zu kanalisieren, den beginnenden Diskussionen über die Zukunft Deutschlands eine Richtung vorzugeben und den befürchteten Vorschlägen der internationalen Partner zuvorzukommen.[3] Der Bevölkerung in der DDR bot Kohl zumindest eine langfristige Perspektive für ein wiedervereinigtes Deutschland. Unter Punkt fünf betonte er:

> Wir sind ... bereit, noch einen entscheidenden Schritt weiterzugehen, nämlich konföderative Strukturen zwischen beiden Staaten in Deutschland zu entwickeln mit dem Ziel, eine Föderation, d.h. eine bundesstaatliche Ordnung, in Deutschland zu schaffen. ... Wie ein wiedervereinigtes Deutschland schließlich aussehen wird, das weiß heute niemand. Daß aber die Einheit kommen wird, wenn die Menschen in Deutschland sie wollen, dessen bin ich sicher.[4]

Auch wenn der Kanzler damals noch in einem Zeitraum von mindestens fünf Jahren dachte, stellte die Rede einen deutlichen deutschlandpolitischen Kurswechsel dar.[5] Die Bundesrepublik reagierte nicht länger, sondern agierte, und tat damit das, was Adenauer 1966 kurz vor seinem Tod der CDU in der Wiedervereinigungsfrage mit auf den Weg gegeben hatte: *"Wir müssen aufpassen, ob der Augenblick kommt. Aber wenn ein Augenblick naht oder sich zu nahen scheint, der eine günstige Gelegenheit bringt, dann dürfen wir ihn nicht ungenutzt lassen."*[6] Trotz aller vorsichtigen Formulierungen Kohls und der Versicherung, daß die innerdeutschen Beziehungen in die europäische Integration, die gesamteuropäische Entwicklung und das Ost-West-Verhältnis eingepaßt werde, führte der Plan deshalb in vielen westlichen und östlichen Hauptstädten teilweise zu scharfen Reaktionen. Gorbatschow zeigte sich bei einem Gespräch mit Außenminister Genscher am 5. Dezember entrüstet über die *"unge-*

---

[3] Vgl. Weidenfeld/Wagner/Bruck, 1998, 97-105.

[4] "Zehn-Punkte-Programm zur Überwindung der Teilung Deutschlands und Europas". Rede von Bundeskanzler Kohl vor dem Deutschen Bundestag am 28. November 1989 (Auszüge); in: Auswärtiges Amt, 1995, 632-638, hier 635.

[5] Vgl. Biermann, 1997, 296.

[6] Ansprache Adenauers auf dem CDU-Bundesparteitag, 21.-23.3.1966, Bonn o.J., 41.

heuere Einmischung in die inneren Angelegenheiten eines souveränen Staates", Schewardnadse meinte gar, nicht einmal Hitler habe sich derartiges erlaubt.[7] Beim EG-Gipfel in Straßburg sah sich Kohl am 8. und 9. Dezember einer *"fast tribunalartige[n] Befragung"* ausgesetzt.[8] Die meisten europäischen Regierungschefs interpretierten das 10-Punkte-Programm als eigenmächtiges, da mit ihnen nicht abgestimmtes Vorpreschen in Richtung Wiedervereinigung. Der Kanzler wehrte sich später:

> Solche Kritik war gänzlich unangebracht. Die Zehn Punkte standen in voller Übereinstimmung mit dem, was der Westen in der deutschen Frage immer wieder gemeinsam gefordert hatte. Der Plan enthielt nichts, was nicht der Politik des Westens seit Jahrzehnten entsprochen hätte.[9]

In der Tat: Bei einer genaueren Betrachtung kann es wohl kaum der Inhalt von Kohls Bundestagsrede gewesen sein, der die Entrüstung der Partner hervorrief. Zentrale Passagen stammten aus dem Grundgesetz, dem Brief zur deutschen Einheit, der Brüsseler NATO-Erklärung vom Mai 1989, der gemeinsamen deutsch-sowjetischen Erklärung aus dem Jahr 1989 sowie der KSZE-Schlußakte von Helsinki.[10] Vielmehr schien sich das Unbehagen vieler Staats- und Regierungschefs an weniger rationalen Überlegungen zu entzünden. Die ausländische Presse war schnell mit Bildern eines neu entstehenden "Vierten Reichs" (*The Times*)[11] zur Hand. Aber auch enge Verbündete wie Mitterrand oder Thatcher schienen die Wiedervereinigung in Kategorien der Vorstellungswelt von 1914 zu sehen. So berichtete Mitterrands engster Berater Jacques Attali von einer Begebenheit am 8. Dezember am Rande des Straßburger Gipfels:

> Margaret Thatcher kramt aus ihrer Tasche zwei zerknitterte Karten, die sie aus Zeitungen ausgeschnitten hat. Die eine zeigt die Grenzen Europas vor dem Ausbruch des Zweiten Weltkriegs, die zweite die 1945 nach dem Fall Berlins festgelegten. Sie

---

[7] Zit. aufgrund des sowjetischen Gesprächsprotokolls bei Weidenfeld/Wagner/Bruck, 1998, 123.

[8] Kohl, 1996, 195.

[9] Ebd., 184.

[10] Vgl. Weidenfeld/Wagner/Bruck, 1998, 109.

[11] So das von Conor Cruise O'Brien geprägte Bild ("Beware a Reich Resurgent; The Times, 31.10.1989").

zeigt Schlesien, Pommern, Ostpreußen. Sie sagt: "Das alles werden sie sich nehmen, und die Tschechoslowakei dazu".[12]

Auch Mitterrands Äußerungen und Handlungen verstärkten die Sorge der Bundesregierung, Frankreich könne sich der Entwicklung zur deutschen Einheit entgegenstellen.[13] Der Haltung der westlichen Bündnisvormacht USA kam deshalb besondere Bedeutung zu. Ohne die Unterstützung Washingtons, so war man sich in Bonn im klaren, würde sich der Widerstand in London, Paris und Rom wohl nicht, zumindest nicht rasch überwinden lassen. Es erwies sich deshalb als Glücksfall für die bundesdeutsche Außenpolitik, daß sich der amerikanische Präsident George Bush (1989-1993) und sein Außenminister James Baker nachdrücklich hinter den Kurs des Kanzlers stellten.[14] Kohls *10-Punkte-Programm* überraschte zwar auch Bush, aber der Präsident war darüber nicht so besorgt wie andere Alliierte oder Mitglieder seiner eigenen Administration.[15] Schon kurz darauf formulierten der Präsident und sein Außenminister vier Prinzipien für ihre künftige Deutschlandpolitik: freie Selbstbestimmung des deutschen Volks, NATO- und EG-Mitgliedschaft eines vereinten Deutschland, schrittweise und friedliche Vereinigung sowie Unverletzlichkeit der Grenzen. Ihnen war bewußt, daß sich ihr zentrales Ziel - die volle NATO-Mitgliedschaft der Bundesrepublik - am ehesten durch eine Unterstützung Bonns im Einigungsprozeß erreichen ließ. In Washington sah man sehr viel deutlicher als in vielen westeuropäischen Hauptstädten, daß hartnäckiger Widerstand gegen die sich am Horizont abzeichnende Wiedervereinigung den wichtigsten Bündnispartner

---

[12] Jacques Attali: Verbatim III, Paris 1995, 369. Hier zitiert nach "Hinter all dem steckt Kohl"; Der Spiegel, 42/1995, 166. Im Original lautet die Passage: *"Le Premier ministre britannique ouvre alors son sac à main et en sort deux cartes d´Europe un peu froisseés, découpées dans un journal britannique. La première représente les frontières de l´Europe a là veille de la Seconde Guerre mondiale, la seconde celles del´Europe telles qu´elles ont été fixées en 1945, au lendemain de la chute de Berlin. Elle montre la Silésie, la Poméranie, la Prusse-Orientale. Elle dit: Ils prendront tout ça, et la Tchécoslovaquie."*

[13] Zu Mitterrands Deutschlandbild vgl. Brigitte Sauzay/Rudolf von Thadden (Hg.): Mitterrand und die Deutschen, Göttingen 1998.

[14] Vgl. George Bush/Brent Scowcroft: A World Transformed, New York 1998, 182-301. Allerdings gesteht Bush ein: *"If the NSC or State Department had argued it [reunification of Germany] was a bad idea, I certainly would have been receptive"* (188). Siehe auch die vier Prinzipien Außenminister Bakers vom 10.11.1989. Bush legte die vier Prinzipien am 4.12.1989 vor dem NATO-Rat ausführlich dar. Sie sind abgedruckt in Auswärtiges Amt (Hg.): Umbruch in Europa, Die Ereignisse im 2. Halbjahr 1989. Eine Dokumentation, Bonn 1990, 121-125. Siehe auch Biermann, 1997, 312.

[15] Vgl. Bush/Scowcroft, 1998, 194f.

brüskiert und wahrscheinlich zu einer dauerhaften Entfremdung zwischen Deutschland und der westlichen Allianz geführt hätte. Dies rechtzeitig erkannt und ein Zerwürfnis im Westen über die deutsche Einheit verhindert zu haben, bildet eine der herausragendsten Leistungen der amerikanischen Außenpolitik in diesem Jahrhundert.[16] Auf dem NATO-Gipfel am 4. Dezember 1989 stärkte Bush Kohl demonstrativ den Rücken und machte damit allen Kritikern klar, daß die USA die Wiedervereinigung wünschten. Vor allem dem Widerstand der Vereinigten Staaten war es auch zu verdanken, daß ein auf sowjetische Initiative einberufenes Treffen des Alliierten Kontrollrats in Berlin, durch das Moskau, aber auch London und Paris ihr Mitspracherecht in der Deutschland-Frage unterstreichen wollte, im Sande verlief.[17] Aber allein schon die Tatsache, daß dieses Gremium zum ersten Mal seit März 1948 wieder zusammentrat, provozierte scharfe Reaktionen in Bonn. *"Sie müssen sich entscheiden zwischen der Zusammenarbeit mit uns in der NATO und in der Europäischen Gemeinschaft"*, forderte Außenminister Genscher, *"oder mit der Sowjetunion im Kontrollrat."*[18]

Frankreich, Großbritannien und Italien blieben zunächst bei ihrer Skepsis gegenüber einer möglichen Vereinigung. Mitterrand und stärker Thatcher versuchten in dieser Phase sogar, Gorbatschow in seiner Ablehnung der deutschen Einheit zu bestärken.[19] Der Besuch des französischen Staatspräsidenten in der DDR vom 20. bis zum 22. Dezember 1989 konnte so als Aufwertung Ostdeutschlands und Versuch gewertet werden, dem absterbenden DDR-Regime neues Leben einzuhauchen und damit den Wiedervereinigungsprozeß zumindest zu unterminieren.[20] Auch die Ministerpräsidenten der Niederlande und Italiens, Lubbers und Andreotti, konnten der Wiedervereinigung nichts Positives abgewinnen. Letztlich blieb ihnen aber angesichts der realen Entwicklung in der DDR und der amerikanischen Position nichts anderes übrig, als sich mit der deutschen Einheit abzufinden. Mitterrand fügte sich dabei

---

[16] Zur amerikanischen Deutschlandpolitik in dieser Phase siehe vor allem Philip Zelikow/Condoleezza Rice: Germany Unified and Europe Transformed. A Study in Statecraft, Cambridge, Mass./London 1995; und Jens Knappe: Die USA und die deutsche Einheit. Amerikanische Deutschlandpolitik im Kontext von veröffentlichter und öffentlicher Meinung 1989/90, München 1996.

[17] Vgl. Adomeit, 1998, 461/2.

[18] Hans-Dietrich Genscher: Erinnerungen, Berlin 1995, 696.

[19] Vgl. Biermann, 1997, 352-358.

[20] Vgl. Kaiser, 1991, 65.

schneller als Thatcher und bemühte sich, Deutschland noch stärker in Europa einzubinden. Aber selbst nach Versicherungen Kohls, die deutsche und die europäische Einigung seien zwei Seiten derselben Medaille, waren die Vorbehalte des französischen Staatspräsidenten nicht völlig ausgeräumt. Vor allem auf das Argument des Kanzlers, man könne die polnische Westgrenze völkerrechtlich erst nach einer Wiedervereinigung und einer Ablösung der Vier-Mächte-Rechte anerkennen, reagierte Paris mit Unverständnis.[21] Erst spät arrangierte sich der französische Präsident mit der deutschen Vereinigung. Resignierend erklärte Mitterrand seinem Berater Jacques Attali am 25. Mai 1990 auf dem Flug nach Moskau:

> Gorbatschow wird mich wieder auffordern, der Wiedervereinigung Deutschlands Widerstand zu leisten. Ich würde es mit Vergnügen tun, wenn ich wüßte, daß Gorbatschow hält, was er verspricht. Aber warum soll ich mich mit Kohl überwerfen, wenn Gorbatschow mich drei Tage später fallen läßt? Ich wäre völlig isoliert. Und Frankreich kann sich das nicht öfter als dreimal im Jahrhundert leisten.[22]

Angesichts der Vorbehalte im Westen, aber auch im Osten blieb Kohl nur *eine* aussichtsreiche Strategie, die Zustimmung der Verbündeten und der Sowjetunion zur deutschen Einheit zu erreichen: allen Beteiligten mußte durch Worte und Taten verdeutlicht werden, daß sich am seit 1949 eingeschlagenen außenpolitischen Weg der Bundesrepublik nichts ändern werde. Konkret hieß dies: den EG-Partnern galt es zu versichern, daß der Integrationsprozeß fortgesetzt werde, ja, daß er durch die Wiedervereinigung sogar neue Impulse erhalte, den NATO-Partnern, daß die Bundesrepublik im Bündnis verbleiben und einen Austritt aus der Allianz als Preis für die sowjetische Zustimmung zur deutschen Einheit nicht in Erwägung ziehen werde. Gegenüber Moskau war es erforderlich, so schrieb ein wichtiger Mitarbeiter Genschers später,

> die deutsche Vereinigung in eine solch vorteilhafte Perspektive rücken zu können, daß die Sowjetunion ihr vorbehaltlos - auch um den Preis der Mitgliedschaft des vereinten Deutschland in der NATO - zustimmen und dabei auf die Unterstützung auch der

---

[21] Vgl. Weidenfeld/Wagner/Bruck, 1998, 367.

[22] Attali, 1995, 495. Hier zit. nach der Übersetzung von Heinrich Maetzke ("Das Management der Einheit; FAZ, 1.9.1998). Im Original lautet die Passage: *"Gorbatchev me demandera encore de résister à la réunification allemande. Je le ferais avec plaisir si je pensais qu´il tiendrait. Mais porquoi me fâcher avec Kohl si Gorbatchev me lâche trois jours après? Je serais totalement isolé. Et la France ne peut se permettre de l´être plus de trois fois par siècle ..."*

sowjetischen Öffentlichkeit, insbesondere aber des Obersten Sowjets im Ratifika-
tionsprozeß rechnen konnte.[23]

Von November 1989 bis September 1990 absorbierte das Bemühen, allen Beteiligten die
Wiedervereinigung als Chance und nicht als Risiko darzustellen und den politischen wie
völkerrechtlichen Rahmen für die Einheit herzustellen, alle außenpolitischen Energien Bonns.
Dabei verhandelte die Bundesrepublik sowohl bilateral mit der DDR, den westlichen Ländern, der EG-Kommission, der Sowjetunion und Polen als auch multilateral im Zwei-plus-
Vier-Prozeß mit den Siegermächten. Flankiert wurden diese Verhandlungen durch Beratungen im Rahmen des Europäischen Rats, der NATO, der KSZE und der G-7. Die Gespräche
über die deutsche Einheit fanden in der Tat, wie ein enger Mitarbeiter von US-Außenminister
Baker feststellte, in einem *"Zirkus mit mehreren Manegen"* statt.[24]

Die Verhandlungen mit der DDR

In der DDR setzte sich nach dem Sturz Honeckers am 18. Oktober 1989 rasch die Einsicht
durch, daß der ökonomische und politische Kollaps nur durch massive Hilfe der Bundesrepublik verhindert werden könne. Deshalb war die ostdeutsche Führung bereit, gewisse
Zugeständnisse an Bonn in puncto Demokratie und Menschenrechte zu machen. Die staatliche Einheit stand für die Machthaber in Ost-Berlin aber nicht zur Diskussion. Die von
Ministerpräsident Hans Modrow am 17. November vorgeschlagene "Vertragsgemeinschaft"
ging von zwei souveränen deutschen Staaten aus. Kohls 10-Punkte-Programm lehnte der neue
Generalsekretär Egon Krenz ab. Auch nach seinem Rücktritt Anfang Dezember änderte sich
an dieser Position der mittlerweile in SED-PDS umbenannten Staatspartei zunächst nichts. Im
Verlaufe des Januar 1990 erkannte Modrow freilich immer deutlicher, daß die Massenflucht
und der rapide Zerfall der staatlichen Strukturen die DDR handlungsunfähig machen und ihn
jeder Möglichkeit berauben würde, die Entwicklungen selbst zu beeinflussen. Ohne die
Zustimmung seiner Partei eingeholt zu haben, präsentierte er am 1. Februar 1990 seinen Plan
Deutschland - einig Vaterland. Darin plädierte er erstmals für die *"Bildung eines einheitli-*

---

[23] Richard Kiessler/Frank Elbe: Ein runder Tisch mit scharfen Ecken. Der diplomatische Weg zur deutschen
Einheit, Baden-Baden 1993, 139.

[24] Zit. nach Werner Weidenfeld/Peter Wagner: "Zirkus mit mehreren Manegen" oder: Wechselbäder der
Gefühle; Frankfurter Rundschau, 22.6.1998, 13. Der Mitarbeiter war Robert Zoellick.

chen deutschen Staates" und vollzog damit nach, was die überwiegende Mehrheit der Bevölkerung im Wahlkampf lautstark forderte.[25] Sollte Modrow gehofft haben, damit die Initiative zurückzugewinnen, sah er sich jedoch enttäuscht. Die SED/PDS hielt an der Zweistaatlichkeit fest und die Bürger der DDR waren nicht mehr an langen Übergangsfristen interessiert.

TAB. 3: FLÜCHTLINGE UND ÜBERSIEDLER AUS DER DDR UND OST-BERLIN[26]

Jahr	Zahl	Jahr	Zahl	Jahr	Zahl
1949	129245	1963	42632	1977	12078
1950	197788	1964	41876	1978	12117
1951	165648	1965	29552	1979	12515
1952	182393	1966	24131	1980	12763
1953	331396	1967	19573	1981	15433
1954	184198	1968	16036	1982	13208
1955	252870	1969	16975	1983	11343
1956	279189	1970	17519	1984	40974
1957	261622	1971	17408	1985	24912
1958	204092	1972	17164	1986	26178
1959	143917	1973	15189	1987	18958
1960	199188	1974	13252	1988	39832
1961	207026	1975	13285	1989	343854
1962	21356	1976	15168	1990 (1-6)	249264

Der Kanzler sah, daß es jetzt nicht nur die Chance für eine enge Vertragsgemeinschaft mit starkem DDR-Einfluß, sondern auch für die Herbeiführung der staatlichen Einheit Deutschlands gab. In einer Runde der Koalitionsspitze am 6. Februar stimmte er einem von Waigels Finanzministerium ausgearbeiteten Vorschlag zu, Ost-Berlin eine Wirtschafts- und Währungs-

---

[25] Zit. nach Hans Modrow: Aufbruch und Ende, Hamburg 1991, 186-188.

[26] Vgl. Grosser/Bierling/Neuss, 1996, 282f.

union anzubieten.[27] Für jemand, der die Einheit wollte, war das Angebot der Einführung der D-Mark der schnellste und sicherste Weg zur Verwirklichung dieses Ziels. Die ostdeutsche Regierung würde sämliche Kompetenzen über die Haushalts- und Geldpolitik an das Finanzministerium in Bonn und die Bundesbank in Frankfurt abgeben müssen. Die völkerrechtliche Wiedervereinigung wäre dann nur mehr eine Frage der Zeit. Zudem bot die rasche Übertragung des bundesdeutschen Währungs- und Wirtschaftssystem auf die DDR die beste Chance, die Zuwanderung aus dem Osten einzudämmem - allein im Januar wurden 58.000 Übersiedler registriert - und Investitionen westlicher Unternehmen anzuregen.

Während die Union geschlossen hinter der Politik des Kanzlers stand, blieb die deutschlandpolitische Position der SPD unklar.[28] Zwar hatten ein Teil der SPD-Fraktion schon dem Zehn-Punkte-Programm Kohls applaudiert, der Parteivorsitzende Hans-Jochen Vogel der Bundesregierung enge Zusammenarbeit in Aussicht gestellt und wichtige Repräsentanten auch das Angebot der D-Mark unterstützt. Der wahrscheinliche Kanzlerkandidat für die Bundestagswahlen im Herbst 1990, der saarländische Ministerpräsident Oskar Lafontaine, stand der Wiedervereinigung aber von Anfang an skeptisch gegenüber. Sein Konzept sah vor: Zweistaatlichkeit auch nach der Öffnung der Grenzen, Bau einer Mauer aus Paragraphen durch die Bundesrepublik, um den Übersiedlerstrom zu stoppen, Bonner Finanzhilfen an die DDR ohne Bedingungen, um den Plan moralisch vertretbar erscheinen zu lassen, zugleich jedoch begrenzt auf einen Umfang, der die westdeutschen Wähler nicht erschrecken würde. Dieses Konzept war allerdings weder in der West-SPD noch bei der bundesdeutschen Bevölkerung konsensfähig. Für die Ost-SPD bedeutet es sogar eine Beeinträchtigung ihrer Wahlchancen. Die größte Oppositionspartei war damit in der entscheidenden Phase der Wiedervereinigung weitgehend gespalten und schied als wichtiger Akteur aus.

In der DDR sah Modrow angesichts der euphorischen Aufnahme von Kohls Angebot der D-Mark bei der ostdeutschen Bevölkerung keine andere Möglichkeit, als darauf einzugehen. Obwohl absehbar war, daß er nach den Volkskammerwahlen vom 18. März 1990, wenn Bonn offizielle Verhandlungen mit der DDR über die Währungsunion aufnehmen

---

[27] Siehe dazu die definitive Studie von Dieter Grosser: Das Wagnis der Währungs-, Wirtschafts- und Sozialunion. Politische Zwänge im Konflikt mit ökonomischen Regeln, Stuttgart 1998, 174-188.

[28] Vgl. hierzu Petra Schuh/Bianca M. von der Weiden: Die deutsche Sozialdemokratie 1989/90, München 1997.

wollte, nicht mehr Ministerpräsident sein würde, versuchte er, zumindest einige zentrale Ziele wie die Gewährleistung der vor 1949 durchgeführten Enteignungen durchzusetzen. Nach dem Wahlsieg der CDU-geführten Allianz für Deutschland und der Bildung einer Großen Koalition unter Ministerpräsident Lothar de Maizière kamen die Verhandlungen zügig voran. Bemerkenswert war dabei das hohe Maß an Rücksichtnahme auf ostdeutsche Positionen in den Verhandlungen, vom Umtausch-Kurs über die Höhe der Renten bis hin zur Einfügung sozialer Sicherungen für DDR-Bürger. Nicht nur die DDR-Regierung, sondern auch die Bundesregierung befand sich nämlich unter enormen Zeitdruck, schließlich war die Einführung der D-Mark auf den 1. Juli angesetzt. Zudem wollte Bonn bewußt den Eindruck vermeiden, den schwächeren Partner in den Verhandlungen zu "überfahren". Mit der Ratifizierung des Staatsvertrags *über die Schaffung der Wirtschafts-, Währungs- und Sozial-union*[29] am 21. Juni 1990 durch beide deutsche Parlamente war ein wesentlicher Schritt zur Wiedervereinigung vollzogen.

Die staatsrechtliche Vereinigung Deutschlands war im Frühsommer noch für die Zeit nach den Bundestagswahlen am 2. Dezember 1990 geplant. Der Zerfall der Regierungs-koalition in Ost-Berlin, der nicht-versiegende Übersiedlerstrom und der Kollaps der ostdeut-schen Wirtschaft zwangen die Akteure jedoch, den Prozeß zu beschleunigen. Am 23. August beschloß die Volkskammer auf einer Sondertagung den Beitritt der DDR zur Bundesrepublik nach Artikel 23 GG zum 3. Oktober 1990. Alle Abgeordneten der ehemaligen Koalition stimmten dafür; von Bündnis 90 und PDS kamen 62 Gegenstimmen und sechs Enthaltungen. Nur wenige Tage später, am 31. August, setzten Bundesinnenminister Wolfgang Schäuble und DDR-Staatssekretär Günter Krause ihre Unterschrift unter den *Vertrag über die Her-stellung der Einheit Deutschlands - Einigungsvertrag.* In 45 Artikeln legte das Dokument des Grundgesetzes fest, übertrug die bundesdeutsche Finanzverfassung auf das Beitrittsgebiet und regelte das Steueraufkommen.[30] Die Voraussetzungen zwischen den beiden deutschen Staaten für die Wiederherstellung der Einheit nach über 45jähriger Trennung waren geschaf-fen. Diese rasanten deutsch-deutschen Entwicklungen gaben auch das Tempo für die Rege-lung der äußeren Aspekte der Einheit vor.

---

[29] Bundesgesetzblatt. Teil II/Nr. 518, 29. Juni 1990.

[30] Vgl. dazu Wolfgang Schäuble: Der Vertrag. Wie ich die deutsche Einheit verhandelte, Stuttgart 1991.

Zwei Seiten einer Medaille:
Die Wiedervereinigung und die Integration Europas

Die deutsch-deutschen Verhandlungen waren notwendige Vorbedingung für die Wiederver-einigung. Aber sie waren nur *eine* Manege im Zirkus der parallel laufenden Gespräche auf europäischer Ebene, mit der Sowjetunion und den Vier-Mächten. Gegenüber der EG betonte die Bundesregierung dabei immer wieder ihre fortgesetzte, ja durch die Ereignisse sogar gestärkte Integrationsbereitschaft.

Schon in seinem Zehn-Punkte-Programm hatte Kohl darauf hingewiesen, daß der Prozeß der Wiedergewinnung der deutschen Einheit "*im Zusammenhang mit der europäischen Integration gesehen werden [muß]*".[31] Der Beunruhigung der EG-Partner beim Gipfel in Straßburg am 8. und 9. Dezember diente auch sein Bekenntnis zur Intensivierung der Einigung Europas. Daß sich die EG-Mitglieder im Schlußdokument grundsätzlich für die deutsche Einheit aussprachen, war auch darauf zurückzuführen, daß Kohl der unverzüglichen Vorbereitung einer Regierungskonferenz über die seit 1988 diskutierte europäische Wäh-rungsunion zustimmte. Während die Europäische Kommission unter Jacques Delors in der Wiedervereinigung eine Chance sah, durch eine Unterstützung des Bonner Wunsches nach einer reibungslosen Eingliederung der DDR in die EG die eigene Rolle zu stärken, blieben viele Regierungen skeptisch. Einige fürchteten, die Bundesrepublik werde versuchen, ihr Gewicht in den EG-Institutionen zu erhöhen, sei es bei der Anzahl der Kommissare und der Abgeordneten im Parlament oder der Stimmengewichtung im Rat. Andere beunruhigte die Sorge, die deutsche Einigung werde sie finanziell belasten. Die Mittelmeerländer trieb die Angst, die ihnen zugesagten Mittel aus dem Strukturfonds würden nun in die DDR fließen.

Bei einem Besuch der Kommission in Brüssel am 23. März 1990 bemühte sich Kohl, solchen Befürchtungen die Spitze zu nehmen.[32] Energisch und emotional widersprach der Kanzler der Auffassung, die Bundesrepublik würde sich wegen der Wiedervereinigung "*von Europa wegbewegen*". Die deutsche Einheit werde den europäischen Integrationsprozeß vielmehr beschleunigen. Dem Rat werde er beim Gipfel in Dublin am 28. April vorschlagen,

---

[31] "Zehn-Punkte-Programm zur Überwindung der Teilung Deutschlands und Europas"; in: Auswärtiges Amt, 1995, 636.

[32] Die folgenden Ausführungen beziehen sich auf das "Protokoll des Besuchs des Bundeskanzlers bei der Kommission", angefertigt durch die Ständige Vertretung. Zit. bei Grosser, 1998, 396f.

die geplante Regierungskonferenz über die Wirtschafts- und Währungsunion "*zügiger durch-zuführen*". Deutschland sei keine Dampfwalze, kein Viertes Reich und kein Elefant im Porzellanladen. In der anschließenden Diskussion versicherte Kohl, er habe nie daran gedacht, daß die deutsche Einigung zu Lasten anderer EG-Mitglieder gehen sollte. Damit war die Kommission zufrieden. Wenige Wochen später unternahm sie den außergewöhnlichen Schritt und erklärte die Einbeziehung des Gebiets der DDR in die Gemeinschaft zum Sonder-fall, der ein Abweichen von den üblichen Beitrittsprozeduren erlaube. Die Bonner Sorge, es könnten nach der Herstellung der Einheit langwierige Verhandlungen über die Aufnahme der ostdeutschen Länder in die EG nötig werden, war damit vom Tisch.[33]

Eine Einigung mit den EG-Regierungen stand freilich noch aus. Hier mußte der Sondergipfel in Dublin am 28. April 1990 die Entscheidung bringen. Nach den Wirren im Winter funktionierte die deutsch-französische Kooperation nun wieder. Kohl und Mitterrand übermittelten dem Ratspräsidenten am 18. April einen gemeinsamen Vorschlag, die "*vor-bereitenden Arbeiten für die Regierungskonferenz über die Wirtschafts- und Währungsunion zu intensivieren*" und "*vorbereitende Arbeiten für eine Regierungskonferenz über die Politi-sche Union einzuleiten*".[34] Grosser analysiert treffend:

> Diese Initiative mochte wegen des vorhersehbaren britischen Widerstands wenig Chancen haben, war aber für die Bundesrepublik als symbolische Politik von erhebli-chem Nutzen: Sie bekräftigte das Junktim zwischen deutscher Einheit und europäi-scher Einigung.[35]

Auf der Sondertagung betonte Kohl, die Deutschen seien glücklich über die Parallelität von deutscher Einheit und europäischer Integration. Er lege besonderen Wert darauf, daß die EG über die Verhandlungen zwischen den beiden deutschen Staaten umfassend informiert bleibe und die Kommission mit ihrem Rat zur Seite stehe.[36] Die von Delors angebotene Soforthilfe

---

[33] Vgl. Grosser, 1998, 398.

[34] "Initiative Kohl - Mitterrand zur Europäischen Union". Botschaft des Staatspräsidenten der Französischen Republik, François Mitterrand, und des Bundeskanzlers der Bundesrepublik Deutschland, Helmut Kohl, an den irischen Premierminister und amtierenden Präsidenten des Europäischen Rates, Charles Haughey, vom 18. April 1990; in: Auswärtiges Amt, 1995, 669-670, hier 669.

[35] Grosser, 1998, 398.

[36] Vgl. Kohl, 1996, 359f.

für den Aufbau der DDR lehnte der Kanzler mit Rücksicht auf die Befürchtungen vieler EG-Mitglieder dankend ab. Die Staats- und Regierungschefs verabschiedeten daraufhin ein Schlußdokument, das in den entscheidenden Punkten der deutschen Position entsprach:

> Die Gemeinschaft begrüßt die Vereinigung Deutschlands wärmstens. ... Wir freuen uns, daß die Vereinigung Deutschlands unter einem europäischen Dach stattfindet. Die Gemeinschaft wird dafür Sorge tragen, daß die Eingliederung des Staatsgebiets der Deutschen Demokratischen Republik in die Gemeinschaft reibungslos und harmonisch vollzogen wird.[37]

Das Ziel der Bundesregierung, die Unterstützung der europäischen Partner im Vereinigungsprozeß zu gewinnen, war erreicht.

Die Verhandlungen mit der UdSSR und der Zwei-plus-Vier-Prozeß

Die Schlüsselposition im Prozeß der deutschen Wiedervereinigung kam der Sowjetunion zu. Solange sie an der Selbständigkeit der DDR festhielt, war der Weg zur Einheit blockiert.[38] Allerdings hatte bei den Reformern in der sowjetischen Führung seit 1987 ein Umdenkprozeß in der deutschen Frage eingesetzt. Zudem war die Entfremdung zwischen Moskau und Ost-Berlin immer größer geworden und hatten sich die Beziehungen zu Bonn ständig verbessert. Eine Zustimmung Moskaus zur deutschen Einheit schien aber trotzdem fast ausgeschlossen.

Das 10-Punkte-Programm erntete in Moskau scharfe Kritik. Am 18. Dezember erhielt der Kanzler einen Brief Gorbatschows, der in *"ungewöhnlich harschem Ton"*[39] abgefaßt war. In dem Schreiben betonte der Generalsekretär, die DDR sei ein *"strategischer Verbündeter"* der Sowjetunion und Mitglied im Warschauer Pakt; von diesen gewachsenen Realitäten sei ebenso auszugehen wie von der Existenz zweier deutscher Staaten.[40] Damit war klar, daß Moskau am Fortbestand der DDR als souveränem Staat festhielt.

---

[37] "Sondertagung des Europäischen Rates der Staats- und Regierungschefs am 28. April 1990 in Dublin"; in: EA, 11/1990, D284-D288, hier D284.

[38] Grundsätzlich zu den außenpolitischen Aspekten der Wiedervereinigung vgl. Zelikow/Rice, 1995. Zu den deutsch-sowjetischen Verhandlungen siehe erschöpfend Biermann, 1997.

[39] Vgl. Kohl, 1996, 209.

[40] Vgl. Teltschik, 1991, 85.

Ein erstes Zeichen, daß die Position der UdSSR nicht in Stein gemeißelt war, gab Gorbatschow bei einem Treffen mit Modrow am 30. Januar 1990 im Kreml. Dort schilderte ihm der DDR-Ministerpräsident die verzweifelte Lage in Ostdeutschland und informierte ihn über seine Absicht, am nächsten Tag der Öffentlichkeit seine Ideen für die Herbeiführung der deutschen Einheit vorzustellen. Gorbatschow äußerte sich spontan positiv zu dem Plan, wollte jedoch eine breite Einbindung der Partei- und Staatsorgane der DDR und die Berücksichtigung sowjetischer Anliegen gewährleistet sehen. Modrow ließ sich jedoch lediglich zur Aufnahme eines Passus bewegen, daß das zukünftige Deutschland neutral sein solle. Im Gesprächsprotokoll heißt es:

> Michael Gorbatschow bekräftigte das strategische Interesse der UdSSR an einer stabilen und friedlichen Entwicklung auf deutschem Boden. Die "deutsche Frage" berühre nicht nur die DDR und die BRD, sondern darüber hinaus die Rechte und Verantwortung der vier Großmächte sowie das Schicksal aller europäischen Völker und die internationale Entwicklung insgesamt. ... In diesem Zusammenhang habe das Selbstbestimmungsrecht des deutschen Volkes und das Recht der freien Wahl nie außer Zweifel gestanden.[41]

Allerdings bedeutete dieser Positionswandel kein grundsätzliches Einlenken Gorbatschows. Noch rang er mit sich über den einzuschlagenden Weg. Auf der einen Seite war die DDR das Symbol des Sieges der UdSSR im 2. Weltkrieg; ihre Preisgabe hätte auch einen Bruch mit der langjährigen Moskauer Deutschlandpolitik bedeutet und die linkskonservativen Kritiker und das Militär gestärkt. Auf der anderen Seite hatte Gorbatschow der Lagebericht Modrows wohl davon überzeugt, daß der Zerfall der DDR allein mit Truppen der UdSSR nicht zu verhindern sei. Auch hätte ein solcher Schritt sein seit Jahren propagiertes "Prinzip der freien Wahl" ad absurdum geführt, die verbesserten politischen und wirtschaftlichen Beziehungen zum Westen schwer belastet und hohe sowjetische Finanzleistungen für die ökonomisch desolate DDR erfordert. Gerade letzteres war angesichts der schlechten wirtschaftlichen Lage der Sowjetunion keine erfreuliche Aussicht. Warum sollte man also an einer DDR festhalten, die nur mehr ein Klotz am Bein war, und nicht im Wiedervereinigungsprozeß alte und neue Ziele der eigenen Westpolitik durchzusetzen versuchen? Allerdings lehnte Gorbatschow Modrows Wunsch ab, sein Konzept "Deutschland - einig

---

[41] Zit. nach Grosser, 1998, 147.

Vaterland" zur Herstellung der deutschen Einheit in der abschließenden Pressekonferenz öffentlich zu unterstützen.

Nach dem Modrow-Besuch wurde der Bundesregierung klar, daß die Möglichkeit zur Einheit bestand, wenn die Interessen der UdSSR gebührend berücksichtigt wurden. Konkret hieß das: Gewährung umfangreicher Wirtschaftshilfe, Aussicht auf enge ökonomische und politische Kooperation mit dem vereinigten Deutschland, Berücksichtigung sowjetischer Sicherheitsinteressen. Dabei setzte der Kanzler vor allem auf ökonomische (Vor)leistungen, um Moskau die Zustimmung zur Einheit Deutschlands zu erleichtern.[42] Die enge Koppelung der Vergabe von Wirtschaftshilfe und der sowjetischen Zustimmung zur Wiedervereinigung zeigt sich, wenn man die Zeitpunkte der Zusagen betrachtet. So wurde das Abkommen zur Lieferung von 120.000 Tonnen Fleisch an die UdSSR zu Vorzugsbedingungen am 9. Februar unterzeichnet - dem Tag also, an dem Kohl zu Gesprächen über die deutsche Einheit in die UdSSR aufbrach.[43] Von zentraler Bedeutung für die deutsche Verhandlungsposition war auch die unbedingte amerikanische Unterstützung, die Bush und Baker in Briefen an Kohl und Genscher gerade noch einmal unterstrichen hatten.[44]

In der Unterredung mit Gorbatschow am 10. Februar in Moskau wies der Kanzler zunächst auf die im Juni 1989 unterzeichnete *Gemeinsame Erklärung* hin, lobte die Perestroika und erinnerte an die deutsche Nahrungsmittelhilfe als Beleg seines guten Willens. Seine düstere Beschreibung der Lage in der DDR mündete in die Feststellung, daß die Entwicklung in Richtung deutsche Einheit unaufhaltsam sei. Er wäre froh, so Kohl weiter, wenn das Tempo nicht so hoch wäre, aber es würde nun einmal von Entwicklungen diktiert, die er nicht zu beeinflussen vermöge. Wenn wir jetzt nicht handelten, könne ein Chaos entstehen. Die Bundesrepublik werde die Westgrenze Polens nicht antasten und strebe eine internationale Einbettung des Einigungsprozesses an.[45] Gorbatschow begann sein Einleitungsstatement mit der überraschenden Feststellung:

---

[42] Grundsätzlich dazu vgl. Stephan Bierling: Wirtschaftshilfe für Moskau. Motive und Strategien der Bundesrepublik Deutschland und der USA 1990-1996, Paderborn 1998, 71-100.

[43] Vgl. Kohl, 1996, 281.

[44] Vgl. Weidenfeld/Wagner/Bruck, 1998, 235-237.

[45] Vgl. Grosser, 1998, 271f.

> Ich glaube, daß es zwischen der Sowjetunion, der Bundesrepublik und der DDR keine
> Meinungsunterschiede über die Einheit gibt und über das Recht der Menschen, die
> Einheit anzustreben und über die weitere Entwicklung selbst zu entscheiden. Zwi-
> schen ihnen und mir besteht Einvernehmen, daß die Deutschen ihre Wahl selbst
> treffen müssen. Die Deutschen in der Bundesrepublik und in der DDR müssen selbst
> wissen, welchen Weg sie gehen wollen.[46]

Mit diesen drei Sätzen hatte Gorbatschow die über 35 Jahre gültige Maxime der sowjetischen
Deutschlandpolitik, nämlich die "Zwei-Staaten-Theorie", zu Grabe getragen. Die bundesdeutsche Seite hatte ein wichtiges Etappenziel erreicht. Möglich war das sowjetische Einlenken
nur, weil sich Gorbatschow im Frühjahr 1990 auf dem Höhepunkt seiner Macht befand. Dem
Politbüro hatte er Schritt für Schritt Kompetenzen entzogen, das Zentralkomitee der KPdSU
geschwächt, die Deutschlandexperten im Sekretariat des ZK im internen Entscheidungsprozeß
zurückgedrängt. Am 15. März 1990 wollte sich Gorbatschow außerdem zum Präsidenten
wählen lassen. Die unübersichtlichen institutionellen Strukturen sicherten ihm eine hohe
Autonomie vor allem in der Außenpolitik und erlaubten es, den scharfen Widerstand der
Linkskonservativen gegen die deutsche Vereinigung zu neutralisieren.[47] Ein gutes halbes
Jahr später schon war Gorbatschow politisch in der Defensive und hätte einen ähnlichen
außenpolitischen Alleingang wahrscheinlich nicht mehr unternehmen können.

Nachdem Gorbatschow grünes Licht für den inneren Vollzug der Einheit gegeben
hatte, rückten nun die internationalen Gesichtspunkte in den Vordergrund. Schon wenige
Tage nach Kohls Moskau-Besuch, am 13. Februar 1990, vereinbarten die Außenminister der
Bundesrepublik, der DDR und der vier Siegermächte am Rande der "Open Skies"-Konferenz
der NATO und des Warschauer Pakts in Ottawa den Beginn von Gesprächen über *die
äußeren Aspekte der Herstellung der deutschen Einheit*.[48] Schon die inoffizielle Bezeichnung
Zwei-plus-Vier-Gespräche machte deutlich, daß nicht mehr die Vier Mächte über Deutschland
verhandelten, sondern daß die beiden deutschen Staaten sie zu Gesprächen einluden.[49]

---

[46] Zit. nach ebd., 272.

[47] Zu den Reaktionen der Linkskonservativen vgl. Adomeit, 1998, 490f.

[48] "Treffen der Außenminister der NATO und der Warschauer Vertragsorganisation in Ottawa (12.-
14.2.1990)"; in: Auswärtiges Amt (Hg.): Deutsche Außenpolitik 1990/91. Auf dem Weg zu einer Europäischen
Friedensordnung, Bonn 1991, 79-81, hier 81.

[49] Vgl. Hacke, 1993, 449.

Wieder waren es die USA, die Bonn am nachhaltigsten unterstützten. Bei den Beratungen, die offiziell am 5. Mai in Bonn aufgenommen wurden, ging es um folgende vier Themen-komplexe: Grenzfragen, politisch-militärische Fragen unter Berücksichtigung von Ansätzen für neue europäische Sicherheitsstrukturen, das Berlin-Problem und die abschließende völker-rechtliche Regelung und Ablösung der Vier-Mächte-Rechte und -Verantwortlichkeiten.[50] In allen Bereichen konnte die Sowjetunion juristisch und politisch kaum abweisbare Mitsprache-rechte geltend machen. Ob sich ein Kompromiß in den umstrittenen Fragen finden lassen würde, war höchst fragwürdig.

Für den Westen stellte der Verbleib der Bundesrepublik in der NATO den Eckstein der Gespräche dar. Dies hatte Bush als conditio sine qua non für seine Zustimmung zur Wiedervereinigung formuliert, dies hatten Mitterrand und Thatcher gefordert, dies hatte Kohl als unverzichtbar bezeichnet. Moskau konnte die Mitgliedschaft des geeinten Deutschland im Verteidigungsbündnis der nordatlantischen Demokratien allerdings kaum akzeptieren.[51] Mit immer neuen Vorschlägen, die von der Neutralität Deutschlands bis zur gleichzeitigen Mitgliedschaft in beiden Bündnissen reichten, versuchte die sowjetische Führung, dieses von ihr als bedrohlich empfundene Szenario zu verhindern. Während Außenminister Genscher Bereitschaft erkennen ließ, auf die sowjetischen Wünsche einzugehen, hielt der Kanzler an seinem Kurs fest.[52] Daß er sich damit letztlich durchsetzen konnte, lag zum einen an der Bereitschaft der Bundesrepublik, Moskau im richtigen Augenblick Kompensationen anzubie-ten, zum anderen an den koordinierten diplomatischen Aktionen Bonns und seiner Verbünde-ten, Gorbatschow davon zu überzeugen, daß der Westen seine Perestroika-Politik unterstütze und eine grundlegende Neuordnung der Beziehungen anstrebe.

Zu den Kompensationen zählten insbesondere weitere Zusagen, die UdSSR für ihre Verluste im Zusammenhang mit der Herstellung der deutschen Einheit finanziell zu ent-schädigen. Für wie zentral der Kanzler die ökonomische Komponente für die sowjetische Zu-stimmung zur freien Bündniswahl hielt, wurde in seinem Lagebericht vor dem CDU-Bundes-

---

[50] "Zwei-plus-Vier-Außenminister-Konferenz". Abschlußerklärung des Bundesministers des Auswärtigen, Genscher, in Bonn vom 5.5.1990 (Auszug); in: Auswärtiges Amt, 1991, 113/4.

[51] Zur Politik der sowjetischen Seite vgl. Biermann, 1997; Kwizinskij, 1993; und Anatoli Tschernajew: Die letzten Jahre einer Weltmacht. Der Kreml von innen, Stuttgart 1993.

[52] Vgl. Weidenfeld/Wagner/Bruck, 1998, 433-439.

vorstand am 23. April 1990 deutlich. Dort betonte Kohl, *"für die Sowjetunion sei die Frage der zukünftigen Wirtschaftsbeziehungen am Ende wichtiger als die NATO-Zugehörigkeit Deutschlands".*[53] Als der sowjetische Außenminister Eduard Schewardnadse zwei Wochen später in einem Gespräch mit dem Kanzler Interesse an einer Bürgschaft der Bundesregierung für einen Großkredit äußerte, entsandte Kohl umgehend seinen außenpolitischen Berater Horst Teltschik, Hilmar Kopper, den Vorstandssprecher der *Deutschen Bank*, und Wolfgang Roller, den Präsidenten der *Dresdner Bank*, zu einer Geheimmission nach Moskau. Ergebnis war ein ungebundenes Darlehen im Umfang von 5 Mrd. DM, das die Bundesregierung am 22. Juni - dem Tag der zweiten Runde der *Zwei-plus-Vier*-Verhandlungen in Ost-Berlin - verkündete.[54]

Die diplomatischen Aktionen, die Gorbatschow von der Ernsthaftigkeit der westlichen Unterstützung überzeugen sollten, begannen schon im April mit der Erklärung des Europäischen Rats in Dublin, noch vor Jahresfrist ein Gipfeltreffen der KSZE abhalten und dort Strukturreformen verabschieden zu wollen.[55] Das kam dem Wunsch der Sowjetunion entgegen, die KSZE zum zentralen gesamteuropäischen Forum für Konsultation und Krisenmanagement zu machen.[56] Beim Supermächtegipfel in Washington vom 30. Mai bis zum 3. Juni 1990 gab Bush Gorbatschow mit den *Neun Zusicherungen*[57] weitreichende Sicherheitsgarantien und milderte damit Befürchtungen in Moskau, die USA könnten den Zerfall des sowjetischen Imperiums machtpolitisch auszunutzen versuchen. Diese Ankündigungen blieben offenbar nicht ohne Einfluß auf Gorbatschow. Nachdem er sich bisher in der Frage der künftigen NATO-Zugehörigkeit mal ablehnend, mal ausweichend verhalten hatte, stimmte er nun Bushs Vorschlag zu, Deutschland das in der KSZE-Schlußakte verbriefte Recht zu

---

[53] Teltschik, 1991, 204.

[54] Mitteilung der Bundesregierung vom 22.6.1990; Archiv des Bundespresseamtes (BPA), Dok. Nr. 18840/1990. Mit 0,5 Prozent über dem Londoner Interbankensatz LIBOR und einer Laufzeit von zwölf Jahren bei einem Rückzahlungsbeginn nach sechs Jahren waren die Bedingungen des Kredits äußerst günstig.

[55] "Leitlinien der KSZE". Schlußfolgerungen des Vorsitzes des Europäischen Rats in Dublin vom 28.4.1990 (Auszüge); in: Auswärtiges Amt, 1991, 112/3.

[56] Vgl. Biermann, 1997, 594.

[57] Die Punkte finden sich aufgelistet bei Baker, James A. III: The Politics of Diplomacy. Revolution, War & Peace 1989-1992, New York 1995, 251. Vgl. auch Kiessler/Elbe, 1993, 149.

gewähren, sich in dieser Frage frei entscheiden zu können.[58] Auch wenn damit keine endgültige Entscheidung gefallen war, so deutete sich doch zumindest ein Positionswandel des sowjetischen Präsidenten an.

Wenig später, am 8. Juni 1990, stellten die NATO-Außenminister dem Warschauer Pakt eine Neugestaltung der Beziehungen in Aussicht. In der *Botschaft von Turnberry* hieß es: *"Wir, die Außenminister der Allianz ... reichen ... der Sowjetunion und allen anderen europäischen Ländern die Hand zu Freundschaft und Zusammenarbeit."*[59] Am 21. Juni verabschiedeten Bundestag und Volkskammer gleichlautende Entschließungen zur Bestätigung der deutsch-polnischen Grenze und setzten damit der international schädlichen Diskussion über einen angeblichen Revisionismus der Bundesrepublik ein Ende.[60] Beim EG-Gipfel von Dublin am 25. Juni und beim Weltwirtschaftsgipfel in Houston am 9. Juli scheiterte die Bundesrepublik zwar mit ihrem Dringen auf eine gemeinschaftliche westliche Hilfeaktion für Gorbatschow, aber an verbaler Unterstützung für die Perestroika mangelte es nicht. Schließlich verabschiedete die NATO am 6. Juli ihre *Londoner Erklärung*, in der die Allianz grundlegende Reformen ankündigte und sich bereiterklärte, mit den Staaten des Warschauer Pakts feierlich zu besiegeln, daß man sich nicht mehr als Gegner betrachtet.[61]

Vor dem entscheidenden Treffen über die ungelösten Fragen zwischen Kohl und Gorbatschow vom 14. bis zum 16. Juli 1990 in Moskau und Archys im Kaukasus konnte sich die Bundesregierung nicht vorwerfen, irgendetwas unversucht gelassen zu haben, um dem sowjetischen Präsidenten das Ja zur Frage aller Fragen, der NATO-Mitgliedschaft der Bundesrepublik, zu erleichtern. Zwar hatte Gorbatschow schon in Washington zugestimmt, daß Deutschland seine Bündniszugehörigkeit selbst wählen könne, dabei aber spontan gehandelt, ohne sich mit seinen Beratern abgesprochen zu haben.[62] Man konnte sich also in der deutschen Delegation eines positiven Ausgangs der Gespräche nicht sicher sein, zumal

---

[58] Vgl. vor allem Zelikow/Rice, 1997, 384-387; und Weidenfeld/Wagner/Bruck, 1998, 466-471. Siehe auch Tschernajew, 1993, 298.

[59] "Ministertagung des Nordatlantik-Rates in Turnberry/Großbritannien am 8.6.1990"; in: ebd., 122/3.

[60] "Entschließung des Deutschen Bundestages zur deutsch-polnischen Grenze vom 21.6.1990"; in: ebd., 129f.

[61] Die Erklärung ist abgedruckt im Bulletin des BPA vom 10.7.1990. Vgl. auch Biermann, 1997, 636-641.

[62] Vgl. Zelikow/Rice, 1995, 277; Biermann, 1997, 601-611; und Adomeit, 1998, 519/20.

Schewardnadse seinen Außenministerkollegen am 22. Juni einen sowjetischen Vertragsentwurf zu den Zwei-plus-Vier-Verhandlungen mit völlig überzogenen Forderungen übergeben hatte.[63]

Wie beim letzten deutsch-sowjetischen Gipfel am 10. Februar begann Kohl auch diesmal die erste Unterredung mit Gorbatschow am 15. Juli mit Bemerkungen zu den positiven Perspektiven für die weitere Zusammenarbeit.[64] Er wies auf die Bereitschaft des Westens hin, die Blockkonfrontation zu überwinden und Wirtschaftshilfe zu leisten. Der Kanzler legte auch einen Entwurf für einen umfassenden deutsch-sowjetischen Vertrag vor, was von Gorbatschow und Schewardnadse besonders positiv vermerkt wurde. Abschließend hob der Kanzler hervor, *"daß für ihn alle Bemühungen um enge wirtschaftliche und finanzielle Zusammenarbeit Bestandteil des Gesamtpakets seien"*.[65] In seiner Replik betonte Gorbatschow, der politische Kontext für die deutsche Vereinigung unterscheide sich *"heute wesentlich von dem vor drei Monaten. ... Wir kennen und schätzen die Rolle, die der Bundeskanzler und die Regierung der Bundesrepublik Deutschland bei der Entwicklung der positiven Prozesse in Europa spielen"*.[66] Dies war der Auftakt für längere Ausführungen, in deren Verlauf der sowjetische Präsident in entscheidenden Punkten einlenkte: 1) Deutschland durfte Mitglied der NATO bleiben, wobei für das DDR-Territorium Übergangsregelungen zu finden waren; 2) die Sowjetunion stimmte der Aufgabe der Vier-Mächte-Rechte zu; und 3) die frühere Forderung nach einem Abzug der westlichen Streitkräfte aus der Bundesrepublik sprach Gorbatschow nicht mehr aus.[67] Im Kaukasus einigte man sich in weiteren umstrittenen oder ungelösten Fragen. So stimmte der sowjetische Präsident zu, daß der NATO-Schutz nach Artikel 5 und 6 des Bündnisvertrags sofort nach der Wiedervereinigung auch für Ostdeutschland in Kraft treten könne. Versprechen Kohls über eine großzügige Kompensation für alle finanziellen Belastungen im Zusammenhang mit der Truppenrückführung veranlaßten

---

[63] Das Dokument ist abgedruckt bei Kwizinskij, 1993, 41-45.

[64] Vgl. vor allem Weidenfeld/Wagner/Bruck, 1998, 535-564.

[65] Teltschik, 1991, 321.

[66] Das Protokoll dieses Gesprächs findet sich bei Michail Gorbatschow: Gipfelgespräche. Geheime Protokolle aus meiner Amtszeit, Berlin 1993, 162-177.

[67] Vgl. Biermann, 1997, 685f.

Gorbatschow schließlich, auch seine Forderung nach einer Abzugsdauer von fünf bis sieben Jahren auf vier Jahre zu reduzieren. Selbst bei der Obergrenze der künftigen gesamtdeutschen Streitkräfte erreichte der Kanzler mit 370.000 Mann sein Verhandlungsziel. Wesentliche Punkte der Gesprächsergebnisse mit Gorbatschow gingen wörtlich in den späteren Zwei-plus-Vier-Vertrag ein.[68] Bis auf die Zusage, auf DDR-Gebiet weder ausländische Streitkräfte noch Nuklearwaffen zu stationieren, hatte Kohl damit in allen wichtigen Fragen seine Vorstellungen durchgesetzt.

Zum "*Wunder von Moskau*" (Teltschik)[69] kam es aus einer Reihe von Gründen. Zum einen gelang es der Bundesregierung, die Wiedervereinigung als Ausgangspunkt für eine enge deutsch-sowjetische Kooperation in allen Bereichen der Beziehungen darzustellen. Zum anderen vermochte der Westen die Führung der UdSSR davon zu überzeugen, daß er an einer grundlegenden Verbesserung des Ost-West-Verhältnisses interessiert und konkrete Schritte einzuleiten bereit war. Drittens erwies sich das außerordentliche persönliche Vertrauensverhältnis, das sich zwischen Kohl und Gorbatschow seit dem Sommer 1989 entwickelt hatte, als so stabil, daß es auch schwere Krisen im Verhandlungsprozeß überwinden half. Schließlich demonstrierte die Bundesrepublik große Bereitschaft, der Sowjetunion die Zustimmung materiell zu versüßen.

Letzteres zeigte sich besonders in den Tagen vor dem Abschluß des Zwei-plus-Vier-Vertrags, als Moskau beim *Überleitungsvertrag*, der die Rückführung der Roten Armee regelte, "*nachzubessern*" (Teltschik) versuchte. Während sich die sowjetischen Gesamtforderungen auf 18 Mrd. DM beliefen, bot Bonn 6 Mrd. DM.[70] Unter dem enormen Zeitdruck konnte nur noch ein Spitzengespräch eine Lösung bringen. Ein Telefonat am 7. September 1990 endete jedoch ergebnislos. Kohls Vorschlag, 8 Mrd. DM bereitzustellen, wies der sowjetische Präsident zurück. Der Kanzler erinnerte sich später:

---

[68] "Vertrag über die abschließende Regelung in bezug auf Deutschland mit vereinbarter Protokollnotiz"; in: Auswärtiges Amt, 1995, 699-703.

[69] So Teltschik, 1991, 313.

[70] Zu den Einzelheiten der 2. Verhandlungsrunde am 3. und 4. September siehe Theo Waigel: Tage, die Deutschland und die Welt veränderten; in: Theo Waigel/Manfred Schell: Tage, die Deutschland und die Welt veränderten, München 1994, 53-55.

TAB. 4: DIE VERHANDLUNGEN ZUR WIEDERVEREINIGUNG

Deutsch-deutsche Beziehungen	Deutsch-sowjeti-sche Beziehungen	Beziehungen zu Verbündeten	Internationale Einbettung
Sept. 89: Beginn der Massenflucht von DDR-Bürgern über Ungarn 9.11.89: Öffnung Berliner Mauer; Beginn Massenausreise aus der DDR 28.11.89: Kohls 10-Punkte-Programm 1.2.90: Modrow-Plan "Deutschland einig Vaterland" 7.2.90: Kohl bietet DDR Währungsunion an 18.3.90: Wahlsieg der Allianz für Deutschland in der DDR 1.7.90: Wirtschafts-, Währungs- und Sozialunion mit der DDR 23.8.90: Volkskammer beschließt Beitritt der DDR zur BRD 31.8.90: Unterzeichnung des Einigungsvertrags 3.10.90: Beitritt der DDR zur BRD; Berlin wird Hauptstadt 2.12.90: CDU/CSU/FDP-Koalition gewinnt Bundestagswahlen	12.-15.6.89: Staatsbesuch Gorbatschows in der BRD Dez. 90: Gorbatschow gegen Vereinigung 30.1.90: Gorbatschow unterstützt Modrow-Plan für geeintes Deutschland 10.-11.2.90: Kohl in Moskau; Gorbatschow gibt Weg zur Einheit frei 14.-16.7.90: Kohl-Gorbatschow-Gipfel in Moskau und Archys: Gorbatschow stimmt NATO-Mitgliedschaft der BRD zu 10.9.90: Kohl und Gorbatschow einigen sich über deutsche Finanzhilfen 12.10.90: Unterzeichnung des Vertrags über Abzug der Roten Armee aus ehem. DDR 9.-10.11.90: Staatsbesuch Gorbatschows in Bonn; Unterzeichnung des Vertrags über gutnachbarschaftliche Beziehungen 4.3.91: Ratifizierung des 2+4-Vertrags durch Moskau	4.12.89: Bush spricht sich auf NATO-Ratstagung in Brüssel für dt. Einheit aus 8.-9.12.89: Europäischer Rat in Brüssel bestätigt Selbstbestimmungsrecht der Deutschen 24.-25.2.90: Gipfel Kohl-Bush in Camp David 23.3.90: Kohl bei der EG-Kommission in Brüssel 28.4.90: Europäischer Rat in Dublin begrüßt deutsche Vereinigung 16.-17.5.90: Kohl bei Bush 5.-8.6.90: Kohl bei Bush 28.6.90: Europäischer Rat in Dublin unterstützt Gorbatschows Reformen 7.-8.6.90: NATO-Außenminister bieten in Turnberry Warschauer Pakt Zusammenarbeit an 5.-6.7.90: NATO-Gipfel in London beschließt Wandel der Strategie der Allianz 9.-11.7.90: G7-Gipfel in Houston unterstützt Gorbatschows Reformen	2.12.89: Gipfel Bush-Gorbatschow vor Malta 11.12.89: Treffen des Alliierten Kontrollrats in Berlin 20.-22.12.89: Staatsbesuch Mitterrands in DDR 5.5.1990: Erste Runde der 2+4-Gespräche in Bonn 30.5.-3.6.90: Bush-Gorbatschow-Gipfel in Washington: Gorbatschow stimmt freier Bündniswahl der Deutschen zu 22.6.90: Zweite 2+4-Runde in Berlin/Ost 17.7.90: Dritte 2+4-Runde in Paris: Einigung über poln. Westgrenze 8.9.90: Gipfel Bush-Gorbatschow in Helsinki 11.9.-12.9.90: Vierte und letzte Runde der 2+4-Gespräche in Moskau 12.9.90: Unterzeichnung des 2+4-Vertrags in Moskau

Gorbatschow verknüpfte schließlich noch einmal die nach seinen Worten "schicksalsträchtige Frage des Aufenthalts und Abzugs der sowjetischen Truppen" unmittelbar mit den von ihm geforderten Zahlungen. Er fragte mich, welche Weisungen er seinem Außenminister Schewardnadse mit Blick auf die bevorstehende letzte Runde der Zwei-plus-Vier-Gespräche geben solle. Wörtlich sagte Gorbatschow: "Die Situation ist für mich sehr alarmierend. Ich habe den Eindruck, ich bin in eine Falle gelaufen".[71]

Teltschik charakterisierte die Lage als *"wirklich dramatisch"*. Überrascht war er vor allem von dem starken Druck, den der sowjetische Präsident auf den Kanzler ausübte. *"Damit ist auch deutlich geworden,"* so Teltschik weiter, *"daß das finanzielle Paket für Gorbatschow ein zentraler Bestandteil des Gesamtergebnisses ist, das er zu Hause vorweisen will und vermutlich auch muß."*[72] Erst in den Mittagsstunden des 10. September 1990, weniger als 48 Stunden vor dem letzten Treffen der Zwei-plus-Vier-Delegationen, erzielten Gorbatschow und Kohl den Durchbruch. Allerdings mußte der Bundeskanzler auch sein neues Angebot von 12 Mrd. DM um einen weiteren ungebundenen Kredit in Höhe von 3 Mrd. DM aufstocken, bevor der sowjetische Präsident einlenkte. Noch am Nachmittag teilte Kwizinskij Teltschik aus Moskau mit, daß Gorbatschow Weisung gegeben habe, die Verhandlungen über den Überleitungsvertrag am nächsten Tag abzuschließen.[73] Damit war ein weiteres schwieriges Hindernis auf dem Weg zur deutschen Einheit aus dem Weg geräumt.

Am 12. September 1990 unterzeichneten die Außenminister der vier Siegermächte und der beiden deutschen Staaten in Moskau den *Vertrag über die abschließende Regelung in bezug auf Deutschland*. Damit hatte die Bundesrepublik ihre drei herausragenden Ziele erreicht: die Aufgabe der Rechte und Verantwortlichkeiten der Siegermächte, die freie Bündniswahl und den Abzug der sowjetischen Truppen aus Ostdeutschland. Mit dem Zwei-plus-Vier-Vertrag erhielt Deutschland nach 45 Jahren der Teilung seine Einheit *"in freier Ausübung seines Selbstbestimmungsrechts"* zurück. Im entscheidenden siebten Artikel hieß es: *"Das vereinte Deutschland hat ... volle Souveränität über seine inneren und äußeren Angelegenheiten."* Bonn sicherte zu, seine Streitkräfte auf 370.000 Mann zu reduzieren,

---

[71] Kohl, 1996, 467f. Zu den dramatischen Hintergründen vgl. Biermann, 1997, 735-754.

[72] Teltschik, 1991, 360.

[73] Ebd., 363.

keine ausländischen Streitkräfte oder Atomwaffen in Ostdeutschland zu stationieren und auf Herstellung und Besitz und auf Verfügungsgewalt über atomare, biologische und chemische Waffen zu verzichten und Mitglied des Nichtverbreitungsvertrags zu bleiben.[74] Das vereinte Deutschland wurde verpflichtet, mit Polen einen völkerrechtlich verbindlichen Vertrag über die gemeinsame Grenze zu schließen. Insgesamt jedoch waren die Zugeständnisse, die die Bundesrepublik für die Wiederherstellung der staatlichen Einheit erbringen mußte, erstaunlich gering.

Die bi- und multilaterale Beendigung des Kalten Kriegs

Der *Zwei-plus-Vier-Vertrag* stellte die Souveränität Deutschlands nach 45 Jahren wieder her und bildet deshalb eine entscheidende Zäsur sowohl in der deutschen Nachkriegspolitik wie im Ost-West-Konflikt insgesamt. Es blieben nach dem 12. September 1990 allerdings noch einige "Nacharbeiten" zu leisten. Sie erfolgten im Spätherbst Schlag auf Schlag. Der erste Schritt war der Abschluß eines umfassenden Vertrags mit der Sowjetunion am 9. November 1990, also auf den Tag genau ein Jahr nach der Maueröffnung. Dieser von Kohl und Gorbatschow bereits im Sommer 1989 ins Auge gefaßte Vertrag stellte die bilateralen Beziehungen auf eine neue Grundlage. Beide Seiten verpflichten sich zu regelmäßigen politischen Konsultationen (Art. 6), einen Ausbau der wirtschaftlichen, wissenschaftlichen und kulturellen Beziehungen (Art. 8, 9 und 15), die Förderung der Kontakte zwischen den Bürgern und den gesellschaftlichen und politischen Gruppen (Art. 14). Fünf Tage später kam es zum von den Siegermächten geforderten und der Bundesrepublik zugesagten Abschluß eines Grenzvertrags mit Polen. Er legte fest, daß die *"bestehende Grenze jetzt und in Zukunft unverletzlich ist"* (Art.2) und die Vertragsparteien *"gegeneinander keinerlei Gebietsansprüche haben und in Zukunft auch nicht erheben werden"* (Art. 3).[75] Damit gab die Bundesrepublik alle juristischen Ansprüche auf ehemals deutsche Gebiete in Polen auf und weitete die seit Jahrzehnten bestehende *politische* Bestandsgarantie der polnischen Westgrenze zu

---

[74] "Zum Abschluß der Zwei-plus Vier-Gespräche in Moskau am 12.9.1990". Vertrag über die abschließende Regelung in bezug auf Deutschland mit vereinbarter Protokollnotiz (mit Faksimile-Unterschriften); in: Auswärtiges Amt, 1991, 167-173.

[75] "Vertrag zwischen der Bundesrepublik Deutschland und der Republik Polen über die Bestätigung der zwischen ihnen bestehenden Grenzen vom 14.11.1990"; in: Auswärtiges Amt, 1991, 214-216, hier 215.

einer *völkerrechtlichen* aus. Am 19. November 1990 beendeten die NATO und der Warschauer Pakt offiziell den Kalten Krieg. In der *Gemeinsamen Erklärung* hieß es: *"Die Unterzeichnerstaaten erklären feierlich, daß sie in dem anbrechenden neuen Zeitalter europäischer Beziehungen nicht mehr Gegner sind, sondern neue Partnerschaften aufbauen und einander die Hand zur Freundschaft reichen wollen."*[76] Zwei Tage danach verabschiedeten die KSZE-Staaten die *Pariser Erklärung für eine neues Europa*. In ihr bekannten sich alle Teilnehmerstaaten zur westlichen Demokratie als einziger Regierungsform, zu den Menschenrechten, dem Rechtsstaat, zur wirtschaftlichen Freiheit und zur freundschaftlichen Zusammenarbeit.[77] Die Prinzipien der amerikanischen und der französischen Revolution galten nun erstmals, auf dem Papier zumindest, von Vancouver bis Wladiwostok.

Ein formaler Akt zur Beendigung des Kalten Kriegs stand zu diesem Zeitpunkt freilich noch aus: die Ratifizierung des Zwei-plus-Vier-Vertrags durch den Obersten Sowjet. Allerdings konnten weder der umjubelte Besuch Gorbatschows in der Bundesrepublik am 9. und 10. November 1990 noch die Unterzeichnung des deutsch-sowjetischen Vertrags darüber hinwegtäuschen, daß sich die Bedingungen für die Ratifizierung verschlechterten. Die Links-Konservativen drängten die Reformer zunehmend in die Defensive, Gorbatschow vollzog diesen Kurswechsel mit. Außenminister Schewardnadses Linie geriet so unter Beschuß, daß er am 20. Dezember als *"Protest gegen den Angriff der Diktatur"* zurücktrat.[78] Erst nach langem Hin und Her ratifizierte der Oberste Sowjet am 4. März 1991 als letztes Parlament der vier Siegermächte den Vertrag. Die Wiedervereinigung war damit auch völkerrechtlich abgeschlossen.

7.2. Sicherheitspolitik im neuen Zeitalter

Mehr als 40 Jahre war die sicherheitspolitische Lage Deutschlands einfach zu beschreiben gewesen: An der Nahtstelle der Blockkonfrontation gelegen, mußte die Bundesrepublik

---

[76] "Zum Ende des Kalten Krieges und der Teilung Europas". Gemeinsame Erklärung der 22 Staaten der NATO und der Warschauer Vertragsorganisation in Paris vom 19.11.1990 (Auszug); in: Auswärtiges Amt, 1991, 258-261, hier 258.

[77] "Die "Charta von Paris für ein neues Europa" vom 21.11.1990. Erklärung des Pariser KSZE-Treffens der Staats- und Regierungschefs"; in: Auswärtiges Amt, 1991, 265-277.

[78] Zit. bei Biermann, 1997, 761.

einerseits besonders an einem intakten Abschreckungssystem interessiert sein, dessen Kern die amerikanische Nukleargarantie bildete; andererseits erforderte es die exponierte geostrategische Position des Landes, auf einen weitgehenden Abbau der Spannungen in Mitteleuropa hinzuwirken, weil es von jeder Verschärfung des Ost-West-Konflikts mehr als seine Partner betroffen war. Um bei den Verbündeten keine Befürchtungen über deutsche Alleingänge aufkommen zu lassen, verfolgte die Bundesrepublik ihre sicherheitspolitischen Ziele ausschließlich im internationalen Rahmen. Die NATO erwies sich dabei als zentrale Organisation, um Sicherheit für Deutschland und Sicherheit vor Deutschland zu gewährleisten. Die sicherheitspolitische Zusammenarbeit im Rahmen des Bündnisses diente Deutschland gleichzeitig als Garant für ein permanentes Mitspracherecht im westlichen Bündnis und als Schrittmacher in Richtung auf völlige Gleichberechtigung.

Das Ende des Ost-West-Konflikts, besiegelt in der Auflösung des Rats für Gegenseitige Wirtschaftshilfe (RGW) am 28.6, des Warschauer Pakts am 1.7. und der Sowjetunion am 25.12.1991, führte zu einer dramatischen Veränderung der Parameter der bundesdeutschen Außen- und Sicherheitspolitik. Die Gefahr einer großangelegten und existenzbedrohenden Aggression war überwunden, Deutschland mit Ausnahme der Schweiz nur mehr von Nachbarn umgeben, die entweder schon Mitglieder der Europäischen Union und der NATO waren oder eine Mitgliedschaft in möglichst naher Zukunft anstrebten. Die Bundesrepublik war nicht länger Importeur von Sicherheit. Sich zum Exporteur von Sicherheit zu wandeln, wie schon bald von den USA und der UNO gefordert, fiel dem wiedervereinigten Deutschland allerdings schwer.

Golfkrieg und Jugoslawienkonflikt als Katalysatoren

Trotz aller Differenzen in der Sicherheitspolitik, etwa über den Doppelbeschluß der NATO, stimmten Union, SPD und FDP bis zur Wiedervereinigung darin überein, die Bundeswehr nur zur Landesverteidigung einzusetzen. An UN-Operationen beteiligte sich die Bundesrepublik nur in Form humanitärer Maßnahmen, von Sachleistungen oder der Bereitstellung von Transportkapazitäten. Auch als der Irak am 2. August 1990 Kuwait überfiel und der UN-Sicherheitsrat am 29. November in Resolution Nr. 678 *"alle erforderlichen Mittel"* guthieß, um Saddam Hussein zu einem Rückzug aus den besetzten Gebieten zu veranlassen, hielt Bonn an der Maxime fest, daß deutsches Militär nicht an Kampfhandlungen außerhalb des NATO-Gebiets teilnehmen sollte. Die Entsendung von Bundeswehreinheiten in die Türkei wurde als vorsorgliche militärische Maßnahme begründet, um einen Angriff auf den Bündnispartner zu verhindern. Deutsche Minensuchboote schickte die Bundesregierung erst in den Persischen Golf, als die Kampfhandlungen zwischen der von den USA geführten Koalition und dem Irak beendet waren. Darüberhinaus beschränkte sich die deutsche Unterstützung der Golfkriegsallianz auf einen, allerdings recht hohen, finanziellen Beitrag von 17,9 Mrd. DM.[79] Besonders schädlich war für das Ansehen Deutschlands, daß Teile der Linken die Operation *Desert Storm* zur Befreiung Kuwaits als imperialistische Aggression der USA und *"Blut-für-Öl"*-Feldzug diffamierten und sich damit auf der Seite des Irak wiederfanden.[80] Als sich die Bundesrepublik mit großer Verzögerung Ende Januar 1991 doch noch klar zur Golfkriegsallianz bekannte, hatte sich im Ausland bereits das Bild von Deutschland als einem *"Drückeberger, Opportunisten und sicherheitspolitischen Trittbrettfahrer"*[81] festgesetzt.

Nach dem Golfkrieg wurde der Bundesregierung klar, daß sich Deutschland kein zweites Mal den Wünschen der Verbündeten oder der Vereinten Nationen nach militärischer Unterstützung entziehen können würde, ohne seine Reputation als verläßlicher Partner aufs Spiel zu setzen. Zwei Entwicklungen bestärkten dabei die Bundesregierung in ihrer Haltung, die Mitwirkung deutscher Streitkräfte an internationalen Missionen ausbauen zu wollen: Zum einen zeigte der Krieg in Jugoslawien, wie begrenzt der deutsche Einfluß auf die Ereignisse blieb, wenn man eine Rolle der Bundeswehr bei der Konfliktregelung kategorisch ausschloß. So war die Entscheidung der Bundesregierung vom Dezember 1991, die Unabhängigkeit Sloweniens und Kroatiens wenn nötig im Alleingang anzuerkennen und den Krieg damit zu internationalisieren, nicht deshalb problematisch, weil sie Bonn in Gegensatz zu Paris und London brachte, sondern weil sie ohne die Bereitschaft, in einem nächsten Schritt auch an einer Befriedungsaktion mitzuwirken, Stückwerk blieb. Zum anderen strebte Deutschland immer stärker einen ständigen Sitz im Sicherheitsrat der UNO an, was es geboten erschienen ließ, auch mehr Pflichten innerhalb der Weltorganisation zu übernehmen. Im Frühjahr 1991

---

[79] Vgl. Helmut Hubel: Der zweite Golfkrieg in der internationalen Politik, Bonn 1991, 59. (Arbeitspapiere zur internationalen Politik, Bd. 62)

[80] Vgl. dazu Dan Diner: Der Krieg der Erinnerungen und die Ordnung der Welt, Berlin 1991, 37-42.

[81] Philippi, 1997a, 75.

setzte in der Bundesrepublik deshalb eine heftige Diskussion über das Spektrum möglicher Bundeswehraktionen ein.[82]

Haltung von Parteien und Öffentlichkeit

Während Kanzler Kohl und die Union argumentierten, rechtlich sei die Teilnahme deutscher Truppen an friedenserhaltenden oder -schaffenden Maßnahmen unter dem Dach der UNO mit dem Grundgesetz vereinbar, und deshalb lediglich eine *"klarstellende Ergänzung"* der Verfassung anstrebten, erachtete der Koalitionspartner FDP bei ähnlichen politischen Zielen aus juristischen Gründen eine Grundgesetzänderung für erforderlich. Seit dem Entscheid des Bundesverfassungsgerichts vom Juli 1994 (vgl. S. 12-15) unterstützt auch die FDP prinzipiell die Teilnahme deutscher Streitkräfte an UNO-Missionen. Die Beteiligung von Bundeswehreinheiten an militärischen Maßnahmen der internationalen Friedenstruppe in Bosnien-Herzegowina (*Implementation Force* = IFOR), die unter dem Kommando der NATO die Einhaltung des Abkommens von Dayton überwachten, wurde von den Koalitionsparteien am 6. Dezember 1995 einhellig befürwortet. Auch die Folgemissionen SFOR-1 (bis 30. Juni 1998) und SFOR-2 (ohne zeitliche Begrenzung), die erstmals eine volle militärische Beteiligung deutscher Soldaten vorsahen, fanden im Dezember 1996 und im Juni 1998 die einstimmige Unterstützung von Unions- und FDP-Abgeordneten.[83] Nach einigen internen Diskussionen steht heute fest, daß die Parlamentarier beider Parteien auch eine militärische Friedenserzwingung im Rahmen der NATO ohne ein eindeutiges Mandat des UN-Sicherheitsrats bejahen. So stimmten am 18. Oktober 1998 Union und FDP geschlossen für eine deutsche Beteiligung an einem potentiellen NATO-Schlag gegen Jugoslawien wegen dessen Truppeneinsatz im Kosovo.

Die SPD hielt nach der Wiedervereinigung zunächst an ihrer Forderung fest, die Bundeswehr nur für reine friedenserhaltende Maßnahmen (*Blauhelm-Missionen*) einzusetzen, um sich allerdings in ihren *Petersberger Beschlüssen* vom August 1992 auch für die Teilnahme an friedensschaffenden Aktionen unter Leitung des UN-Sicherheitsrats auszusprechen.

---

[82] Zum folgenden siehe vor allem ebd., 82-143.

[83] Vgl. "Deutsche Teilnahme an der Bosnien-Folgemission"; NZZ, 12.12.1996, 3; und "Der Bundestag für Bundeswehreinsatz in Bosnien"; NZZ, 14./15.12.1996, 7; und "Deutschland beteiligt sich weiter an der Sfor"; NZZ, 20./21.6.1998, 3.

Militäraktionen, die zwar unter dem Dach der Vereinten Nationen, aber unter dem Oberkommando eines von der UNO ermächtigten Staats stattfinden wie der Golfkrieg, blieben für die Sozialdemokraten nach wie vor strikt ausgeschlossen. Im Dezember 1995 votierte dann aber doch eine Mehrheit der SPD-Bundestagsfraktion für den IFOR-Einsatz, obwohl dieser von der NATO und nicht von der UNO kontrolliert wurde. Die beiden Folgemissionen fanden eine noch höhere Zustimmung bei den sozialdemokratischen Abgeordneten. Im Vorfeld des Bundestagswahlkampfes 1998 arrangierte sich die SPD auch durch Parteitagsbeschlüsse mit einer aktiveren Rolle der Bundeswehr bei der Bewältigung internationaler Krisen. Die SPD akzeptiert auch "in Einzelfällen" eine deutsche Beteiligung an NATO-Maßnahmen zur militärischen Friedenserzwingung ohne vorherigen Beschluß des UN-Sicherheitsrats.

Die Partei der GRÜNEN/Bündnis 90 lehnt nach wie vor jeden Einsatz von Gewalt als Mittel der internationalen Politik und eine militärische Friedenserzwingung grundsätzlich ab. Allerdings stimmten viele ihrer Bundestagsabgeordneten für die IFOR-Mission und mehr als die Hälfte für die SFOR-Missionen. Der Konflikt zwischen pazifistischem und realpolitischem Flügel der Partei ist aber nicht entschieden. Die Gespaltenheit der GRÜNEN/Bündnis 90 in dieser Frage zeigte sich auch darin, daß ein Parteitag in Magdeburg im März 1998 mit knapper Mehrheit gegen eine Teilnahme der Bundeswehr an friedenserzwingenden Maßnahmen votierte. Die SFOR-Mission wird als Ausnahme gesehen, für ein Mandat des Sicherheitsrats unabdingbare Voraussetzung war. Nur wenige Parlamentarier, darunter Joschka Fischer, akzeptieren die Möglichkeit einer friedenserhaltenden Aktion der NATO ohne positiven Entscheid des Sicherheitsrats. Als einzige Partei im Bundestag votierte die PDS bei allen drei Abstimmungen zur Beteiligung der Bundeswehr an der Friedenstruppe in Bosnien-Herzegowina fast geschlossen mit Nein.

Die bis auf die PDS in allen Parteien erkennbare Bereitschaft, sich international stärker zu engagieren, wird von der Bevölkerung geteilt. Während sich 1990/91 nur eine Minderheit (zwischen 23 und 32 Prozent) dafür aussprach, Deutschland solle *"mehr Verantwortung in der Welt"* übernehmen, vertraten 1993 82 Prozent der Befragten diese Meinung.[84] Von diesen wollten aber auch 1993 noch 39 Prozent in den alten und 57 in den

---

[84] So eine EMNID-Umfrage. Siehe dazu vor allem Jürgen Groß: Die unterschätzte Öffentlichkeit. Sicherheitspolitische Einstellungen der Bundesbürger; in: S+F: Vierteljahresschrift für Sicherheit und Frieden, Bd.13/Heft 2 (1995), 114-119.

neuen Bundesländern *"Verantwortung"* auf den politischen und diplomatischen Bereich beschränkt sehen. Lediglich 44 Prozent der West- und 22 Prozent der Ostdeutschen befürworteten auch den Einsatz militärischer Machtmittel zur Friedenssicherung. Zählt man diejenigen hinzu, die ein stärkeres Engagement prinzipiell ablehnen, so unterstützten 1993 weniger als ein Drittel der Bundesbürger Gewaltanwendung als Instrument internationaler Friedenssicherung. Seitdem ist der Widerstand allerdings zurückgegangen: Im Juli 1996 sprachen sich nur noch 14 Prozent der Westdeutschen, aber 32 Prozent der Ostdeutschen gegen einen *out of area*-Einsatz der Bundeswehr gemäß dem Spruch des Bundesverfassungsgerichts aus.[85] Blauhelmeinsätze deutscher Streitkräfte werden bereits seit 1992 von einer Mehrheit der Wähler befürwortet. Auffällig ist bei allen Antworten die voneinander abweichende Einstellung der Bürger in den alten und den neuen Bundesländern: Die Westdeutschen sprechen sich sehr viel stärker für ein internationales Engagement der Bundesrepublik aus als die Ostdeutschen.

Besonders deutlich ist diese Meinungsdivergenz auch bei der Frage, wie wichtig die NATO-Mitgliedschaft für Deutschland ist. Im Westen gehen die Zustimmungsraten für die Zugehörigkeit zum atlantischen Bündnis seit Anfang der achtziger Jahre zurück (von etwa 80 Prozent im Jahr 1983 auf knapp 70 Prozent 1993 und 64 Prozent Mitte 1996), was angesichts der Beendigung des Kalten Kriegs und des Zerfalls der UdSSR nicht verwundert. Im Osten ist die Tendenz umgekehrt, allerdings von einer sehr niedrigen Basis ausgehend. So sah 1993 nur jeder fünfte Ostdeutsche in der NATO den besten Weg zur Gewährleistung der Sicherheit, Mitte 1996 allerdings schon jeder zweite. Aber nicht nur gegenüber der westlichen Allianz, sondern auch gegenüber der Bündnisvormacht USA nimmt die von der SED über vier Jahrzehnte geschürte Feindseligkeit der DDR-Bürger ab. Waren es 1990 noch 76 Prozent der Ostdeutschen, die einen völligen Abzug der amerikanischen Truppen aus Europa begrüßten, fiel diese Zahl bis 1996 auf 48 Prozent. Bei den Westdeutschen lauteten die entsprechenden Werte 49 und 26 Prozent.

Immer mehr Bundesbürger befürworten also eine aktive Mitarbeit Deutschlands bei der Bewältigung außenpolitischer Krisen im multilateralen Verbund. Die NATO und die US-Truppen in Europa erfahren vor allem im Osten wachsende Zustimmung als Garanten von

---

[85] Vgl. Elisabeth Noelle-Neumann: In der Nische; FAZ, 21.8.1996, 4/5; und dies./Renate Köcher (Hg.): Allensbacher Jahrbuch der Demoskopie 1993-1997, München 1997, 1143.

Frieden und Sicherheit. Insgesamt belegen die Daten eine steigende Bereitschaft der deutschen Öffentlichkeit, Verantwortung in der Welt zu übernehmen. Auch das Führungspersonal der Bundeswehr äußert sich überwiegend zustimmend zu den UN-Einsätzen.[86]

Öffentlichkeit und politische Elite bewegen sich also in etwa im Gleichschritt in der Frage des militärischen Engagements im Ausland. Dies hat auch damit zu tun, daß die Regierung seit 1991 sukzessiv Schritte zu einer Ausweitung des Aktionsradius der Bundeswehr einleitete. Zwar waren nicht alle Operationen erfolgreich, aber der Gewöhnungseffekt dürfte hier nicht zu unterschätzen sein. Nach dem Golfkrieg versorgten deutsche Soldaten die in den Iran und die Türkei geflohenen Kurden, wirkten bei der Räumung der Minen im Persischen Golf mit und nahmen an den UN-Inspektionen des irakischen Waffenpotentials teil. Von Mai 1992 bis Oktober 1993 sicherten 150 deutsche Sanitätssoldaten die Versorgung der 16.000 Mann starken Blauhelmtruppe in Kambodscha. 1993 wurden 1700 Bundeswehrsoldaten in Somalia stationiert, um humanitäre Hilfe in dem bürgerkriegsgeschüttelten Land zu leisten. Als die Vereinten Nationen immer mehr zur Kriegspartei und zum Ziel von Angriffen wurden, kündigte Verteidigungsminister Rühe allerdings in Übereinstimmung mit den wichtigsten Verbündeten den Abzug des deutschen Kontingents zum März 1994 an. Schließlich trat Bundespräsident Roman Herzog (1994-1999) im Frühjahr 1995 mit der Forderung nach mehr Engagement beim Export von Sicherheit an die Öffentlichkeit:

> Das Ende des Trittbrettfahrens ist erreicht. Deutschland gehört zum Konzert der großen Demokratien, ob es will oder nicht, und wenn eine dieser Demokratien beiseite steht, schadet sie unweigerlich nicht nur den anderen - sondern letztlich auch sich selbst. ... Immer deutlicher sehen wir, daß risikoscheues Nichthandeln auf die Dauer risikoreicher sein kann als risikobereites Handeln. ... Wenn wir den Risiken nicht vor Ort begegnen, kommen sie zu.[87]

Vor allem der Krieg in Jugoslawien wirkte wie ein Katalysator für die Teilnahme der Bundeswehr an multinationalen Aktionen. Die Kette der immer tieferen Involvierung deut-

---

[86] Vgl. Georg-Maria Meyer/Sabine Collmer: Zum UN-Einsatz bereit? Bundeswehrsoldaten und ihr neuer Auftrag, Wiesbaden 1997.

[87] Roman Herzog: Die Globalisierung der deutschen Außenpolitik ist unvermeidlich. Rede des Bundespräsidenten beim Festakt zum 40. Jahrestag der Gründung der Deutschen Gesellschaft für Auswärtige Politik am 13.3.1995 in Bonn; in: Bulletin des Presse- und Informationsamts der Bundesregierung, Nr. 20/1995 (15.3.1995), 161-165, hier 162.

scher Truppen reichte von der Kontrolle des Seembargos gegen Serbien und Montenegro im Juli 1992 über die Luftraumüberwachung des von der UNO angeordneten Flugverbots über Bosnien-Herzegowina im Oktober 1992 bis hin zur logistischen Unterstützung der NATO-Friedenstruppe, die die Einhaltung des Dayton-Abkommens kontrollierte, im Dezember 1995 und endlich zur vollen Teilnahme an den SFOR-Einsätzen seit Februar 1997.[88]

Auch politisch engagierte sich Bonn in Jugoslawien. Nach dem Paukenschlag der in In- und Ausland oft kritisierten einseitigen Anerkennung Kroatiens und Sloweniens im Dezember 1991 hielt sich die Bundesrepublik zunächst wieder zurück. Aber bei den Friedensverhandlungen in Dayton/Ohio im November 1995 spielte die Bundesregierung nach der US-Administration die wichtigste Rolle. Durch sein beharrliches Festhalten an den UNO-Sanktionen gegen das Restjugolsawien Milosevics und seinen Druck auf die Präsidenten von Bosnien-Herzegowina und Kroatien, Isetbegovic und Tudjman, trug Bonn wesentlich zum erfolgreichen Abschluß der Gespräche bei. Einem professionellen Beobachter schien Dayton gar *"als der Schauplatz der Rückkehr Deutschlands als einer maßgebenden Macht nicht nur auf den Balkan, sondern auch in die internationale Politik des Krisenmanagements"*.[89]

Die internationale Einbettung der deutschen Sicherheitspolitik

Der Einsatz der Bundeswehr, ja deutsche Sicherheitspolitik überhaupt ist verfassungsrechtlich und politisch nur denkbar im multinationalen Konzert, das heißt im Rahmen von Organisationen wie der NATO, der Europäischen Union, der WEU, der UNO und der *Organisation für Sicherheit und Zusammenarbeit in Europa* (OSZE).[90]

Wichtigste Institution ist und bleibt die NATO, und zwar aus vier Gründen:[91] Erstens gewährleistet das Bündnis die sicherheitspolitische Zusammenarbeit seiner Mitglieder und wirkt damit potentiellen Renationalisierungstendenzen entgegen. Dies geschieht durch die

---

[88] Vgl. "Deutsch-französischer Schulterschluß in Bosnien"; NZZ, 7.2.1997, 4.

[89] So Lothar Rühl in seiner Analyse der 53 "Drahtberichte" ("Telegramme aus Dayton", Bonn 1998) der deutschen Delegation bei den bosnischen Friedensverhandlungen in Dayton, die im Oktober 1998 vom Auswärtigen Amt veröffentlicht wurden. ("Die Verhandlungen von Dayton aus Bonner Sicht"; NZZ, 9.10.1998, 6).

[90] Vgl. Siedschlag, 1995.

[91] Vgl. Oliver Thränert: Eine zentraleuropäische Macht im Neuorientierungsprozeß. Perspektiven der Sicherheitspolitik des vereinten Deutschland; in: Österreichische militärische Zeitschrift, Nr. 2/1995, 135-144.

volle Integration von NATO-Einheiten wie dem AWACS-Verband und der schnellen Eingreiftruppe oder durch gemeinsame Korps einzelner Mitgliedsländer bei den Hauptverteidigungsstreitkräften. Die NATO dient außerdem als Konsultationsforum und organisiert gemeinsame Missionen der Mitglieder. So treibt das Bündnis seit Jahren die Schaffung multinationaler Truppenverbände voran (*Combined Joint Task Forces*), die rasch zur Bewältigung von Krisensituationen von der NATO und der WEU eingesetzt werden können. Zweitens garantiert die NATO die sicherheitspolitische Anbindung der USA an Europa. Dies ist besonders wichtig für Deutschland, das traditionell auf die ausgleichende Rolle Washingtons in Europa vertraut hat. Drittens bindet die NATO die Bundesrepublik weiterhin militärisch ein und vermindert damit Ängste vor einem übermächtigen Deutschland. Viertens schließlich bleibt das Bündnis *die* militärische Rückversicherung der Bundesrepublik gegenüber allen möglichen Bedrohungen aus dem Osten. Hinzu kommt, daß die NATO neben der EU die wichtigste Institution für die Verwirklichung eines zentralen außen- und sicherheitspolitischen Ziels Deutschlands ist: der Stabilisierung Osteuropas. Als Land im Herzen Europas muß die Bundesrepublik nämlich besonderes Interesse daran haben, daß das bestehende sicherheitspolitische Vakuum im ehemaligen Satellitengürtel der UdSSR nicht zu instabilen Verhältnissen in der Region führt.[92] Vor allem Verteidigungsminister Rühe plädierte seit 1993 nachdrücklich für eine schnelle Ausdehnung des Bündnisses nach Osten.[93] Das *Weißbuch 1994* des BMV formulierte so als Ziel der deutschen Außenpolitik, "*die westliche Prosperitäts- und Stabilitätszone über seine Grenzen hinaus auf die östlichen Nachbarstaaten auszudehnen*". Der *NATO-Kooperationsrat* (NAKR), der Ende 1991 ins Leben gerufen wurde und zunächst alle Warschauer Pakt-Staaten und die drei baltischen Republiken umfaßte, und die *Partnerschaft für den Frieden* (PfP), in deren Rahmen die NATO seit 1994 individuelle Partnerschaftsprogramme mit mittel- und osteuropäischen Staaten entwickelt, könnten, so das Weißbuch, langfristig kein Ersatz für die Erweiterung der Allianz sein.[94]

---

[92] Vgl. Christian Hacke: Die Haltung der Bundesrepublik Deutschland zur NATO-Osterweiterung; in: Pradetto, August (Hg.): Ostmitteleuropa, Rußland und die Osterweiterung der NATO, Opladen 1997, 233-249.

[93] Siehe "Muster ohne Wert. Ohne wirkliche Bedrohung zeigt sich die Westallianz zerstritten wie selten. Rühe will das Bündnis sogar nach Osten ausdehnen"; Der Spiegel, 23/93 (7.6.1993), 34f.

[94] Bundesministerium für Verteidigung: Weißbuch 1994. Weißbuch zur Sicherheit der Bundesrepublik Deutschland und zur Lage und Zukunft der Bundeswehr, Bonn 1994, Punkte 419 und 426.

Bei den Koalitionsverhandlungen nach der Bundestagswahl im Oktober 1994 setzte sich jedoch die vorsichtigere Linie von Außenminister Kinkel und Kanzler Kohl durch, die eine Provokation Rußlands vermeiden wollten. In der Vereinbarung für die 13. Legislaturperiode war nur von einer schrittweisen Erweiterung der NATO die Rede, die parallel zur EU-Erweiterung verlaufen müsse.[95] Das Blatt zugunsten Rühes wendete sich erst, als die Clinton-Administration auch aus wahlkampftaktischen Überlegungen Ende 1994 ihre Zurückhaltung in der Frage der Aufnahme neuer Mitglieder aufgab und die zögernden Bündnispartner nach und nach auf Kurs brachte. Im Oktober 1996 sprach sich Rühe für eine erste kleine Osterweiterung bis zum Jahr 1999 aus und erhielt dafür indirekte Schützenhilfe, als der amerikanische Präsident in seiner Ansprache zur Lage der Nation im Februar 1997 dasselbe Datum nannte.[96] Im Streit zwischen Washington und Paris, ob neben Polen, Tschechien und Ungarn auch noch Slowenien und Rumänien der Beitritt angeboten werden sollte, vermied es Bonn, Position zu beziehen, nicht nur, weil es keinen der beiden wichtigsten Partner verprellen wollte, sondern auch, weil die Frage innerhalb der Koalition umstritten war.[97] Mit der Unterzeichnung der *Grundakte über gegenseitige Beziehungen, Zusammenarbeit und Sicherheit* zwischen der NATO und Rußland am 27. Mai 1997 in Paris, für die sich Bonn besonders eingesetzt hatte, gelang es dem Westen, die Sicherheitsbedürfnisse Moskaus zu befriedigen und eine Kompromißformel für die Osterweiterung zu finden.[98] Wie von Kohl und Kinkel gefordert, verzichtete die NATO in einer einseitigen Erklärung auf die Stationierung von Kernwaffen in den neuen Mitgliedsländern. Sechs Wochen später bot die Allianz auf dem Gipfel von Madrid Polen, Tschechien und Ungarn die Mitgliedschaft an.[99] Die

---

[95] Vgl. Karl-Heinz Kamp: Zwischen Friedenspartnerschaft und Vollmitgliedschaft - Die NATO und die Erweiterungsfrage, St. Augustin 1995, 13f.

[96] Vgl. "Rühe für erste kleine NATO-Erweiterung bis zum Jahr 1999"; FAZ, 15.10.1996; und "Clinton für rasche Osteerweiterung der NATO"; SZ, 6.2.1997.

[97] Während Rühe die Erweiterungsrunde auf drei Staaten beschränken wollte, sprach sich Kinkel für die Einbeziehung Sloweniens aus. Vgl. Udo Bergdoll: Bonner Dissens über Slowenien; SZ, 3.3.1997.

[98] Vgl. "Grundakte über gegenseitige Beziehungen, Zusammenarbeit und Sicherheit zwischen der Nordatlantikvertrags-Organisation und der Russischen Föderation"; in: Bulletin, 43/1997 (3.6.1997), 449. Siehe auch "Solana lobt Engagement der Bundesregierung"; SZ, 17.-19.5.1997.

[99] "NATO-Gipfelkonferenz in Madrid: Erklärung von Madrid zur euro-atlantischen Sicherheit und Zusammenarbeit"; in: Bulletin, 64/1997 (31.7.1997), 765-770.

Beitrittsprotokolle wurden im Dezember 1997 unterzeichnet, der Beitritt im März 1999 vollzogen. Bonn hatte ein zentrales außenpolitisches Ziel erreicht: die Integration der Staaten an seiner östlichen Peripherie in die NATO bei gleichzeitigem Interessenausgleich mit Rußland.

Deutschland darf sich aber nicht allein auf das atlantische Bündnis verlassen. Der Jugoslawienkrieg hat demonstriert, daß die NATO nur voll funktionsfähig ist, wenn die USA die Führung übernehmen. Es liegt deshalb im Interesse der Bundesrepublik, die sicherheitspolitische Zusammenarbeit der Staaten der Europäischen Union zu fördern. Allerdings hat sich schon bei den Verhandlungen zum Vertrag von Maastricht gezeigt, daß nur eine knappe Mehrheit der EG-Mitglieder eine engere Integration der Sicherheits- und Verteidigungspolitik unterstützt.[100] Den Befürwortern substantieller Änderungen (Deutschland, Italien, Spanien, Belgien, Griechenland, Luxemburg und - mit Einschränkungen - Frankreich) standen die "Bremser" Großbritannien, Portugal, Dänemark, Niederlande und Irland gegenüber, die den Vorrang der NATO nicht in Frage stellen wollen. Es kam deshalb im Maastricht-Vertrag vom 7. Februar 1992 zu keiner qualitativ neuen Form einer "vergemeinschafteten" Außen- und Sicherheitspolitik. Zwar wurde die 1970 gegründete Europäische Politische Zusammenarbeit durch die Gemeinsame Außen- und Sicherheitspolitik mit erweiterter Zuständigkeit ersetzt, aber es blieb bei intergouvernementaler Zusammenarbeit und dem Einstimmigkeitsprizip.[101] Allerdings zeigte der Vertrag von Maastricht Wege auf, wie die EU-Staaten dem Ziel einer gemeinsamen Politik näher kommen. So findet im Europäischen Rat zu jeder außen- und sicherheitspolitischen Frage eine gegenseitige Unterrichtung und Abstimmung der Positionen statt, was gegebenenfalls in die Feststellung eines "gemeinsamen Standpunkts" münden kann. Im eng begrenzten Bereich der Implementierung "gemeinsamer Aktionen" verläßt die EU sogar das Prinzip der Einstimmigkeit und führt damit ein Element der Supranationalität in die GASP ein. Ein Beispiel für eine solche gemeinsame Aktion ist die EU-Verwaltung der bosnischen Stadt Mostar, die bis Mitte 1996 vom früheren Bremer Bürgermeister Hans Koschnick geleitet wurde.[102] Bonn und Paris regten Ende 1995 zudem

---

[100] Vgl. Thomas Jürgens: Die Gemeinsame Europäische Außen- und Sicherheitspolitik, Köln u.a. 1994, 295ff.

[101] Vgl. Franz Borkenhagen: Europa braucht GASP. Gemeinsame Außen- und Sicherheitspolitik in und für Europa, Bonn/Berlin 1993.

[102] Vgl. Thiel, 1997, 220f.

an, die Vergemeinschaftung durch die Bestellung eines Generalsekretärs für die gemeinsame Außen- und Sicherheitspolitik voranzubringen. Der Amsterdamer Vertrag vom Oktober 1997 sieht die Ernennung eines "Hohen Vertreters für die GASP" vor, der zusammen mit der Ratspräsidentschaft und dem für die Außenbeziehungen zuständigen Mitglied der Kommission die EU künftig auf internationaler Ebene repräsentieren soll.[103] Der Hohe Vertreter wird auch eine Strategieplanungs- und Frühwarneinheit leiten, die die Entwicklung der GASP überwacht und für die GASP wichtige Ereignisse analysiert.

Die EU-Mitglieder bekennen sich im Maastrichter Vertrag auch zur Entwicklung einer eigenständigen europäischen Sicherheits- und Verteidigungsidentität. Dazu soll die WEU *"stufenweise zur Verteidigungskomponente der Europäischen Union"* und *"als Mittel zur Stärkung des europäischen Pfeilers der Atlantischen Allianz"* ausgebaut werden.[104] Grundsätzliche konzeptionelle und praktische Fragen, etwa nach dem Verhältnis der WEU zur NATO oder zum Weisungsrecht gegenüber der WEU, blieben aber offen. Auch besteht die Westeuropäische Union zumindest bis zum Auslaufen des WEU-Vertrags im Jahre 1998 als separates institutionelles Gefüge fort. Inwieweit es der EU gelingt, mit der im Amsterdamer Vertrag beschlossenen Einrichtung einer *Strategieplanungs- und Frühwarneinheit* eigenständige Perspektiven gegenüber außenpolitischen Herausforderungen zu entwickeln, bleibt abzuwarten. Großbritannien jedenfalls hat bereits signalisiert, daß es eine Verschmelzung von EU und WEU notfalls mit einem Veto verhindern würde.[105]

Die Zuordnung des auf dem deutsch-französischen Gipfel von La Rochelle im Mai 1992 aus der Taufe gehobenen *Euro-Korps* wurde im Vertrag von Maastricht ebenfalls nicht geregelt. Erst im Januar 1993 einigten sich der amerikanische *Oberbefehlshaber der Alliierten Streitkräfte Europa* (SACEUR), der französische Generalstabschef und der Generalinspekteur der Bundeswehr darauf, das Euro-Korps im Verteidigungsfall vollständig, also einschließlich der französischen Truppenteile, dem Atlantischen Bündnis unterzuordnen und es für NATO-Einsätze im Rahmen von UNO- und KSZE-Missionen zumindest in Teilen zur

---

[103] Siehe dazu Franco Algieri: Die Reform der GASP - Anleitung zu begrenztem gemeinsamem [sic] Handeln; in: Werner Weidenfeld (Hg.): Amsterdam in der Analyse, Gütersloh 1998, 89-120.

[104] Vertrag zur Gründung der Europäischen Union vom 7.2.1992, Art. J.4.

[105] Vgl. "Drei-Stufen-Plan zur europäischen Verteidigung"; NZZ, 25.3.1997, 1.

Verfügung zu stellen. Außerhalb dieser Einsätze verbleibt das Euro-Korps, das seit Ende November 1995 partiell einsatzfähig ist, unter dem Dach der WEU. Die ursprünglich bilaterale deutsch-französische Verteidigungskooperation, zu der später Belgien (Juni 1993), Spanien (November 1993) und Luxemburg (Mai 1994) stießen, ist damit fest in das euro-atlantische Sicherheitsgefüge eingebunden. Das selbe gilt für das deutsch-niederländische und das im August 1998 gegründete deutsch-dänisch-polnische Korps.

Angesichts der geringen Fortschritte bei der Etablierung einer europäischen Sicherheitsarchitektur im Rahmen der EU billigte der deutsch-französische Verteidigungs- und Sicherheitsrat am 9. Dezember 1996 ein *Gemeinsames deutsch-französisches Sicherheits- und Verteidigungskonzept.* Zwar ist dieses Strategiepapier vom Bemühen um eine stärkere Integration der beiden Militärpolitiken im konzeptionellen und materiellen Bereich im Rahmen einer *Gemeinsamen Europäischen Verteidigungspolitik* (GEVP) gekennzeichnet; auch geht die Bundesrepublik darin erstmals offiziell auf das von Premierminister Juppe im September 1995 unterbreitete Angebot einer *dissuasion concertée,* einer konzertierten nuklearen Abschreckung, ein.[106] Aber die entscheidende Stelle des Dokuments spricht davon, daß Europas strategische Verteidigung von der NATO und insbesondere von den Vereinigten Staaten gewährleistet werden muß.[107] Damit rückt Frankreich ein Stück von seinem Ziel einer eigenständigen europäischen Sicherheitspolitik ab.

Insgesamt steht eine überzeugende gesamteuropäische Sicherheits- und Verteidigungspolitik also auch nach GASP und GEVP noch in den Sternen.[108] Deutschland wird auch in Zukunft an der seit den fünfziger Jahren gültigen sicherheitspolitischen Prämisse festhalten, sich nicht definitiv zwischen der atlantischen und der europäischen Option zu entscheiden. Es wird allerdings viel diplomatisches Geschick verlangen, dieses nationalstaatliche Interesse mit den von außen - vor allem aus Paris und Washington - herangetragenen Erwartungen zu versöhnen und nicht als wankelmütig zu erscheinen.

---

[106] Veröffentlicht im Bulletin des Presse- und Informationsamts der Bundesregierung 12/1997 (5.2.1997), 117-120. Für eine vertiefte Analyse siehe Hans-Georg Ehrhart: Von der GASP zur GEVP? Das deutsch-französische Sicherheits- und Verteidigungskonzept; in: Dokumente. Zeitschrift für den deutsch-französischen Dialog, 2/1997, 102-107.

[107] Vgl. "France and Germany. Otanising"; The Economist, 8.2.1997, 31.

[108] Vgl. Matthias Dembinski: Europäische Integration. Den Stillstand überwinden - aber wie? Maastricht und die europäische Außenpolitik; in: Solms u.a., 1997, 116-130.

Auch die Vereinten Nationen sind für die Sicherheitspolitik der Bundesrepublik nach dem Ende des Ost-West-Konflikts wichtiger geworden.[109] Während zu Zeiten des Kalten Kriegs beiden deutschen Staaten kein besonderes Engagement innerhalb der UNO abverlangt wurde, trifft dies für das vereinte Deutschland nicht mehr zu. Mit der Zunahme der Blauhelm-Einsätze nach 1990 stieg auch die Erwartung an die Bundesrepublik, einen stärkeren Beitrag zu leisten. Wiederholt appellierte Generalsekretär Butros Butros Gali (1992-1997) an Bonn, die friedenserhaltenden Missionen der Vereinten Nationen tatkräftig zu unterstützen. Mit der Beteiligung von Bundeswehr-Soldaten an den Aktionen in Kambodscha (1992/93), Somalia (1993/94) und dem ehemaligen Jugoslawien (ab 1995) signalisierte Bonn seine Bereitschaft, diesen Wünschen nachzukommen. Allerdings haben die Mißerfolge der Blauhelmeinsätze insbesondere in Somalia die Bereitschaft der deutschen Politiker zur Teilnahme an weiteren UN-Missionen reduziert. So hat die Bundesregierung 1994 mehrere Bitten aus New York um eine Beteiligung an Friedensaktionen zurückgewiesen. Eine Wende kam erst mit der Teilnahme an der Implementierung des Friedensabkommens von Dayton, die allerdings unter dem Kommando der NATO steht. Die Mitwirkung deutscher Soldaten an UN-Einsätzen ist in engem Zusammenhang zu sehen mit dem vor allem von Außenminister Kinkel seit 1992 wiederholt vorgetragenen Plädoyer für einen ständigen Sitz im Sicherheitsrat.[110] Eine überzeugende Begründung der deutschen Politik für einen solchen Schritt, die über den Anspruch auf eine nationalstaatliche Statusaufwertung hinausreicht, steht aber aus. Da die fünf ständigen Ratsmitglieder allerdings wenig Neigung zeigen, ihre Privilegien mit anderen zu teilen, und sich die Aspiranten nicht auf Kandidaten für einen ständigen Sitz einigen können, dürfte sich in dieser Frage auch weiterhin wenig bewegen.

Allen zur Epochenwende 1989 bis 1991 geäußerten Erwartungen zum Trotz ist die Bedeutung der KSZE/OSZE für die deutsche Sicherheitspolitik nach dem Ende des Ost-West-Konflikts nicht gewachsen. Die KSZE ist es nämlich nicht gelungen, den Verlust ihrer Hauptaufgabe, nämlich in Zeiten der Blockkonfrontation einen Dialog zwischen Ost und West zu ermöglichen, überzeugend zu kompensieren. Das lag zum einen daran, daß die USA

---

[109] Zur deutschen UNO-Politik siehe vor allem Manfred Knapp: Deutschland und die Vereinten Nationen; in: Politische Bildung, 30/1 (1997), 26-38.

[110] Vgl. Klaus Kinkel: Wir wollen unserer Streitkräfte den Vereinten Nationen zur Verfügung stellen. Rede des deutschen Außenministers vor der 47. UN-Generalversammlung (23.9.1992); in: Vereinte Nationen, Jg. 40/5 (1992), 160-163.

und Großbritannien alle Initiativen blockierten, die Möglichkeiten der KSZE beim Management regionaler Krisen auszubauen. Zwar darf die KSZE seit Juli 1992, als sie sich als Regionalabmachung der UNO deklarierte, friedenserhaltende Operationen unter Anleitung des UN-Sicherheitsrats organisieren, aber ohne eigene Infrastruktur bleibt sie völlig auf die NATO und die WEU angewiesen. Zum anderen ist sie mit 54 Mitgliedern zu groß und heterogen geworden als daß sie den neuen Herausforderungen wirkungsvoll begegnen könnte. Auch der auf dem Gipfel von Budapest 1994 beschlossene Schritt von einer Staatenkonferenz zu einer internationalen Organisation hat daran nichts Grundlegendes ändern können. Konsequent setzt die Bundesrepublik deshalb ihre Priorität auch auf eine reformierte NATO und die Stärkung der europäischen Verteidigungsstrukturen.

Als Forum für multilaterale Verhandlungen oder zur Überwachung von Wahlen oder Waffenstillstandsabkommen kann die OSZE durchaus nützliche Dienste leisten, Krisen- und Konfliktbewältigung wird jedoch in den Händen der NATO bleiben. Auch ad-hoc-Gremien wie die *Bosnien-Kontaktgruppe*, eingerichtet im April 1994 von den USA, Rußland, Großbritannien, Frankreich und der Bundesrepublik, machen der Allianz diesen Rang nicht streitig.[111] Erst die Luftangriffe der NATO auf die militärische Infrastruktur der bosnischen Serben im September 1995 zum Beispiel konnten zusammen mit der kroatischen Bodenoffensive den Grundstein für das Dayton-Abkommen legen. Heute zeichnet sich deutlich ab, daß alle Hoffnungen der frühen neunziger Jahre, die KSZE zu einer übergeordneten europäischen Sicherheitsgemeinschaft zu machen oder Konflikte zumindest durch ein reibungsloses *"interlocking of institutions"*[112] zu regulieren, keine Realisierungschance haben.

7.4. Die alten und neuen Partner in West und Ost

Die Überwindung der bipolaren Weltordnung bedeutete für die Bundesrepublik auch eine Neudefinition der Beziehungen zum lange Jahrzehnte sicherheitspolitisch wichtigsten Freund im Westen, den Vereinigten Staaten, und zu den ehemaligen Gegnern im Osten, der Sowjet-

---

[111] Zur Rolle der verschiedenen multinationalen Organisationen bei der Regulierung des Jugoslawienkrieges siehe Carsten Giersch: Der Jugoslawien-Konflikt als Testfall europäischer Sicherheit; in: ‚APuZ 29/1997 (11.7.1997), 26-38.

[112] Uwe Nerlich: Das Zusammenwirken multinationaler Institutionen: Neue Optionen für kollektive Verteidigung und internationale Friedensmissionen?; in: Bernard von Plate (Hg.): Europa auf dem Wege zur kollektiven Sicherheit, Baden-Baden 1994, 283-303, hier 292.

union und ihrem Rechtsnachfolger Rußland sowie Polen und Tschechien. Zwar sind diese Prozesse noch in Gange, aber es lassen sich bereits einige Grundmuster im künftigen Verhältnis erkennen.

Deutschland und Amerika: Eine Beziehung sucht ihre Zweck

Seit den späten vierziger Jahren war die Frage nach der *raison d'être* der transatlantischen Partnerschaft mit wenigen Sätzen zu beantworten: Die USA besaßen ein überragendes Interesse, Westdeutschland, dieses aufgrund seiner geopolitischen Lage und seiner Ressourcen überaus bedeutende Land, nicht in die Hände des weltpolitischen Rivalen fallen zu lassen. Dafür war Washington bereit, mit großer diplomatischer Energie sowie hohem militärischen und finanziellen Engagement eine Allianz mit der Bundesrepublik einzugehen, die Integration des säkularen Störenfrieds Deutschland in europäische Strukturen voranzutreiben und die ökonomische Prosperität Westeuropas durch Finanzhilfen und die Etablierung eines offenen Weltwirtschaftssystems zu fördern. Die Westdeutschen akzeptierten die Mitgliedschaft im *"empire by invitation"*[113] aus voller Überzeugung, weil sie das garantierte, was sie am meisten erstrebten: Sicherheit vor der Sowjetunion unter dem amerikanischen Nuklearschirm und wirtschaftlichen Aufstieg durch ein berechenbares Währungs- und Handelsregime.

Schon damals waren allerdings Probleme zwischen den Partnern nicht zu übersehen. Unterschiedliche Einschätzungen regionaler Krisen, Streitigkeiten über die Teilbarkeit der Entspannungspolitik, Zweifel bundesdeutscher Politiker an der amerikanischen Nukleargarantie und die Angst vor Alleingängen Washingtons, Währungsprobleme und Handelsdispute gehörten auch in den Tagen des Kalten Kriegs zum täglichen Brot des transatlantischen Geschäfts. Der Kitt der sowjetischen Bedrohung erwies sich aber stets als stark genug, selbst schwerwiegende Verwerfungen nicht in eine grundsätzliche Infragestellung der deutsch-amerikanischen Beziehungen münden zu lassen.

Mit dem Ende der militärischen, politischen und ideologischen Herausforderung durch die Sowjetunion fielen zwar viele Streitpunkte zwischen den USA und Deutschland weg, die gerade die Ost- und Sicherheitspolitik immer stärker belastet hatten. Gleichzeitig aber verlor

---

[113] Siehe Lundestad, 1986.

die transatlantische Zusammenarbeit ihren eigentlichen Zweck. Optimisten sahen damit die Chance gegeben, die Bundesrepublik und die USA könnten die freiwerdenden materiellen Ressourcen und kreativen Energien zur Bewältigung neuer Herausforderungen einsetzen. Pessimisten argwöhnten, ohne gemeinsame Bedrohung ihrer physischen Existenz würden beide Staaten kaum ihre ungewöhnlich enge Kooperation der Jahre 1947 bis 1991 aufrecht erhalten.[114]

Auch acht Jahre nach dem Ende des Ost-West-Konflikts ist ein eindeutiges Urteil über die Entwicklung der deutsch-amerikanischen Beziehungen noch nicht abzugeben. Zwar läßt sich festhalten, daß Washington und Bonn in den grundsätzlichen Zielen gegenüber Rußland und China, bei der NATO-Osterweiterung, der Balkan-Politik und der Gewährleistung eines liberalen Weltwirtschaftssystems weitgehend übereinstimmen. Aber gleichzeitig reichen die Interessenkonflikte von der Behandlung der STIPS (*States Threatening International Peace and Security*) - darunter vor allem Kubas, Libyens und des Iran -, über die richtige Strategie gegenüber der Türkei bis hin zur Proliferation von Massenvernichtungswaffen und zur Umweltpolitik. Auch haben die USA und Deutschland unterschiedliche Vorstellungen zur künftigen NATO-Strategie. Insgesamt ist es den Regierungen freilich gelungen, die etablierten Kooperationsstrukturen zu nutzen, um Dissonanzen zu entschärfen - oft in buchstäblich letzter Minute -, bevor sie eine zerstörerische Wirkung auf die Beziehungen entwickeln konnten. Dies zeigt, daß es noch immer eine große Bereitschaft in den USA und in Deutschland, ja in ganz Europa gibt, das Sonderverhältnis am Leben zu erhalten. Ob die Wertegemeinschaft und der politische Wille indes ausreichen, um die deutsch-amerikanische Zusammenarbeit dauerhaft zu sichern, ist alles andere als sicher.

Deutschland und Rußland: Eine Beziehung mit Belastungsproben

Auch nach der Wiedervereinigung blieb die Bundesrepublik das Land im Westen, das aufgrund seiner geographischen Nähe das größte Interesse an einer friedlichen Transformation der Sowjetunion und ihres Rechtsnachfolgers Rußland hatte.[115] Bonn stand deshalb

---

[114] Für eine längere Diskussion der zentralen Kooperations- und Konfliktfelder siehe Stephan Bierling: Amerika und Deutschland: Amerika führt - Europa folgt? Eine Beziehung sucht ihren Zweck; in: Internationale Politik, 1996/2, 9-18.

[115] Siehe dazu vor allem Bierling, 1998, 149-314.

auch nach der Ratifizierung des Zwei-plus-Vier-Vertrags durch die Duma den Moskauer Wünschen nach weiterer Wirtschaftshilfe positiv gegenüber. Vor allem der gescheiterte Putsch links-reaktionärer Kreise gegen Gorbatschow im August 1991 und die faktische Machtübernahme des Präsidenten der Russischen Föderation, Boris Jelzin, verstärkte diese Haltung. Jelzin unternahm nämlich in seinen ersten Amtsmonaten mutige Schritte in Richtung Marktwirtschaft und Demokratie. Kohl, der sich seit Anfang 1990 als wichtigster Anwalt russischer Finanzinteressen im Westen etabliert hatte, drängte nun verstärkt die Partner in der Siebenergruppe, dem russischen Präsidenten entgegenzukommen. Auf G-7-Gipfeln, Sonderkonferenzen und bilateralen Treffen beherrschte die Rußlandhilfe in den Jahren 1992 bis 1994 die Ost-West-Agenda. Am 1. April 1992 präsentierte der Kanzler ein 24-Mrd.-Dollar-Paket der G-7 zur Unterstützung Jelzins,[116] ein Jahr später schlugen die Sieben in Tokio auf deutsches und amerikanisches Drängen gar Hilfemaßnahmen im Umfang von 43 Mrd. Dollar vor.[117] Allerdings setzten sich die Summen zum großen Teil aus früheren Zusagen sowie Geldern des IWF zusammen und wurden wegen der ökonomischen Turbulenzen in Rußland nicht in vollem Umfang ausbezahlt.

Je stärker Jelzin im Verlauf der nächsten Jahre aber von seiner Reformpolitik abrückte und je weniger kooperationsbereit er sich im internationalen Bereich zeigte, desto stärker rückten die klassischen außen- und sicherheitspolitischen Themen wieder in den Vordergrund. Dabei vermied es die Bundesrepublik allerdings, Moskau zu brüskieren. Trotz einer gewissen Ernüchterung galt Jelzin der deutschen Regierung noch immer als beste Hoffnung für eine den eigenen Interessen entsprechende Entwicklung Rußlands. Den Krieg russischer Truppen gegen die abtrünnige Kaukasusrepublik Tschetschenien, der im Dezember 1994 begann und über 45.000 Opfer forderte, kritisierte Bonn nur verhalten. Selbst in der Frage der von ihr gewünschten NATO-Osterweiterung gelang es der Bundesrepublik, sich in Moskau als Vermittler zwischen russischen und amerikanischen Interessen zu präsentieren. So unterstützte Deutschland mit Nachdruck die Aufnahme der GUS-Staaten in den Nordatlantischen Kooperationsrat im März 1992 und den Abschluß der *Grundakte über gegen-*

---

116 "Gesamtrahmen für die Zusammenarbeit der großen Industrieländer mit der GUS". Erklärung des Bundeskanzlers, 1.4.1992; in: Bulletin, Nr. 35 (3.4.1992), 336.

117 "Unterstützung für den Reformprozeß in Rußland - Herausforderung und Chance." Erklärung von Bundesfinanzminister Theo Waigel zur Position der Bundesrepublik vor dem G-7-Treffen in Tokio; in: BMF-Nachrichten, Nr. 23/1993 (14.4.1993), 2-4.

seitige Beziehungen, Zusammenarbeit und Sicherheit zwischen der NATO und Rußland, die am 27. Mai 1997 in Paris unterzeichnet wurde. Auch setzte sich die Bundesrepublik erfolgreich für den russischen Wunsch nach einer institutionellen Integration in die Weltwirtschaft (G-7, Londoner Club[118]) ein. Als Jelzin vor den Präsidentschaftswahlen im Juni 1996 mit dem Kommunistenführer Sjuganow ein starker Herausforderer erwuchs, stärkte Bonn erfolgreich die Position des angeschlagenen Amtsinhabers mit einem erneuten Milliarden-Kredit. 1996/97 rückte die sogenannte Beutekunst-Frage in den Vordergrund der Beziehungen. Dabei ging es um die von der Roten Armee am Ende des 2. Weltkriegs in Deutschland geraubten Kunstschätze. Während die Duma sie als Entschädigung für die durch die deutsche Invasion zerstörten Werke betrachtete, sagte der russische Präsident der Bundesregierung seine Unterstützung zu, die auf Grundlage des Völkerrechts eine Rückgabe forderte. Der freundschaftliche Umgang zwischen Kohl und Jelzin trug wesentlich dazu bei, daß die bilateralen Beziehungen auch in schwieriger Zeit von relativer Stabilität gekennzeichnet waren. Darüber hinaus bleibt das Interesse der Bundesrepublik an einer einigermaßen stabilen politischen Entwicklung in Rußland hoch, schon weil sie größter Gläubiger Moskaus ist. Die russische Führung ist sich bewußt, daß Bonn das Land in den letzten acht Jahren massiv unterstützt hat und auch in Zukunft der wichtigste ökonomische und politische Partner bleiben dürfte.

Geschichte als Last und Chance: Deutschland und seine Nachbarn Polen und Tschechien

Die Bundesrepublik war seit dem Ende des Kalten Kriegs stärkster Anwalt einer Integration der jungen ostmitteleuropäischen Demokratien in NATO und EU. So war es kein Zufall, daß der Europäische Rat vor allem auf deutsches Drängen und unter deutschem Vorsitz auf dem Gipfel in Essen im Dezember 1994 beschloß, Beitrittsverhandlungen mit den Reformstaaten aufzunehmen.[119] Die bilateralen Beziehungen mit den beiden Nachbarn Tschechien und Polen entwickelten sich dagegen recht unterschiedlich.

---

[118] Im Londoner Club kommen die staatlichen Gläubiger zusammen, um über ihre ausstehenden Kredite zu beraten.

[119] Vgl. Wolfram Hilz: Deutschland und seine Nachbarn Polen und Tschechien. Regionale Kooperation im Umweltbereich und bei der Inneren Sicherheit; in: APuZ, B3-4/99 (15.1.1999), 43-54.

Das deutsch-tschechische Verhältnis schien und scheint bisweilen in historischen Fragen gefangen.[120] Aufgrund der vielen ungelösten Probleme stand der Prager Vertrag am Ende der Brandtschen Ostpolitik. Versöhnungsgesten wie die der Präsidenten beider Staaten, Vaclav Havel (1989-) und Richard von Weizsäcker, Anfang 1990 stießen auf starken innenpolitischen Widerstand. Der am 27. Februar 1992 unterzeichnete *Vertrag über gute Nachbarschaft und freundschaftliche Zusammenarbeit* ging zwar in Fragen der wirtschaftlichen und kulturellen Kooperation viel weiter als sein Vorgänger aus dem Jahr 1973 und verwandte erstmals das Wort "Vertreibung" (vyhnáni), aber er sprach weder die Frage der Sudetendeutschen noch die Reparationswünsche Prags an. Auf tschechischer Seite setzte sich vor allem Havel für eine Aussöhnung ein. In einer Rede an der Prager Karls-Universität benutzte er 1995 nicht nur das Wort "Vertreibung", sondern bezeichnete sie auch als "unmoralische Tat". Trotzdem gelang es Außenminister Kinkel und seinem tschechischen Pendant Josef Zieleniec im Januar 1996 nicht, eine gemeinsame Erklärung zu diesen Problemen zu verabschieden. Erst ein Jahr später, am 21. Januar 1997, konnten der tschechische Premierminister Vaclav Klaus und Kanzler Kohl eine *Gemeinsame Erklärung* unterzeichnen, in der beide Seite Bedauern über die Vergangenheit äußern: die Deutschen über die Zerschlagung und Besetzung der Tschechoslowakei sowie das der Bevölkerung zugefügte Leid, die Tschechen über die Exzesse bei der Vertreibung von mehreren Millionen Sudetendeutscher in den Jahren 1945 und 1946. Der gemeinsame *Zukunftsfonds*, aus dem Projekte der grenzübergreifenden Zusammenarbeit und Sprachkurse bezahlt werden sollen, beschloß im März 1998 Kompensationszahlungen für tschechische Opfer des Nazi-Regimes. Allerdings zeigten der Vergleich von Sudetendeutschen und tschechischen Extremisten durch den neuen Premierminister Milos Zeman im Juli 1998 und die heftigen Reaktionen der deutschen Seite, daß das Verhältnis zwischen der Bundesrepublik und Tschechien weit davon entfernt ist, als "normal" bezeichnet werden zu können.

Dagegen entwickelten sich die deutsch-polnischen Beziehungen seit 1990 insgesamt sehr positiv.[121] Nachdem die Irritationen über die Forderung Warschaus nach einer Teil-

---

[120] Vgl. Otto Kimminich: Völkerrecht und Geschichte im Disput über die Beziehungen Deutschlands zu seinen östlichen Nachbarn; in: APuZ, B28/96, 28-38; und Lubos Palata: Unsettled Scores. The Sudeten Issue Continues to Play a Role in German-Czech Relations; in: Transitions (November 1998), 28-33.

[121] Vgl. Dieter Bingen: Helmut Kohls Polenpolitik; in: Die politische Meinung, 43/349 (1998), 25-37.

nahme an den Zwei-plus-Vier-Gesprächen beigelegt und ein Vertrag über die völkerrechtliche Anerkennung der polnischen Westgrenze am 14. November 1990 unterschrieben waren, konnte schon am 17. Juni 1991 ein *Vertrag über gute Nachbarschaft und freundschaftliche Zusammenarbeit* geschlossen werden. Er brachte nicht nur eine umfassende Festschreibung der Rechte der deutschen Minderheit in Polen, sondern stellte auch die Weichen für eine ausgedehnte Kooperation in allen Bereichen der Beziehungen. Deutschland verpflichtete sich, sich nach Kräften für die Aufnahme Polens in die EU einzusetzen. Die jeweiligen Minderheiten im anderen Land sollten eine Brücke zwischen Deutschen und Polen bilden, ein Deutsch-Polnisches Jugendwerk die Kontakte zwischen Jugendlichen aus beiden Staaten fördern. Parallelen zum deutsch-französischen Vertrag von 1963, der das Verhältnis zu Paris auf eine neue Grundlage gestellt hatte, waren durchaus beabsichtigt. In der Tat dokumentierten zahlreiche Schritte von der 1991 begonnenen jährlichen Zusammenkunft der Außenminister Deutschlands, Frankreichs und Polens[122] bis zur Schaffung des deutsch-dänisch-polnischen Korps, daß die bilateralen Beziehungen so gut sind wie nie in der Geschichte. Allerdings hat die scharfe Erklärung des Sejm zu einer Entschließung des Bundestags, in der er im Zusammenhang mit der Osterweiterung von NATO und EU auf die Grundfreiheiten der deutschen Heimatvertriebenen hinwies, im Juli 1998 gezeigt, daß das deutsch-polnische Verhältnis auch mehr als ein halbes Jahrhundert nach dem 2. Weltkrieg kein normales sein kann.[123]

7.4. Deutsche Außenpolitik als Europapolitik

Das Ende des Ost-West-Konflikts hatte also massive Auswirkungen auf die Sicherheitspolitik der Bundesrepublik sowie ihre Beziehungen zu den Vereinigten Staaten und zu den Ländern Osteuropas. Dagegen blieben die Grundlagen in einem außenpolitischen Aktionsfeld weitgehend konstant: der Europapolitik. Kohl wies diesem Ziel sogar absolute Priorität zu. In der Tat ist deutsche Außenpolitik seit 1991 stärker als je zuvor Europapolitik. Ein ganzes Bündel von Aufgaben und Herausforderungen dominierte und dominiert dabei die Agenda: die

---

[122] "Deutschland, Frankreich und Polen in der Verantwortung für Europas Zukunft". Deklaration von Weimar vom 29. August 1991 (Auszug); in: Auswärtiges Amt, 1995, 816f.

[123] Vgl. Der "Zusammenarbeit Polens und Deutschlands nicht dienlich". Ein "Resolutionswechsel" zwischen Sejm und Bundestag; in: Blätter für deutsche und internationale Politik, 8/1998 (August 1998), 1012f.

Schaffung einer Wirtschafts- und Währungsunion, die Vereinheitlichung der Innen- und Rechtspolitiken, die Arbeit an einer gemeinsamen Außen- und Sicherheitspolitik, die Erweiterung der Gemeinschaft, die Neugestaltung der Beziehungen zu den Ländern Mittel- und Osteuropas.[124] Offener als früher spielt Bonn seit 1991 in all diesen Bereichen eine gestaltende Rolle.

Von Maastricht nach Amsterdam:
Schritte zur ökonomischen und politischen Union

Schon im Zehn-Punkte-Programm hatte der Bundeskanzler versichert, daß deutsche Einheit und europäische Vereinigung für ihn zwei Seiten einer Medaille bildeten und eine Vertiefung der Gemeinschaft als Ziel ausgegeben. Das Abrücken von der *Krönungstheorie*, also der Einführung einer gemeinsamen europäischen Währung erst nach der Herstellung der realwirtschaftlichen Konvergenz und der politischen Union, zugunsten der von Paris befürworteten *Lokomotivtheorie*, die in der Währungsunion einen Schrittmacher für die ökonomische und politische Union sah, sollte Frankreich von der Ernsthaftigkeit Bonner Integrationsversprechen überzeugen.[125] Das oft vorgetragene Argument, die deutsche Zustimmung zur Währungsunion sei der Preis gewesen, den die französische Regierung für ihr "Ja" zur deutschen Einheit im Frühjahr 1990 verlangt hätte,[126] verkürzt die komplexe Motivlage unzulässig.

In drei Botschaften an die jeweiligen amtierenden Präsidenten des Europäischen Rats legten Kohl und Mitterrand in den nächsten 18 Monaten ihre Pläne für die weitere Integration Europas dar: Am 18. April 1990 baten sie den irischen Premierminister, die vorbereitenden Arbeiten für die Regierungskonferenz über die Wirtschafts- und Währungsunion zu intensivieren und parallel dazu Verhandlungen über eine politische Union zu beginnen.[127]

---

[124] Zur Entwicklung der Europäischen Union siehe Werner Weidenfeld/Wolfgang Wessels (Hrsg.): Jahrbuch der Europäischen Integration, div. Jge., Bonn 1994ff.

[125] Vgl. Weidenfeld/Wagner/Bruck, 1998, 145.

[126] So z.B. Josef Joffe: Den Karren vor das Pferd gespannt; SZ, 10./11.1.1998, Wochenendbeilage.

[127] "Initiative Kohl-Mitterrand zur Europäischen Union"; Botschaft des Staatspräsidenten der Französischen Republik, François Mitterrand, und des Bundeskanzlers der Bundesrepublik Deutschland, Helmut Kohl, an den irischen Premierminister und amtierenden Präsidenten des Europäischen Rates, Charles Haughey, vom 18. April

Zwei Monate später beschloß der Rat in Dublin die Einberufung der entsprechenden Regierungskonferenzen. Am 6. Dezember, wenige Tage vor dem Gipfel im Rom, unterbreiteten Kohl und Mitterrand konkrete Vorschläge für eine Vertiefung und Erweiterung der Kompetenzen der Gemeinschaft.[128] Am 14. Oktober 1991 schließlich präsentierten beide einen Vertragsentwurf für eine gemeinsame europäische Außen- und Sicherheitspolitik.[129]

Diese Initiativen legten die Basis für den *Vertrag über die Europäische Union.* Der Text, auf den sich die zwölf Staats- und Regierungschefs der EG bei der Ratstagung am 9. und 10. Dezember 1991 in Maastricht einigten und den die Außen- und Finanzminister am 7. Februar 1992 an gleicher Stelle unterzeichneten, stellte die bisher gravierendste Korrektur beziehungsweise Ergänzung des EG-Vertrags von 1957 dar.[130] Der *Maastrichter Vertrag* sah die Schaffung einer Europäischen Union vor, die auf drei Säulen stehen sollte: auf den drei Gemeinschaften EWG, EGKS und Euratom, den Bestimmungen zur Gemeinsamen Außen- und Sicherheitspolitik und den Bestimmungen über die Zusammenarbeit in der Justiz- und Innenpolitik. Für alle drei Säulen gelten die *"gemeinsamen Bestimmungen"* und die *"Schlußbestimmungen".* Während in der Frage der Wirtschafts- und Währungsunion eine Vergemeinschaftung der Geldpolitik der Mitgliedsländer mit festem Zeitplan und zu zu erfüllenden Kriterien vereinbart wurde, blieben die Ausführungen zur Politischen Union vage. In einigen Politikfeldern erhielt die Union allerdings, wie vor allem von der Bundesrepublik gewünscht, neue Handlungsmöglichkeiten. So wurden das Prinzip der Subsidiarität festgeschrieben, die Regionen in die Willensbildung miteinbezogen, die Mitwirkungsrechte des Europäischen Parlaments verstärkt und eine eigene Unionsbürgerschaft eingeführt, die jedem EU-Bürger das Recht zur Teilnahme an Europa- und Kommunalwahlen unabhängig

---

1990; in: Auswärtiges Amt, 1995, 669f.

[128] "Zur Politischen Union". Gemeinsame Botschaft von Bundeskanzler Dr. Kohl und dem Präsidenten der Französischen Republik, François Mitterrand, an den Präsidenten des Ministerrates der Italienischen Republik und amtierenden Präsidenten des Europäischen Rates, Guilio Andreotti, vom 6. Dezember 1990; in: ebd., 776-778.

[129] "Botschaft zur gemeinsamen Außen- und Sicherheitspolitik". Botschaft von Bundeskanzler Dr. Kohl und dem Präsidenten der Französischen Republik, François Mitterrand, an den Vorsitzenden des Europäischen Ministerrates und niederländischen Ministerpräsidenten, Dr. Ruud Lubbers, vom 14. Oktober 1991, Bonn/Paris (Auszüge); in: ebd., 826-829.

[130] Grundsätzlich dazu siehe Thiel, 1997; und Thomas Läufer (Bearb.): Europäische Union - Europäische Gemeinschaft. Die Vertragstexte von Maastricht, Bonn 1995.

von seinem Wohnsitz gewährte. Der Bundestag nahm den Vertrag am 2. Dezember 1992 mit 543:17 Stimmen bei 8 Enthaltungen an. Lediglich die PDS votierte dagegen.[131]

Während die Bundesrepublik in der Frage des zeitlichen Ablaufs der Einführung der Währungsunion französischen Wünschen entgegenkam, konnte sie sich bei allen wichtigen inhaltlichen Bestimmungen durchsetzen. Die stabilitätspolitischen Vorstellungen Bonns bzw. Frankfurts, denen sich in den achtziger Jahren immer mehr Länder angeschlossen hatten, wurden damit zur Basis der künftigen europäischen Währungspolitik. So garantiert der Maastrichter Vertrag die Unabhängigkeit der Geldpolitik von politischer Einflußnahme. Im zentralen Art. 105 wird als das *"vorrangige Ziel"* der *Europäischen Zentralbank* (EZB) die Gewährleistung der *"Preisstabilität"* genannt. Diese Bestimmung geht sogar weiter als das Bundesbank-Gesetz, wo als zentrale Aufgabe "nur" festgelegt wurde, *"die Währung zu sichern"*. Außerdem genießt die Bestimmung im Maastrichter Vertrag Verfassungsrang und kann allein durch eine Ratifizierung aller EU-Mitglieder geändert werden. Ebenfalls gelang es Deutschland in den Verhandlungen, meßbare Konvergenzkriterien für den Eintritt in die dritte Stufe, eine Festlegung von Obergrenzen für öffentliche Defizite und Staatsverschuldung sowie abgestufte Sanktionen zur Durchsetzung von Haushaltsdisziplin durchzusetzen.[132] In späteren Vereinbarungen erreichte die Bundesregierung, daß Frankfurt Sitz der Europäischen Zentralbank und Euro der Name der gemeinsamen Währung sein sollte.

Trotz aller Erfolge der Bonner Verhandlungsführer wurde die Aussicht, die D-Mark in absehbarer Zeit für eine gemeinsame europäische Währung einzutauschen, in der deutschen Bevölkerung skeptisch aufgenommen. Erstmals regte sich breiter gesellschaftlicher Widerstand gegen eine europapolitische Initiative einer Bundesregierung. Auch in anderen Ländern war die Währungsunion umstritten. Großbritannien machte seine Unterschrift von einer opting out-Klausel abhängig, also der Möglichkeit, an der WWU nicht teilnehmen zu müssen. Die Dänen lehnten den Vertrag in einem Referendum ab und erst ein neuer Entwurf, der nach hektischen Verhandlungen mit den anderen EG-Staaten auch Kopenhagen Ausnahmeregelungen zugestand, fand in einer zweiten Volksabstimmung eine Mehrheit. Auch in Frankreich ging ein Referendum mit 51 Prozent Ja-Stimmen nur äußerst knapp zugunsten

---

[131] Vgl. "Bundestag ratifiziert Vertrag von Maastricht"; SZ, 3.12.1992.

[132] Vgl. Wilhelm Schönfelder/Elke Thiel: Ein Markt - Eine Währung. Die Verhandlungen zur Europäischen Wirtschafts- und Währungsunion, Baden-Baden 1994, 138.

von "Maastricht" aus. In Deutschland machte das Bundesverfassungsgericht am 12. Oktober 1993 zwar weitere Integrationsschritte von einer Stärkung der demokratischen Komponente der EG, also des Europaparlaments, abhängig, erklärte den Vertrag aber für mit dem Grundgesetz vereinbar.[133] Als letzter Staat konnte die Bundesrepublik die Ratifikationsurkunde nun in Rom hinterlegen. Am 1. November 1993 trat der Vertrag von Maastricht in Kraft. Die Europäische Gemeinschaft nennt sich seither Europäische Union. Weiter zweifelte jedoch eine Mehrheit der Deutschen an der künftigen Stabilität des Euro und der Solidität der Finanzpolitik von anderen Ländern nach Eintritt in die dritte Stufe der Währungsunion. Finanzminister Waigel schlug deshalb im November 1995 einen Stabilitätspakt vor, der alle WWU-Teilnehmer zur Selbstverpflichtung anhielt, die 3-Prozent-Obergrenze für die öffentlichen Defizite auch künftig einzuhalten. Im Dezember 1996 einigte sich der Europäische Rat in Dublin auf den *Stabilitäts- und Wachstumspakt*, der im Oktober 1997 im Amsterdamer Vertrag verabschiedet wurde.

Nur wenige Monate nach Unterzeichnung des Maastrichter Vertrags war das Europäische Währungssystem, dessen hohe Stabilität in den Jahren seit 1987 die Voraussetzung für die Einführung einer gemeinsamen Währung darstellte, in eine schwere Krise geraten.[134] Ursache dafür bildeten mehrere Leitzinserhöhungen der Bundesbank, die dadurch den Wiedervereinigungsboom in Deutschland bremsen und die Inflation bekämpfen wollte. Die meisten europäischen Länder befanden sich jedoch in einer zyklischen Abschwungsphase und brauchten niedrige Zinsen. Während Frankreich und andere Länder des D-Mark-Blocks den Vorgaben aus Frankfurt folgten, gerieten die englische und die italienische Währung massiv unter Druck. Die Zentralbanken mußten nun mit hohen Devisenmarktinterventionen dafür sorgen, daß Pfund und Lira innerhalb der festgelegten Bandbreiten blieben. Als dies zu kostspielig wurde, verließen London und Rom am 17. September 1992 das EWS. Die Spannungen im System hielten jedoch an, so daß sich die EG-Finanzminister und Notenbankchefs

---

[133] "Verfassungsbeschwerde zum Vertrag von Maastricht". Urteil des Bundesverfassungsgerichts vom 12. Oktober 1993 über die Verfassungsbeschwerde zum Vertrag von Maastricht sowie Gemeinsame Tischvorlage des Auswärtigen Amts und des Bundesministeriums der Finanzen zur Kabinettsitzung am 3. November 1993; in: Auswärtiges Amt, 1995, 967-974. Vgl. auch Ulrich Everling: Das Maastricht-Urteil des Bundesverfassungsgerichts und seine Bedeutung für die Entwicklung der Europäischen Union; in: Integration 3/1994, 165-175.

[134] Vgl. Norbert Walter: Der Kollaps des EWS - Konsequenzen für den Maastricht-Prozeß; in: Integration 1/1994, 30-33.

entschlossen, die Bandbreiten der Wechselkurse von je 2,25 Prozent auf je 15 Prozent in beide Richtungen zu erweitern. Die Währungskrise zeigte, daß deutsche Stabilitätspolitik nach innen und ihre Wirkung nach außen durchaus in Konflikt geraten konnten. Wie die USA in den sechziger Jahren, freilich unter anderen Vorzeichen, so orientierte die Bundesrepublik ihre Geldpolitik Anfang der neunziger Jahre an primär innenpolitischen Zielen und wurde damit der ihr zugewachsenen Verantwortung für den von ihr dominierten Währungsraum nicht gerecht.

Die Turbulenzen im EWS waren mit dem Ausstieg von Pfund und Lira sowie der Ausweitung der Bandbreiten aber noch nicht vorüber. Im Frühjahr 1995 werteten Spanien und Portugal ihre Währungen ab, sanken Pfund und Lira auf historische Tiefststände. Auch gegenüber dem Dollar erreichte die D-Mark mit 1,36 den höchsten Kurs aller Zeiten.[135] Was deutsche Urlauber freute, erwies sich für die Exportindustrie als Gift. Alle Restrukturierungs- und Kostensenkungserfolge wurden von der steigenden D-Mark aufgefressen, die Wettbewerbsfähigkeit der deutschen Ausfuhrwirtschaft fiel. Erst das Jahr 1996 brachte die Wende. Je deutlicher sich ein fristgerechtes Inkrafttreten der europäischen Währungsunion abzeichnete, desto stärker konnten die Schwachwährungen ihre Verluste gegenüber der D-Mark wettmachen. Und je größer die Wahrscheinlichkeit für Italien, Spanien und Portugal wurde, von Beginn an bei der WWU dabeizusein, desto stärker orientierten sich ihre Währungen an den im EWS geltenden Leitkursen. Zusammen mit dem gleichzeitig anziehenden Dollar verbesserte dies die Exportchancen der deutschen Industrie. Daß die Währungen in "Euroland" im Zuge der Südostasien-, Rußland- und Brasilienkrise seit Mitte 1997 nur wenig unter Druck gerieten, belegte überzeugend, daß die Märkte dem Euro-Raum eine hohe Krisenresistenz zutrauen. Mit der Festlegung der 45 bilateralen Wechselkurse der 10 Teilnehmerwährungen im Mai 1998 und ihrer endgültigen Fixierung am 1. Januar 1999 gehört der ständige Aufwertungsdruck auf die D-Mark im neuen Währungsraum zumindest der Vergangenheit an.

Nach wie vor ist die Bundesrepublik unter den großen Ländern die treibende Kraft für eine politische Union Europas. Im Vorfeld der Regierungskonferenz über den Amsterdamer Vertrag schlug die CDU/CSU-Bundestagsfraktion im sogenannten *Schäuble/*

---

[135] Vgl. Detlev Rahmsdorf: Währungspolitik; in: Weidenfeld/Wessels, 1995, 113-122, hier 121.

Lamers-Papier 1994 eine institutionelle Weiterentwicklung der Europäischen Union vor, allerdings nur für den "*feste[n] Kern von integrationsorientierten und kooperationswilligen Ländern*".[136] Das damit anvisierte Modell der unterschiedlichen Geschwindigkeiten wurde zwar in der Realität bereits praktiziert, indem das Papier aber von fünf bis sechs "Kernländern" mit Frankreich und Deutschland als Motor sprach, verstieß es gegen den europapolitischen *comment*. Italien und Großbritannien, aber auch Spanien und Österreich reagierten heftig.[137] In der Praxis zeigte sich jedoch immer deutlicher, daß Bonn mit seinen Forderungen nach vertiefter Integration weitgehend allein steht unter den großen Mitgliedsländern in der Union.

Allerdings gebiert sich Deutschland zunehmend wie andere große EU-Staaten, wenn es um die Durchsetzung eigener Interessen in der Union geht. Kohl blockierte etwa die Kandidatur des niederländischen Premierministers Lubbers für die Nachfolge von Kommissionspräsident Delors, weil dieser 1989/90 starke Vorbehalte gegen die Wiedervereinigung geäußert hatte.[138] Mit der Unterstützung des Luxemburgers Jacques Santer dokumentierte Bonn seinen Willen, Europapolitik wieder mehr in den europäischen Hauptstädten zu betreiben als sie von der Kommission in Brüssel machen zu lassen. Auch im *Amsterdamer Vertrag* - dem dritten großen Reformpaket zur Revision der europäischen Gemeinschaftsverträge - wurde 1997 deutlich, daß Deutschland seine nationalen Interessen stärker betonte als früher.[139] So stimmte die Bundesregierung zwar zu, die Bereiche Asylpolitik, Einwanderung und Grenzkontrollen zu vergemeinschaften, beharrte allerdings auf der Einstimmigkeitsregelung. In Zusatzprotokollen und Erklärungen weigerte sich Bonn zudem, die Kirchensteuereintreibung durch den Staat, das öffentlich-rechtliche Rundfunksystem und die Sonderrechte von Sparkassen der Vergemeinschaftungspolitik zu opfern. Gegen Ende seiner

---

[136] CDU/CSU-Fraktion des Deutschen Bundestages: Überlegungen zur europäischen Politik, Bonn, 1.9.1994, 14. S., hier 7. Siehe dazu auch Wernhard Möschel: Europapolitik zwischen deutscher Romantik und gallischer Klarheit; in: APuZ, 3-4/95 (13. Januar 1995), 10-16, hier 10.

[137] Zu den Reaktionen der Presse siehe Helmut Hubel/Bernhard May: Ein "normales" Deutschland?. Die souveräne Bundesrepublik in der ausländischen Wahrnehmung, Bonn 1995, 110f. (= Arbeitspapiere zur Internationalen Politik, Nr. 92)

[138] Vgl. "Kohls Elefantengedächtnis"; Frankfurter Rundschau, 1.6.1994.

[139] Vgl. hierzu Werner Weidenfeld/Claus Giering: Die Europäische Union nach Amsterdam - Bilanz und Perspektive; in: Weidenfeld, 1998, 19-88.

Amtszeit gab sich Bundeskanzler Kohl auch deutlich 'härter, was die deutschen Beitragszahlungen anlangte. Ob dies freilich eine stärkere Ausrichtung der bundesdeutschen Europapolitik am britischen und französischen Vorbild bedeutet oder lediglich wahltaktischem
Kalkül entsprang, ist noch nicht zu beantworten.

Die Osterweiterung der EU

Neben der Vertiefung der europäischen Integration bildet die Erweiterung der EU nach Osten
das zweite Hauptziel der Bonner Europapolitik. Grundlage ist das überragende Interesse
Deutschlands an berechenbaren Verhältnissen an seiner östlichen Grenze, da ökonomisch und
politische motivierte Flüchtlingsströme zuerst die Bundesrepublik betreffen würden. Dagegen
kann insbesondere ein prosperierendes Polen als Puffer zu instabilen Staaten wie Weißruß-
land oder Ukraine dienen und die europäische Armutsgrenze nach Osten verschieben. Gleichzeitig ist die Bundesrepublik für die mitteleuropäischen Staaten der bevorzugte Ansprechpartner bei ihrem Streben in die EU, weil sie sich in bilateralen Nachbarschafts- und Freund-
schaftsverträgen verpflichtet hat, ihre Beitrittsanliegen zu unterstützen und wichtigster
Wirtschaftspartner der zehn assoziierten mittel- und osteuropäischen Länder (MOE-Staaten)
ist. So betrug Deutschlands Anteil am gesamten EU-Außenhandel mit den MOE-Staaten in
den letzten Jahren zwischen 40 und 50 Prozent.[140] Durch die Aufnahme Schwedens, Finn-
lands und Österreichs - alles Länder mit Interessen in Mittelosteuropa - 1. Januar 1995 in die
Union wurde die deutsche Position gestärkt.[141] Allerdings wuchs damit die Befürchtung der
südeuropäischen EU-Mitglieder, eine Osterweiterung würde die Brüsseler Finanztransfers in
ihre Länder schmälern. Das ständige deutsche Vorpreschen für den Beitritt Polens, Tsche-
chiens und Ungarns berührte deshalb ihre ureigensten Interessen.[142] So blockierten sie auf
dem Europäischen Rat in Essen im November 1994 die Festlegung konkreter Beträge zur
Unterstützung der MOE-Staaten und setzten eine stärkere Berücksichtigung des Mittel-
meerraums durch. Auch der Vertrag von Amsterdam von 1997 und die Agenda 2000 ver-
festigten den Status quo und behindern damit eine schnelle und umfassende Öffnung der EU

---

[140] Vgl. "Studiengruppe Erweiterung: Zukunftsmarkt und Stabilitätsraum"; FAZ, 8.10.1998, 11.

[141] Vgl. Hanrieder, 1995, 361.

[142] Vgl. Christian Engel: Der Europäische Rat; in: Weidenfeld/Wessels, 1994, 39-46, hier 42.

nach Osten.[143] Ohne ihre institutionellen Hausaufgaben gemacht zu haben, bot die Union auf dem Erweiterungsgipfel von Luxemburg im Dezember 1997 den fünf MOE-Staaten Polen, Tschechien, Ungarn, Slowenien und Estland sowie Zypern Beitrittsverhandlungen für Anfang 1998 an.

7.5. Fazit

1) Die friedliche Herstellung der deutschen Einheit war vor allem das Ergebnis des Willens der ostdeutschen Bevölkerung, so zu leben wie ihre Landsleute im Westen und dafür Risiken für Leib und Leben auf sich zu nehmen. Eine Steuerung der Massenflucht und der Zerfall der DDR war ohne massive Maßnahmen von außen nicht möglich. Die führenden Politiker waren deshalb eher Getriebene als Antreiber in dieser Entwicklung.

2) Drei Staatsmännern kommt für das Gelingen und den friedlichen Ablauf der Wiedervereinigung besondere Bedeutung zu: Michail Gorbatschow, der den Satellitenstaaten eine eigene Entwicklung zubilligte und selbst in schwieriger Lage dem Dringen seiner konservativen Berater nicht nachgab, den Zerfall der DDR mit Waffengewalt zu verhindern; George Bush, der die Entwicklungen in einen größeren Zusammenhang zu stellen vermochte, die Bundesrepublik nachdrücklich unterstützte und der Sowjetunion die Befürchtungen nahm, der Westen werde den Niedergang ihres Imperiums auszunutzen versuchen; und Helmut Kohl, der weltanschauliche Überzeugungen und ihre taktische Umsetzung meisterlich in Einklang zu bringen verstand und beherzt zupackte, als sich die Gelegenheit zur Herstellung der deutschen Einheit bot.

3) Mit dem 3. Oktober 1990 fand das Streben der Deutschen nach Wiederherstellung der staatlichen Einheit zwar ihr Ende. Für die Außenpolitik der Bundesrepublik bedeutete die Überwindung des Ost-West-Konflikts und die Gewinnung der Souveränität aber ein Mehr an Herausforderungen in allen außenpolitischen Bereichen: in der Sicherheitspolitiik, wo Deutschland vom Importeur zum Exporteur von Sicherheit werden mußte, in der Europapolitik, wo sich die Bundesrepublik weiteren Integrationsschritten verschrieben hatte, in der Ostpolitik, wo Bonn ein neues Kapitel in den Beziehungen zu den ehemals sozialistischen Staaten aufschlagen wollte, und in den transatlantischen Beziehungen, wo man nach dem

---

[143] Vgl. dazu Bertelsmann Stiftung/Forschungsgruppe Europa (Hrsg.): Kosten, Nutzen und Chancen der Osterweiterung für die Europäische Union, Gütersloh 1998.

Wegfall der sowjetischen Bedrohung nach einem neuen Zweck für die bewährte Zusammenarbeit suchen mußte.

4) Sechs Jahre nach der Herstellung der deutschen Einheit bleibt festzuhalten, daß die Sicherheitspolitik der Bundesrepublik einen dramatischen Wandel vollzogen hat. Out of area-Einsätze der Bundeswehr wie der zur Überwachung des Friedensabkommens für Bosnien wären noch während des Golfkriegs 1990/91 unvorstellbar gewesen. Daß dieser Prozeß nicht ohne Spannungen und Verwerfungen ablief und abläuft, ist angesichts der Dimension der Herausforderung sowie der psychologischen Anpassungsleistung der politischen Elite und der Bevölkerung nicht verwunderlich. Überraschend ist aber die Selbstverständlichkeit, mit der heute eine deutsche Beteiligung an UN-Aktionen diskutiert wird. Die Bundesrepublik wird schon bald als wichtiger Teilnehmer an internationalen Friedensmissionen nicht mehr wegzudenken sein.

5) Auch mittel- und langfristig bleibt die NATO der wichtigste Bezugsrahmen für die deutsche Sicherheits- und Verteidigungspolitik. Die EU wird auf absehbare Zeit keine größere Handlungsfähigkeit in diesem Bereich gewinnen, weil weder zu erwarten ist, daß sich Paris und London zu einer vertieften außenpolitischen Integration bereit finden, noch reale Aussichten für eine verbesserte Abstimmung der drei großen Mitgliedsländer bestehen. Auch absorbiert die Bewältigung der wirtschaftlichen Herausforderungen so viel Energien und bindet so viele Ressourcen, daß die Entwicklung der für eine eigenständige Sicherheitspolitik notwendige "Hardware" - von Aufklärungssatelliten über Kommunikationssysteme bis zu Transportkapazitäten - nur langsam vorankommt. Das wahrscheinlichste Szenario ist deshalb die Schaffung einer eigenständigen EU-Identität innerhalb der NATO.

6) Die Befürchtungen vieler europäischer Nachbarn, das größere Deutschland könne seine europäischen Bindungen vernachlässigen, versuchte die Bundesregierung zunächst durch ein Vorantreiben der Vertiefung der Integration zu begegnen. Allerdings hat sich die deutsche Europapolitik seit etwa Mitte der neunziger Jahre der Praxis anderer großer Staaten wie Frankreich oder Großbritannien angenähert. Deutschlands zentrale Lage und seine hohe Wirtschaftskraft bringen es mit sich, daß es in mehr Räumen und in mehr inhaltlichen Bereichen eine relevante Größe ist als jedes andere EU-Mitglied. Besondere Ziele sind dabei die Stabilität der gemeinsamen Währung, die Reform der Ausgabenstruktur und die Osterweiterung.

8. Kontinuität und Wandel

Wie in der Einleitung angekündigt, sollen an dieser Stelle nicht lediglich die Einzelergebnisse der Untersuchung zusammengefaßt werden. Sie finden sich schon als Fazit am Ende jedes Kapitels. Vielmehr werden im folgenden vor dem Hintergrund der eingangs gestellten Leitfragen einige abschließende Überlegungen angestellt.

1)   Die Geschichte der Bundesrepublik ist die Geschichte des Aufstiegs vom Paria zum Partner in der Weltpolitik

In den letzten fünfzig Jahren entwickelte sich die Bundesrepublik Deutschland vom weitgehend rechtlosen Objekt zum gleichberechtigten Subjekt der internationalen Politik. Von einem Staat, dessen Beziehungen zu seiner internationalen Umwelt anfangs von den drei Besatzungsmächten wahrgenommen wurden, wandelte sich die Bundesrepublik zu einer "Mitführungsmacht" (Haftendorn)[1] in Europa. Die Erweiterung des Handlungsspielraums erfolgte dabei keineswegs abrupt, sondern sukzessive über alle Regierungen und Koalitionen hinweg. Es lassen sich jedoch vier Phasen deutlich voneinander abgrenzen:

Die Dominanz der Kommissare (1949-1955): Obwohl die Alliierte Hohe Kommission bis 1955 die oberste außenpolitische Autorität in der Bundesrepublik innehatte, gelang es dem jungen Staat in unerwartet kurzer Zeit, zunächst in außenwirtschaftlichen, dann auch in sicherheitspolitischen Fragen in Gespräche mit den drei Besatzungsmächten einzutreten. Zwar war die Mitsprache noch gering, aber zumindest konnten deutsche Anliegen wieder von deutschen Politikern vertreten werden. Dieser Erfolg hatte vor allem drei Väter: den Ost-West-Konflikt, der Westdeutschland innerhalb kürzester Zeit vom diskreditierten Feind zum unverzichtbaren Verbündeten der westlichen Demokratien machte; die USA, die aufgrund ihrer überragenden politischen, militärischen und wirtschaftlichen Stellung den Westeuropäern die Furcht vor der Bundesrepublik nehmen und ihnen die Eingliederung des neuen Staats in europäische Strukturen geradezu verordnen konnten; und Konrad Adenauer, der seine Politik der Rückgewinnung von Kompetenzen durch Integration in den Westen auch gegen große innerparteiliche und innenpolitische Widerstände durchsetzte und die sich aus der inter-

---

[1] Vgl. Helga Haftendorn: Gulliver in der Mitte Europas. Internationale Verflechtung und nationale Handlungsmöglichkeiten; in: Karl Kaiser/Hanns W. Maull (Hg.): Deutschlands neue Außenpolitik, Bd 1: Grundlagen, 1994, 129-152, hier 150.

nationalen Konstellation ergebenden Möglichkeiten zur Erweiterung des eigenen außenpolitischen Spielraums optimal nutzte.

Begrenzte Souveränität (1955-1969): In der zweiten Hälfte der fünfziger Jahre
begann die Bundesrepublik, ihre eigenen Vorstellungen und Ziele deutlicher zu formulieren.
Ursache war die wachsende Bereitschaft der Vereinigten Staaten, sich mit der Sowjetunion
über die Festschreibung der europäischen Nachkriegsordnung und Fragen der Nuklearrüstung
zu verständigen. Bonn sah dadurch zwei seiner außenpolitischen Hauptziele, die Wiedervereinigung und die Gewährleistung der amerikanischen Verteidigungsgarantie, gefährdet. Die
Bundesrepublik widersetzte sich deshalb lange Zeit einer Ausrichtung ihrer Ost- und Deutschlandpolitik auf die gewandelte Politik Washingtons, konnte sich aber aufgrund ihrer extremen
sicherheitspolitischen Abhängigkeit von den USA letztlich dem Kurswechsel nicht ver-
weigern. Diese Dependenz Bonns von Amerika im Verteidigungsbereich nutzte Washington,
um seine Politik auch anderen Fragen - vor allem in Währungsangelegenheiten - durchzusetzen, wo das Machtgefälle zugunsten der Vereinigten Staaten weit weniger stark ausgeprägt
war. In Europa dagegen agierte die Bundesrepublik bereits in dieser Phase als Gleicher unter
Gleichen, ja als Motor der Integrationsbestrebungen.

Emanzipation (1969-1989): Die neue Ostpolitik der sozial-liberalen Koalition
dokumentierte die Bereitschaft der Bundesrepublik, im Rahmen der von Washington vorgegebenen generellen Richtung eine eigenständigere Außenpolitik zu betreiben, wenn ihr dies
ihre nationalen Interessen geboten. Dabei nahm das Verhältnis zu Ost-Berlin eine zentrale
Rolle in den Bonner Überlegungen ein: Anfang der siebziger Jahre bemühte sich die Bundesrepublik, die Entspannung zwischen den Supermächten für eine Verbesserung der deutsch-
deutsch Beziehungen zu nutzen; Anfang der achtziger Jahre war die Bundesrepublik bereit,
ihr Verhältnis zur DDR von der Abkühlung des Klimas zwischen den USA und der UdSSR
so weit wie möglich zu isolieren. Allerdings blieb der Bonner Spielraum begrenzt, weil die
Blockkonfrontation das Interesse Bonns an deutsch-deutschen Sonderbeziehungen überlagerte.
Dagegen wuchs die Bundesrepublik im Bereich der Außenwirtschafts- und Währungspolitik
gerade in Europa zunehmend in eine Führungsrolle hinein. Obwohl die Bundesrepublik eine
solche Rolle nicht gezielt anstrebte, war sie doch die logische Folge ihrer ökonomischen
Stärke und damit indirekt ihrer soliden Finanz- und Geldpolitik.

Beendigung der Sonderrolle (1989-1998): Die Wiedervereinigung war der erste Fall in der bundesdeutschen Nachkriegsgeschichte, in dem Bonn ein außenpolitisches Ziel auch gegen den dezidierten Willen wichtiger Bündnispartner verfolgte. Dabei legte die Bundesregierung großes Gewicht auf die Einbettung der Wiedervereinigung in den europäischen Integrationsprozeß. Die Überwindung des Ost-West-Konflikts bedeutete für sie allerdings einen größeren Zugewinn an nationalem Handlungsspielraum als für andere Mächte in Europa, weil mit dem Ende der sowjetischen Bedrohung das vierzig Jahre lang alles überragende Ziel der deutschen Außenpolitik entfiel, nämlich die eigene Sicherheit an der Nahtstelle der Blöcke zu garantieren. Damit war die geostrategische Grundlage gegeben, eine unabhängigere Außenpolitik zu verfolgen. Daß die Bundesrepublik ihre neugewonnenen Möglichkeiten fast ausschließlich im multilateralen Rahmen ausübt, zeigt, wie prägend und stilbildend die lange Jahre praktizierte Strategie war, politischen Einfluß durch Integration zu gewinnen. Die Jahre 1990/91 stellen deshalb zwar durchaus einen Einschnitt in der bundesdeutschen Außenpolitik dar, aber einen Einschnitt auf dem in den späten vierziger Jahren eingeschlagenen und seither beharrlich verfolgten Weg, keine Abkehr von ihm.

2)   In Entspannungsphasen konnte die Bundesrepublik eine selbständigere Außenpolitik
         verfolgen als zu Zeiten verschärfter Blockkonfrontation

Die Feststellung, daß die bundesdeutsche Außenpolitik seit 1949 gekennzeichnet ist von wachsender Mitsprache, bedarf der Ergänzung. Ein selbständigeres Auftreten in der internationalen Politik ließ sich nämlich dann am leichtesten erreichen, wenn zwischen Washington und Moskau entspannte Beziehungen herrschten. In solchen Perioden schien der Führungsmacht USA nämlich die Einhaltung der Disziplin im eigenen Bündnis weniger notwendig als in Konfrontationsperioden. So konnte Bonn etwa zu Beginn der siebziger Jahre eine unabhängigere Politik gegenüber Ost-Berlin und Moskau betreiben als in den frühen achtziger Jahren. Allerdings achteten die Regierung in Washington, aber auch jene in London und Paris darauf, gerade in Entspannungsphasen auf ihre Rechte in Berlin hinzuweisen und so der Bundesrepublik ihre Abhängigkeit von einer Kooperation mit den Westmächten vor Augen zu führen. Die Bundesrepublik ihrerseits zeigte in jeder Phase ihrer Geschichte eine starke Präferenz, ihre außenpolitischen Ziele in enger Kooperation mit den Partnern zu verfolgen. Daran hat sich auch nach dem Epochenwandel von 1990/91 wenig geändert. Zwar wurden zwei Pfeiler der Eindämmung der Bundesrepublik - die Abhängigkeit von der amerikanischen Sicherheitsgarantie und die Drei-Mächte-Verwaltung West-Berlins - obsolet, aber die dritte, der selbstgewählte, schon fast zum Reflex gewordene Multilateralismus besteht unvermindert weiter.

3)   *Das Prioritätendilemma zwischen den USA und Frankreich erforderte von der Bundes-*
       republik zwar einen Balanceakt, erhöhte aber gleichzeitig ihre Einflußmöglichkeiten
Westdeutschland kam in den Konzeptionen seiner beiden wichtigsten Partner eine unterschiedliche, jeweils durchaus ambivalente Rolle zu: Die USA wollten ein starkes und einiges Westeuropa, um den globalen Rivalen Sowjetunion einzudämmen, und forderten deshalb die Integration Westdeutschlands in europäische Strukturen; gleichzeitig hofften sie, Bonn als Juniorpartner für ihr eigenes Weltordnungskonzept zu gewinnen. Frankreich wollte Deutschland zwar als Gefahr für die eigene Sicherheit ausschalten, es aber auch für sein Konzept der Gegenmachtbildung zu den USA instrumentalisieren. Bonn versuchte sich aus diesem Anforderungsdilemma dadurch zu befreien, daß es die außen- und sicherheitspolitische Kooperation mit Frankreich im bilateralen wie im europäischen Rahmen vorantrieb, den USA aber versicherte, keinesfalls an der Schaffung einer Verteidigungsorganisation mitzuwirken, die am Planungs- und Organisationsmonopol der NATO rütteln würde. Wenn Paris von Bonn eindeutige Entscheidungen erzwang, fielen diese zugunsten Washingtons aus. Ursache dafür war zum einen die elementare Abhängigkeit von der amerikanischen Sicherheitsgarantie, die auch französische Angebote einer Teilhabe an der *force de frappe* nicht kompensieren konnten. Zum anderen bedeutete die Einbindung in die NATO für die Bundesrepublik eine Rückversicherung der europäischen Partner, daß sie weder Angst vor einem erstarkenden Deutschland noch vor einer deutsch-französischen Hegemonie zu haben brauchten. Solange die USA in Europa präsent sind, besteht kein Anlaß zur Koalitionsbildung gegen die Bundesrepublik. Und solange Frankreich nicht an der Entschlossenheit Deutschlands zweifelt, auf die Einigung Europas hinzuwirken, hat es keinen Grund, den Nachbarn zu fürchten.

Die Strategie der Bundesrepublik, die Partner auf beiden Seiten des Atlantiks durch die Selbsteinbindung in die NATO und die EU gleichzeitig rückzuversichern, erforderte zwar einen Drahtseilakt, war aber deshalb möglich, weil die Ziele der USA und Frankreichs nicht völlig unvereinbar waren. Das deutsche Optionsdilemma war deshalb nie ein absolutes, sondern nur ein relatives. Daß der Bundesrepublik in den unterschiedlichen Konzeptionen beider Partner die Schlüsselrolle zukam, stärkte außerdem ihre Verhandlungsposition ungemein und erlaubte ihr, ihre Interessen im Westen mit Nachdruck zu vertreten.

4) *In Wirtschafts- und Währungsfragen entwickelte sich die Bundesrepublik rasch zu einem entscheidenden außenpolitischen Akteur*

Am stärksten profilierte sich die bundesdeutsche Außenpolitik nach 1949 im Bereich der Wirtschaft. So unternahm die Bundesrepublik über ihre Mitwirkung am Marshall-Plan auf wirtschaftlicher Ebene Schritte auf dem internationalen Parkett, bevor ihr dies in klassischen außenpolitischen Bereichen gelang. Die Kombination hoher Handelsbilanzüberschüsse, solider Haushaltsführung und niedriger Inflation ließ Westdeutschland rasch zu einem potenten und gefragten Teilnehmer in den internationalen Wirtschaftsorganisationen werden. Obwohl die Bundesrepublik dies nicht explizit anstrebte, mußte sie Führungsaufgaben übernehmen, um die für ihren ökonomischen Erfolg zentralen Rahmenbedingungen zu gewährleisten. Die Schaffung der Währungsschlange und des EWS in den siebziger, die Stabilisierung des regionalen und internationalen Währungssystems in den achtziger und die Einführung einer gemeinsamen europäischen Währung in den neunziger Jahren entsprachen den Interessen der Wirtschaftsmacht Bundesrepublik und wurden von den Regierungen auch gegen innen- und außenpolitische Widerstände durchgesetzt.

5) *Die Bundesrepublik ist es gelungen, eine Staatsräson zu entwickeln, die sich sowohl in den Zielen wie in den Mitteln diametral von früheren Perioden deutscher Geschichte unterscheidet*

In den vergangenen fünfzig Jahren deutscher Außenpolitik hat sich ein Bündel an Axiomen herausgebildet, das man durchaus als "Staatsräson" der Bundesrepublik bezeichnen kann. Verkörpert wird diese Staatsräson von der Westbindung, der europäischen Integration, dem deutsch-französischen Sonderverhältnis, der Stabilisierung der Nachbarstaaten im Osten, dem Bewahren eines offenes Weltwirtschaftssystem. Die Mittel, die die Bundesrepublik zur Erreichung dieser Ziele einsetzt, sind "postmodern", das heißt, sie unterscheiden sich von denen des Nationalstaats des 19. und frühen 20. Jahrhunderts. Nationale Alleingänge sind passé, außenpolitische Ziele verfolgte und verfolgt die national saturierte Bundesrepublik primär im multilateralen Verbund und durch internationale Organisationen. Das bedeutet nicht, daß machtpolitische Überlegungen keine Rolle mehr spielen in der bundesdeutschen Außenpolitik, zumal die beiden wichtigsten Verbündeten in Europa - Großbritannien und Frankreich - die internationalen Beziehungen und insbesondere die Stellung der Bundesrepublik noch immer stark nach Kategorien wie "Gleichgewicht der Mächte" und "Hegemonie" beurteilen. Es bedeutet vielmehr, daß Deutschland die Bildung von Koalitionen gegen sich nicht mehr dadurch zu verhindern sucht, daß es nach Dominanz strebt, sondern durch eine bewußte Selbsteinbindung in multilaterale und supranationale Strukturen. Dieser Strategie vor allem verdankt die Bundesrepublik ihren raschen Aufstieg in der Weltpolitik nach 1945 und die Gewährleistung von Sicherheit, Freiheit und Wohlstand. Eine Änderung dieser Strategie ist deshalb nicht zu erwarten.

Studienpraktische Hinweise

Dieses Buch ist zwar in Vorlesungen und Seminaren entwickelt und erprobt worden, aber vor allem für das Selbststudium konzipiert. Ziel war es deshalb, die normativen Grundlagen, die Machtverteilung sowie die großen Linien und langfristigen Tendenzen in der bundesdeutschen Außenpolitik herauszuarbeiten; Forschungskontroversen und Spezialprobleme konnten nur angerissen werden. Für eine vertiefte Beschäftigung sei auf die in den Fußnoten aufgeführte Sekundärliteratur verwiesen. Mehrere Autoren bieten in ihren Studienbüchern einen ausführlichen Bericht über die Stand und Probleme der Forschung für den Zeitraum bis 1979. Zu nennen sind hier in erster Linie: RUDOLF MORSEY (*Die Bundesrepublik Deutschland. Entstehung und Entwicklung bis 1969*, München 1995, 310 S.), ANDREAS HILLGRUBER (*Europa in der Weltpolitik der Nachkriegszeit 1945-1963*, München 1993, 254 S.), LUDOLF HERBST (*Option für den Westen. Vom Marshallplan bis zum deutsch-französischen Vertrag*, München 1996, 264 S.), PETER BENDER (*Neue Ostpolitik. Vom Mauerbau bis zum Moskauer Vertrag*, München 1986, 290 S.) und HELGA HAFTENDORN (*Sicherheit und Entspannung. Außenbeziehungen der Bundesrepublik zwischen Ölkrise und NATO-Doppelbeschluß*, München 1986, 288 S.). An dieser Stelle sollen darum lediglich die wichtigsten Gesamtdarstellungen, Quelleneditionen und Erinnerungen sowie Zeitschriften zur deutschen Außenpolitik vorgestellt werden.

1. Gesamtdarstellungen und Einführungen

Wer sich einen Überblick über die Außenpolitik der Bundesrepublik Deutschland verschaffen will, dem stehen eine Reihe von Gesamtdarstellungen zur Verfügung. Sie lassen sich in drei Kategorien einteilen: 1) die nach traditioneller Methode angefertigten verlaufsgeschichtlichen Analysen; 2) die nach Aktionsfeldern durchkomponierten Untersuchungen; und 3) Studienbücher, die systematisch Normen, Akteure, Einstellungen, Perioden und Sachbereiche darstellen.

In der **Kategorie der traditionellen Arbeiten** ist zunächst die Schrift von WALDEMAR BESSON zu nennen (*Die Außenpolitik der Bundesrepublik. Erfahrungen und Maßstäbe*, München 1970, 494 S.). Sie stellte 1970 die erste deutschsprachige Zusammenschau dar. Ohne viel theoretisches Geplänkel und methodische Überfrachtung sucht Besson die "*Staatsräson*" der Bundesrepublik Deutschland zu ergründen, die er mit dem Historiker Friedrich

Meinecke als *"Maxime des Handelns, das Bewegungsgesetz des Staates"* definiert (S. 13).
Seine zentralen Analysebegriffe bilden Macht und Selbständigkeit. Besson identifiziert dabei
fünf Leitlinien westdeutscher Staatsräson: die Sicherheitspartnerschaft mit den USA, die enge
Kooperation mit den europäischen Verbündeten, den Ausgleich mit den Staaten Osteuropas,
geordnete Beziehungen zur DDR und die Unterstützung der Dritten Welt. Die Bundesrepublik als *"ein mittlerer Staat"*, so Besson, müsse einen *"westdeutschen Patriotismus"*
entwickeln, um in aller Welt Gehör zu finden und Einfluß zu besitzen (S. 459). Dabei habe
sie drei Verlockungen zu widerstehen: 1) sich in eine kleinstaatliche Oase zu verwandeln, zu
"verschweizern", wie Besson schreibt; 2) das Faktum der Teilung zu leugnen und ihre Überwindung als Dreh- und Angelpunkt für die deutsche Außenpolitik zu sehen; und 3) einen
europäischen Bundesstaat anzustreben, um den eigenen Machtverlust zu kompensieren und
als *"Weltmacht Europa"* neben den USA und der Sowjetunion eine globale Rolle zu spielen
(S. 458/9). Sowohl das Vertrauen in einen westdeutschen Nationalstaat wie auch die großen
Hoffnungen in die Ostpolitik der sozial-liberalen Koalition atmen den Geist der späten
sechziger Jahre. Daß die Forschung in vielen Sachfragen mit der Auswertung neuer Quellen-
bestände seit 1970 weitergekommen ist, ist selbstverständlich. Bessons Darstellung behält
aber nicht nur deshalb ihren Rang, weil sie versucht, die Bundesrepublik aus dem Status
eines Objekts in der internationalen Politik herauszuholen, sondern auch wegen ihres Pionier-
charakters bei der Erforschung der bundesdeutschen Außenpolitik. Auch die beiden folgenden
Darstellungen nehmen auf Bessons Studie explizit Bezug.

Zwei Jahre nach Besson legte der Münchener Politikwissenschaftler PAUL NOACK
eine knappe Überblicksdarstellung vor, die 1981 in einer überarbeiteten und erweiterten
Version wiederaufgelegt wurde (*Die Außenpolitik der Bundesrepublik Deutschland*, Stuttgart
u.a. 1981, 216 S.). Ausgehend von der Feststellung, daß selbst mittelfristige Theorien zur
Analyse der Außenpolitik nicht zur Verfügung stehen, benennt Noack mit Besson als sein
Ziel, *"einen komplizierten Sachverhalt auf klar erkennbare Grundlinien zu bringen"* (S. 8).
Um sich von Bessons Studie nicht allein durch den Untersuchungszeitraum abzugrenzen,
widmet Noack den technologischen und waffentechnischen Entwicklungen besondere Aufmerksamkeit. Seine zentrale These, daß die Bundesrepublik mehr als je zuvor Mitspieler in
der internationalen Politik geworden ist, findet sich allerdings schon bei Bessons - wenn dort
auch mit einem stärker normativen Unterton.

1988, in neuer Fassung 1993, erschien CHRISTIAN HACKES Gesamtschau der bundesdeutschen Außenpolitik (*Weltmacht wider Willen. Die Außenpolitik der Bundesrepublik
Deutschland*, Frankfurt/Berlin 1993, 684 S.). In seiner Studie geht es dem Hamburger
Politologen darum, die Entwicklung Westdeutschlands *"vom ohnmächtigen Trizonesien zur
Weltmacht wider Willen"* nachzuzeichnen, die in seinen Augen eine *"unglaubliche Erfolgsgeschichte"* darstellt (S. 11). Dabei konzentriert sich Hacke weniger auf strukturelle Veränderungen als auf die zentralen außenpolitischen Akteure. Diese stark persönlichkeits-
bezogene Interpretation der deutschen Außenpolitik drückt sich auch in der Gliederung des
Buches nach den einzelnen Kanzlerschaften aus. Dabei fällt auf, daß Adenauers überaus
ereignisreiche Amtszeit auf nur 50 Seiten abgehandelt wird, während die Außenpolitik des
Duos Kohl/Genscher in der Ausgabe von 1988 an die 120, in der von 1993 über 200 Seiten
einnimmt. Der Verfasser hält viel von Realpolitik, wenig von Gesinnungsethik. Seine
Position läßt sich als die eines nicht unkritischen CDU-Sympathisanten charakterisieren.
Ausgesprochen ärgerlich sind die stilistischen Unzulänglichkeiten in der Erstauflage. Die
Darstellung gerät stark essayistisch, es dominiert die blumige Impression, nicht die nüchterne
Analyse. Diese Vorgehensweise spiegelt sich in der geringen Auswertung von Primärquellen
und dem spärlichen Einsatz von Fußnoten. Widerspruch erntete der Verfasser 1988 vor allem
für seine Forderung, die Bundesrepublik solle ihre *"Fähigkeit zu verantwortlicher Macht-
politik"* ausbauen (S. 473). Die Entwicklung hat ihm in diesem Punkte allerdings recht-
gegeben, in der Tat ist Bonn heute in stärkerem Maße als früher bereit, eine seiner wirtschaftlichen Potenz angemessenere außenpolitische Rolle zu spielen.

Die **zweite Kategorie** der Gesamtdarstellungen ordnet die bundesdeutsche Außenpolitik nach einzelnen Aktionsfeldern. Dieser Ansatz ist analytisch anspruchsvoller als die
traditionelle chronologische Vorgehensweise, setzt allerdings beim Leser großes Vorwissen
voraus. Zudem besteht die Gefahr, die Verwobenheit von Ereignissen aus unterschiedlichen
Sachbereichen nicht angemessen zu erfassen oder sich wiederholen zu müssen. Dem deutsch-
amerikanischen Politikwissenschaftler WOLFRAM HANRIEDER ist es weitgehend gelungen,
diese Klippen zu umschiffen. Schon 1967, also noch drei Jahre vor Besson, legte er eine
erste Bestandsaufnahme der westdeutschen Außenpolitik vor (*West German Foreign Policy
1949-1963. International Pressure and Domestic Response*, Stanford 1967). 1989 erschien
vom selben Verfasser die bisher umfassendste Analyse der auswärtigen Beziehungen der

Bundesrepublik, die er selbst ins Deutsche übertrug und für die zweite Auflage bis 1994 fortführte (*Deutschland, Europa, Amerika. Die Außenpolitik der Bundesrepublik Deutschland 1949-1994*, Paderborn u.a. 1995, 600 S.). Hanrieder untergliedert seine Studie in vier Bereiche: die Sicherheitspolitik, die Teilung Deutschlands und Europas, die politische Ökonomie und das Verhältnis von Innen- und Außenpolitik. Die einzelnen Teile können dabei als in sich geschlossenen Studien gelesen werden. Bei der Lektüre des Gesamtwerks wirken die sich mit dieser Konzeption zwangsläufig einstellenden Wiederholungen allerdings ermüdend. Als sein Ziel formuliert der Autor, jene äußeren Kräfte- und Interessenkonstellationen zu bestimmen, "*die der deutschen Außenpolitik ihre Grenzen setzten und ihre Handlungsmöglichkeiten beschränkten, aber auch erweiterten*" (S. XI). Den entscheidenden Faktor zur Erklärung der Bonner Außenpolitik sieht Hanrieder in der globalen Sicherheitsstrategie der westlichen Hegemonialmacht USA. Für die amerikanische Europa- und damit auch Deutschland-Politik verwendet er den Begriff der "*Doppeleindämmung*" (*double containment*): Eindämmung der Sowjetunion durch den Aufbau der NATO und die Unterstützung der europäischen Integration, gleichzeitig aber auch Eindämmung Deutschlands durch seine Einbindung in das westliche Bündnis- und Wirtschaftssystem. Die Bundesrepublik ist für Hanrieder ein "*penetriertes System*", da ihre außenpolitischen Entscheidungsprozesse in hohem Maße durch äußere Ereignisse beeinflußt werden. Diese Argumentation zieht Hanrieder - und das ist das faszinierende an seiner Studie - konsequent bis zum Ende der achtziger Jahre durch, denn, so Hanrieder, die nach dem Sputnik-Schock einsetzende Neuorientierung der amerikanischen Sowjetunion-Politik habe keine Entsprechung in der Deutschland-Politik gefunden; letztere bewegte sich nämlich bis zur Wiedervereinigung unter den längst obsoleten Rahmenbedingungen des Kalten Krieges, was sich vor allem an den geringen Möglichkeiten Bonns bei der nuklearen Mitsprache zeigte. An dieser Interpretation setzt allerdings auch die Kritik an: Das Konzept des penetrierten Systems vermag zwar die Bonner Außenpolitik bis 1955 erklären, aber schon damals und vor allem danach erweist es sich als zu statisch, um den Zugewinn an Handlungsspielraum angemessen erfassen zu können.

Eine Synthese aus chronologischer und sich an den wichtigsten Aktionsfeldern orientierender Analyse bietet der Aufsatz von MANFRED KNAPP (*Die Außenpolitik der Bundesrepublik Deutschland*; in: Knapp, Manfred/Krell, Gert (Hg.): Einführung in die

Internationale Politik, München u.a. 1996, 147-203). Neu an seinem Herangehen ist zunächst das Bemühen, aus dem Grundgesetz normative Orientierungsmaßstäbe abzuleiten und die bundesdeutsche Außenpolitik daran kritisch zu bewerten. Nach einer verlaufsgeschichtlichen Darstellung der wichtigsten außenpolitischen Ereignisse bis 1955 untersucht Knapp danach jeweils für sich die Sachbereiche Sicherheitspolitik, Europapolitik, Ost- und Deutschlandpolitik sowie die Politik gegenüber den Entwicklungsländern, um die Stränge im Schlußkapitel über die Außenpolitik des wiedervereinigten Deutschland wieder zusammenzuführen. Insgesamt gelingt dem Hamburger Politikwissenschaftler eine kurze und nützliche Einführung, die allerdings einiges Vorwissen voraussetzt.

Bei den Studienbüchern, der **dritten Kategorie** der Einführungsdarstellungen, ist zunächst das *Handbuch der deutschen Außenpolitik*, herausgegeben von HANS-PETER SCHWARZ, zu nennen (München 1975). Mehr als 50 Autoren beschäftigen sich darin in vier Großkapiteln mit den unterschiedlichsten Aspekten der Außenpolitik Deutschlands nach 1945. Im ersten Teil "Determinanten im Binnenbereich" geht es um den institutionellen Rahmen und die politischen Kräfte, die die bundesdeutsche Außenpolitik prägen; im zweiten werden die Beziehungen zu den wichtigsten Bezugsfeldern und Bezugseinheiten analysiert; im dritten Teil geht es um Problemkreise, so zum Beispiel um die Außenwirtschaft, die deutsche Frage, die europäische Integration und die Kulturpolitik; im letzten Teil schließlich wird die Außenpolitik der DDR abgehandelt, allerdings in lediglich einem Aufsatz. Jedem Beitrag sind Quellen- und Literaturhinweise angefügt. Leider ist das Handbuch in späteren Jahren nicht fortgeschrieben worden und hat damit an Nützlichkeit verloren. Zum Teil konnten die vier Bände *Deutschlands neue Außenpolitik*, herausgegeben vom Forschunginsitut der Deutschen Gesellschaft für Auswärtige Politik, diese Lücke schließen (München 1995-1998). Je ein Band widmet sich den Grundlagen, den Herausforderungen, den Interessen und Strategien sowie den Institutionen und Ressourcen. Dabei ist insbesondere der letzte Band erwähnenswert, weil er ein von der Forschung seit dem Handbuch von Schwarz weitgehend vernachlässigtes Feld behandelt.

FRANK PFETSCH hat 1981 eine Einführung vorgelegt, deren erweiterte und verbesserte Zweitfassung 1993 erschienen ist (*Die Außenpolitik der Bundesrepublik 1949-1992*, München 1993, 316 S.). Im ersten Teil stellt Pfetsch die staatlichen und nicht-staatlichen außenpolitischen Akteure dar, untersucht die für die Außenpolitik relevanten Entstehungsbedingungen und Charakteristika der Bundesrepublik und erläutert die Grundstrukturen des internationalen Systems. Im zweiten Teil beschreibt er die wichtigsten Ereignisse und Debatten der bundesdeutschen Außenpolitik, die er in sieben Phasen unterteilt. Die Stärke des Buches ist, daß der Leser systematisch an die auswärtigen Beziehungen der Bundesrepublik herangeführt wird, die Schwäche, daß die Verbindung zwischen abstrakten Ausführungen im ersten und praktischer Politik im zweiten Teil nicht überzeugend gelingt. So erfährt der Leser etwa viel Grundsätzliches über die außenpolitischen Rechte und Möglichkeiten der Verfassungsorgane, ohne daß ihr Zusamenspiel in der Praxis durch Fallstudien oder Beispiele illustriert wird.

PETER EISENMANN bietet in seinem Studienbuch einen chronologischen Überblick über die bundesdeutsche Außenpolitik bis zum Jahr 1978, wobei er sich vor allem auf die Politik der Westintegration und der Aussöhnung mit dem Osten konzentriert. Im Anhang finden sich 18 ausgewählte Quellen zu diesem Zeitraum (*Außenpolitik der Bundesrepublik Deutschland: von der Westintegration zur Verständigung mit dem Osten*. Ein Studienbuch in Dokumentation und Analyse, Krefeld 1982, 171 S. Text, 61 S. Quellen).

Eine Kombination aus Auflistung der Akteure und der Ziele der deutschen Außenpolitik einerseits, und einer Schilderung der wichtigsten Entwicklungen in den zentralen Sachbereichen andererseits bietet REINHARD RODE (*Deutsche Außenpolitik*, Berlin 1996, 208 S.). Als neues Element fügt der Verfasser Auszüge aus 38 Schlüsseldokumenten in den Text ein. Rodes und Eisenmanns Ausführungen zur deutschen Außenpolitik sind Kompilate aus der wichtigsten Sekundärliteratur und nicht Ergebnis originärer Forschungsarbeit. Beide Bücher eignen sich deshalb vor allem für Einführungsveranstaltungen, weniger für ein vertieftes Studium.

Neben diesen sich ausschließlich mit der bundesdeutschen Außenpolitik befassenden Büchern sind noch zwei Reihen zu nennen, die sich umfassend mit der Geschichte der Bundesrepublik befassen und auf der kollektiven Anstrengung mehrerer Autoren beruhen: Erstens die *Geschichte der Bundesrepublik Deutschland* in fünf Bänden, die von 1945 bis 1982 reicht, zum Standardwerk für diese Epoche avanciert ist und mittlerweile auch als Paperback-Ausgabe vorliegt; die Autoren sind Theodor Eschenburg, Hans-Peter Schwarz, Klaus Hildebrand, Karl-Dietrich Bracher, Werner Link und Wolfgang Jäger (Stuttgart, 1983ff). Zweitens die von Martin Broszat, Wolfgang Benz und Hermann Graml im Zusammenarbeit mit dem Institut für Zeitgeschichte bei dtv herausgegebene *Deutsche Geschich-*

te der neuesten Zeit. Für den Zeitraum seit 1945 liegen acht Bände vor, deren Qualität allerdings recht unterschiedlich ist.

Quellensammlungen und Autobiographien

Die wichtigsten Verträge, Abkommen, Erklärungen und Reden zur bundesdeutschen Außen-politik sind in einem vom AUSWÄRTIGEN AMT aus Anlaß seines 125. Jubiläums 1995 herausgegebenen Band gesammelt (*Außenpolitik der Bundesrepublik Deutschland. Dokumente von 1949 bis 1994*, Köln 1995, 1160 S.). Neben den Dokumenten finden sich eine ausführ-liche 124seitige Zeittafel mit zentralen Daten sowie Informationen über Amtszeiten, Staats-besuche und Organisationspläne. Unverzichtbar für die Erforschung der Beziehungen der Bundesrepublik zu Ost-Berlin, Moskau, Warschau und Prag sind die *Dokumente zur Deutsch-landpolitik*, die seit 1961 vom GESAMTDEUTSCHEN (später INNERDEUTSCHEN) Ministerium herausgegeben werden und in mehreren Reihen mit insgesamt weit über 30 Bänden nicht nur die bundesdeutsche Politik vor 1969, sondern auch die Konzeptionen der Alliierten für Deutschland von 1941 erschließen. Derselbe Herausgeber führte diese Sammlung durch die *Texte zur Deutschlandpolitik* fort, die den Zeitraum bis 1982 in zwei Reihen mit insgesamt 20 Bänden abdeckt. Vom AUSWÄRTIGEN AMT stammt die umfangreiche Dokumentensamm-lung zu den Ereignissen rund um die Wiedervereinigung (*Deutsche Außenpolitik 1990/91. Auf dem Weg zu einer europäischen Friedensordnung*, Bonn 1991, 476 S.).

Wichtigste Quelledition für jede vertiefte Erforschung der deutschen Außenpolitik dürften in Zukunft die *Akten zur Auswärtigen Politik der Bundesrepublik Deutschland* (Haupthg. Hans-Peter Schwarz, München 1994ff) werden. Dieses vom Münchener Institut für Zeitgeschichte betreute Projekt hat sich zum Ziel gesetzt, die zentralen internen Akten des Auswärtigen Amts der Wissenschaft möglichst bald nach Ablauf der vom Archivgesetz festgelegten dreißigjährigen Sperrfrist zugänglich zu machen, darunter auch Bestände, die als "geheim" oder "streng geheim" klassifiziert waren. Seit 1994 erscheinen im jährlichen Turnus die Dokumente der Jahre ab 1963, jeweils in mehreren mit großer Sorgfalt be-arbeiteten Bänden. Ein einleitendes Quellenverzeichnis mit kurzer Inhaltsangabe ermöglicht dem Leser einen raschen Einstieg. Mit dieser Edition setzt das Außenministerium die Serie seiner Aktenveröffentlichungen fort, die es 1989/90 mit der zweibändigen Publikation über Adenauers Verhandlungen mit den Hohen Kommissaren 1949 bis 1951/52 begonnen hatte.

1997 wurde, ebenfalls unter Hans-Peter Schwarz, mit einer Aktenedition der Jahre 1949/50 auch die Aufarbeitung der frühen Zeit der bundesdeutschen Außenpolitik in Angriff genommen. Abgedruckt werden dabei nicht nur Quellen aus dem Politischen Archiv des AA, sondern auch Materialien der Stiftung Bundeskanzler-Adenauer-Haus in Rhöndorf und des Bundesarchivs in Koblenz.

Auch die *Kabinettsprotokolle der Bundesregierung*, herausgegeben von Hans Booms und Friedrich Kahlenberg für das Bundesarchiv in Koblenz, liegen von 1949 bis 1956 vor (9 Bd., Boppard 1982ff); bis auf wenige Ausnahmen handelt es sich dabei jedoch um Ergebnis-, nicht um Wortprotokolle. Für eine Analyse der außenpolitischen Motive Adenauers hat sich die von Rudolf Morsey und Hans-Peter Schwarz herausgegebene und sorgfältig kommentierte *Rhöndorfer Adenauer-Ausgabe* als unverzichtbar erwiesen, die die *Teegespräche* des ersten Kanzlers mit Journalisten und seine *Briefe* wiedergeben (jeweils 4 Bde., bearbeitet von unterschiedlichen Wissenschaftlern, Berlin 1983-1995). Dagegen bleiben die meisten Dokumente des Kanzleramtes der breiten Forschung nach wie vor verschlossen. Dies ist gerade für die Zeit seit 1966 bedauerlich, da Kanzleramt und Außenministerium seitdem nicht mehr in der Hand einer Partei vereinigt sind. Somit können weder die außenpolitische Rolle der Kanzler noch die Divergenzen zwischen ihnen und den Außenministern abschließend gewürdigt werden. Gemildert wird die 30jährige Sperrfrist für die meisten außenpolitischen Archivalien der Bundesrepublik allerdings für die Deutschlandpolitik der Jahre 1969 bis 1989 durch die 1993 erfolgte Öffnung des SED-Parteiarchivs in Berlin. Auch wenn im Umgang mit den Dokumenten besondere Vorsicht geboten ist, da bei den Verfassern ein steter Hang zur Verzeichnung im Sinne der Erwartungen des Vorgesetzten herrschte, so ist die Auswertung der Materialien doch von hohem Wert. Eine Sammlung der interessantesten Dokumente hat Heinrich Potthoff in zwei Bänden vorgelegt, wobei vor allem die stenographischen Mitschriften der Gespräche zwischen den Spitzenakteuren auf beiden Seiten aufschlußreich sind. Der Forscher kann so einen unmittelbaren Eindruck von Inhalt und Atmosphäre der deutsch-deutschen Diplomatie gewinnen. Die gewisse Asymmetrie, die sich aus der Unzugänglichkeit der Regierungsarchivalien der Bundesrepublik ergibt, versucht Potthoff durch die Präsentation entsprechender Paralleldokumente aus Nachlässen und Privatarchiven westdeutscher Politiker auszugleichen (*Die "Koalition der Vernunft". Deutschlandpolitik in den achtziger Jahren*, München 1995; *Bonn und Ost-Berlin 1969-1982*, Bonn 1997). Ein

Novum stellt der von Hanns Jürgen Küsters und Daniel Hofmann bearbeitete Band *Dokumente zur Deutschlandpolitik: Deutsche Einheit* dar. Erstmals seit Gründung des Deutschen Reiches 1871 gewährte eine deutsche Regierung noch während ihrer Amtszeit Wissenschaftlern Zugang zu vertraulichen, selbst geheimen Akten über einen zentralen Abschnitt ihrer Außenpolitik (hgg. vom Bundesministerium des Innern unter Mitwirkung des Bundesarchivs, München 1998).

Den Beziehungen zum wichtigsten europäischen Bundesgenossen Westdeutschlands, Frankreich, ist die von Horst Möller und Klaus Hildebrand herausgegebene dreibändige Dokumentensammlung gewidmet (*Die Bundesrepublik Deutschland und Frankreich: Dokumente 1949-1963*, München 1997f). Je ein band beschäftigt sich mit "Außenpolitik und Diplomatie", Wirtschaft" sowie "Parteien, Öffentlichkeit, Kultur". Neben bereits an anderer Stelle publizierten Dokumenten werden auch eine Fülle bislang unzugänglicher Archivalien in der jeweiligen Originalsprache veröffentlicht. Die Dokumentensammlung, die durch einen Registerband leicht zu benutzen ist, beleuchtet eindrucksvoll ein zentrales Kapitel europäischer Nachkriegsgeschichte.

Wegen der überragenden Bedeutung der Vereinigten Staaten für die bundesdeutsche Außenpolitik sei hier noch auf die diplomatischen Akten der USA verwiesen (*Foreign Relations of the United States/FRUS, ed. by the Department of State, Washington, D.C.*). Sie liegen für den Zeitraum 1945 bis 1963 mittlerweile fast geschlossen vor und werden permanent fortgeschrieben. In Präsentation wie Aufbereitung sind die FRUS-Bände vorbildlich und für fast jede ernsthafte Forschungsarbeit zur deutschen Außenpolitik in den vierziger, fünfziger und frühen sechziger Jahre unverzichtbar.

Die zentralen Dokumente der deutschen Außen- und Innenpolitik, versehen mit einer konzentrierten Einführung, finden sich in der im Reclam-Verlag erschienenen Reihe *Deutsche Geschichte in Quellen und Darstellung*. Für die Zeit seit 1945 liegen zwei Bände vor (Bd. 10: Besatzungszeit, Bundesrepublik und DDR. 1945-1969, Stuttgart 1998; Bd. 11: Bundesrepublik und DDR. 1969-1990, Stuttgart 1996).

Als zuverlässiges und vor allem aktuelles Nachschlagewerk für Quellen zur deutschen Außenpolitik und internationalen Politik hat sich die Dokumentation des *Europa-Archivs* erwiesen. Von 1945 bis 1995 erschien diese von der Gesellschaft für Auswärtige Politik herausgegebene Zeitschrift alle zwei Wochen. Im Laufe von fünfzig Jahren entstand eine umfassende Sammlung wichtiger publizierter Materialien, die eine solide Grundlage für jede Forschungsarbeit über die bundesdeutsche Außenpolitik bildet. Seit der Umbenennung der Zeitschrift in *Internationale Politik* ist man zur monatlichen Erscheinungsweise übergegangen. Der Dokumentationsteil blieb erhalten. Die Internationale Politik bietet auch in jedem Heft Rezensionen der neuesten Publikationen zur deutschen Außenpolitik.

Die aktuellsten Dokumente zur deutschen Außenpolitik wie Vertragstexte und Reden des Außenministers können schließlich über die *homepage* des Auswärtigen Amtes abgerufen werden (http://www.auswaertiges-amt.gov.de). Auch die Bundesregierung, die Ministerien und das Bundespräsidialamt bieten ähnliche Leistungen an.

Last but not least sind die Memoiren wichtiger außenpolitischer Akteure zu nennen, die wegen der Schwierigkeit des Aktenzugangs in der Bundesrepublik für die Forschung von großer Bedeutung sind. Einen bisher unerreichten Standard hat dabei KONRAD ADENAUER mit seinen *Erinnerungen* gesetzt (4 Bde., Stuttgart 1965-1968). Sie schildern fast ausschließlich außenpolitische Entwicklungen und enthalten eine Fülle bei ihrer Erstveröffentlichung unbekannter erstrangiger Quellen. Ohne die Auswertung insbesondere der ersten drei Bände ist auch heute noch eine fundierte Darstellung der Epoche nicht möglich. Aufschlußreich sind auch die Memoiren dreier wichtiger außenpolitischer Mitarbeiter des ersten Kanzlers: des Leiters der auswärtigen Dienststelle im Kanzleramt und späteren NATO-Botschafters, HERBERT BLANKENHORN, (*Verständnis und Verständigung. Blätter eines politischen Tagebuchs 1949-1979*, Frankfurt a.M. 1980), des Kanzler-Beraters und Botschafters in Washington, WILHELM GREWE, (*Rückblenden 1976-1951. Aufzeichnungen eines Augenzeugen deutscher Außenpolitik von Adenauer bis Schmidt*, Frankfurt a.M. 1979) und des CDU-Fraktionsvorsitzenden, HEINRICH KRONE, (*Aufzeichnungen zur Deutschland- und Ostpolitik 1954-1969*; in: Morsey, Rudolf/Repgen, Konrad (Hg.): Adenauer-Studien, Bd. III, Mainz 1974). Wertvoll ist auch, was der CDU-Außenpolitiker KURT BIRRENBACH über seine Gespräche als Sondergesandter mit westlichen Staatsmännern unter anderem zur Berlin-Krise 1961/62, zur MLF- und NPT-Debatte und zu den Ostverträgen berichtet (*Meine Sondermissionen. Rückblick auf zwei Jahrzehnte bundesdeutscher Außenpolitik*, Düsseldorf 1984). Die *Erinnerungen* von FRANZ JOSEF STRAUSS (Berlin, 1989) bieten einen interessanten Einblick vor allem in die Zeit des Verfassers als Verteidigungsminister von 1956 bis 1963.

Für die Außenpolitik der Großen Koalition und ersten fünf Jahre der sozial-liberalen Koalition sind die Memoiren WILLY BRANDTS zu nennen (*Begegungen und Einsichten, Die Jahre 1960 - 1975*, Hamburg 1976; *Erinnerungen*, Hamburg? 1989), außerdem die Aufzeichnungen des beamteten Staatssekretärs im Auswärtigen Amt von 1970 bis 1974, PAUL FRANK (*Entschlüsselte Botschaft. Ein Diplomat macht Inventur*, Stuttgart 1981) und des bundesdeutschen Botschafters in Moskau, HELMUT ALLARDT (*Moskauer Tagebuch. Beobachtungen, Notizen, Erlebnisse*, Düsseldorf 1973). Die Sicht der Ostverträge in der CDU/-CSU schildert der damalige Oppositionsführer RAINER BARZEL (*Auf dem Drahtseil*, München 1978). Auch HELMUT SCHMIDT hat Erinnerungen zu den außenpolitischen Entwicklungen während seiner Kanzlerschaft und danach veröffentlicht (*Menschen und Mächte*, Berlin 1987; *Deutschland und seine Nachbarn. Menschen und Mächte II*, Berlin 1990?). Die bundesdeutsche Außenpolitik der Jahre 1974 bis 1992 schildert der Außenminister dieser Jahre, HANS-DIETRICH GENSCHER, in seinen für die Forschung freilich wenig aufschlußreichen *Erinnerungen* (Berlin 1995).

Unverzichtbar für einen Einblick in die Entscheidungsprozesse während der Wiedervereinigung sind die Tagebuchaufzeichnungen HORST TELTSCHIKS, der von 1982 bis 1991 als außenpolitischer Berater von Bundeskanzler Kohl fungierte (*329 Tage. Innenansichten der Einigung*, Berlin 1991). Zwar hat Kohl angekündigt, selbst keine Memoiren verfassen zu wollen, doch darf seine von zwei Journalisten editierte Darstellung des Einigungsprozesses hohe Autentizität beanspruchen (*Ich wollte Deutschlands Einheit*, Berlin 1996).
Insgesamt steht dem an der deutschen Außenpolitik Interessierten eine Fülle an Material zur Verfügung, um sich ein fundiertes Urteil über die Entwicklungen in den letzten fünfzig Jahren zu bilden.

Literaturverzeichnis

Berichte aus Zeitungen und Publikumszeitschriften sowie Meldungen von Presseagenturen finden sich nur in den Fußnoten. Aktuelle Informationen und Dokumente zur deutschen Außenpolitik bietet die homepage des Auswärtigen Amts unter http://www.auswaertiges-amt.gov.de.

Publizierte Quellen

Akten zur Auswärtigen Politik der Bundesrepublik Deutschland, div. Jge., hgg. im Auftrag des Auswärtigen Amts vom Institut für Zeitgeschichte. Hauptherausgeber Hans-Peter Schwarz, München 1994ff. (bisher erschienen: 1949/50, 1963, 1964, 1965, 1966, 1967)

Archiv der Gegenwart, div. Jge.

Auswärtiges Amt: Deutsche Außenpolitik 1990/91. Auf dem Weg zu einer europäischen Friedensordnung, Bonn 1991.

dass.: Außenpolitik der Bundesrepublik Deutschland. Dokumente von 1949 bis 1994, Köln 1995.

dass.: Telegramme aus Dayton, Bonn 1998.

Bauer, Joachim (Hg.): Europa der Regionen. Aktuelle Dokumente zur Rolle und Zukunft der deutschen Länder im europäischen Integrationsprozeß, Berlin 1991.

Bauer, Karl: Deutsche Verteidigungspolitik 1947-1967, Boppard 1968.

Behn, Hans Ulrich (Hg.): Die Regierungserklärungen der Bundesrepublik Deutschland, München 1971.

Brandt, Willy: Deutsche Wegmarken; in: Berliner Lektionen, hgg. von Ruth Berghaus, Berlin 1989, 72-88.

Buchstab, Günter (Bearb.): "Adenauer: Wir haben etwas geschaffen". Die Protokolle des CDU-Bundesvorstandes 1953-1957, Düsseldorf 1990.

Bundesministerium für Innerdeutsche Beziehungen (Hg.): Die Entwicklung der Innerdeutschen Beziehungen zwischen der Bundesrepublik Deutschland und der Deutschen Demokratischen Republik 1980-1986. Eine Dokumentation, Bonn 1986.

Bundesministerium für Verteidigung: Weißbuch 1994. Weißbuch zur Sicherheit der Bundesrepublik Deutschland und zur Lage und Zukunft der Bundeswehr, Bonn 1994.

CDU/CSU-Fraktion des Deutschen Bundestages: Überlegungen zur europäischen Politik, Bonn, 1.9.1994, 14 S.

Department of State (ed.): Germany 1947-1949. The Story in Documents (Publication 3556), Washington, D.C. 1950.

dass. (ed.): Foreign Relations of the United States/FRUS, Washington, D.C., div. Jge.

Deutscher Bundestag: Verhandlungen, Stenographische Berichte.

Deutsches Institut für Zeitgeschichte (Hg.): Zur Deutschlandpolitik der Anti-Hitler-Koalition (1943-1949). Dokumente und Materialien, Berlin-Ost 1968.

Dokumente zur Deutschlandpolitik, hgg. vom Gesamtdeutschen (später Innerdeutschen Ministerium) unter Mitwirkung des Bundesarchivs. Wiss. Leitung Karl Dietrich Bracher/Hans-Adolf Jacobsen, Bonn 1961ff, 5 Reihen (I. Reihe: 22.6.1941-8.5.1945; 2. Reihe: 9.5.1945-4.5.1955; II. Reihe: 5.5.1955-9.11.1958; IV. Reihe: 10.11.1958-30.11.1966; V. Reihe: 1.12.1966-).

Dokumente zur Deutschlandpolitik, hgg. vom Bundesministerium des Innern unter Mitwirkung des Bundesarchivs. Wiss. Leitung Klaus Hildebrand/Hans-Peter Schwarz, München 1996ff, mehrere Reihen u.a. Deutsche Einheit: Sonderedition aus den Akten des Bundeskanzleramtes 1989/90, bearb. von Hanns Jürgen Küsters/Daniel Hofmann, München 1998.

Dokumente zur Deutschlandpolitik der Sowjetunion, Bd. 1, Berlin/Ost 1957.

Emminger, Otmar: Die internationale Bedeutung der deutschen Stabilitätspolitik. Vortrag vor der Mitgliederversammlung der Deutschen Gesellschaft für Auswärtige Politik am 28. Juni 1977 in Bonn; abgedr. in EA, 15/1977, 509-514.

EG-Kommission: Jahreswirtschaftsbericht 1988-1989; in: Europäische Wirtschaft, Nr. 38 (November 1988).

dies: Ein Markt, eine Währung. Potentielle Nutzen und Kosten einer Wirtschafts- und Währungsunion - eine Bewertung; in: Europäische Wirtschaft, Nr. 44 (Oktober 1990).

Genscher, Hans-Dietrich: Zukunftsverantwortung. Reden, Berlin 1990.

Gorbatschow, Michail: Gipfelgespräche. Geheime Protokolle aus meiner Amtszeit, Berlin 1993.

Grosser, Dieter/Bierling, Stephan/Neuss, Beate (Hg.): Bundesrepublik und DDR. 1969-1990, Stuttgart 1996. (= Deutsche Geschichte in Quellen und Darstellung, Bd. 11)

Herzog, Roman: Die Globalisierung der deutschen Außenpolitik ist unvermeidlich. Rede des Bundespräsidenten beim Festakt zum 40. Jahrestag der Gründung der Deutschen Gesellschaft für Auswärtige Politik am 13.3.1995 in Bonn; in: Bulletin des Presse- und Informationsamts der Bundesregierung, Nr. 20/1995 (15.3.1995), 161-165.

Jaksch, Wenzel: Berichte des Bundestagsabg. ... Deutsche Osteuropapolitik: Zwei Dokumente des Dritten Deutschen Bundestages, Bonn u.a. 1963.

Jelinek, Jehuda (Hg.): Zwischen Moral und Realpolitik. Deutsch-israelische Beziehungen 1945-1965. Eine Dokumentensammlung, Gerlingen 1997.

Kabinettsprotokolle der Bundesregierung, Bd. 1-6 (1949-1953) hgg. von Hans Booms, Bd. 7/8 (1954-1955) hgg. von Friedrich Kahlenberg, Boppard 1982ff.

Küchenmeister, Daniel (Hg.): Honecker-Gorbatschow-Vieraugengespräche, Berlin 1993.

Läufer, Thomas (Bearb.): Europäische Union - Europäische Gemeinschaft. Die Vertragstexte von Maastricht, Bonn 1995.

Maier, Gerhart: Sicherheitspolitik, Bonn 1993.

Möller, Horst/Hildebrand, Klaus (Hg.): Die Bundesrepublik Deutschland und Frankreich: Dokumente 1949-1963, München 1997ff.

Münch, Ingo von (Hg.): Dokumente des geteilten Deutschland, 2 Bd., Stuttgart 1968.

Organization for Economic Co-operation and Development (ed.): The European Reconstruction 1948-1961. Bibliography on the Marshall Plan and the Organization for European Economic Co-operation (OEEC), Paris 1996.

Potthoff, Heinrich: Die "Koalition der Vernunft". Deutschlandpolitik in den achtziger Jahren, München 1995.

ders.: Bonn und Ost-Berlin 1969-1982, Bonn 1997.

Presse- und Informationsamt der Bundesregierung (Hg.): Bundeskanzler Brandt. Reden und Interviews, Bonn 1971.

dass.: Die Regierungserklärung von Bundeskanzler Gerhard Schröder vom 10.11.1998, Bonn 1998.

Przybylski, Peter: Tatort Politbüro. Band 1: Die Akte Honecker, Berlin 1991.

Pütz, Helmut (Bearb.): Konrad Adenauer und die CDU der britischen Besatzungszone 1946-1949, Bonn 1975.

Rhöndorfer Ausgabe, hgg. von Rudolf Morsey und Hans-Peter Schwarz im Auftrag der Stiftung Bundeskanzler-Adenauer-Haus, *Briefe* (5 Bde., 1945-1955), *Teegespräche* (4. Bde., 1950-1963), *Unter vier Augen: Gespräche aus den Gründerjahren - Konrad Adenauer und Theodor Heuss*, Berlin 1983-1997.

Sachverständigenrat zur Begutachtung der gesamtwirtschaftlichen Entwicklung: div. Jahresgutachten.

Schubert, Klaus von (Hg.): Sicherheitspolitik der Bundesrepublik Deutschland. Dokumentation 1945-1977, Teil I, Bonn 1977.

Texte zur Deutschlandpolitik, hgg. vom Gesamtdeutschen (später Innerdeutschen) Ministerium, Bonn 1967ff.

Vorstand der SPD (Hg.): "Acht Jahre Sozialdemokratischer Kampf um Einheit, Frieden und Freiheit", Bonn 1954.

Weekly Compilation of Presidential Documents, div. Hefte.

Autobiographien und Selbstzeugnisse

Ackermann, Eduard: Mit feinem Gehör. Vierzig Jahre in der Bonner Republik, Bergisch Gladbach 1994.

Adenauer, Konrad: Erinnerungen, 4 Bde., Stuttgart, 1966-1969. (Bd. I: 1949-1953; Bd. II: 1953-1955; Bd. III: 1955-1959; Bd. IV: Fragmente 1959-1963)

Allardt, Helmut: Moskauer Tagebuch. Beobachtungen, Notizen, Erlebnisse, Düsseldorf 1973.

Amerongen, Otto Wolff von: Der Weg nach Osten. Vierzig Jahre Brückenbau für die deutsche Wirtschaft, München 1992.

Apel, Hans: Der Abstieg. Politisches Tagebuch eines Jahrzehnts, München 1991.

Attali, Jacques: Verbatim III, Paris 1995.

Bahr, Egon: Sicherheit für und vor Deutschland. Vom Wandel durch Annäherung zur europäischen Sicherheitsgemeinschaft, München 1991.

ders.: Zu meiner Zeit, München 1996.

Baker, James A. III: The Politics of Diplomacy. Revolution, War & Peace, 1989-1992, New York 1995.

Barzel, Rainer: Auf dem Drahtseil, München 1978.

Birrenbach, Kurt: Meine Sondermissionen. Rückblick auf zwei Jahrzehnte bundesdeutscher Außenpolitik, Düsseldorf 1984.

Blankenhorn, Herbert: Verständnis und Verständigung. Blätter eines politischen Tagebuchs 1949-1979, Frankfurt a.M. 1980.

Brandt, Willy: Begegnungen und Einsichten. Die Jahre 1960 - 1975, Hamburg 1976.

ders.: Erinnerungen, Frankfurt a.M. 1989.

Brzezinski, Zbigniew: Power and Principle. Memoirs of the National Security Adviser 1977-1981, New York 1983.

Bush, George/Scowcroft, Brent: A World Transformed, New York 1998.

De Gaulle, Charles: Memoiren der Hoffnung. Die Wiedergeburt 1958-1962, Wien 1971.

Frank, Paul: Entschlüsselte Botschaft. Ein Diplomat macht Inventur, Stuttgart 1981.

Genscher, Hans-Dietrich: Erinnerungen, Berlin 1995.

Gorbatschow, Michail: Erinnerungen, Berlin 1995.

Grewe, Wilhelm: Rückblenden 1976-1951. Aufzeichnungen eines Augenzeugen deutscher Außenpolitik von Adenauer bis Schmidt, Frankfurt a.M. 1979.

Kiessler, Richard/Elbe, Frank: Ein runder Tisch mit scharfen Ecken. Der diplomatische Weg zur deutschen Einheit, Baden-Baden 1993.

Kissinger, Henry: White House Years, Boston/Toronto 1979.

Kohl, Helmut: Ich wollte Deutschlands Einheit, Berlin 1996.

Kotschemassow, Wjatscheslaw: Meine letzte Mission, Berlin 1994.

Krone, Heinrich: Aufzeichnungen zur Deutschland- und Ostpolitik 1954-1969; in: Morsey/Repgen, Bd. III/1974, 134-201.

ders.: Tagebücher. Erster Band: 1945-1961, Düsseldorf 1995.

Kuhn, Ekkehard (Hg.): Gorbatschow und die deutsche Einheit. Aussagen der wichtigsten russischen und deutschen Beteiligten, Bonn 1993.

Kwizinskij, Julij: Vor dem Sturm. Erinnerungen eines Diplomaten, Berlin 1993.

McGhee, George: At the Creation of Germany. From Adenauer to Brandt. An Ambassadors Account, New Haven/London 1990.

Modrow, Hans: Aufbruch und Ende, Hamburg 1991.

Monet, Jean: Erinnerungen eines Europäers, München 1980.

Plück, Kurt: Der schwarz-rot-goldene Faden. Vier Jahrzehnte erlebter Deutschlandpolitik, Bonn 1997.

Pünder, Hermann : Von Preußen nach Europa. Lebenserinnerungen, Stuttgart 1968.

Roth, Wolfgang: Wirtschaftsbeziehungen - COCOM - Gorbatschow; in: Die Neue Gesellschaft/ Frankfurter Hefte, Jg. 31/Nr. 6 (Juni 1988), 532-536.

Schäuble, Wolfgang: Der Vertrag. Wie ich die deutsche Einheit verhandelte, Stuttgart 1991.

Schmidt, Helmut: Menschen und Mächte, Berlin 1987.

ders.: Deutschland und seine Nachbarn. Menschen und Mächte II, Berlin 1990.

Spaak, Henri-Paul: Memoiren eines Europäers, Hamburg 1970.

Strauß, Franz Josef: Erinnerungen, Berlin 1989.

Teltschik, Horst: 329 Tage. Innenansichten der Einigung, Berlin 1991.

Truman, Harry: Memoirs, Vol. 2: Years of Trial and Hope, Garden City 1956.

Tschernajew, Anatoli: Die letzten Jahre einer Weltmacht. Der Kreml von innen, Stuttgart 1993.

Waigel, Theo: Tage, die Deutschland und die Welt veränderten; in: Waigel/Schell, 1994, 53-60.

Sekundärliteratur

Abelshauser, Werner: Zur Entstehung der "Magnet-Theorie" in der Deutschlandpolitik. Ein Bericht von Schlange-Schöningen über einen Staatsbesuch in Thüringen im Mai 1946; in: VfZ, Bd. 27 (1979), 661-679.

ders.: Wirtschaftsgeschichte der Bundesrepublik Deutschland 1945-1980, Frankfurt a.M. 1983.

ders.: Wirtschaft und Rüstung in den fünfziger Jahren; in: Militärgeschichtliches Forschungsamt, 1997, 1-185.

Adomeit, Hannes: Imperial Overstretch. Germany in Soviet Policy from Stalin to Gorbachev, Baden-Baden 1998.

Algieri, Franco: Die Reform der GASP - Anleitung zu begrenztem gemeinsamem [sic] Handeln; in: Weidenfeld, 1998, 89-120.

Allemann, Fritz Réne: Bonn ist nicht Weimar, Köln/Berlin 1956.

Badura, Peter: Arten der Verfassungsrechtssätze; in: Isensee/Kirchhof, 1992, 33-56.

Bald, Detlef: Die Atombewaffnung der Bundeswehr. Militär, Öffentlichkeit und Politik in der Ära Adenauer, Bremen 1994.

Bandulet, Bruno: Adenauer zwischen Ost und West. Alternativen der deutschen Außenpolitik, München 1970.

Baring, Arnulf: Außenpolitik in Adenauers Kanzlerdemokratie. Bonns Beitrag zur Europäischen Verteidigungsgemeinschaft, München/Wien 1969.

ders.: Die Institutionen der westdeutschen Außenpolitik in der Ära Adenauer; in: Kaiser/Morgan, 1970, 167-179.

ders.: Im Anfang war Adenauer. Die Entstehung der Kanzlerdemokratie, München 1971. (= Taschenbuchausgabe der Studie "Außenpolitik in Adenauers Kanzlerdemokratie")

ders./Görtemaker, Manfred: Machtwechsel, Stuttgart 1982.

Bedarff, Hildegard: Die Viererrunden. Zum Bedeutungswandel multilateraler Koordinationsgremien zwischen den westlichen Siegermächten und der Bundesrepublik; in: ZfP, 22/H. 4 (1991), 555-566.

Bellers, Jürgen: Außenwirtschaftspolitik der Bundesrepublik Deutschland 1949-1989, Münster 1990.

Bender, Peter: Neue Ostpolitik. Vom Mauerbau bis zum Moskauer Vertrag, München 1986.

ders.: Episode oder Epoche? Zur Geschichte des geteilten Deutschland, München 1996.

Benz, Wolfgang: Von der Besatzungsherrschaft zur Bundesrepublik. Stationen einer Staatsgründung 1946-1949, Frankfurt a.M. 1984.

ders.: Erzwungenes Ideal oder zweitbeste Lösung? Intentionen und Wirkungen der Gründung des deutschen Weststaates; in: Herbst, 1986, 135-146.

Bernhardt, Rudolf: Verfassungsrecht und völkerrechtliche Verträge; in: Isensee/Kirchhof, 1992, 571-597.

Bertelsmann Stiftung/Forschungsgruppe Europa (Hg.): Kosten, Nutzen und Chancen der Osterweiterung für die Europäische Union, Gütersloh 1998.

Besson, Waldemar: Die Außenpolitik der Bundesrepublik. Erfahrungen und Maßstäbe, München 1970.

Bierling, Stephan G.: Partner oder Kontrahenten. Präsident und Kongreß im außenpolitischen Entscheidungsprozeß der USA (1974-1988), Frankfurt a.M. u.a. 1992.

ders.: Sicherheitspolitik; in: Weidenfeld/Korte, 1996, 601-611.

ders.: Amerika führt - Europa folgt? Eine Beziehung sucht ihren Zweck; in: IP, 2/1998, 9-18.

ders.: Wirtschaftshilfe für Moskau. Motive und Strategien der Bundesrepublik Deutschland und der USA (1990-1996), Paderborn 1998.

Biermann, Rafael: Zwischen Kreml und Kanzleramt. Wie Moskau mit der deutschen Einheit rang, Paderborn 1997.

Billing, Werner: Die Rolle des Bundespräsidenten im Bereich der Außenpolitik; in: Schwarz, H.-P., 1975a, 142-156.

Bingen, Dieter: Helmut Kohls Polenpolitik; in: Die politische Meinung, 43/349 (1998), 25-37.

Bischof, Günter: Der Marshall-Plan in Europa 1947-1952; in: APUZ B22-23/97 (23.5.1997), 3-16.

ders.: Der Einfluß des Bundesrates auf die Außenpolitik; in: Schwarz, H.-P., 1975a, 123-142.

Blumenwitz, Dieter (Hg.): Konrad Adenauer und seine Zeit, Bd. 2: Beiträge der Wissenschaft, Stuttgart 1976.

Booz, Rüdiger Marco: "Hallsteinzeit". Deutsche Außenpolitik 1955-1972, Bonn 1995.

Borkenhagen, Franz: Europa braucht GASP. Gemeinsame Außen- und Sicherheitspolitik in und für Europa, Bonn/Berlin 1993.

Bracher, Karl-Dietrich/Jäger, Wolfgang/Link, Werner: Republik im Wandel 1969-1974. Die Ära Brandt, Stuttgart 1986. (= Geschichte der Bundesrepublik Deutschland Bd. 5/I)

Bredow, Wilfried von: Der KSZE-Prozeß, Darmstadt 1992.

Buchheim, Christoph: Das Londoner Schuldenabkommen; in: Herbst, 1986, 219-230.

Burzig, Arno: Ostpolitik und Osthandel. Das Zusammenwirken von Regierung und Wirtschaftsverbänden in der Ost-West-Wirtschaftspolitik; in: Haftendorn, 1978, 225-237.

Cipolla, Carlo/Borchardt, Knut (Hg.): Europäische Wirtschaftsgeschichte Bd. 5: Die europäischen Volkswirtschaften im zwanzigsten Jahrhundert, Stuttgart/New York 1986.

Cleveland, Harland: NATO - The Transatlantic Bargain, New York 1970.

Conze, Eckart: Die gaullistische Herausforderung. Die deutsch-französischen Beziehungen in der amerikanischen Europapolitik, München 1995.

Cornish, Paul/Ham, Peter van/Krause, Joachim (Hg.): Europa und die Herausforderung der Proliferation, Bonn 1996. (= Arbeitspapiere zur Internationalen Politik Nr. 96)

Crabb, Cecil/Holt, Pat: Invitation to Struggle: Congress, the President and Foreign Policy, Washington, D.C. 1989.

Czada, Peter/Tolksdorf, Michael/Yenal, Alparslan: Internationale Währungsprobleme. Zur Geschichte, Funktion und Krise des internationalen Währungssystems, Opladen 1988.

Daalder, Ivo: The SDI Challenge to Europe, Cambridge/Mass. 1987.

Dau, Klaus: Parlamentsheer unter dem Mandat der Vereinten Nationen; in: Neue Zeitschrift für Wehrrecht 37/1994, 177-184.

Dembinski, Matthias: Europäische Integration. Den Stillstand überwinden - aber wie? Maastricht und die europäische Außenpolitik; in: Solms u.a., 1997, 116-130.

Deutschland-Archiv (Hg.): Chronik der Ereignisse in der DDR, Köln 1990.

Diner, Dan: Der Krieg der Erinnerungen und die Ordnung der Welt, Berlin 1991.

Dobler, Wolfgang: Außenpolitik und öffentliche Meinung. Determinanten und politische Wirkungen außenpolitischer Einstellungen in den USA und der Bundesrepublik, Frankfurt a.M. 1989.

Doehring, Karl: Das Friedensgebot des Grundgesetzes; in: Isensee/Kirchhof, 1992, 687-710.

Doering-Manteuffel, Anselm: Die Bundesrepublik Deutschland in der Ära Adenauer, Darmstadt 1983.

Duke, Simon: The New European Security Disorder, New York 1994.

Wolf-Dieter Eberwein/Karl Kaiser (Hg.): Deutschlands neue Außenpolitik. Bd. 4: Institutionen und Ressourcen, München 1998.

Ehrhart, Hans-Georg: Von der GASP zur GEVP? Das deutsch-französische Sicherheits- und Verteidigungskonzept; in: Dokumente. Zeitschrift für den deutsch-französischen Dialog 2/1997, 102-107.

Eisenmann, Peter: Außenpolitik der Bundesrepublik Deutschland: von der Westintegration zur Verständigung mit dem Osten. Ein Studienbuch in Dokumentation und Analyse, Krefeld 1982.

Ellwein, Thomas/Hesse, Jens Joachim: Das Regierungssystem der Bundesrepublik Deutschland, Bd.1: Textteil, Opladen 1987.

Emminger, Otmar: Deutsche Geld- und Währungspolitik im Spannungsfeld zwischen innerem und äußerem Gleichgewicht 1948-1975, Frankfurt a.M. 1976.

Engel, Christian: Der Europäische Rat; in: Weidenfeld/Wessels, 1994, 39-46.

Engels, Markus/Schwartz, Petra: Alliierte Restriktionen für die Außenwirtschaftspolitik der Bundesrepublik Deutschland. Das Röhrenembargo von 1962/63 und das Erdgas-Röhrengeschäft von 1982; in: Haftendorn/Riecke, 1996, 227-242.

Eschenburg, Theodor: Jahre der Besatzung 1945-1949, Stuttgart 1983. (= Geschichte der Bundesrepublik Deutschland, Bd.1)

Everling, Ulrich: Das Maastricht-Urteil des Bundesverfassungsgerichts und seine Bedeutung für die Entwicklung der Europäischen Union; in: Integration 3/1994, 165-175.

Fastenrath, Ulrich: Kompetenzverteilung im Bereich der auswärtigen Gewalt, München 1986.

Feldman, Elliot/Gardner Feldman, Lily: Canada; in: Michelmann/Soldatos, 1990, 176-210.

Filmer, Werner/Schwan, Heribert: Wolfgang Schäuble. Politik als Lebensaufgabe, München 1992.

Först, Walter (Hg.): Entscheidung im Westen, Troisdorf 1979.

ders.: Die Politik der Demontage; in: ders., 1979, 109-143.

Forndran, Erhard/Lemke, Hans-Dieter (Hrsg.): Sicherheitspolitik für Europa zwischen Konsens und Konflikt, Baden-Baden 1995.

Frantz, Wolfgang u.a.: Die deutsch-französische Verteidigungskooperation im Meinungsbild der deutschen und französischen Bevölkerung; in: Kohr, 1990, 7-65.

Fricke, Karl-Wilhelm: Opposition und Widerstand in der DDR. Ein politischer Report, Köln 1984.

Fry, Earl: The United States of America; in: Michelmann/Soldatos, 1990, 276-298.

Gaddis, John Lewis: Strategies of Containment. A Critical Appraisal of Postwar American National Security Policy, New York/Oxford 1982.

Garthoff, Raymond: The Great Transition. American-Soviet Relations and the End of the Cold War, Washington, D.C. 1994.

Garton Ash, Timothy: Im Namen Europas. Deutschland und der geteilte Kontinent, München 1993.

Gersdorff, Gero von: Adenauers Außenpolitik gegenüber den Siegermächten 1954. Westdeutsche Bewaffnung und internationale Politik, München 1994.

Giersch, Carsten: Der Jugoslawien-Konflikt als Testfall europäischer Sicherheit; in: APuZ, B29/1997 (11.7.1997), 26-38.

Gimbel, John: Byrnes' Stuttgarter Rede und die amerikanische Nachkriegspolitik in Deutschland; in: VfZ, Bd. 20 (1972), 39-62.

ders.: The Origins of the Marshall Plan, Stanford 1976.

Görtemaker, Manfred: Die unheilige Allianz. Die Geschichte der Entspannungspolitik 1943-1979, München 1979.

Graml, Hermann: Die Legende von der evrpaßten Gelegenheit; VfZ, Bd. 29/3 (1981), 307-341.

Greiner, Bernd/Obermeyer, Ute: Kleine Geschichte der Null-Lösung; in: Blätter für deutsche und internationale Politik, 12/86, 1441-1451.

Grewe, Wilhelm: Spiel der Kräfte in der Weltpolitik. Theorie und Praxis der internationalen Beziehungen, Düsseldorf/Wien 1970.

Gröner, Helmut: Die westdeutsche Außenhandelspolitik; in: Schwarz, H.-P., 1975a, 405-437.

Groß, Jürgen: Die unterschätzte Öffentlichkeit. Sicherheitspolitische Einstellungen der Bundesbürger; in: S+F: Vierteljahresschrift für Sicherheit und Frieden, Bd.13/Heft 2 (1995), 114-119.

Grosser, Alfred: Das Bündnis. Die westeuropäischen Länder und die USA seit dem Krieg, München 1982. (Taschenbuchausgabe) *ders.:/Goguel, François*: Politik in Frankreich, Paderborn 1980.

Grosser, Dieter u.a.: Soziale Marktwirtschaft. Geschichte - Konzept - Leistung, Stuttgart u.a. 1988.

ders.: Wurden die ökonomischen Ziele erreicht?; in: ders. u.a., 1988, 74-121.

ders.: Das Wagnis der Währungs-, Wirtschafts- und Sozialunion. Politische Zwänge im Konflikt mit ökonomischen Regeln, Stuttgart 1998.

Hacke, Christian: Weltmacht wider Willen. Die Außenpolitik der Bundesrepublik Deutschland, Frankfurt a. M./Berlin 1993.

ders.: Die Haltung der Bundesrepublik Deutschland zur NATO-Osterweiterung; in: Pradetto, 1997, 233-249.

Häckel, Erwin: Die Bundesrepublik Deutschland und der Atomwaffensperrvertrag. Rückblick und Ausblick, Bonn 1989.

Haftendorn, Helga u.a. (Hg.): Verwaltete Außenpolitik. Sicherheits- und entspannungspolitische Entscheidungsprozesse in Bonn, Köln 1978.

dies. u.a.: Strukturprobleme des außenpolitischen Entscheidungsprozesses der Bundesrepublik Deutschland; in: Haftendorn, 1978, 279-284.

dies.: Das außen- und sicherheitspolitische Entscheidungssystem der Bundesrepublik Deutschland; in: APuZ B43/83, (29.10.1983), 3-15.

dies.: Sicherheit und Entspannung. Zur Außenpolitik der Bundesrepublik Deutschland 1955-1982, Baden-Baden 1986. (1986a)

dies.: Sicherheit und Stabilität. Außenbeziehungen der Bundesrepublik zwischen Ölkrise und NATO-Doppelbeschluß, München 1986. (1986b)

dies.: Außenpolitische Prioritäten und Handlungsspielraum. Ein Paradigma zur Analyse der Außenpolitik der Bundesrepublik Deutschland; in: Politische Vierteljahresschrift 1/1989, 32-49.

dies.: Zur Theorie außenpolitischer Entscheidungsprozesse; in: Rittberger, 1990, 401-423.

dies.: Im Anfang waren die Alliierten. Die alliierten Vorbehaltsrechte als Rahmenbedingung des außenpolitischen Handelns der Bundesrepublik Deutschland; in: Hartwich/Wewer, 1993, 41-92.

dies.: Kernwaffen und die Glaubwürdigkeit der Allianz. Die NATO-Krise von 1966/67, Baden-Baden 1994.

dies.: Gulliver in der Mitte Europas. Internationale Verflechtung und nationale Handlungsmöglichkeiten; in: Kaiser/Maull, 1994, 129-152.

dies./*Riecke, Henning* (Hg.): "... die volle Macht eines souveränen Staates ...". Die Alliierten Vorbehaltsrechte als Rahmenbedingung westdeutscher Außenpolitik, Baden-Baden 1996.

Hanrieder, Wolfram: West German Foreign Policy 1949-1963. International Pressure and Domestic Response, Stanford 1967.

ders.: Deutschland, Europa, Amerika. Die Außenpolitik der Bundesrepublik Deutschland 1949-1994, Paderborn 1995.

Hardach, Gerd: Der Marshall-Plan. Auslandshilfe und Wiederaufbau in Westdeutschland 1948-1952, München 1994.

Hardach, Klaus: Deutschland 1914-1970; in: Cipolla/Borchardt, 1986, 47-100.

Hartwich, Hans Hermann/Wewer, Göttrik (Hg.): Regieren in der Bundesrepublik, 5 Bde., Opladen 1991ff. (Bd. 1: Konzeptionelle Grundlagen und Perspektiven der Forschung, 1990; Bd. 2: Formale und informale Komponenten des Regierens, 1991; Bd. 3: Systemsteuerung und „Staatskunst", 1991; Bd. 4: Finanz- und wirtschaftspolitische Bestimmungsfaktoren des Regierens im Bundesstaat - unter besonderer Berücksichtigung des deutschen Vereinigungsprozesses, 1992; Bd. 5: Souveränität, Integration, Interdependenz. Staatliches Handeln in der Außen - und Europapolitik, 1993)

Heintzen, Markus: Private Außenpolitik, Baden-Baden 1989.

Heitman, Sidney: Soviet Emigration Since Gorbachev, Köln 1989. (= BI-Ost, 62/1989)

Hellmann, Gunther: Jenseits von „Normalisierung" und „Militarisierung": Zur Standortdebatte über die neue deutsche Außenpolitik; in: APuZ, B1-2/97 (3.1.1997), 24-33.

Herbst, Ludolf (Hg.): Westdeutschland 1945-1955. Unterwerfung, Kontrolle, Integration, München 1986.

ders.: Option für den Westen. Vom Marshallplan bis zum deutsch-französischen Vertrag, München 1996.

Hertle, Hans-Hermann: Der Fall der Mauer. Die unbeabsichtigte Selbstauflösung des SED-Staates, Opladen 1996.

Hesselberger, Dieter: Das Grundgesetz. Kommentar für die politische Bildung, Bonn 1990.

Heuser, Beatrice: NATO, Britain, France and the FRG. Nuclear Strategies and Forces for Europe, 1949-2000, Houndmills u.a. 1997.

Hildebrand, Klaus: Von Erhard zur Großen Koalition 1963-1969, Stuttgart 1984. (= Geschichte der Bundesrepublik Deutschland, Bd. 4)

Hillgruber, Andreas (bearbeitet von Jost Dülffer): Europa in der Weltpolitik der Nachkriegszeit 1945-1963, München 1993.

Hilz, Wolfram: Deutschland und seine Nachbarn Polen und Tschechien. Regionale Kooperation im Umweltbereich und bei der Inneren Sicherheit; in: APuZ, B3-4/99 (15.1.1999), 43-54.

Hoppe, Christoph: Zwischen Teilhabe und Mitsprache. Die Nuklearfrage in der Allianzpolitik Deutschlands, 1959-1966, Baden-Baden 1993.

Hubel, Helmut: Der zweite Golfkrieg in der internationalen Politik, Bonn 1991. (= Arbeitspapiere zur internationalen Politik Nr. 62)

ders./*May, Bernhard*: Ein "normales" Deutschland? Die souveräne Bundesrepublik in der ausländischen Wahrnehmung, Bonn 1995. (= Arbeitspapiere zur Internationalen Politik Nr. 92)

Huyn, Hans Graf (Hg.): Ostpolitik im Kreuzfeuer, Stuttgart 1971.

Isensee, Josef/Kirchhof, Paul (Hg.): Handbuch des Staatsrechts der Bundesrepublik Deutschland, Bd. VII: Normativität und Schutz der Verfassung. Internationale Beziehungen, Heidelberg 1992.

Jacobsen, Hans-Adolf: Zur Rolle der öffentlichen Meinung bei der Debatte um die Wiederbewaffnung 1950-1955; in: Militärgeschichtliches Forschungsamt, 1975, 61-98.

Jäger, Wolfgang: Die Innenpolitik der sozial-liberalen Koalition 1969-1974; in: Bracher u.a., 1986, 15-162.

Jansen, Thomas: Die Entstehung des deutsch-französischen Vertrages vom 22. Januar 1963; in: Blumenwitz, 1976, 249-271.

Jarass, Hans/Pieroth, Bodo: Grundgesetz für die Bundesrepublik Deutschland. Kommentar, München 1995.

Jena, Kai von: Versöhnung mit Israel? Die deutsch-israelischen Verhandlungen bis zum Wiedergutmachungsabkommen; in: VfZ, Bd. 34 (1986), 457-480.

ders.: Das deutsch-israelische Wiedergutmachungsabkommen von 1952 im internationalen Zusammenhang; in: VfZ, Bd. 36 (1988), 786-804.

Jerchow, Friedrich: Außenhandel im Widerstreit. Die Bundesrepublik auf dem Weg in das GATT 1949-1951; in: Winkler, 1979, 254-289. (= Zeitschrift für Geschichte und Gesellschaft/Sonderheft 5)

ders.: Der Außenkurs der Mark 1944-1949; in: VfZ, Bd. 30 (1982), 256-298.

Jürgens, Thomas: Die Gemeinsame Europäische Außen- und Sicherheitspolitik, Köln u.a. 1994.

Jung, Ernst Friedrich: Einflußfaktoren und Entscheidungsprozesse in der Außen- und Europapolitik; in: Hartwich/Wewer, 1991/Bd. 5, 183-209.

Kaarbo, Juliet: Power and Influence in Foreign Policy Decisionmaking: The Role of Junior Partners in German and Israeli Foreign Policy; in: International Studies Quarterly, Vol. 40/4 (1996), 501-530.

Kaht, Hilmar: Die Wirkung der Integration auf die Einfuhren der Bundesrepublik Deutschland, Hamburg 1975.

Kaiser, Karl: Das Jahrzehnt der beginnenden Normalisierung. Die Deutschland- und Außenpolitik der Bundesrepublik 1960-1970; in: Politische Bildung 2/1971, 54-63.

ders.: Deutschlands Vereinigung. Die internationalen Aspekte, Bergisch-Gladbach 1991.

ders./Morgan, Roger (Hg.): Strukturwandlungen der Außenpolitik in Großbritannien und der Bundesrepublik, München 1970.

ders./Hanns W. Maull (Hg.): Deutschlands neue Außenpolitik. Bd. 1: Grundlagen, München 1994.

ders./Hanns W. Maull (Hg.): Deutschlands neue Außenpolitik. Bd. 2: Herausforderungen, München 1995.

ders./Joachim Krause (Hg.): Deutschlands neue Außenpolitik. Bd. 3: Interessen und Strategien, München 1996.

Kamp, Karl-Heinz: Zwischen Friedenspartnerschaft und Vollmitgliedschaft - Die NATO und die Erweiterungsfrage, St. Augustin 1995.

Karl, Wolf-Dieter/Krause, Joachim: Außenpolitischer Strukturwandel und parlamentarischer Entscheidungsprozeß; in: Haftendorn, 1978, 55-82.

Kelleher, Catherine: Germany and the Politics of Nuclear Weapons, New York 1975.

Kiefer, Markus: Die Reaktion auf die "Stalin-Noten" in der zeitgenössischen deutschen Publizistik. Zur Widerlegung einer Legende; in: DA, Bd. 22/1 (1989), 56-76.

Kimminich, Otto: Völkerrecht und Geschichte im Disput über die Beziehungen Deutschlands zu seinen östlichen Nachbarn; in: APuZ, B28/96, 28-38.

Kissinger, Henry: The Troubled Partnership. A Re-appraisal of the Atlantic Alliance, New York u.a. 1965.

ders.: The Future of NATO; in: Myers, 1980, 3-20.

Kittel, Manfred: Genesis einer Legende. Die Diskussion um die Stalin-Noten in der Bundesrepublik 1952-1958; in: VfZ, Bd. 41/3 (1993), 355-389.

Klaus, Henning: Die deutschen Bundesländer und die Europäische Union. Die Mitwirkung der Länder am EU-Integrationsprozeß seit dem Vertrag von Maastricht, Vierow 1996.

Kleffner-Riedel, Angelika: Die Mitwirkung der Länder und Regionen im EU-Ministerrat; in: Bayerische Verwaltungsblätter, Bd. 126/4 (1995), 104-108.

Knapp, Manfred: Politische und wirtschaftliche Interdependenzen im Verhältnis USA - (Bundesrepublik) Deutschland 1945-1975; in: Knapp u.a., 1978, 153-219.

ders. (Hg.): Von der Bizonengründung zur ökonomisch-politischen Westintegration. Studien zum Verhältnis von Außenpolitik und Außenwirtschaftsbeziehungen in der Entstehungsphase der Bundesrepublik Deutschland (1947-1952), Frankfurt a.M. 1984.

ders.: Die Anfänge westdeutscher Außenwirtschafts- und Außenpolitik im bizonalen Vereinigten Wirtschaftsgebiet (1947-1949); in: Knapp, 1984, 13-94.

ders.: Die Außenpolitik der Bundesrepublik Deutschland; in: Knapp/Krell, 1996, 147-203.

ders.: Deutschland und die Vereinten Nationen; in: Politische Bildung, 30/1 (1997), 26-38.

ders. u.a.: Die USA und Deutschland 1918-1975. Deutsch-amerikanische Beziehungen zwischen Rivalität und Partnerschaft, München 1979.

ders./*Krell, Gert* (Hg.): Einführung in die Internationale Politik, München u.a. 1996.

Knappe, Jens: Die USA und die deutsche Einheit. Amerikanische Deutschlandpolitik im Kontext von veröffentlichter und öffentlicher Meinung 1989/90, München 1996.

Koerfer, Daniel: Kampf ums Kanzleramt. Erhard und Adenauer, Stuttgart 1987.

Kohr, Heinz-Ulrich u.a. (Hg.): Sicherheitspolitische Orientierungen in der Bundesrepublik Deutschland und in Frankreich. Zwei Berichte über eine deutsch-französische Bevölkerungsumfrage, München 1990. (= Berichte des Sozialwissenschaftlichen Instituts der Bundeswehr, Heft 51)

Körner, Klaus: Die Wiedervereinigungspolitik; in: Schwarz, H.-P., 1975a, 587-616.

ders.: Die innerdeutschen Beziehungen; in: Schwarz, H.-P., 1975a, 616-646.

Korte, Karl-Rudolf: Deutschlandpolitik in Helmut Kohls Kanzlerschaft. Regierungsstil und Entscheidungen 1982-1989, Stuttgart 1998.

Krägenau, Henry/Wetter, Wolfgang: Die Europäische Wirtschafts- und Währungsunion. Vom Werner-Plan zum Vertrag von Maastricht, Baden-Baden 1993.

Kroegel, Dirk: Einen Anfang finden! Kurt Georg Kiesinger in der Außen- und Deutschlandpolitik der Großen Koalition, München 1997.

Küntzel, Matthias: Bonn und die Bombe. Deutsche Atomwaffenpolitik von Adenauer bis Brandt, Frankfurt a.M. 1992.

Küpper, Jost: Die Kanzlerdemokratie, Frankfurt a.M. 1985.

Küsters, Hanns Jürgen: Die außenpolitische Zusammenarbeit der Neun und die KSZE; in: Haftendorn, 1978, 85-98.

ders.: Die Gründung der Europäischen Wirtschaftsgemeinschaft, Baden-Baden 1982.

Large, David Clay: Germans to the Front. West German Rearmament in the Adenauer Era, Chapel Hill/London 1996.

Larrabee, F. Stephen: The View From Moscow; in: ders., 1989, 182-205.

ders.: The Two German States and European Security, London 1989.

Link, Werner: Außen- und Deutschlandpolitik in der Ära Brandt 1969-1974; in: Bracher u.a., 1986, 163-284.

Linsel, Knut: Charles de Gaulle und Deutschland 1914-1969, Sigmaringen 1998. (= Beihefte der Francia, Bd. 44, hgg. vom Deutschen Historischen Institut in Paris)

Lipgens, Walter: Die Bundesrepublik Deutschland und der Zusammenschluß Westeuropas; in: Schwarz, H.-P., 1975a, 680-691.

Lüders, Carsten: Die Bedeutung des Ruhrstatuts und seiner Aufhebung für die außenpolitische und außenwirtschaftliche Emanzipation Westdeutschlands (1948-1952); in: Knapp, 1984, 95-186.

Lundestad, Geir: Empire by Invitation?; in: Journal of Peace Research 23 (1986), 263-277.

ders.: „Empire" by Integration. The United States and European Integration, 1945-1997, Oxford/New York 1998.

Mahncke, Dieter: Nukleare Mitwirkung. Die Bundesrepublik Deutschland in der atlantischen Allianz 1954-1970, Berlin/New York, 1972.

ders.: Das Berlin-Problem; in: Schwarz, H.-P., 1975a, 657-664.

Mai, Gunther: Westliche Sicherheitspolitik im Kalten Krieg. Der Korea-Krieg und die deutsche Wiederbewaffnung 1950, Boppard 1977.

Maier, Klaus A.: Die internationalen Auseinandersetzungen um die Westintegration der Bundesrepublik Deutschland um ihre Bewaffnung im Rahmen der Europäischen Verteidigungsgemeinschaft; in: Militärgeschichtliches Forschungsamt, 1990, 1-234.

Majonica, Ernst: Bundestag und Außenpolitik; in: Schwarz, H.-P, 1975a, 112-123.

Mandelbaum, Michael: The Dawn of Peace in Europe, New York 1996.

Mann, Thomas (ed.): A Question of Balance. The President, the Congress and Foreign Policy, Washington, D.C. 1990.

Maull, Hanns W.: Zivilmacht Bundesrepublik? Das neue Deutschland in der internationalen Politik; in: Blätter für deutsche und internationale Politik, 8/1993, 934-948.

ders./*Meimeth, Michael/Neßhöver, Christoph* (Hg.): Die verhinderte Großmacht. Frankreichs Sicherheitspolitik nach dem Ende des Ost-West-Konflikts, Opladen 1997.

Medick, Monika: "Burden-sharing" und Devisenausgleich als Problem der deutsch-amerikanischen Beziehungen; in: Knapp u.a., 1975, 188-227.

Meyer, Berthold: Der Bürger und seine Sicherheit. Zum Verhältnis von Sicherheitsstreben und Sicherheitspolitik, Frankfurt a.M. 1983.

Meyer, Georg-Maria/Collmer, Sabine: Zum UN-Einsatz bereit? Bundeswehrsoldaten und ihr neuer Auftrag, Wiesbaden 1997.

Michelmann, Hans: The Federal Republic of Germany; in: Michelmann/Soldatos, 1990, 211-244.

ders./*Soldatos, Panayotis* (eds.): Federalism and International Relations. The Role of Subnational Actors, Oxford 1990.

Militärgeschichtliches Forschungsamt (Hg.): Aspekte der deutschen Wiederbewaffnung bis 1955, Boppard 1975.

dass. (Hg.): Anfänge westdeutscher Sicherheitspolitik 1945-1956, Bd. 2: Die EVG-Phase, München 1990.

dass. (Hg.): Anfänge westdeutscher Sicherheitspolitik, Bd. 4: Wirtschaft und Rüstung/Souveränität und Sicherheit, München 1997.

Minx, Eckard: Von der Liberalisierungs- zur Wettbewerbspolitik. Internationale Wirtschaftspolitik zwischen Industrieländern nach dem Zweiten Weltkrieg, Berlin 1980.

Möschel, Wernhard: Europapolitik zwischen deutscher Romantik und gallischer Klarheit; in: APuZ, B3-4/95 (13.1.1995), 10-16.

Morsey, Rudolf: Die Bundesrepublik Deutschland. Entstehung und Entwicklung bis 1969, München 1995.

ders./*Repgen, Konrad* (Hg.): Adenauer-Studien, Bd. I, Mainz 1971.

dies. (Hg.): Adenauer-Studien. Bd. III, Mainz 1974.

Moersch, Karl: Kurs-Revision. Deutsche Politik nach Adenauer, Frankfurt a.M. 1978.

Morgenthau, Hans: Macht und Frieden. Grundlegung einer Theorie der internationalen Politik, Gütersloh 1963.

Mosler, Hermann: Die Übertragung von Hoheitsgewalt; in: Isensee/Kirchhof, 1992, 599-647.

Müller, Friedemann: Sanktionen im Ost-West-Konflikt; in: Außenpolitik, 1984/1, 67-79.

Müller-Rommel, Ferdinand/Pieper, Gabriele: Das Bundeskanzleramt als Regierungszentrale; in: APuZ, B21-22/1991 (17.5.1991), 3-13.

Myers, Kenneth A. (ed.): NATO - The Next Thirty Years. The Changing Political, Economic and Military Setting, Boulder 1980.

Nerlich, Uwe: Die nuklearen Dilemmas der Bundesrepublik Deutschland; in: EA, 17/1965, 637-652.

ders.: Das Zusammenwirken multinationaler Institutionen: Neue Optionen für kollektive Verteidigung und internationale Friedensmissionen?; in: Plate, 1994, 283-303.

ders./*Rendtorff, Trutz* (Hg.): Nukleare Abschreckung - Politische und ethische Interpretationen einer neuen Realität, Baden-Baden 1989.

Neuss, Beate: Die Entwicklung in der DDR 1969-1989; in: Grosser/Bierling/Neuss, 1996, 172-197.

dies.: Geburtshelfer Europas? Die Rolle der Vereinigten Staaten im europäischen Integrationsprozeß 1945-1958, Baden-Baden 1999.

Niedhart, Gottfried: Deutsche Außenpolitik: Vom Teilstaat mit begrenzter Souveränität zum postmodernen Nationalstaat; in: APuZ, B1-2/97 (3.1.1997), 15-23.

Noack, Paul: Öffentliche Meinung und Außenpolitik; in: Schwarz, H.-P., 1975a, 195-207.

ders.: Die Außenpolitik der Bundesrepublik Deutschland, Stuttgart u.a. 1981.

Noelle, Elisabeth/Neumann, Erich Peter (Hg.): Institut für Demoskopie: Jahrbuch der öffentlichen Meinung 1947-1955, Allensbach 1956.

Noelle-Neumann, Elisabeth/Köcher, Renate (Hg.): Allensbach Jahrbuch der Demoskopie 1993-1997 (Band 10), München 1997.

Nolte, Georg: Bundeswehreinsätze in kollektiven Sicherheitssystemen. Zum Urteil des Bundesverfassungsgerichts vom 12. Juli 1994; in: Zeitschrift für ausländisches öffentliches Recht und Völkerrecht 52/1994, 652-685.

Oldenburg, Fred: Das Verhältnis Moskau-Bonn unter Gorbatschow; in: Osteuropa, 36. Jg/Nr. 8/9 (1986), 774-786.

ders.: Moskau und die Wiedervereinigung Deutschlands, Köln 1991. (= BI-Ost, 38/1991)

Oudenaren, John van: The Soviet Union and the Socialist and Social Democratic Parties of Western Europe, Santa Monica 1985.

Palata, Lubos: Unsettled Scores. The Sudeten Issue Continues to Play a Role in German-Czech Relations; in: Transitions (November 1998), 25-37.

Patz, Günter: Parlamentarische Kontrolle der Außenpolitik. Fallstudien zur politischen Bedeutung des Auswärtigen Ausschusses des Deutschen Bundestages, Meisenheim 1976.

Pfetsch, Frank: Einführung in die Außenpolitik der Bundesrepublik Deutschland. Eine systematisch-theoretische Grundlegung, Opladen 1981.

Philippi, Nina: Bundeswehr-Auslandseinsätze als außen- und sicherheitspolitisches Problem des geeinten Deutschland, Frankfurt a.M. u.a. 1997. (= 1997a)

dies.: Frankreichs Rolle im ruandischen Bürgerkrieg - Eine Wende in der französischen Afrikapolitik?; in: Maull u.a., 1997, 223-242. (=1997b)

Piel, Dieter: Die außenpolitische Rolle der Wirtschaftsverbände; in: Schwarz, H.-P., 1975a, 207-215, hier 210/1.

Pierre, Andrew: Läßt sich Europas Sicherheit von Amerika "abkoppeln"?; in: EA, 1973/14, 465-481.

Piontkowitz, Heribert: Anfänge westdeutscher Außenpolitik 1946-1949. Das Deutsche Büro für Friedensfragen, Stuttgart 1978.

Plate, Bernard von (Hg.): Europa auf dem Wege zur kollektiven Sicherheit, Baden-Baden 1994.

Pöttering, Hans-Gert: Adenauers Sicherheitspolitik. Ein Beitrag zum deutsch-amerikanischen Verhältnis, Düsseldorf 1975.

Pohl, Manfred: Geschäft und Politik. Deutsch - russisch/sowjetische Wirtschaftsbeziehungen 1850-1988, Mainz 1988.

Pradetto, August (Hg.): Ostmitteleuropa, Rußland und die Osterweiterung der NATO, Opladen 1997.

Rahmsdorf, Detlev: Währungspolitik; in: Weidenfeld/Wessels, 1995, 113-122.

Rattinger, Hans/Heinlein, Petra: Sicherheitspolitik in der öffentlichen Meinung. Umfrageergebnisse für die Bundesrepublik Deutschland bis zum "heißen Herbst 1983", Berlin 1986.

Rattinger, Hans/Behnke, Joachim/Holst, Christian: Außenpolitik und öffentliche Meinung in der Bundesrepublik, Frankfurt a.M. 1995.

Ravenhill, John: Australia; in: Michelmann/Soldatos, 1990, 77-123.

Rehlinger, Ludwig: Freikauf. Die Geschäfte der DDR mit politisch Verfolgten 1963-1989, Berlin/Frankfurt a.M. 1996.

Reiss, Edward: The Strategic Defense Initiative, New York 1992.

Risse-Kappen, Thomas: Null-Lösung. Entscheidungsprozesse zu den Mittelstreckenwaffen 1970-1987, Frankfurt a.M. 1988.

Rittberger, Volker (Hg.): Theorien der Internationalen Beziehungen. Bestandsaufnahme und Forschungsperspektiven, Wiesbaden 1990.

ders.: Editorisches Vorwort; in: ders., 1990, 7-13.

ders.: Die Bundesrepublik Deutschland - eine Weltmacht? Außenpolitik nach vierzig Jahren; in: APuZ, B4-5/90 (19.1.1990), 3-19.

Rode, Reinhard: Deutsche Außenpolitik, Berlin 1996.

ders./*Jacobsen, Hanns-D.* (eds.): Economic Warfare or Détente? An Assessment of East-West Economic Relations in the 1980s, Boulder/London 1985.

Roos, Sören: Das Wiedervereinigungsgebot des Grundgesetzes in der deutschen Kritik zwischen 1982 und 1989, Berlin 1996.

Rosecrance, Richard: The Rise of the Trading State, New York 1986.

Roth, Margit: Zwei Staaten in Deutschland. Die sozialliberale Deutschlandpolitik und ihre Auswirkungen 1969-1978, Opladen 1981.

Rühl, Lothar: Deutschland als europäische Macht. Nationale Interessen und internationale Verantwortung, Bonn 1996.

Rudzio, Wolfgang: Informelle Entscheidungsmuster in Bonner Koalitionsregierungen; in: Hartwich/Wewer, 1991/Bd. 2, 125-141.

Rückert, Axel: Ostpolitik und Ostgeschäft; in: Dokumente. Zeitschrift für übernationale Zusammenarbeit, 27. Jg. (April 1971), 73.

Sarrazin, Thilo: Der EURO. Chance oder Abenteuer?, Bonn 1997.

Sauzay, Brigitte/von Thadden, Rudolf (Hg.): Mitterrand und die Deutschen, Göttingen 1998.

Scharrer, Hans-Eckart: Die Bundesrepublik Deutschland im internationalen Währungssystem; in: Schwarz, H.-P., 1975a, 383-405.

Schlesinger, James: Reagan and Revelations: A Turn of the Tide?; in: Foreign Affairs, Sonderheft: America and the World 1986, 426-446.

Schmid, Günther: Entscheidung in Bonn. Die Entstehung der Ost- und Deutschlandpolitik 1969/70, Köln 1979.

Schmidt, Gustav (Hg.): Ost-West-Beziehungen: Konfrontation und Détente 1945-1989, Bd. 3, Bochum 1995.

ders.: Konfrontation und Détente 1945-1989: Wechselschritte zur Friedenssicherung; in: ders., 1995, 15-33.

Schneider, Herbert/Uffelmann, Uwe: Zur Außenpolitik der Bundesrepublik Deutschland, Paderborn 1977.

Schönfelder, Wilhelm/Thiel, Elke: Ein Markt - Eine Währung, Baden-Baden 1994.

Scholz, Rupert: Deutsche Frage und europäische Sicherheitspolitik in einem sich einigenden Deutschland und Europa; in: EA, 7/1990, 239-246.

Schreckenberger, Waldemar: Informelle Verfahren der Entscheidungsvorbereitung zwischen der Bundesregierung und den Mehrheitsfraktionen: Koalitionsgespräche und Koalitionsrunden; in: ZfP, Bd. 25/3 (1994), 329-345.

Schreiber, Wolfgang: Die Strategische Verteidigungsinitiative, Melle 1985.

Schröder, Karsten: Egon Bahr, Rastatt 1988.

Schuh, Petra/Weiden, von der Bianca: Die deutsche Sozialdemokratie 1989/90. SDP und SPD im Einigungsprozeß, München 1997.

Schwarz, Hans-Peter: Vom Reich zur Bundesrepublik. Deutschland im Widerstreit der außenpolitischen Konzeptionen in den Jahren der Besatzungszeit 1945 bis 1949, Neuwied 1966.

ders.: Das außenpolitische Konzept Konrad Adenauers; in: Morsey/Repgen, 1971, 71-108.

ders.: Handbuch der deutschen Außenpolitik, München 1975. (1975a)

ders.: Die Bundesregierung und die auswärtigen Beziehungen; in: ders., 1975, 43-111. (1975b)

ders.: Entspannung und Wiedervereinigung. Deutschlandpolitische Vorstellungen Konrad Adenauers 1955-1958, Stuttgart 1979. (1979a)

ders.: Die deutschlandpolitischen Vorstellungen Konrad Adenauers; in: ders., 1979, 7-40. (1979b)

ders.: Adenauer und Europa; in: VfZ, Bd. 27 (1979), 471-523. (1979c)

ders.: Die Ära Adenauer 1949-1957, Stuttgart 1981. (= Geschichte der Bundesrepublik Deutschland, Bd. 2)

ders. (Hg.): Die Wiederherstellung des deutschen Kredits. Das Londoner Schuldenabkommen, Stuttgart u.a. 1982.

ders.: "Rhöndorfer Gespräche" Bd. 5: Die Legende von der verpaßten Gelegenheit. Die Stalin-Note vom 10. März 1952, Stuttgart/Zürich 1982.

ders.: Die Ära Adenauer 1957-1963, Stuttgart 1983. (= Geschichte der Bundesrepublik Deutschland, Bd. 3)

ders.: Adenauer. Der Aufstieg 1876-1952, Stuttgart 1986.

ders.: Adenauer . Der Staatsmann 1952-1967, Stuttgart 1991.

Schwarz, Henning: Die verfassungsgerichtliche Kontrolle der Außen- und Sicherheitspolitik. Ein Verfassungsvergleich Deutschland - USA, Berlin 1995.

Schwarz, Jürgen: Bedingungen und Entwicklungslinien westdeutscher Nuklearpolitik; in: Schwarz, H.-P., 1975a, 513-522.

Schweigler, Gebhard: Grundlagen der außenpolitischen Orientierungen der Bundesrepublik Deutschland. Rahmenbedingungen, Motive, Einstellungen, Baden-Baden 1985.

Schwengler, Walter: Der doppelte Anspruch: Souveränität und Sicherheit. Zur Entwicklung des völkerrechtlichen Status der Bundesrepublik Deutschland 1945-1956; in: Militärgeschichtliches Forschungsamt, 1997, 187-566.

Seaborg, Glenn/Loeb, Benjamin: Stemming the Tide, Lexington 1987.

Seppain, Helene: Contrasting US and German Attitudes to Soviet Trade, 1917-1991. Politics by Economic Means, New York 1992.

Sethe, Paul: Zwischen Bonn und Moskau, Frankfurt a.M. 1956.

Sharp, Jane M. O.: After Reykjavik. Arms Control and the Allies; in: International Affairs, 63/2 (Spring 1987), 239-258.

Siedschlag, Alexander: Die aktive Beteiligung Deutschlands an militärischen Aktionen zur Verwirklichung Kollektiver Sicherheit, Frankfurt a.M. u.a. 1995.

Singer, Max/Wildavsky, Aaron: The Real World Order. Zones of Peace, Zones of Turmoil, Chatham 1993.

Solms, Friedhelm/Mutz, Reinhard/Schoch, Bruno (Hg.): Friedensgutachten 1997, Münster 1997.

Steinhoff, Johannes/Pommerin, Reiner: Strategiewechsel: Bundesrepublik und Nuklearstrategie in der Ära Adenauer-Kennedy, Baden-Baden 1992.

Steininger, Rolf: Eine Chance zur Wiedervereinigung? Darstellung und Dokumentation auf der Grundlage unveröffentlichter britischer und amerikanischer Akten, Bonn 1985. (= Archiv für Sozialgeschichte, Beiheft 12)

Stent, Angela: The Federal Republic of Germany; in: Rode/Jacobsen, 1985, 99-119.

Stromseth, Jane: The Origins of „flexible response". NATO's Debate over Strategy in the 1960s, London 1988.

Szabo, Stephen F.: The Diplomacy of German Unification, New York 1992.

Talbott, Strobe: Deadly Gambits. The Reagan Administration and the Stalemate in Nuclear Arms Control, New York 1984.

Thiel, Elke: Dollar-Dominanz, Lastenteilung und amerikanische Truppenpräsenz in Europa. Zur Frage kritischer Verknüpfungen währungs- und stationierungspolitischer Zielsetzungen in den deutsch-amerikanischen Beziehungen, Baden-Baden 1979.

dies.: Die Europäische Union, München 1997.

Thränert, Oliver: Aspekte deutscher Sicherheitspolitik in den neunziger Jahren, Bonn 1993.

ders.: Eine zentraleuropäische Macht im Neuorientierungsprozeß. Perspektiven der Sicherheitspolitik des vereinten Deutschland; in: Österreichische militärische Zeitschrift, Nr. 2/1995, 135-144.

Timmermann, Heinz: Italiens Kommunisten, Andreotti und die deutsche Frage, Köln 1984. (= BI-Ost/Aktuelle Analysen 32/1984)

Tolksdorf, Michael: Die Währungsturbulenzen der 70er und 80er Jahre; in: Czada/Tolksdorf/Yenal, 1988, 77-124.

Tomuschat, Christian: Die staatsrechtliche Entscheidung für die internationale Offenheit; in: Isensee/Kirchhof, 1992, 483-524.

ders.: Die Alliierten Vorbehaltsrechte im Spannungsverhältnis zwischen friedenspolitischer Sanktion und nationaler Selbstbestimmung; in: Haftendorn/Riecke, 1996, 27-36.

Treverton, Gregory F.: The „Dollar Drain" and American Forces in Germany: Managing the Political Economics of Alliance, Ohio 1978.

Tudyka, Kurt P.: Gesellschaftliche Interessen und auswärtige Beziehungen. Materialien zur Außenwirtschaftspolitik der Ära Adenauer, Nijmwegen 1978, 2 Bde.

Vogelsang, Thilo: Das geteilte Deutschland, München 1973.

Vogtmeier, Andreas: Egon Bahr und die deutsche Frage. Zur Entwicklung der sozialdemokratischen Ost- und Deutschlandpolitik vom Kriegsende bis zur Vereinigung, Bonn 1996.

Volkmann, Hans-Erich: Die innenpolitische Dimension Adenauerscher Sicherheitspolitik in der EVG-Phase; in: Militärgeschichtliches Forschungsamt, 1990, 235-604.

Waigel Theo/Schell, Manfred: Tage, die Deutschland und die Welt veränderten, München 1994.

Walter, Norbert: Der Kollaps des EWS - Konsequenzen für den Maastricht-Prozeß; in: Integration, 1/1994, 30-33.

Warner, G.: Die britische Labour-Regierung und die Einheit Westeuropas 1948-1951; in: VfZ, Bd. 28 (1980), 310-330.

Weber, Jürgen (Hg.): Die Gründung des neuen Staates, München 1983.

ders.: Regieren unter alliierter Aufsicht. Besatzungsstatut und Petersberger Abkommen; in: ders., 1983, 199-242.

Weidenfeld, Werner: Konrad Adenauer und Europa, Bonn 1976.

ders. (Hg.): Amsterdam in der Analyse, Gütersloh 1998.

ders./*Korte, Karl-Rudolf* (Hg.): Handbuch zur deutschen Einheit, Bonn 1996.

ders./*Wessels, Wolfgang* (Hrsg.): Jahrbuch der Europäischen Integration, div. Jge., Bonn 1994ff.

ders./*Bruck, Elke/Wagner, Peter*: Außenpolitik für die deutsche Einheit, Stuttgart 1998.

ders./Giering, Claus: Die Europäische Union nach Amsterdam - Bilanz und Perspektive; in: Weidenfeld, 1998, 19-88.

Weilemann, Peter: Die Anfänge der Europäischen Atomgemeinschaft. Zur Gründungsgeschichte von Euratom 1955-1957, Baden-Baden 1982.

Welschke, Bernhard: Außenpolitische Einflußfaktoren auf die Entwicklung der westdeutschen Außenwirtschaftsbeziehungen in der Frühphase der Bundesrepublik Deutschland (1949-1952); in: Knapp, 1984, 187-286.

Wettig, Gerhard: The Soviet Union and German Unification, Köln 1990. (= BI-Ost 38/1990)

ders.: Neue Gesichtspunkte zur sowjetischen März-Note von 1952?; in: DA, Bd. 27/4 (1994), 416-421.

ders.: Die Stalin-Note vom 10. März 1952 als geschichtswissenschaftliches Problem; in: DA, Bd. 25/2 (1992), 157-167.

ders.: Die Deutschland-Note vom 10. März 1952 auf der Basis diplomatischer Akten des russischen Außenministeriums; in: DA, Bd. 26/7 (1993), 786-805.

Wewer, Göttrik: Richtlinienkompetenz und Koalitionsregierung - Wo wird die Politik definiert?; in: Hartwich/Wewer, 1991/Bd. 1, 145-150.

Weymar, Paul: Konrad Adenauer, München 1955.

Wiggershaus, Norbert: Effizienz und Kontrolle. Zum Problem einer militärischen Integration Westdeutschlands bis zum Scheitern des EVG-Vertragswerkes; in: Herbst, 1986, 253-267.

Winkler, Heinrich August (Hg.): Politische Weichenstellungen im Nachkriegsdeutschland 1945-1953, Göttingen 1979.

Wörmann, Claudia: Osthandel als Problem der Atlantischen Allianz, Bonn 1986.

Wolffsohn, Michael: Das Wiedergutmachungsabkommen mit Israel: Eine Untersuchung bundesdeutscher und ausländischer Umfragen; in: Herbst, 1986, 203-218.

Zelikow, Philip/Rice, Condoleezza: Germany Unified and Europe Transformed. A Study in Statecraft, Cambridge, Mass./London 1995.

Ziebura, Gilbert: Die deutsch-französischen Beziehungen seit 1945. Mythen und Realitäten, Stuttgart 1997.

Zimmer, Matthias: Nationales Interesse und Staatsräson. Zur Deutschlandpolitik der Regierung Kohl 1982-1989, Paderborn 1992.

Zündorf, Benno: Die Ostverträge. Die Verträge von Moskau, Warschau, Prag, das Berlin-Abkommen und die Verträge mit der DDR, München 1979.

Abkürzungsverzeichnis

AA	= Auswärtiges Amt
ABC-Waffen	= Atomare, biologische und chemische Waffen
ABl.	= Amtsblatt
APuZ	= Aus Politik und Zeitgeschichte
ArgeALP	= Arbeitsgemeinschaft Alpenländer
AWACS	= Airborne Warning and Control System
BI-Ost	= Bundesinstitut für Ost- und Internationale Studien
BMF	= Bundesministerium der Finanzen
BSR	= Bundessicherheitsrat
BVerfGe	= Bundesverfassungsgericht
CDU	= Christlich Demokratische Union
COCOM	= Coordinating Committee on East-West Trade
CSSR	= Tschechoslowakei
CSU	= Christlich Soziale Union
DA	= Deutschland Archiv
DBV	= Deutscher Bauernverband
DDR	= Deutsche Demokratische Republik
DGB	= Deutscher Gewerkschaftsbund
DKP	= Deutsche Kommunistische Partei
DP	= Deutsche Partei
EA	= Europa Archiv
ECU	= European Currency Unit
ed.	= Editor
EEA	= Einheitliche Europäische Akte
EFWP	= Europäischer Fonds für Währungspolitische Zusammenarbeit
EG	= Europäische Gemeinschaft
EGKS	= Europäische Gemeinschaft für Kohle und Stahl
EGV	= Vertrag über die Europäische Gemeinschaft
EPZ	= Europäische Politische Zusammenarbeit
ERP	= European Recovery Program

EU	= Europäische Union
EUGH	= Europäischer Gerichtshof
EURATOM	= Europäische Atombehörde
EVG	= Europäische Verteidigungsgemeinschaft
EWG	= Europäische Wirtschaftsgemeinschaft
EWS	= Europäisches Währungssystem
EZB	= Europäische Zentralbank
EZU	= Europäische Zahlungsunion
FAZ	= Frankfurter Allgemeine Zeitung
FDP	= Freie Demokratische Partei
G-7	= Gruppe der Sieben
GASP	= Gemeinsame Außen- und Sicherheitspolitik
GATT	= General Agreement on Tariffs and Trade
GB-BHE	= Gesamtdeutscher Block - Bund der Heimatvertriebenen und Entrechteten
GEVP	= Gemeinsame Europäische Verteidigungspolitik
GG	= Grundgesetz
GUS	= Gemeinschaft Unabhängiger Staaten
Hg.	= Herausgeber
HICOG	= High Commission for Germany
IFOR	= Implementation Force
IISS	= International Institute for Strategic Studies
INF	= Intermediate Nuclear Forces
INGO	= International Non-Governmental Organization
IP	= Internationale Politik
IWF	= Internationaler Währungsfonds
KGB	= Sowjetischer Staatssicherheitsdienst
KPD	= Kommunistische Partei Deutschlands
KPdSU	= Kommunistische Partei der Sowjetunion
KSE	= Verhandlungen über konventionelle Streitkräfte in Europa
KSZE	= Konferenz für Sicherheit und Zusammenarbeit in Europa
MAD	= Mutual Assured Destruction

MBFR	= Mutual Balanced Force Reductions
MLF	= Multilateral Force
MOE	= Mittel- und osteuropäische Staaten
NAKR	= NATO-Kooperationsrat
NATO	= North Atlantic Treaty Organization
NPG	= Nukleare Planungsgruppe
NPT	= Non-Proliferation Treaty
NZZ	= Neue Zürcher Zeitung (Internationale Ausgabe)
OEEC	= Organization für European Economic Co-operation and Development
OPEC	= Organization of the Petroleum Exporting Countries
OSZE	= Organisation für Sicherheit und Zusammenarbeit in Europa
PfP	= Partnership for Peace
PKK	= Parlamentarische Kontrollkommission
PLO	= Palestine Liberation Organization
RGW	= Rat für Gegenseitige Wirtschaftshilfe
SACEUR	= Supreme Allied Commander Europe
SALT	= Strategic Arms Limitation Talks
SBZ	= Sowjetische Besatzungszone
SDI	= Strategic Defense Initiative
SED	= Sozialistische Einheitspartei Deutschlands
SFOR	= Stabilization Force
SMAD	= Sowjetische Militäradministration
SNF	= Short-range Nuclear Missiles
SPD	= Sozialdemokratische Partei Deutschlands
SS	= Surface to surface
STIPS	= States Threatening International Peace and Security
START	= Strategic Arms Reduction Talks
SZ	= Süddeutsche Zeitung
UdSSR	= Union der Sozialistischen Sowjetrepubliken
UNO	= United Nations Organization
USA	= United States of America

VfZ	=	Vierteljahreshefte für Zeitgeschichte
WEU	=	Westeuropäische Union
WTO	=	World Trade Organization
WWU	=	Wirtschafts- und Währungsunion
ZfP	=	Zeitschrift für Parlamentsfragen
ZK	=	Zentralkomitee

Personen- und Sachregister

www.ingramcontent.com/pod-product-compliance
Lightning Source LLC
Chambersburg PA
CBHW061752260326
41914CB00006B/1080